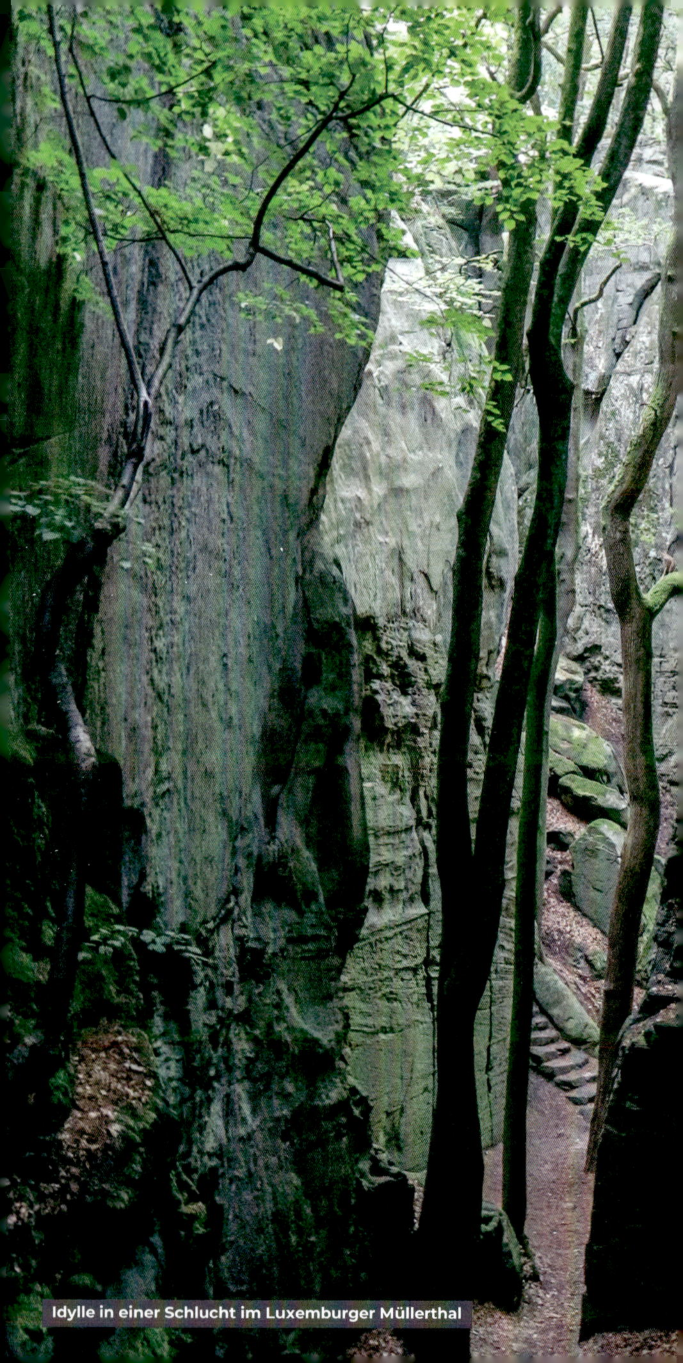

Idylle in einer Schlucht im Luxemburger Müllerthal

Barbara Kemmer
Frank Schmitt

Wanderführer Eifel

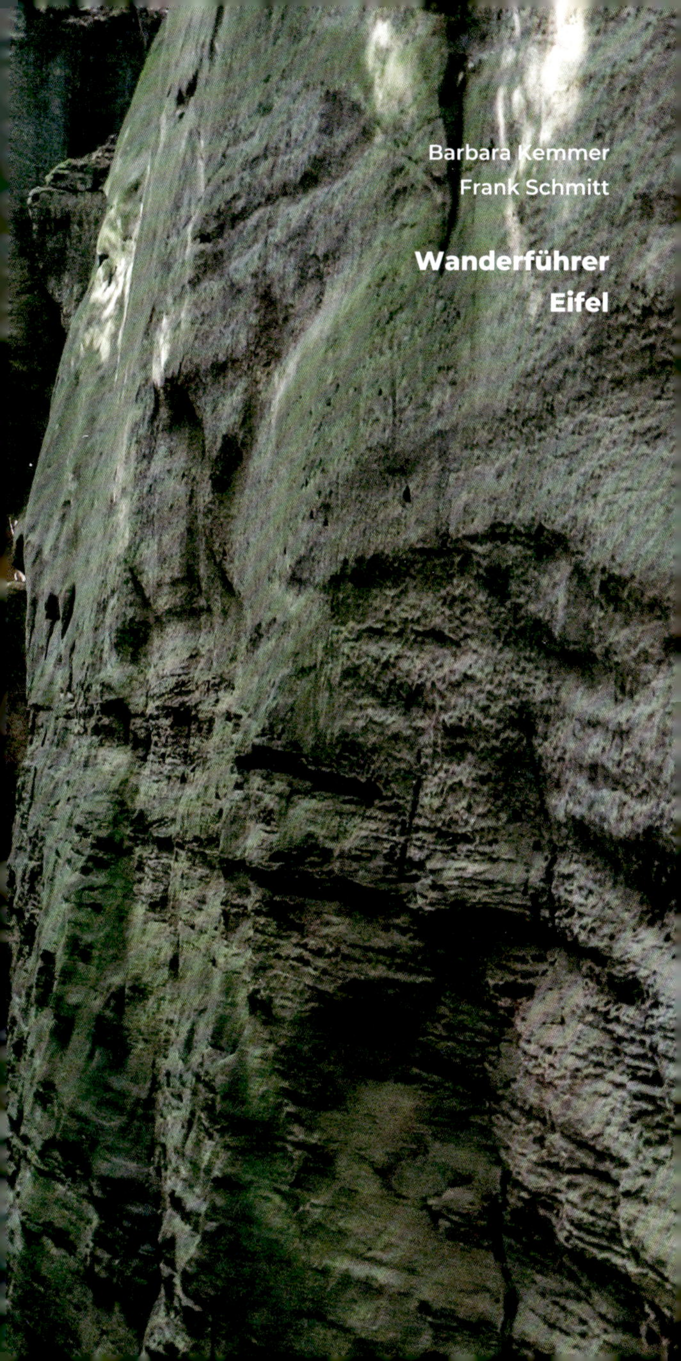

Vorwort

Ganz im Westen Deutschlands, auf dem Gebiet der beiden Bundesländer Rheinland-Pfalz und Nordrhein-Westfalen, nahe dem dicht besiedelten Köln-Bonner-Raum und dem Ruhrgebiet liegt die Eifel, der nordwestliche Teil des Rheinischen Schiefergebirges. Schon lange ist diese urwüchsige, sanft hügelige Mittelgebirgslandschaft zwischen Aachen, Euskirchen, Koblenz und Trier kein Geheimtipp mehr für Entdeckungslustige und gleichermaßen Ruhe Suchende.

Wegen der – vor allem in den exponierten Höhenlagen – rauen, langen Winter, kargen Böden und insgesamt schwierigen Lebensbedingungen war das etwas abseits der Siedlungszentren liegende, vergleichsweise strukturschwache Gebiet einst als „Preußisch Sibirien“ verschrien, das bestenfalls zu militärischen Zwecken zu gebrauchen war. Längst aber hat die Eifel den despektierlichen Mantel abgestreift. Die Menschen der Region mussten sich teilweise neu erfinden, aber sie haben auch gelernt, die eigenen Qualitäten zu schätzen und diese selbstbewusst zu vertreten. Auch der Blick von außen änderte sich. So hat sich die Eifel zu einer beliebten Ferienregion für Kurz- und Langzeiturlauber entwickelt. Für manche Reisenden ist sie zu einer Art stillem Sehnsuchtsort geworden, an den sie immer wieder zurückkehren oder wo sie gar dauerhaft bleiben.

Ihre Popularität verdankt die Eifel bestimmt nicht zuletzt den vielen Eifel-Krimis der jüngeren Vergangenheit, aber das ist noch lange nicht alles, denn das Mittelgebirge hat auch sonst enorm viel zu bieten. Sicher zählt die Eifel zu den attraktivsten und abwechslungsreichsten Wandergebieten Deutschlands – mit ungeheuer schönen und diversen Naturlandschaften, seltenen Pflanzen und Tieren, geologischen Besonderheiten, urigen Weilern und kulturhistorischen Schätzen aus allen Epochen der Menschheitsgeschichte.

Das jeweilige Bild, das man vor Augen hat, wenn man an die Eifel denkt, wird individuell sehr unterschiedlich sein. Allseits bekannt sind die charakteristischen Maare und Mineralquellen, die auf die vulkanischen Aktivitäten zurückzuführen sind, denen die Eifel ihr heutiges Gesicht zu großen Teilen zu verdanken hat. Mannigfache pittoreske Burgen, die meist nur als Ruinen erhalten geblieben sind, und prächtige Klosteranlagen stehen für lange zurückliegende territoriale Machtkämpfe und blühende

Ordensgemeinschaften. Zu den berühmtesten Bauten zählen in diesem Kontext sicherlich die sehr gut erhaltene und öffentlich zugängliche Burg Eltz sowie das noch immer durch Benediktinermönche belebte Kloster Maria Laach mit seiner kunsthistorisch bedeutsamen Abteikirche. Motorsportfans denken wahrscheinlich am ehesten an den legendären Nürburgring inmitten der Hocheifel und dessen technisch anspruchsvolle Nordschleife, die sagenumwobene „Grüne Hölle“. Bei Naturfreunden sind wiederum der komplett in Nordrhein-Westfalen liegende Nationalpark Eifel, das Seengebiet um Rur- und Urftsee und die grenzübergreifende, mystisch-bezaubernde Hochmoorlandschaft Hohes Venn im deutsch-belgischen Naturpark Hohes Venn-Eifel besonders beliebt. Nicht zuletzt steht die Eifel für Bier, allen voran dem aus Bitburg, für Fachwerkidylle wie etwa in Monschau, Bad Münstereifel und Monreal – und nach wie vor für Abgeschiedenheit. Sowohl die Gegend als auch die Bewohner gelten vielen als verschlossen, schroff, kauzig und unnahbar. Dass die Eifel auch ganz sanft, lieblich und offenherzig sein kann, wird allzu oft vergessen. Aber wer einmal durch die abwechselnd herben, anmutigen und zauberhaften Landschaften der Eifel gewandert ist und dabei das Gespräch mit den meist gar nicht so weltfremden Einheimischen nicht scheut, der wird schnell feststellen, dass weder der Naturraum noch die Menschen auf einen simplen Nenner gebracht werden können. Die Landschaft ist so vielgestaltig wie die Eifeler selbst: Genauer hinzuschauen und zuzuhören, lohnt sich unbedingt!

Im Hinblick auf die Routenauswahl des vorliegenden Wanderführers ist zu sagen, dass versucht wurde, alle Regionen der Eifel auf deutschem Gebiet in ausgewogenem Maße abzudecken und durch beispielhafte Touren vorzustellen. So geht es vom Eifelvorland und dem Hohen Venn im Norden über die teils an der Grenze zu Luxemburg gelegene waldreiche West- und Südeifel mit ihren windgepeitschten Höhen, reizenden Tälern, pittoresken Bachläufen und bizarren Felsschluchten über die Ostgebiete mit ihren charakteristischen Vulkanlandschaften bis hin zum Rhein und den steilen, sonnenverwöhnten Weinbergen an Ahr und Mosel. Da das Mittelgebirge im Westen nahtlos in die belgischen und luxemburgischen Ardennen übergeht und nationale Ländergrenzen für nichtig erklärt, wurden auch einige grenzüberschreitende Wanderungen aufgenommen. Generelles

Ziel der Autoren war es, dem Leser ein facettenreiches Panorama der diversen Natur- und Kulturlandschaften der Eifel zu bieten. Sowohl gelegentliche als auch geübte oder routinierte Geher dürften kurzweilige und traumhafte Wanderungen in diesem Buch finden. Dabei sind beliebte Klassiker ebenso mit von der Partie wie Touren, die eher abseits der gängigen Wege liegen.

Das verheerende Hochwasser im Juli 2021 hat auch einzelne Regionen der Eifel, allen voran das Ahrtal, schwer getroffen. Dieses Buch wurde daraufhin gründlich aktualisiert und alle Wanderungen erneut überprüft. Wir bitten um Verständnis, wenn es vereinzelt zu kurzfristigen Einschränkungen etwa durch Baumaßnahmen kommt. Auch bei den Verkehrsanbindungen kann es noch zu Störungen kommen. Bitte informieren Sie sich daher vor einer Reise in die betreffenden Gebiete über den aktuellen Stand der Dinge, am besten auf den gängigen Internetportalen sowie bei den regionalen Touristenzentren.

Dessen ungeachtet bleibt gewiss, dass es viel zu entdecken gibt in der schönen Eifel. Wir wünschen Ihnen allseits viel Freude und Muße beim Erwandern dieser vielgestaltigen Region!

Barbara Kemmer und Frank Schmitt

002_wei_fs

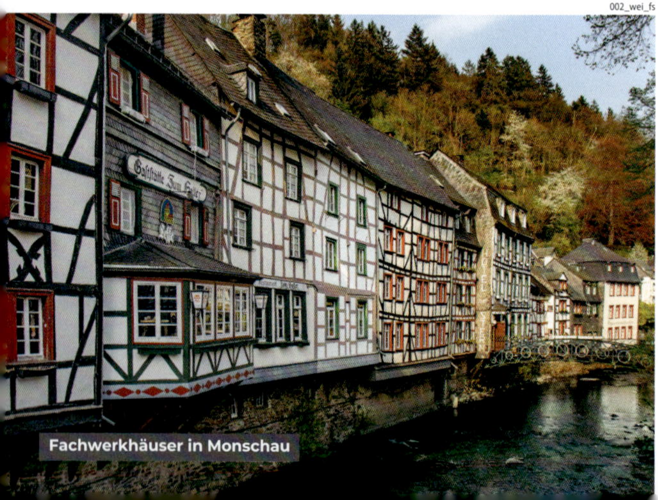

Fachwerkhäuser in Monschau

Inhalt

Wandern in der Eifel A–Z

Land und Leute

Venn und Eifelvorland

Westeifel

Osteifel

Moseltal

Mittelrheingebiet

Gutland

Anhang

Fünf Highlights in der Eifel

Bruder-Klaus-Kapelle | Tour 7, S. 94
Wie ein stiller Wächter wirkt die gen Himmel ragende Kapelle des Schweizer Architekten Peter Zumthor. Längst ist der charakterstarke Bau mit seinem atmosphärischen Inneren ein Pilgerziel – für Gläubige wie Designfans.

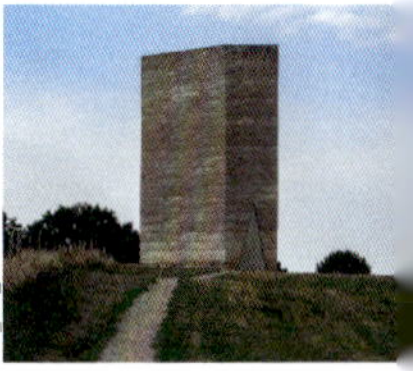
200_wei_fs

Dreimühlenwasserfall | Tour 19, S. 178
Schon von Weitem hört man das Rauschen des einzigartigen Dreimühlenwasserfalls, der 1938 zum Naturdenkmal erklärt wurde. Ein weiteres zauberhaftes Ausflugsziel ist die nahe Nohner Mühle, ein lauschiges Café mit Pferdeparkplatz.

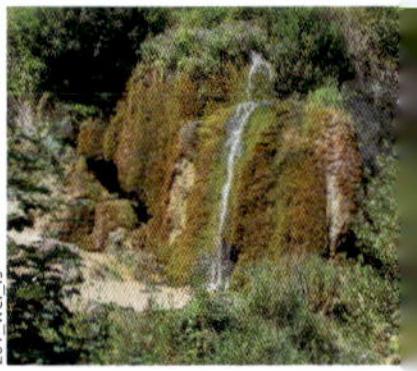
201_wei_fs

Calmont | Tour 27, S. 234
Der Bremmer Calmont mit seinen Schieferhängen und Trockenmauern steht für Kletterfreude am steilsten Weinberg Europas. Mit im Gepäck sind phänomenale Aussichten auf die Moselschleife sowie die Vorfreude auf trinkbare Genüsse.

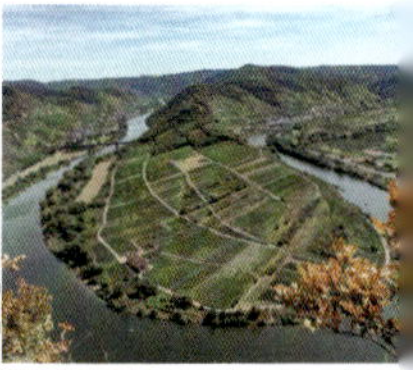
202_wei_fs

Monreal | Tour 34, S. 274
Wer auf der Suche nach romantischem Flair und viel Geschichte ist, der besuche die ehemalige Tuchmacherstadt Monreal im Tal der Elz. Mit Fug und Recht gilt der pittoreske Burgenort als eine der Fachwerkperlen der Eifel.

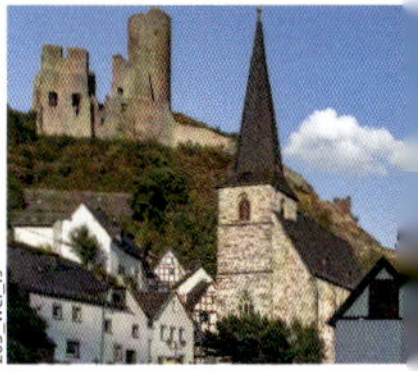
203_wei_fs

Teufelsschlucht | Tour 37, S. 296
In der Südeifel gibt es viele bizarre Sandsteingebilde zu bewundern, die Teufelsschlucht bei Irrel ist eine davon. Das Durchwandern der mystischen Felsspalte, die in der letzten Eiszeit entstanden sein soll, ist beeindruckend schön.

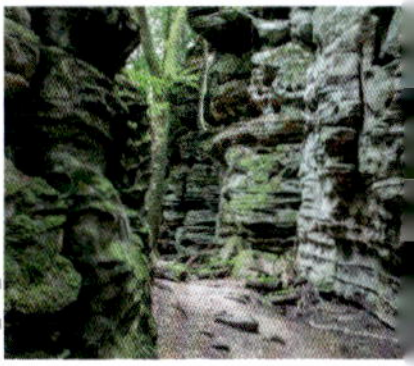
204_wei_fs

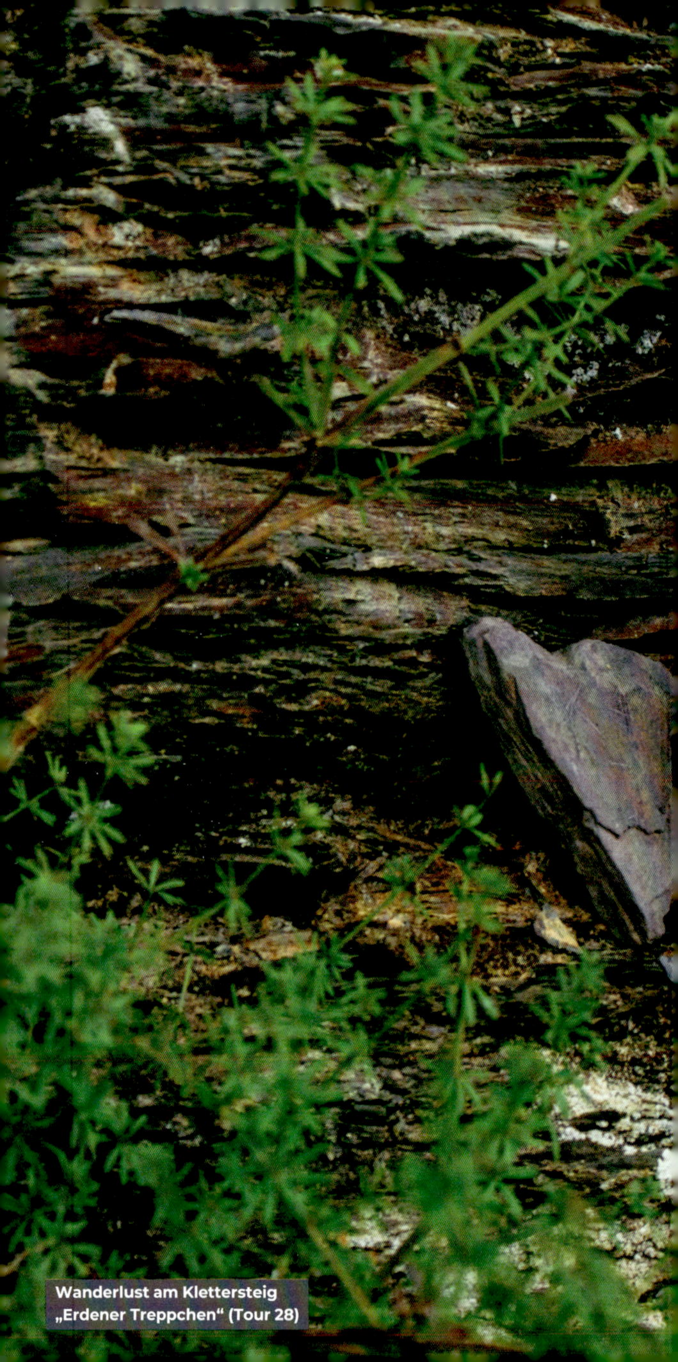

Wanderlust am Klettersteig
„Erdener Treppchen“ (Tour 28)

WANDERN IN DER EIFEL A–Z

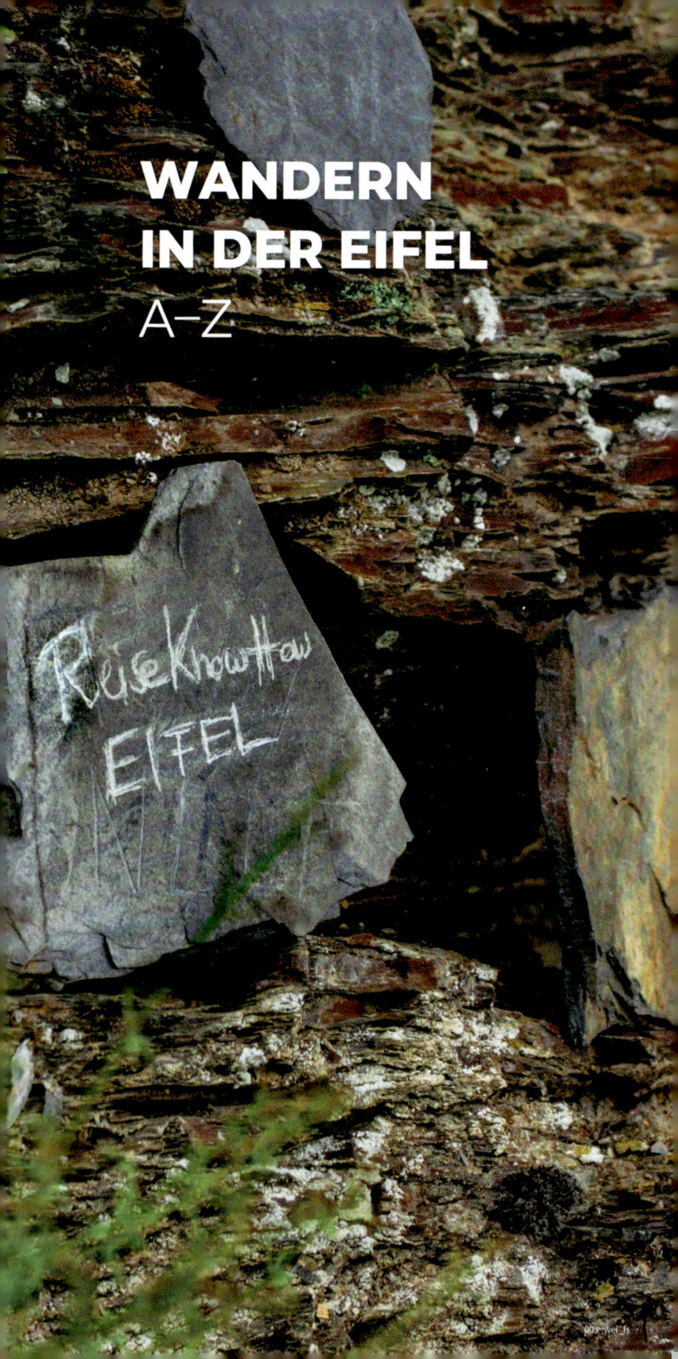

Wandern in der Eifel: Grundsätzliches

Die Eifel ist ein Eldorado für Naturfreunde – und das zu jeder Jahreszeit. Aufgrund des **hervorragend ausgebauten Wegenetzes** bietet die Region beste Bedingungen für spannende, abwechslungsurfreiche und angenehme Auszeiten. Durch ihre vielgestaltige, mal urwüchsige und mal gezähmte, mal wilde und mal liebliche Landschaft, die geprägt ist von windgepeitschten Hochflächen und romantischen Tälern, murmelnden Bächlein und mächtigen Flüssen, dichten Wäldern mit schroffen Felsen und tiefen Schluchten, beeindruckenden Vulkankuppen, blubbernden Mineralquellen und mystischen Maaren sowie weiten Hochmooren lässt die Eifel das Herz eines jeden Wanderers höherschlagen.

Allen **40 Tourenvorschlägen** des vorliegenden Buchs sind grundsätzliche Informationen zur jeweiligen Route beigefügt: Ausgangsort und Startpunkt inklusive Koordinaten, Hinweise zum ÖPNV sowie zu Höhendifferenz, Gesamtgehzeit, Streckenlänge, Schwierigkeitsgrad und speziellen Anforderungen. Darüber hinaus werden Anmerkungen zu verwendbarem Kartenmaterial, Einkehrmöglichkeiten und Tipps wie etwaigen Sehenswürdigkeiten in der Nähe oder im thematischen Kontext der Tour gegeben. Die kurzen Einleitungstexte, die den eigentlichen Wegbeschreibungen vorangestellt sind, umreißen skizzenhaft, was den Wanderer auf der Strecke landschaftlich und kulturhistorisch erwartet. Der Verlauf der einzelnen Routen wurde via GPS-Gerät aufgezeichnet und ist sowohl über GPS-Tracks, die heruntergeladen werden können, als auch über das Kartenmaterial im Buch nachvollziehbar und zu nutzen. Die beigegebenen Höhenprofile geben zudem Auskunft über die zu bewältigenden Auf- und Abstiege und deren Relation zur Wegstrecke.

Auf den nun folgenden Seiten finden sich weitere Hinweise zum Wandern in der Eifel generell wie zum Gebrauch des Führers im Speziellen.

Anfahrt

Am einfachsten lässt sich die Eifel zugegebenermaßen mit dem **Auto** erkunden. Die Region verfügt über ein gut ausgebautes Straßennetz, das die nördlichen Städteregionen Aachen und

Köln-Bonn mit den südlich gelegenen um Trier und Koblenz verbindet. Über diverse Autobahnen und Bundesstraßen kann man problemlos anreisen. Im Osten der Eifel verläuft zwischen Köln und Koblenz die A61. Von Koblenz aus führt die A48 bis nach Schalkenmehren, die A1 weiter nach Schweich, sodann die A602 bis nach Trier. Auf der A60 geht es von Wittlich bis hoch ins belgische Lüttich. Durch die Westeifel verläuft die B51, welche Euskirchen und Bitburg miteinander verbindet. In Ost-West-Richtung durchquert die B258 die Eifel von Monschau bis Mayen. Abseits dieser Hauptverkehrswege lässt es sich auch auf den die Region durchziehenden Landstraßen ganz gemütlich und komfortabel reisen. Manch schmales Sträßchen in der von mannigfachen Tälern durchschnittenen Mittelgebirgsregion kann zwar mitunter recht kurvig und abenteuerlich ausfallen, aber dafür sind vielfältige, stets reizvolle Landschaftseindrücke garantiert.

Ausgangspunkte

Im Hinblick auf die Ausgangspunkte der Wanderungen wurden jeweils die Straßenbezeichnung und die Koordinaten angegeben. Das Finden des Starts ist demnach sowohl mithilfe einer Karte als auch mittels eines Navigationsgeräts problemlos möglich. Da die meisten Touren als Rundwanderungen angelegt sind, bleiben Ausgangs- und Endpunkt gleich, welche meist gut mit öffentlichen Verkehrsmitteln zu erreichen sind. Letzteres gilt auch mit Blick auf die Start- und Zielorte der wenigen Streckentouren.

Ausrüstung und Kleidung

Spezielle Ausrüstung ist im Grunde auf keiner der Wanderungen notwendig. Festes Schuhwerk empfiehlt sich indes immer. Bei vielen Wegen bieten sich hohe Wanderstiefel mit starker Profilierung an, bei manchen sind sie sogar ein Muss. Auf anderen hingegen reichen Leichtberg- oder allgemein Sportschuhe. Von Sandalen oder Ähnlichem ist generell abzuraten. Die Mitnahme wind- und wasserschützender Kleidung sollte überdies selbstverständlich sein. Je nach Wetterlage und Wegführung ist eine Regenjacke und wärmende Zusatzkleidung einzupacken, außerdem Kopfbedeckungen und Sonnenschutzmittel. Zu beachten ist dabei unbedingt, dass die **Temperaturen** je nach Region und Route an nur einem Wandertag sehr stark schwanken können. Ging man gerade noch über sonnige Höhen, kann man sich kurz darauf schon inmitten einer engen, feuchtkühlen Felsenschlucht befinden. Man sollte auf solche Wechsel vorbereitet sein. Die Mitnahme und Nutzung von (Teleskop-)Wanderstöcken kann auf einigen langen, kräftezehrenden Wegstrecken – insbesondere jenen mit steilen Abstiegen – sinnvoll sein, ist aber nicht zwingend erforderlich.

Auf der einen oder anderen Schluchtentour kann überdies eine Taschenlampe gute Dienste leisten, da es passagenweise etwas dunkel werden kann und man sonst auf das Erkunden von Höhlen auf dem Weg eher verzichten muss. Auch in den Wintermonaten bietet sich das Mitnehmen einer Leuchte an.

Das Einpacken eines ausreichenden **Getränkevorrats** ist das ganze Jahr über notwendig, ganz besonders natürlich in den Sommermonaten – und es ist stets besser zu viel als zu wenig mitzunehmen. Gerade bei Touren, die nur einige Einkehrmöglichkeiten bieten, sollte zudem auf entsprechende Verpflegung geachtet werden, die der Wegstrecke angemessen ist. Manchmal reichen sicherlich schon ein Apfel und ein paar Nüsse, bei langen Tagestouren sollte jedoch etwas mehr an nahrhafter Wegzehrung in den Rucksack gepackt werden.

Camping

Die meisten Regionen der Eifel verfügen über zahlreiche Campingplätze. Besonders viele und einladende finden sich in den landschaftlich schönsten Gebieten mit hohem Freizeitwert, die auch bei den Touristen entsprechend beliebt sind.

Zur **Orientierung** und selbstständigen Suche empfehlen sich bestimmte Internetportale (beispielsweise: www.camping-in-nrw.de; www.eifel.info) sowie die umfangreichen Verzeichnisse (Camping- und Wohnmobilstellplätze) der Eifel Tourismus GmbH in Prüm (siehe „Touristische Informationen"), die auch als Broschüren bestellt werden können.

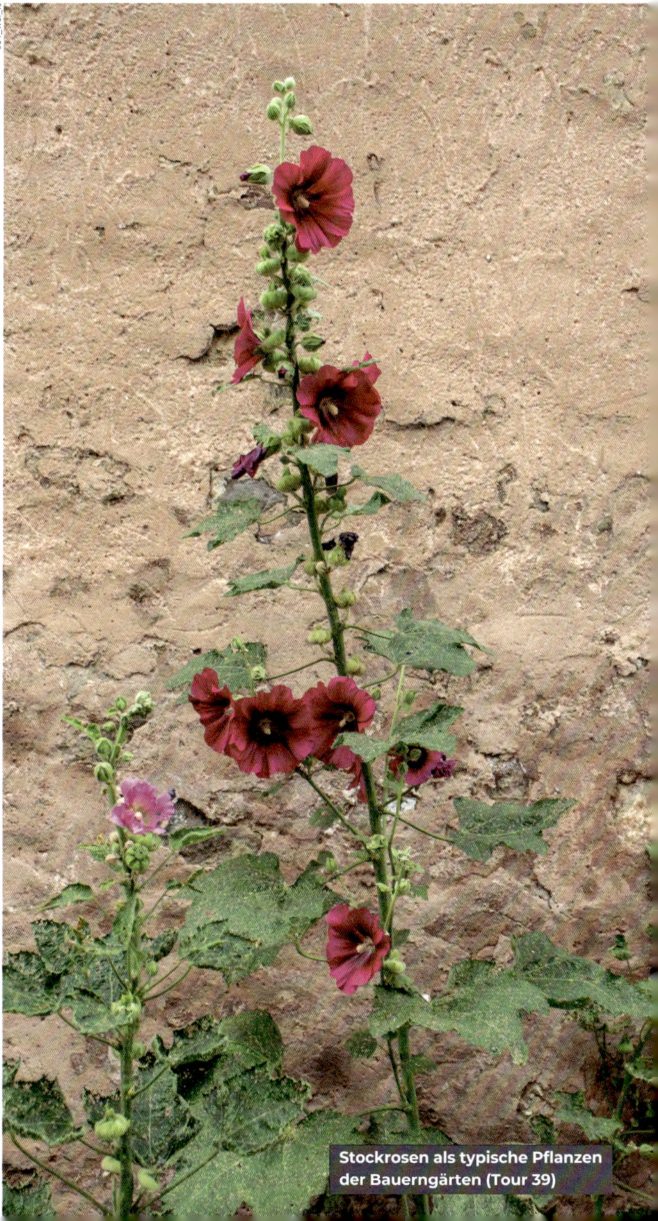

004_wei_fs

Stockrosen als typische Pflanzen der Bauerngärten (Tour 39)

Essen und Trinken

Bei jeder Wanderung findet sich ein Hinweis darauf, ob es auf der Wegstrecke Einkehrmöglichkeiten gibt (u. a. saisonale Öffnungszeiten). Insbesondere die kleineren Ortschaften verfügen in der Regel über gar kein oder nur ein begrenztes Angebot. Dementsprechend sollte stets darauf geachtet werden, ausreichend **Proviant** und Wasser in den Rucksack zu packen.

Gefahren und Notfälle

Im Notfall gilt in der gesamten Europäischen Union (EU) die Notfallnummer 112, unter der die Leitstelle von Rettungsdienst, Feuerwehr und Polizei zu erreichen ist (egal ob Festnetz, Mobilfunk oder öffentliches Telefon).

Direkt erreicht man die Polizei in Deutschland unter 110, in Luxemburg wählt man die 113 und in Belgien die 101.

006_wei_fs

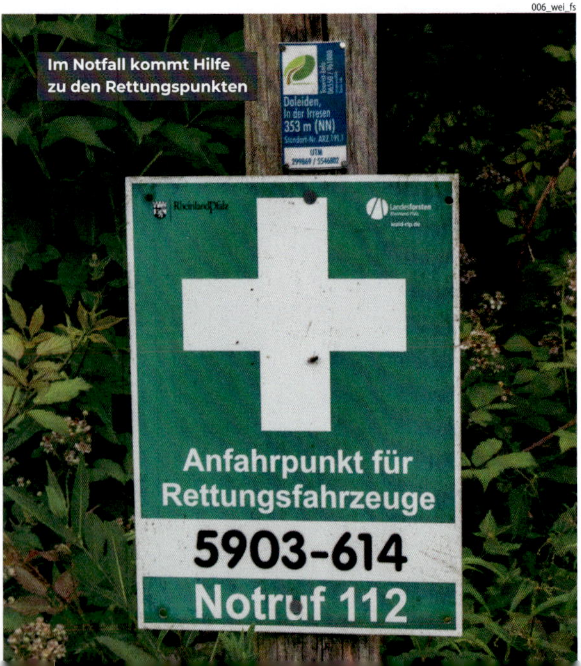

Im Notfall kommt Hilfe zu den Rettungspunkten

Gehzeiten

Bei den einzelnen Touren finden sich Angaben zur reinen Gehzeit eines durchschnittlich geübten Wanderers. Weder Verschnauf- noch Fotopausen oder eventuelle Besichtigungen von ausgewählten Highlights am Wegesrand sind darin enthalten. Die adäquate Beurteilung der eigenen Geschwindigkeit und damit notwendigen Gehzeit muss der Einzelne selbst erproben und vornehmen, die jeweiligen Verzögerungen entsprechend miteinkalkulieren. Neben der Streckenlänge einer Tour sind dabei selbstredend auch die zu leistenden Höhenmeter zu beachten.

GPS-Nutzung

Ein GPS-Gerät ist zum Begehen der Routen aller Regel nach nicht notwendig, kann aber bei manchen (ob mangelnder Wegemarkierung) hilfreich sein. Äußerst praktisch ist daher das Angebot des Verlags, die Tracks des vorliegenden Wanderführers auf das eigene GPS-Gerät herunterladen zu können und die Wege dann entsprechend abzulaufen oder auch nur im Falle einer auftretenden Unsicherheit auf die Daten zurückzugreifen. Doch trotz Gewissenhaftigkeit in Sachen Aufzeichnung und Bearbeitung der Tracks seitens der Autoren wie des Verlags können eventuelle Fehler nicht ausgeschlossen werden. Außerdem können sich schlicht die Bedingungen auf einzelnen Wegstrecken ändern. Das bedeutet, dass man sich nicht blind auf etwaige GPS-Daten und Navigationshilfen verlassen sollte, sondern stets den eigenen Kopf und Verstand mit am Start haben muss, um sachliche und angemessene Entscheidungen im Gelände treffen zu können.

Karten

Umfangreiches Wanderkartenmaterial lässt sich über den Eifelverein (siehe unter „Touristische Informationen") beziehen, der zugleich Herausgeber ist.

- **Erholungsgebiet Rureifel,** Eifelverein Nr. 2, 1:25.000. Tour 6.
- **Monschauer Land, Rurseengebiet,** Eifelverein Nr. 3, 1:25.000. Touren 1–3.

- **Kall–Kommern–Mechernich–Nettersheim,** Eifelverein Nr. 5, 1:25.000. Touren 7, 8.
- **Bad Münstereifel,** Eifelverein Nr. 7, 1:25.000. Tour 17.
- **Das Ahrtal,** Eifelverein Nr. 9, 1:25.000. Touren 15, 16.
- **Das Brohltal,** Eifelverein Nr. 10, 1:25.000. Tour 30.
- **Hocheifel Nürburgring, Oberes Ahrtal,** Eifelverein Nr. 11, 1:25.000. Tour 20.
- **Erholungsgebiet Oberes Kylltal,** Eifelverein Nr. 15, 1:25.000. Tour 18.
- **Prümer Land,** Eifelverein Nr. 17, 1:25.000. Touren 9, 10.
- **Vulkaneifel um Gerolstein,** Eifelverein Nr. 19, 1:25.000. Tour 21.
- **Daun, Rund um die Kraterseen,** Eifelverein Nr. 20, 1:25.000. Touren 22, 23.
- **Ferienland der Therme und Maare,** Eifelverein Nr. 21, 1:25.000. Tour 26.
- **Ferienland Cochem,** Eifelverein Nr. 23, 1:25.000. Tour 27.
- **Wittlicher Land,** Eifelverein Nr. 24, 1:25.000. Tour 24.
- **Kyllburger Waldeifel,** Eifelverein Nr. 25, 1:25.000. Tour 35.
- **Arzfeld, Stausee Bitburg,** Eifelverein Nr. 26, 1:25.000. Touren 11–13.
- **Neuerburg, Vianden,** Eifelverein Nr. 27, 1:25.000. Tour 14.
- **Irrel, Echternach,** Eifelverein Nr. 28, 1:25.000. Touren 36–38.
- **Trier, Trierer Land,** Eifelverein Nr. 29, 1:25.000. Touren 39, 40.
- **Osteifel mit Laacher-See-Gebiet,** Eifelverein Nr. 32, 1:25.000. Touren 31–34.
- **Maifeld und Untermosel,** Eifelverein Nr. 34, 1:25.000. Tour 25.
- **Bernkastel-Kues,** Eifelverein Nr. 35, 1:25.000. Touren 28, 29.
- **Nationalpark Eifel,** Eifelverein Nr. 50, 1:25.000. Touren 4, 5.
- **Eifelsteig,** Eifelverein, 1:50.000. Tour 19.

Öffentliche Verkehrsmittel

In Sachen ÖPNV ist die Eifel in Teilen leider als strukturschwach zu beurteilen. Es besteht zwar durchaus ein Netz an öffentlichen Verkehrsmitteln, indes ist dieses nicht überall in zufriedenstellendem Maße ausgebaut. Als einzig durchgehende **Bahnverbindung** etwa muss die die Eifelstrecke Trier – Gerolstein – Blankenheim – Euskirchen gelten. Daneben gibt es kleinere Stichstrecken, die einzelne Regionen (teils saisonabhängig) erschließen: Wie beispielsweise das Brohltal zwischen Brohl-Lützing am Rhein und Kempenich-Engeln in der Hocheifel, das vom musealen Vulkan-Express befahren wird. **Buslinien** erreichen jedoch fast alle Ortschaften in der Eifel, mögen sie auch noch so abgelegen sein. In manchen Gegenden und sehr kleinen Weilern kommt allerdings nur alle paar Stunden mal ein Bus vorbei. Da gilt es sich gut über Abfahrts- und Ankunftszeiten zu informieren, da man sonst unter Umständen lange Wartephasen in Kauf nehmen muss. Damit dies nicht passiert, sollten aktuelle Zeitpläne und Bedingungen mit Blick auf Fahrkartenverkäufe etc. rechtzeitig eingeholt werden.

Die meisten Startpunkte der Wanderungen können mit öffentlichen Verkehrsmitteln erreicht werden. Bei jeder Tour gibt es Angaben zur nächstgelegenen Haltestelle (Bus/Bahn) und zum – für die jeweilige Region – zuständigen Verkehrsverbund, bei dem nähere Informationen eingeholt werden können.

Überregionale Zugfahrpläne finden sich über die Internetpräsenz der Deutschen Bahn (www.bahn.de) sowie bei deren jeweiligen Informationsstellen vor Ort. Der öffentliche Personennahverkehr in den einzelnen Regionen wird zudem durch folgende Anbieter organisiert und gewährleistet:

- **Aachener Verkehrsverbund GmbH** (für die Städteregion Aachen sowie die Kreise Düren und Heinsberg), www.avv.de

005_wei_fs

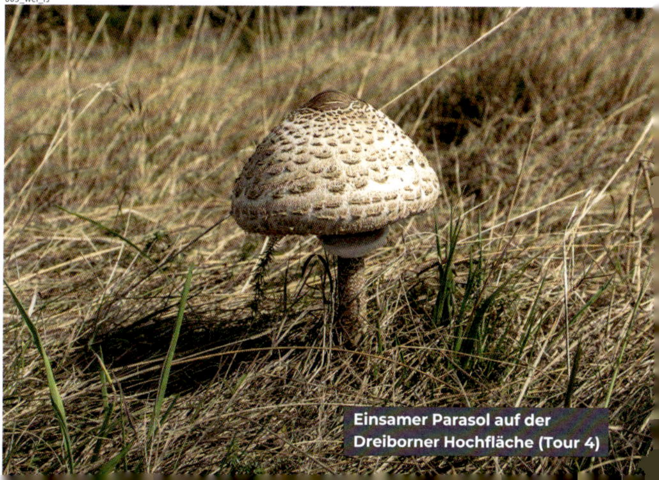

Einsamer Parasol auf der Dreiborner Hochfläche (Tour 4)

● **Regionalverkehr Köln GmbH** (u. a. für den Kreis Euskirchen und den linksrheinischen Rhein-Sieg-Kreis sowie die Städte Köln und Bonn), www.rvk.de
● **Rurtalbahn GmbH** (für den gesamten Kreis Düren entlang der Rur), www.rurtalbahn.de
● **Rursee-Schifffahrt** (inklusive Rursee-Bahn), www.rursee-schifffahrt.de
● **Verkehrsverbund Rhein-Mosel GmbH** (im Eifelgebiet für die Kreise Ahrweiler, Cochem-Zell, Mayen-Koblenz und die Stadt Koblenz), www.vrminfo.de
● **Verkehrsverbund Rhein-Sieg GmbH** (u. a. für die Städte Köln und Bonn sowie die Landkreise Euskirchen, Rhein-Erft-Kreis und linksrheinischer Rhein-Sieg-Kreis), www.vrs.de
● **Verkehrsverbund Region Trier GmbH** (für die Landkreise Vulkaneifel, Bernkastel-Wittlich, Bitburg-Prüm, Trier-Saarburg sowie die Stadt Trier), www.vrt-info.de

Zeitweise zur Verfügung stehende Eisenbahnstrecken (Auswahl):
● **Oleftalbahn** (fährt sonntags von Mai bis Oktober zwischen Kall und Hellenthal-Blumenthal auf denkmalgeschützter Strecke durch die Täler von Urft und Olef), www.oleftalbahn.de
● **Vulkan-Express** (fährt auf der alten Brohltal-Bahnstrecke zwischen Brohl-Lützing am Rhein und Kempenich-Engeln in der Hocheifel, an einzelnen Werktagen und an Wochenenden von April bis Okt., vereinzelt auch von Nov. bis März), www.vulkan-express.de
● **Eifel-Bördebahn** (verkehrt an Werktagen und Wochenenden zwischen Düren und Euskirchen), www.rurtalbahn.de

007_wei_fs

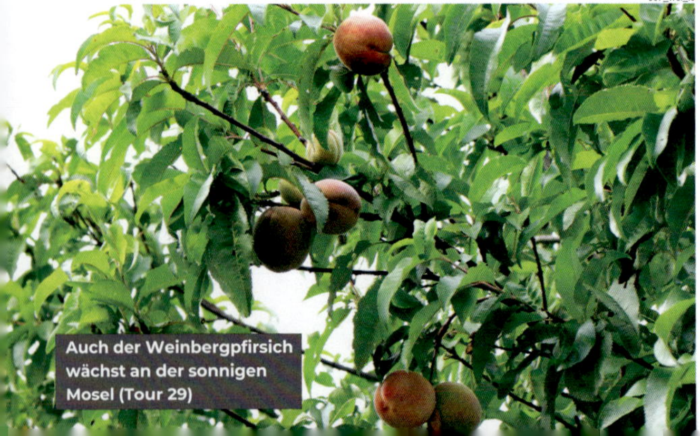

Auch der Weinbergpfirsich wächst an der sonnigen Mosel (Tour 29)

Luxemburg

Luxemburg wartet mit einem gut ausgebauten Straßen- und Schienennetz auf, durchschnittlich wird jeder Ort in den Luxemburger **Ardennen** mindestens einmal pro Stunde mit Zug oder Bus angefahren. Es gibt ein zusätzliches Plus für alle ÖPNV-Reisenden: Seit März 2020 stehen alle öffentlichen Verkehrsmittel (Bus, Zug, Tram) im Großherzogtum den Nutzern kostenfrei zur Verfügung (ausgenommen 1. Klasse). Für Fahrpläne und Haltestellen finden sich Informationen auf der Seite des Verkehrsverbandes (Verkéirsverbond, www.mobiliteit.lu) sowie der luxemburgischen Staatsbahn CFL (Société nationale des chemins de fer luxembourgeois, www.cfl.lu).

Belgien

Auch Belgien ist gut mit öffentlichen Verkehrsmitteln zu bereisen, das belgische Schienennetz gehört gar zu den dichtesten weltweit. Informationen zu Fahrplänen, Haltestellen und Tickets gibt es auf der Internetseite der staatlichen Eisenbahngesellschaft des Königreichs Belgien (SNCB/NMBS, Société nationale des chemins de fer belges/Maatschappij der Belgische Spoorwegen, www.belgianrail.be) und des Nahverkehrsunternehmens Transport en Commun (TEC), das für den öffentlichen Personennahverkehr in Wallonien verantwortlich zeichnet (www.letec.be).

Reisezeit und Klima

Die Eifel ist abgesehen von kleinen Einschränkungen ein das ganze Jahr über zu bewanderndes Gebiet, welches in jeder der vier Jahreszeiten einen ganz eigenen und besonderen Reiz hat. Lange Wanderungen sind im Frühjahr und Herbst, wenn es weder zu kalt noch zu warm ist, sicher für die meisten am angenehmsten. Am klügsten wählt man die Tour sowieso ein wenig nach der Wetterlage. An heißen Sommertagen können Passagen durch schattige Wälder und Schluchten herrliche Abkühlung bringen – gerade auch im Kontrast zu sonnenbeschienenen Wegstrecken. Im Herbst und Winter hingegen sind die mal bunten, mal kargen Wälder nicht nur pittoresk und ausnehmend schön, sondern schützen auch vor bisweilen kalten Winden, die in den Eifeler Höhenlagen schon ziemlich heftig sein können.

Andererseits machen die frischen Winde und die saubere Luft die Eifel zu einer heilklimatisch begünstigten Region – und das wiederum passt ja perfekt zur Bewegung im Freien. Einige Einschränkungen sollte der Wanderer bei der **saisonalen Tourenauswahl** aber doch beachten: Bei Nässe, Eis oder Schnee sollten manche Wege, die etwa durch dunkle Felsenschluchten und entlang an steinigen Bachläufen führen, eher umgangen werden. Wohingegen bei hoher Sonneneinstrahlung und sehr heißen Temperaturen Wanderungen, die kaum Schatten bieten (wie etwa in ungeschützten Weinbergslagen), mit Vorsicht zu genießen sind. Zumindest in den Mittagsstunden sollten diese gemieden werden, was selbstredend insbesondere für kreislaufschwache und empfindliche Menschen gilt.

Insgesamt kann das **Klima in der Eifel,** das dem Einfluss des Atlantiks unterliegt, als vergleichsweise mild, jedoch recht wechselhaft und eher feucht beschrieben werden – und dies gilt im Grunde für den gesamten Jahresverlauf. Wobei wetterbedingt teils erhebliche regionale Schwankungen mit Blick auf Niederschlagsmengen und Temperaturen zu verzeichnen sind. Im Westen fallen mehr Niederschläge als im Osten, da sich die überwiegend vom Atlantik herziehenden Wolken an den Höhenzügen der Eifel stauen. Im Osten herrschen zudem höhere Temperaturen als im Westen.

In den **Hochlagen der Eifel** – wie am Schwarzen Mann oder an der Hohen Acht – ist es im Vergleich zu den niedrigeren Randbezirken kälter. Die Winter sind hier rau und lang, die Niederschläge können dann anhaltend als Schnee fallen. Entsprechend finden sich ebendort die besten Wintersportgebiete der Region. Die Eifeler Sommer setzen relativ spät ein und bleiben recht kühl, aber häufig sind sie angenehm, denn kreislaufbelastende Schwüle tritt in den meisten Gegenden kaum auf. Die wärmsten und trockensten Bedingungen herrschen dabei aller Regel nach in der Südeifel, dem Moseltal im Süden sowie dem Ahr- und Rheingebiet im Osten. Nicht umsonst wird in diesen Gegenden seit Römerzeiten Wein angebaut.

Neben den regionalen Differenzen trägt auch die stark strukturierte Oberfläche der Eifel mit den exponierten Erhebungen, weiten Hochflächen und den tief eingeschnittenen Tälern zu großen Temperaturschwankungen bei, die gerade beim Wandern zu beachten sind, da je nach Routenverlauf warme und kalte Wegabschnitte oft nicht weit auseinanderliegen.

Sport und Freizeit

Dass die Eifel nicht nur Wanderern viel zu bieten hat, dürfte wegen der Vielfalt der Landschaften und der wirtschaftlichen Fokussierung auf den Tourismus nicht allzu sehr verwundern. In der Tat finden Sportbegeisterte ein buntes Potpourri an möglichen Freizeitaktivitäten. Golfspieler etwa können auf diversen Grünplätzen in der gesamten Region ihrem Hobby nachgehen. Wassersportler – ob Fliegenfischer, Kanu- oder Kajakfahrer, Segler, Surfer oder Schwimmer – toben sich auf und in den Flüssen, Seen und Maaren der wasserreichen Eifel aus. Radfahrer, seien sie nun mit dem Mountainbike, Rennrad oder E-Bike unterwegs, wählen zwischen einfachen und anspruchsvollen Strecken in den Tal- wie Höhenlagen. Ambitionierte Kletterer hangeln sich inmitten aufgelassener Steinbrüche oder Naturfelsenlandschaften steile Wände empor. Wer es den Vögeln gleich tun und hoch in die Lüfte emporsteigen will, der kann Segel- und Drachenfliegen, Fallschirmspringen und Paragleiten. Motorsportbegeisterte (aktiv wie passiv) werden sich kaum einen Besuch des legendären Nürburgrings in der Hocheifel entgehen lassen, wo man nicht nur bei Rennen zusehen, sondern auch selbst eine schnelle Runde drehen kann. Bei guten Schneebedingungen kommen außerdem die Skifahrer auf ihre Kosten, denn in den Höhenlagen der Eifel finden sich in allen drei betreffenden Staaten zahlreiche Wintersportgebiete für Abfahrt wie Langlauf. Wer sein Glück eher auf dem Rücken eines Pferdes erlebt, für den bietet sich eventuell das Wanderreiten an, das sich in der Eifel wachsender Beliebtheit erfreut. Daneben stehen andere Outdoor-Aktivitäten mit Tieren derzeit hoch im Kurs: Menschen, die etwa schon immer mal an der Seite von Eseln oder Lamas wandern wollten, finden in der Region ebenfalls geeignete Anlaufstellen. Detaillierte Informationen zum vielfältigen Sportangebot sowie entsprechende Adressen gibt es wiederum bei den regionalen Fremdenverkehrsämtern.

Telefonieren

Bei Anrufen aus dem Ausland nach Deutschland gilt die internationale Vorwahl 0049 bzw. +49, bei jenen nach Luxemburg die 00352 bzw. +352 und bei denen nach Belgien die 0032 bzw. +32.

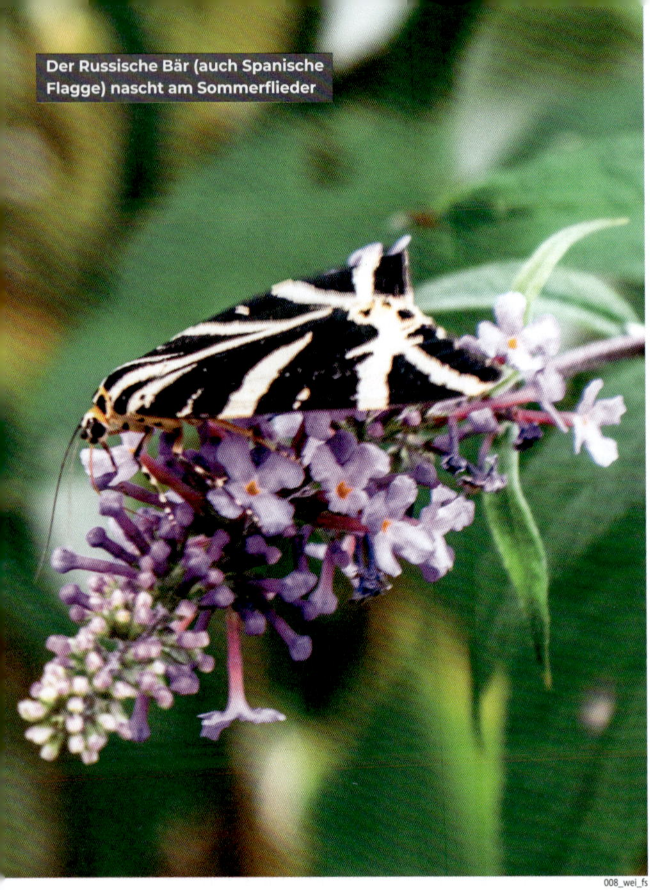
Der Russische Bär (auch Spanische Flagge) nascht am Sommerflieder

008_wei_fs

In Sachen Mobilfunk kann es durchaus vorkommen, dass man in manchen Regionen der Eifel schlechten oder gar keinen Empfang hat. Je nach Anbieter, Netzabdeckung und Übertragungstechnik kann es dahingehend zu mehr oder minder ausgeprägten Störungen kommen.

Touristische Informationen

Überregionale Informationsstelle:

- **Eifel Tourismus GmbH,** Kalvarienbergstraße 1, D-54595 Prüm, Tel. +49 6551 96560, www.eifel.info

Regionale Informationsbüros (Auswahl in alphabetischer Reihenfolge):

- **Ahrtal-Tourismus Bad Neuenahr-Ahrweiler e.V.,** Oberstraße 8, D-53474 Bad Neuenahr-Ahrweiler, Tel. +49 2641 91710, www.ahrtal.de
- **Centre Nature Botrange** (Naturpark-Zentrum Hohes Venn-Eifel), Route de Botrange, 131, B-4950 Waimes, +32 80 440300, www.botrange.be
- **Deutsch-Luxemburgische Tourist-Information,** Moselstraße 1, D-54308 Langsur-Wasserbilligerbrück, Tel. +49 6501 602 666, www.lux-trier.info
- **Felsenland Südeifel Tourismus GmbH,** Neuerburgerstraße 6, D-54669 Bollendorf, Tel. +49 6525 933930, www.felsenland-suedeifel.de
- **Mosellandtouristik GmbH,** Kordelweg 1, D-54470 Bernkastel-Kues, Tel. +49 6531 97330, www.mosellandtouristik.de
- **Nationalpark-Zentrum Eifel** im Forum Vogelsang IP, Vogelsang 70, D-53937 Schleiden, +49 2444 915740, www.nationalpark-eifel.de (zudem touristische Informationsstellen mit Ausstellungsräumen in den Nationalpark-Toren in Simmerath-Rurberg, Schleiden-Gemünd, Heimbach, Monschau-Höfen und Nideggen)
- **Nordeifel Tourismus GmbH,** Bahnhofstraße 13, D-53925 Kall, Tel. +49 2441 994570, www.nordeifel-tourismus.de
- **Office Régional du Tourisme Région Éislek-Ardennes Luxembourgeoises,** 1a, Rue du Vieux Marché, L-9419 Vianden, Tel. +352 26950566, www.visit-eislek.lu
- **Office Régional du Tourisme Région Mullerthal – Petite Suisse Luxembourgeoise,** B.P. 152, L-6402 Echternach, Tel. +352 7204571, www.mullerthal.lu
- **Rhein-Mosel-Eifel-Touristik,** Bahnhofstraße 9, D-56068 Koblenz, Tel. +49 261 108419, www.remet.de
- **Rureifel-Tourismus e.V.,** An der Laag 4 (im Nationalpark-Tor Heimbach), D-52396 Heimbach, Tel. +49 2446 805790, www.rureifel-tourismus.de
- **Rursee-Touristik GmbH** (Hauptgeschäftsstelle im Nationalpark-Tor Rurberg), Seeufer 3, D-52152 Simmerath-Rurberg, +49 2473 93770, www.rursee.de
- **Tourismusagentur Ostbelgien,** Hauptstraße 54, B-4780 Sankt Vith, Tel. +32 80 227664, www.ostbelgien.eu

- **Touristik Schleidener Tal e.V.** (im Nationalpark-Tor Gemünd), Kurhausstraße 6, D-53937 Schleiden, Tel. +49 2444 2011, www.schleiden.de
- **Tourist-Information Arzfeld,** Luxemburger Straße 4, D-54687 Arzfeld, Tel. +49 6550 974190, www.islek.info
- **Tourist-Information Bitburger Land,** Römermauer 6, D-54634 Bitburg, Tel. +49 6561 94340, www.eifel-direkt.de
- **Tourist-Information Daun,** Leopoldstraße 5, D-54550 Daun, Tel. +49 6592 951370, www.gesundland-vulkaneifel.de
- **Tourist-Information Gerolsteiner Land GmbH,** Bahnhofstraße 4, D-54568 Gerolstein, Tel. +49 6591 949910, www.gerolsteiner-land.de
- **Tourist-Information Hocheifel-Nürburgring,** Kirchstraße 15–19, D-53518 Adenau, Tel. +49 2691 305122, www.hocheifel-nuerburgring.de
- **Tourist-Information Prümer Land,** Hahnplatz 1, D-54595 Prüm, Tel. +49 6551 505, www.ferienregion-pruem.de
- **Trier Tourismus und Marketing GmbH,** Simeonstraße 55, D-54290 Trier, +49 651 978080, www.trier-info.de
- **Zweckverband Ferienregion Laacher See,** Kapellenstraße 12, D-56651 Niederzissen, Tel. +49 2636 19433, www.vulkanregion-laacher-see.de

Weitere hilfreiche (Internet-)Adressen:

- **Eifelverein** (Hauptgeschäftsstelle), Stürtzstraße 2-6, D-52349 Düren, Tel. +49 2421 13121, www.eifelverein.de
- **Natur- und Geopark Vulkaneifel GmbH,** Mainzer Straße 25, D-54550 Daun, Tel. +49 6592 933203, www.geopark-vulkaneifel.de
- **Natur- und Geopark Müllerthal,** 8, Rue de l'Auberge, L-6315 Beaufort, Tel. +352 268782911, www.naturpark-mellerdall.lu
- **Naturpark Nordeifel e. V.,** Geschäftsstelle **NRW,** Bahnhofstraße 16, D-53947 Nettersheim, Tel. +49 2486 911117; Geschäftsstelle **RLP,** Tiergartenstraße 70, D-54595 Prüm, Tel. +49 6551 985755, www.naturpark-eifel.de
- **Naturpark Our,** 12, Parc, L-9836 Hosingen, Tel. +352 9081 881, www.naturpark-our.lu
- **Naturpark Rheinland,** Lindenstraße 20, D-50354 Hürth, Tel. +49 2233 7100777, www.naturpark-rheinland.de

- **Naturpark Südeifel,** Ewerhartstraße 14, D-54666 Irrel, +49 6525 7926130, www.naturpark-suedeifel.de
- **Naturwanderpark delux,** Informationen über die Eifel Tourismus GmbH, Kalvarienbergstraße 1, D-54595 Prüm, Tel. +49 6551 96560, www.naturwanderpark.eu
- **Vulkanpark GmbH,** Infozentrum, Rauschermühle 6, D-56637 Plaidt, +49 2632 98750, www.vulkanpark.com
- **www.kulturdb.de** (umfangreiche Datenbank der Kulturgüter der Stadt Trier sowie der Landkreise Bernkastel-Wittlich, Trier-Saarburg, Vulkaneifel und Bitburg-Prüm)

Unterkünfte

In der Eifel dürfte sich für fast alle Geschmäcker und Geldbeutel eine passende Unterkunft finden. Zwar ist das Angebot an größeren **Hotels** ziemlich übersichtlich, aber in den meisten Ortschaften gibt es kleinere Hotels, gemütliche **Pensionen** sowie private **Ferienhäuser** und -wohnungen. Als typisch ländlich treten die Offerten hervor, die dem Urlauber idyllische Ferien auf einem Bauern- oder Winzerhof ermöglichen. Mit vielfältigen Freizeitangeboten können insbesondere die über die Region verteilten Feriendörfer aufwarten.

Preisgünstige Unterkünfte (auch für größere Gruppen) bieten die lokalen **Jugendherbergen** und Häuser der **Naturfreunde.** Neben den gängigen Suchportalen kann auf den Internetseiten des Deutschen Jugendherbergswerks e. V. (DJH) sowie des Naturfreundeverbands nach geeigneten Häusern recherchiert werden (www.jugendherberge.de; www.naturfreunde.de).

In den örtlichen Fremdenverkehrsbüros sowie der überregional agierenden Eifel Tourismus GmbH mit Sitz in Prüm (siehe unter „Touristische Informationen“) sind aktuelle Unterkunftsverzeichnisse erhältlich (auch bestellbar).

Überdies ermöglichen folgende Internetportale die eigene Recherche nach Unterkünften und Restaurants:

- www.eifel.de
- www.urlaub-in-der-eifel.net
- www.gastlandschaften.de
- www.eifelfuehrer.de

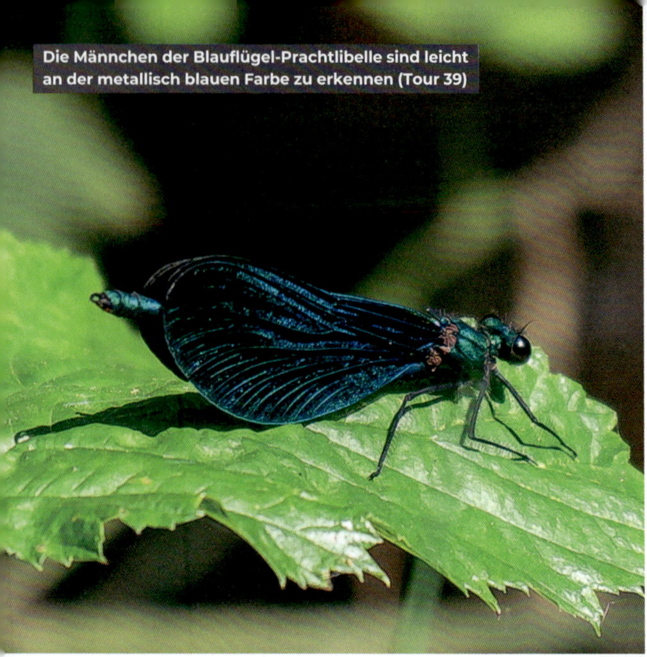

Die Männchen der Blauflügel-Prachtlibelle sind leicht an der metallisch blauen Farbe zu erkennen (Tour 39)

009_wei_fs

Wege und Anforderungen

Das Wanderwegenetz der Eifel ist hervorragend ausgebaut. Die Wege sind gut begehbar, größtenteils ausreichend und verständlich markiert und beschildert, wofür nicht zuletzt der emsige Eifelverein (gegründet 1888) mit seinen vielen Ortsgruppen und engagierten Mitgliedern verantwortlich zeichnet, der sich um Ausweisung, Markierung und Pflege vieler Wanderwege in der Region kümmert. Neben **Fernwanderwegen** (wie dem 313 Kilometer langen Eifelsteig von Kornelimünster bei Aachen bis Trier), die sich durch das gesamte Eifelgebiet ziehen, gibt es vielerlei **regionale** und **örtliche** (Themen-)Wege, um die sich die jeweiligen Gemeinden kümmern.

Einziger Kritikpunkt in Sachen Markierung wäre, dass aufgrund der vielen, sich teils überschneidenden Themenrouten und entsprechender Beschilderung bisweilen ein ziemliches **„Wegweiser-Chaos“** ungünstig auffällt. Das kann zu gelegentlicher Verwirrung führen. Aber alles in allem stellt das kein allzu großes Problem dar. Man braucht nur manchmal eine Sekunde länger, um sich zu ordnen und zu orientieren. Im Zweifelsfall finden sich in diesem Kontext entsprechende Hinweise in den Routenbeschreibungen. Generell werden die jeweiligen Schilder, denen man auf einem bestimmten Abschnitt folgen soll, explizit benannt.

Die Mittelgebirgsregion der Eifel bietet für alle Ansprüche und jedes Können geeignete Routen. Ausgesprochen schwierige Touren, die nur von echten Profis begangen werden sollten, gibt es dabei aller Regel nach nicht.

Mit Blick auf die Wegbeschaffenheit muss jedoch beachtet werden, dass durchaus vergleichsweise schwierige Passagen aufwarten können. Viele, teils steile und abschüssige Pfade führen über Stock und Stein, zudem sind teilweise beträchtliche An- und Abstiege zu bewältigen. In diesen Fällen wird bei den jeweiligen Touren eigens darauf hingewiesen, dass Trittsicherheit und eine gute Kondition erforderlich sind. Zudem gilt es zu beachten, dass in ganz seltenen Einzelfällen auch ein Mindestmaß an Schwindelfreiheit vonnöten ist – und dies nicht nur bei den raren Klettersteigen in der Eifel, sondern durchaus auch bei einzelnen Höhenwanderungen, die partiell über ausgesetzte Felspassagen verlaufen.

In Sachen Einschätzung des **Schwierigkeitsgrades** der jeweiligen Streckenverläufe wurde jede Wanderung einer bestimmten Farbe (grün, orange, rot) zugeordnet, wobei diesen Markierungen folgende Kriterien zugrunde gelegt sind:

LEICHT

Diese Touren stellen keine speziellen Anforderungen an den Wanderer und sind in der Regel auch für Familien mit Kindern geeignet.

MITTELSCHWER

Diese Touren erfordern eine gewisse Kondition und/oder Trittsicherheit und/oder Schwindelfreiheit, zudem bisweilen einen guten Orientierungssinn (ob mangelnder Markierung).

ANSPRUCHSVOLL

Diese Touren sind für geübte und mitunter ambitionierte Wanderer und erfordern gute bis sehr gute Ausdauer und/oder Trittsicherheit und/oder Schwindelfreiheit.

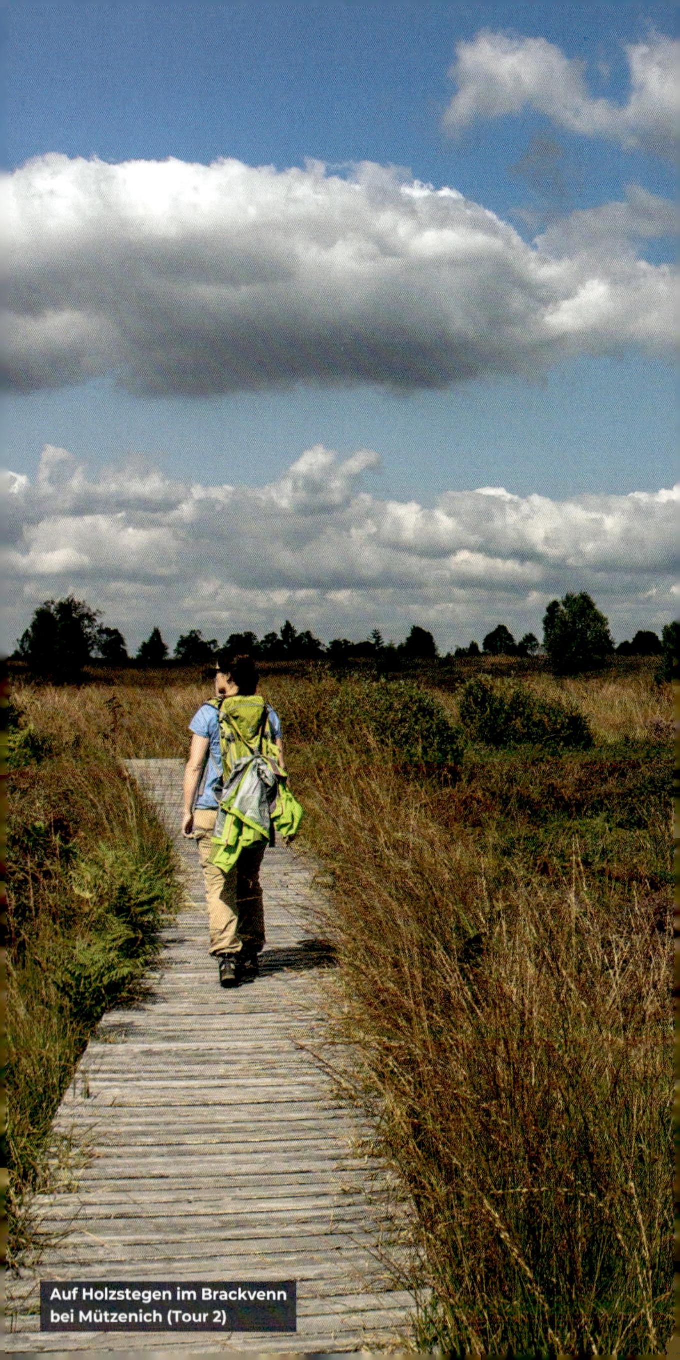

Auf Holzstegen im Brackvenn
bei Mützenich (Tour 2)

LAND UND LEUTE

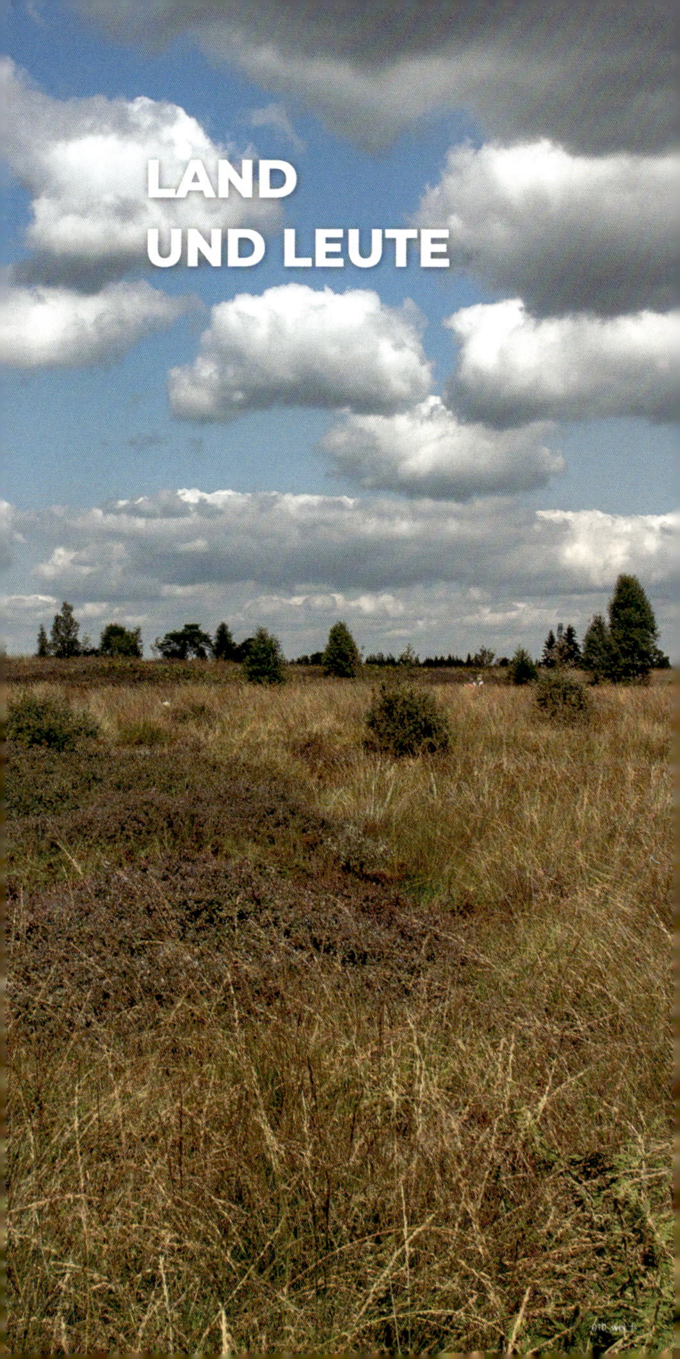

Das Gebiet im Überblick

Gemeinhin wird als Eifel der auf deutschem Staatsgebiet liegende linksrheinische Teil des Rheinischen Schiefergebirges bezeichnet, der sich aber genau genommen jenseits der belgischen und luxemburgischen Grenze in den Ardennen fortsetzt. Als grobe Marker der über 5.300 km^2 umfassenden Region können die Städte Aachen, Bonn, Trier und Koblenz sowie die Flüsse Mosel und Rhein gelten. In Nord-Süd-Richtung erstreckt sich die Eifel von Aachen bis nach Trier, wobei die im Westen liegende Hochmoorlandschaft des Hohen Venns auf belgischer Seite sowie Teile des luxemburgischen Öslings und Gutlands auch zum Gebiet gezählt werden müssen. Im Norden zwischen Aachen und Bonn fällt die Eifeler Hochfläche zur Niederrheinischen Tieflandsbucht ab. Im Osten gen Koblenz bildet sodann der Rhein die Grenze zum Bergischen Land und zum Westerwald, von Koblenz bis Trier schließlich die Mosel zum Hunsrück.

Vulkanismus: bis heute ein Thema

Der Eifelvulkanismus hatte bekanntermaßen bis in die jüngste Erdgeschichte hinein entscheidende Auswirkungen auf die Entstehung der Landschaft. Die damit zusammenhängenden Lava- und Ascheströme prägen das heutige Bild der Eifel in besonderem Maße. Eine zweite (und bis dato letzte) vulkanisch aktive Phase setzte im Quartär vor rund einer Million Jahren ein. Sie endete erst vor etwa 10.000 Jahren. Viele der über 70 Maare in der Eifel, von denen nur ein Bruchteil mit Wasser gefüllt ist, sind in dieser Zeit entstanden – zuletzt das Ulmener Maar. Ebenfalls in jüngster Zeit (vor etwa 11.000 Jahren) brach der bekannte **Laacher See Vulkan** aus: Der folgende Zusammensturz des Feuerbergs führte zur Bildung des Laacher Sees, der kein Maar, sondern eine Caldera ist.

Und noch immer brodelt es unter der Eifel. Auf die vulkanische Aktivität im Erdinnern weisen neben andauernden tektonischen Unruhen unter anderem die vielen blubbernden Säuerlinge in der Region sowie die sogenannten Mofetten hin – aufsteigende Kohlendioxid-Bläschen, die an der Wasseroberfläche des Laacher Sees deutlich auszumachen sind. Ob unter anderem letztere Anzeichen dafür sind, dass es in Zukunft zu einem weiteren Ausbruch des Vulkans kommen könnte, darüber ist sich die Wissenschaft offenbar uneinig: Einerseits wird vom „erkalteten Atem" eines „sterbenden Vulkans" gesprochen, andererseits davon, dass dieser lediglich ruht und durchaus eines Tages wieder Lava spucken könnte.

011_wei_fs

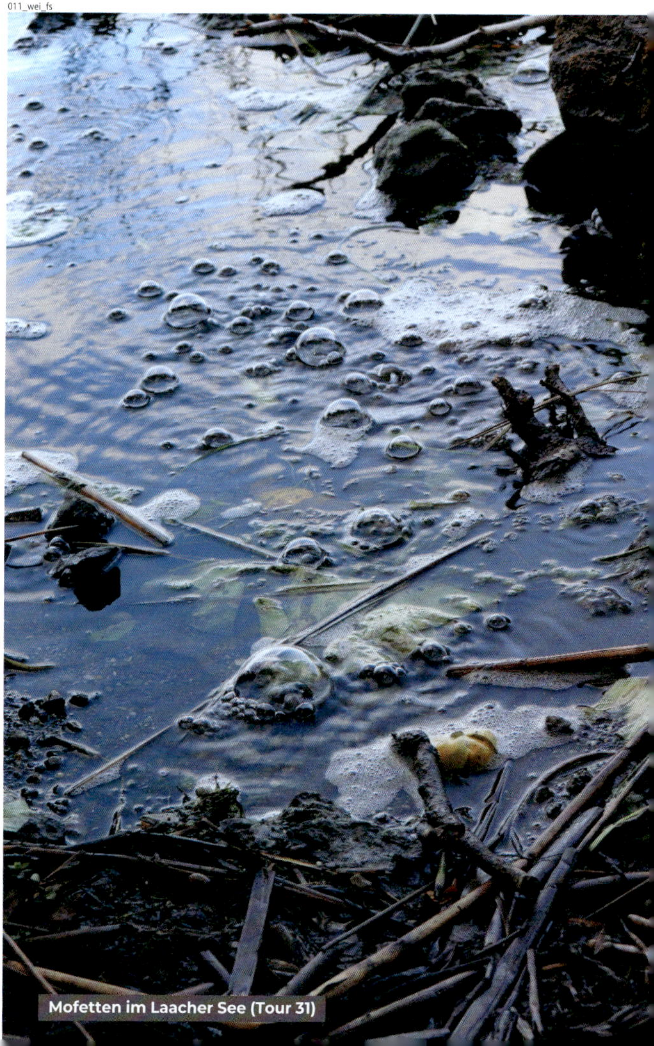

Mofetten im Laacher See (Tour 31)

Siedlungsgeschichte

Neben erdgeschichtlichen Prozessen hat natürlich auch der Mensch in einer bereits Jahrtausende andauernden Siedlungsgeschichte das Bild der Landschaft durch massive Eingriffe in die Natur entscheidend geprägt – etwa durch Forst- und Landwirtschaft sowie Erz-, Kohle- und Steinabbau und die damit zusammenhängende verkehrstechnische und infrastrukturelle Erschließung.

Die Eifel gehört zu den Gebieten in Deutschland, die sehr früh besiedelt worden sind. **Archäologische Funde** belegen, dass die Region schon vor rund 100.000 Jahren von Neandertalern durchwandert wurde. Nach der letzten Eiszeit ließen sich Menschen dauerhaft in der Eifel nieder, insbesondere in den klimatisch begünstigten Randregionen. Ab etwa 600 v. Chr. besiedelten dann die Kelten große Teile der Eifel – so etwa jene vom Stamm der Treverer das Ferschweiler Plateau in der Südeifel. Im 1. Jh. v. Chr. kamen die Römer, deren Feldherr Julius Cäsar dem

012_wei_fs

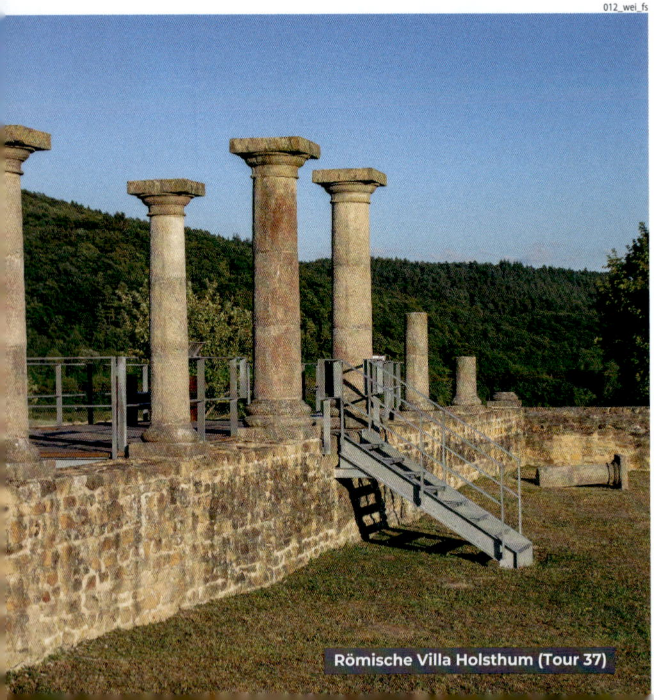

Römische Villa Holsthum (Tour 37)

seinerzeit größeren Eifel-Gebiet den Namen „Silva Arduenna“ (Ardennenwald) gab und unter anderem die Treverer unterwarf, welche in der Folge romanisiert wurden. Gleichzeitig bedeutete die römische Herrschaft, die bis ins 4. Jh. n. Chr. reichte, alles in allem eine Blütezeit für die Region – sowohl infrastrukturell, kulturell, industriell als auch wirtschaftlich: Fernstraßen und Wasserleitungen (wie jene von Nettersheim nach Köln) wurden errichtet und Bodenschätze wie Eisen, Blei, Zink und Kupfer sowie Steine abgebaut, auch Heiligtümer und Landvillen entstanden. Nicht zu vergessen ist in diesem Kontext natürlich die um 16 v. Chr. erfolgte **Gründung der Stadt Trier** durch Kaiser Augustus. Im 5. Jh. n. Chr. drangen die Franken in die Eifel ein: Sie lebten mehrheitlich als Bauern in Dörfern und betrieben Landwirtschaft wie Viehzucht. In die fränkische Herrschaftszeit fiel unter anderem die Gründung bedeutender Klöster in der Eifel (etwa der Abtei Prüm im Jahr 721), die im Kontext früher Christianisierungsprozesse stehen. Der mächtige Frankenkönig **Karl der Große,** welcher der Linie der Karolinger den Namen gab, machte die Stadt Aachen zum Zentrum seines Reichs und ließ sich ebendort Ende des 8. Jahrhunderts eine prächtige Königspfalz samt Kapelle errichten.

Im 10. Jh. wurde die Eifel Teil des Ostfränkischen Reichs, dem Vorboten des Heiligen Römischen Reiches (Deutscher Nation). Das Gebiet zersplitterte bis zum 13. Jh. in viele Klein- und Kleinstterritorien. Die mannigfachen, zur Grenzsicherung gebauten Burgen aus jener Zeit sind beredtes Zeugnis territorialer Machtansprüche. Aber auch diese Festungsbauten bewahrten die meisten nicht davor, den wenigen Großmachthabern, die im Mittelalter die Eifel beherrschten, untertan zu werden: Namentlich den Erzbistümern Trier und Köln, dem Herzogtum Jülich und der Grafschaft Luxemburg, unter denen das Gebiet aufgeteilt war. Nur vereinzelt konnten kleinere Herrschaftsgebiete ihre Unabhängigkeit bewahren.

Zwischen dem 16. Jh. und dem 18. Jh. wurde die Region von vielen, teils verheerenden **Kriegen** heimgesucht, welche das Land verwüstet und öd zurückließen. Nach dem napoleonischen Intermezzo (1794–1814), das für die Eifel tatsächlich eine Art „Aufschwung“ bedeutete, ging das Gebiet 1815 an Preußen. Und für die Preußenherrscher im fernen Berlin war die Grenzregion im Westen lediglich von militärischer Bedeutung. Ansonsten hatten sie nicht viel am Hut mit dem abseitigen, als kalt,

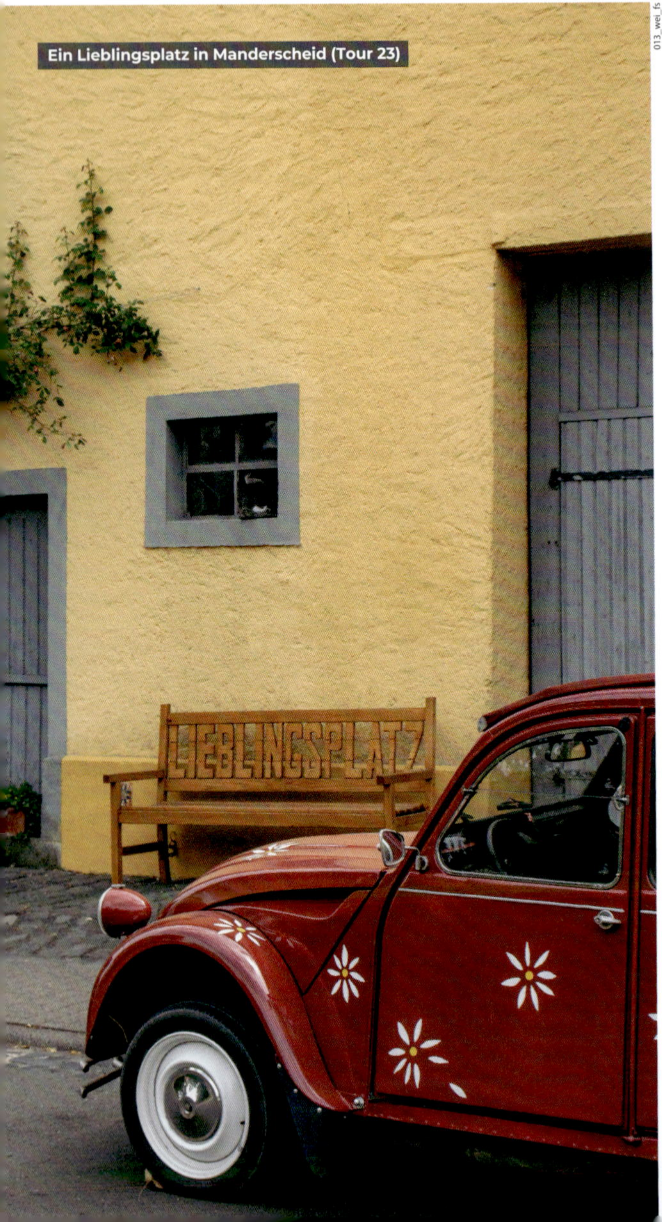

Ein Lieblingsplatz in Manderscheid (Tour 23)

013_wei_fs

rau, karg und lebensfeindlich geltenden Landstrich. Daher dauerte es auch so lange, bis die Eifel infrastrukturell erschlossen wurde. Zwar bauten die Preußen aus militärstrategischen Gründen Straßen, aber die gänzliche Erschließung wurde versäumt. Erst 1871 konnte etwa die Eisenbahnstrecke zwischen Trier und Köln eröffnet werden. Durch die lange Abgeschnittenheit gingen einst bedeutsame Industriebetriebe (etwa Tuch-, Eisen-, Bleierz-, und Steinindustrie) ein oder sind frühzeitig abgewandert. Das gesamte 19. Jh. war geprägt von Missernten, Hungersnöten, mangelnder Erwerbsmöglichkeit und tiefer Not: Es herrschte bittere Armut – viele Menschen verließen die Eifel in der Hoffnung auf ein besseres Leben. Sie zogen in nahe Ballungsräume wie das Ruhrgebiet oder weit weg nach Übersee.

Auch das 20. Jh. machte erst einmal keine allzu große Hoffnung auf Besserung der Lebensumstände. Die erste Hälfte des Jahrhunderts war von zwei furchtbaren Weltkriegen geprägt. Während des **Zweiten Weltkriegs** war die nordwestliche Eifel rund um den sogenannten Westwall Schauplatz der schrecklichen Ardennenoffensive, die unvorstellbar viele Opfer forderte. Der Westwall wurde von den Nationalsozialisten an der Westgrenze des Deutschen Reichs als Abwehrsystem gebaut. Noch heute sind Reste der Bunker, Stollen und Panzersperren zu sehen.

Imagewechsel

Zu den schwierigen Lebensbedingungen in der Eifel kam die Arroganz und Verachtung, die der Region und ihren Bewohnern von außen entgegengebracht wurde. Lange Zeit als „Preußisch Sibirien" und „Armenhaus des Reichs" verschrien, schlug sich die Fremdmeinung nicht selten auf die Selbstwahrnehmung der Einheimischen nieder: Tatsächlich schämten sich viele Menschen, aus der Eifel zu stammen, und verleugneten nach Möglichkeit ihre Herkunft. Aber das hat sich glücklicherweise längst geändert. Das heutige Bild der Eifel ist nicht so eindimensional wie einst, sondern äußerst vielfältig. Zwar glauben noch immer einige Unbelehrbare, die Region sei rückständig und im Grunde zu vernachlässigen. Aber über solche geringschätzigen Meinungen lachen die Eifeler und die eingeweihten „Besserwisser" längst herzhaft.

Es ist interessant, wie sich die allgemeine Wahrnehmung der Eifel hin zum Positiven veränderte. Wie so oft, wenn es um die Entdeckung der Schönheit von Natur- und Kulturlandschaften geht, hatten die Künstler – Schriftsteller wie Maler – einen entscheidenden Anteil am Imagewandel. Im Laufe des 19. Jahrhunderts entdeckten viele **Autoren** und *Bildkünstler* das scheinbar unberührte, urwüchsige Mittelgebirge mit seinen luftigen Höhen, schroffen Felsen und vulkanischen Maaren: So kamen etwa zahlreiche Zeichner und Maler aus den nahen Kunstzentren Düsseldorf und Koblenz zum Studium in die Eifel, machten die „vergessene" Region zu ihrem Thema und erklärten sie zu einem bildwürdigen Sujet. Sie wie auch die spätromantischen Dichter legten letztlich den Grundstein in Sachen wachsender Eifel-Popularität, indem sie ihre „Bilder der Eifel" in die Welt

014_wei_fs

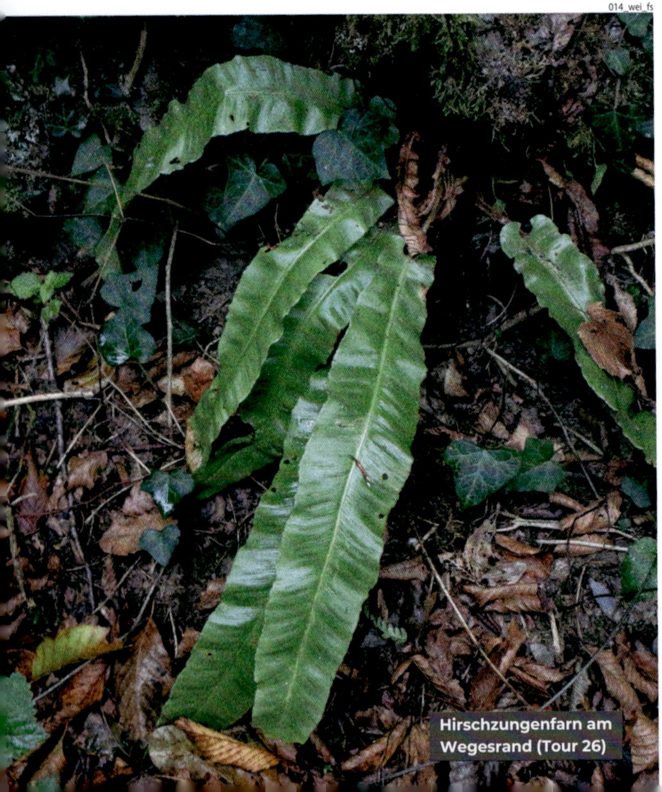

Hirschzungenfarn am Wegesrand (Tour 26)

hinaustrugen. Das Interesse war damit geweckt. Die seit der Reichsgründung 1871 zunehmende infrastrukturelle Erschließung durch Straßen und Eisenbahnwege öffnete sodann auch dem langsam einsetzenden Fremdenverkehr die Türen. Das bis dahin weitgehend „unbekannte" Eifelland wurde folglich für vielerlei interessierte Reisende besser zugänglich. Der **Tourismus** hielt also Einzug – und wurde zu einem wichtigen **Wirtschaftsfaktor** in der bis heute relativ strukturschwachen Region.

Am dauerhaften Erfolg des Fremdenverkehrs hatte sicherlich auch das Wirken des 1888 gegründeten Eifelvereins einen nicht zu unterschätzenden Anteil, der unter anderem mit dem Ausbau von Wanderwegen und der Herausgabe von Reiseführern zur Erschließung und Bekanntheit der Region enorm beitrug. Die Vielseitigkeit und Schönheit der Landschaftsräume mit ihren kulturellen Reichtümern wurde mehr und mehr erkannt und die Eifel zu einem beliebten Ausflugs- und Urlaubsziel. Dass sie in jüngster Vergangenheit neben ihren landschaftlichen Reizen insbesondere durch **Krimis** in Schrift, Ton und Bild von sich reden macht, schadet der Popularität sicher nicht – im Gegenteil. Ein nur schönes, „gelecktes" Image ist ja auch nicht das Wahre. So ein wenig kauzig, düster und mystisch darf das Eifelland schon rüberkommen, finden die Autoren.

Flora

Die Eifelflora, die keine endemischen Arten kennt, weist die gängigen Pflanzengesellschaften deutscher Mittelgebirgsregionen auf. Aber wer sich die Diversität der Landschaftsräume der Eifel vor Augen führt, den kann es kaum verwundern, dass auch die Artenvielfalt entsprechend groß und besonders ist. Längst wissen die meisten, dass die Eifel ein reiches **Orchideengebiet** ist: Höchst interessante und attraktive Standorte finden sich etwa in der Südeifel, wo 35 der rund 60 Orchideenarten, die in Deutschland wachsen, gedeihen. Generell lieben Orchideen kalkhaltige Untergründe, daher sind insgesamt die Kalkmulden der Eifeler Nord-Süd-Senke ein Eldorado für Orchideen wie deren Liebhaber. Auch die streng geschützten Vorkommen der Gelben **Wildnarzisse** in der Westeifel und im Hohen Venn, die zur Blütezeit im Frühjahr die Wanderer in Scharen anlocken, sind allseits bekannt – und sehr sehenswert.

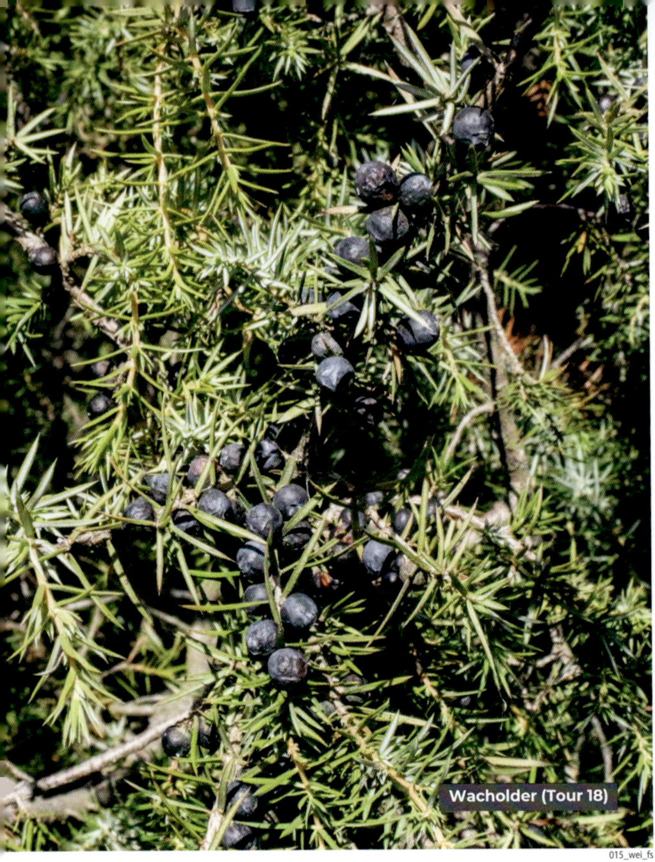

015_wei_fs

Noch im Mittelalter war das Eifelgebirge nahezu komplett von Wald überdeckt, wobei die heimische **Buche** deren einstiger Herrscher war. Durch massive Rodungen und Abholzungen bis hinein ins 18. Jahrhundert stand irgendwann fast kein Baum mehr: Die ehedem bewaldete Hügellandschaft war zum Ödland geworden. Das bedeutet im Umkehrschluss, dass die Wälder, die man heute durchwandert, in den meisten Fällen durch Menschenhand entstanden sind. Ab dem 19. Jahrhundert wurde unter den Preußen im großen Stil aufgeforstet, indes vor allem mit standortuntypischen, windempfindlichen **Fichten,** die aber einen entscheidenden Vorteil aus wirtschaftlicher Sicht hatten: Sie wuchsen schnell und stellten keine Ansprüche. Noch heute sind nicht wenige Eifelhügel von solchen Fichten-Monokulturen be-

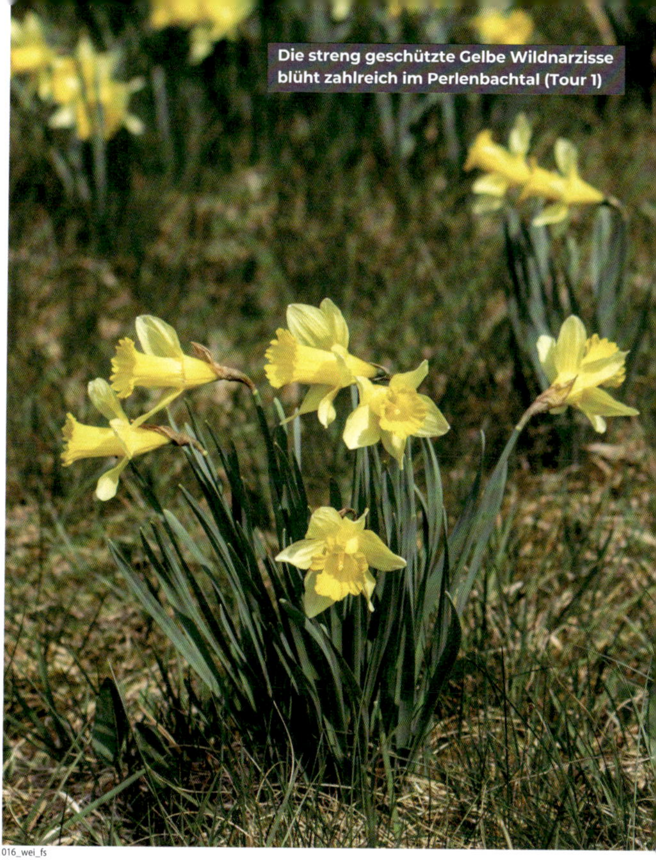

016_wei_fs

wachsen. Im **Nationalpark** bemüht man sich daher mit allen Kräften, den regionstypischen Buchenwald in Zukunft wieder zu stärken, weshalb es auch zu massiven Einschlägen in Fichtenbeständen kommt. In milderen, sonnigeren Gegenden – wie etwa in der Südeifel, im Ahr- und Moseltal – spaziert man nicht selten durch sehr schöne Laubmischwälder, in denen Buchen und wärmeliebende Eichen eine Gemeinschaft bilden, aber auch dieses Zusammentreffen ist letztlich auf menschlichen Einfluss zurückzuführen. An die Auenlandschaften und Moore, die grundsätzlich feucht und zeitweise überflutet sind, haben sich unter anderem Erlen, Kiefern und Birken gut angepasst.

Auf den Hochebenen und in den milderen Tieflagen der Eifel wird **Landwirtschaft** betrieben – je nach Region und Klima vorzugsweise Milchwirtschaft oder Ackerbau. Für den **Weinanbau** eignen sich die klimatisch begünstigten Gebiete des Ahr- und des Moseltals, wo auch andere, besonders wärmeliebende (Kultur-)Pflanzen wie Weinbergpfirsich, Felsenmispel und Felsenbirne gedeihen. Hervorzuheben ist der regional sehr begrenzte Hopfenanbau in der Südeifel bei Holsthum: Der Hopfen, der hier wächst, würzt das im nahen Bitburg gebraute **Bier.** Auch die Streuobstwiesen stellen eine charakteristische Wirtschaftsform in den milderen Lagen dar und sind Grundlage für die hochprozentigen, weit über die Region bekannten Obstbrände der Eifel.

Viele der Offenflächen werden regelmäßig beweidet, nicht nur aus wirtschaftlichen, sondern auch aus Natur- und Kulturlandschutzgründen. Die Dreiborner Hochfläche etwa, die neben anderen Gegenden der Eifel aufgrund des massenhaften Vorkommens an Besenginster („Eifelgold") berühmt ist, verdankt ihr heutiges Antlitz vornehmlich dem Appetit von Schafen, die der Mensch zur Freihaltung der Flächen nach wie vor einsetzt. Sie fressen schlicht alles, was rund um den Ginster wächst – die-

017_wei_fs

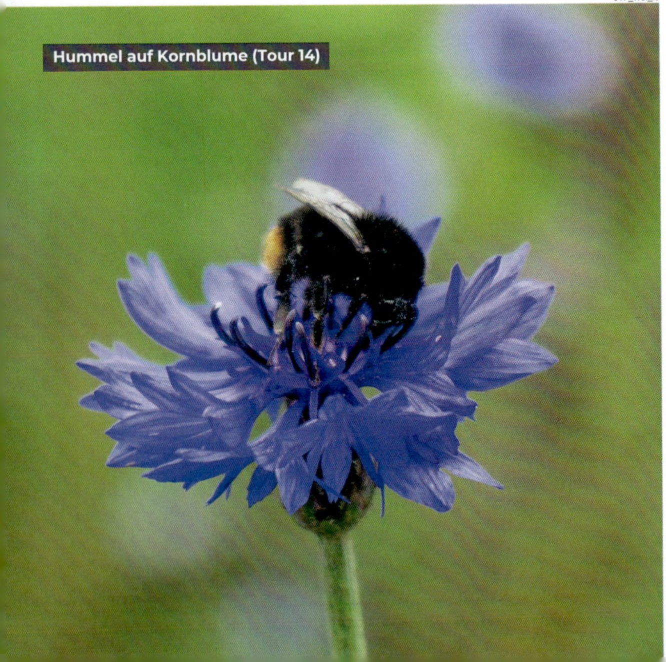

Hummel auf Kornblume (Tour 14)

sen aber eben nicht. Das gleiche gilt auch für die unter Schutz stehenden Wacholderheiden rund um Alendorf bei Blankenheim, die der Gegend einen Hauch „Toskana" verleihen.

In der Moorlandschaft des Hohen Venns gedeihen unter anderem Torfmoose, Seggen, typische Gräser wie Woll- und Pfeifengras, vereinzelt Bäume wie Moorbirken und Erlen, üppige Farne, Heidegewächse wie Besen- und Glockenheide sowie Blau- und Preiselbeeren. An den „Augen der Eifel", den wassergefüllten Maaren der Vulkaneifel, wachsen etwa Binsen und Röhricht, auf der Wasseroberfläche blühen die Seerosen. Ob ihrer Rarität gelten insbesondere die Vorkommen der sogenannten Galmei-Vegetation im nördlichen Hürtgenwald und im Dreiländereck rund um Aachen als große Besonderheit der Eifeler Flora: Pflanzen wie das Galmei-Täschelkraut oder das Gelbe Galmei-Veilchen geht es ausgezeichnet auf schwermetallhaltigen Böden.

Fauna

Auch die Tierwelt in der Eifel gilt als charakteristisch für eine deutsche Mittelgebirgsregion. Sie ist artenreich und in jedem der diversen Lebensräume finden sich typische Tiere. Die Wälder, Felsenschluchten, Moore, Felder, Wiesen, Weiden, Hecken- und Heidelandschaften sowie die Fließ- und Stehgewässer bieten den meist im Verborgenen lebenden Tieren Raum und Schutz. Der Bestand vieler Arten ist allerdings bedroht: Werden diese nicht ausreichend geschützt, ist die Wahrscheinlichkeit groß, dass sie aussterben.

Vermutlich denken die meisten Menschen mit Blick auf die heimische Fauna zuerst an die wegen ihrer schieren Größe oder Kraft beeindruckenden Tiere, die heute durch unsere Wälder streifen, in erster Linie also Rot- und Schwarzwild. Wenn man nicht gerade Förster oder Jäger ist, wird man diesem aber kaum oder nur selten in der freien Wildbahn begegnen. Auf Wanderungen durch die Eifel sieht man am ehesten Vögel, Insekten (im Sommer sehr viele Schmetterlinge in einzelnen Regionen), auch mal einen Frosch oder einen Salamander, kleinere und mittelgroße Säugetiere wie Mäuse, Eichhörnchen, Marder oder Fuchs.

Eindeutig der König der Wälder ist der dämmerungsaktive **Rothirsch,** ist er doch das größte Wildtier der Eifel. Im Gegensatz zu diesem lassen sich Rehe ziemlich häufig blicken, insbesondere wenn sie zum Äsen aus dem Dickicht heraustreten. Auch den Rotfuchs kann man oft auf Grünflächen bei der Mäusejagd beobachten. Seltener kommt es vor, dass man ein Wildschwein oder gar eine ganze Rotte durch den Wald laufen sieht: Meist verweisen nur ein aufgewühlter Boden und ein nicht zu leugnender „Maggi"-Geruch darauf, dass kürzlich Schwarzwild auf Nahrungssuche unterwegs war. Marder, Iltis und Wiesel huschen hin und wieder durchs Dickicht. Den versteckt in Höhlen im Wald lebenden Dachs hingegen haben die meisten Eifeler wohl nur tot erblickt: Die hundegroßen, mitunter etwas plump wirkenden Dachse mit ihrer schwarz-weißen Fellzeichnung liegen leider nicht selten überfahren am Straßenrand. Sehr oft begegnet man dafür dem munteren Eichhörnchen – im eigenen Garten, in Parks und in den Wäldern. Gelegentlich sieht man einen Feldhasen über die Äcker hoppeln, den – aufgrund landwirtschaftlicher Zurückdrängung – vom Aussterben bedrohten Feldhamster indes eher nie. Quasi unsichtbar für den Laien lebt die ebenfalls bedrohte, streng geschützte Wildkatze versteckt in den dichten Wäldern. Die zusammenhängenden Gebiete von Eifel und Ardennen beherbergen das **größte Wildkatzenvorkommen in Mitteleuropa** – und selbst das ist recht überschaubar. Insbesondere im **Nationalpark** hat der scheue „Eifeltiger" einen Rückzugsort gefunden, was hoffentlich weiterhin zur Stabilisierung und Stärkung der Art beiträgt. Ebenso rar ist der Biber, das größte Nagetier Europas, welches im 19. Jh. komplett ausgerottet wurde und durch erfolgreiche Ansiedlungsmaßnahmen an manchen Orten wieder heimisch geworden ist. Am ehesten wird der Wanderer die beeindruckenden Bissspuren des pelzigen Gesellen, dessen gebaute Staudämme oder gar eine Biberburg erblicken, den kleinen „Architekten" selbst allerdings wohl nur im äußersten Glücksfall. Da gerade über ausgerottete Arten die Rede ist, muss man zwangsläufig auch auf die großen Raubtiere zu sprechen kommen, die einst die Eifel besiedelten: Wolf und Luchs. Es gilt als sicher, dass immer mal wieder Einzeltiere beider Arten das Gebiet durchwandern. Ob es zu einer Wiederansiedlung kommt, steht bis dato in den Sternen – unwahrscheinlich aber ist dies nicht.

Wenn man auf die **flugfähigen Tiere** in der Eifel eingeht, so gibt es zahlreiche Fledermausarten (etwa das Große Mausohr), die teils stark gefährdet sind. Am ehesten kann man die Silhou-

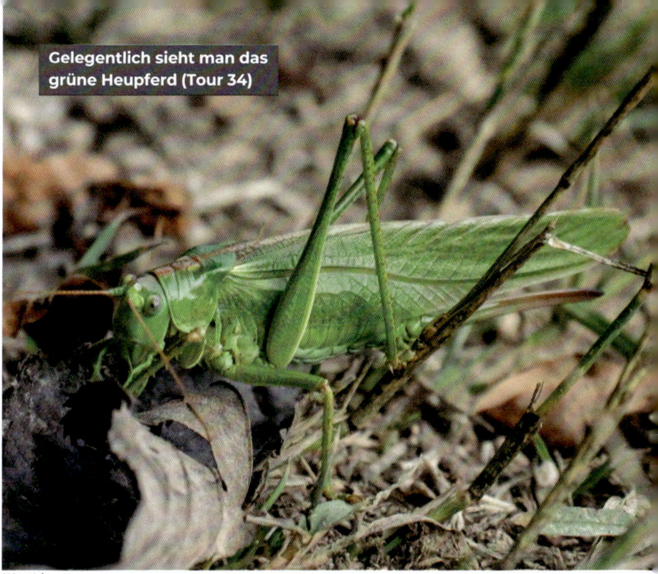

018_wei_fs

ette der kleinen Flugsäuger in lauen Sommernächten durch die Lüfte zucken sehen. Die große Vielfalt an Fluginsekten, die in manchen Regionen in den Sommermonaten auffällt (beispielsweise im Irsental in der Westeifel), umfasst viele seltene und teils stark gefährdete Käfer- und Schmetterlingsarten. Unter den wasserliebenden Fluginsekten sticht vielleicht die wunderschöne Blauflügel-Prachtlibelle am meisten hervor, die vielfach an den Bächen und Flüssen der Eifel zu bestaunen ist. Mit Blick auf die Vogelwelt lässt sich sagen, dass an Raubvögeln vor allem Bussard, Habicht, Sperber, Falke, Rot- und Schwarzmilan zu beobachten sind, wenn sie ihre Kreise am Himmel ziehen. Auch diverse Eulenarten gibt es in der Eifel: So etwa den kleinen Steinkauz, der gerne Streuobstwiesen mit altem Baumbestand mag, mittlerweile aber sehr selten vorkommt, oder den Waldkauz, dessen typische „Huu-hu-huhuhuhuu"- Rufe man im Herbst und Spätwinter vernehmen kann. Auch der fast ausgestorbene Uhu, die größte europäische Eulenart, ist wieder heimisch in einzelnen Gebieten der Eifel, wenn die Bestände auch immer noch sehr gering sind. In Sachen Seltenheit stehen auch der in dichten Wäldern nistende Schwarzstorch, der weitgehend unbekannte Verwandte des Weißstorchs, sowie der auf klare Fließgewässer angewiesene Eisvogel weit oben auf der Liste. Aber hie und da kann man beide kurz sehen, beispielsweise im Our- oder Sauertal. Viele **Vogelarten** lassen sich dagegen sowohl im eigenen Garten als auch beim Wandern durch Wald, Flur und an Gewässern entlang vergleichsweise häufig blicken – so wie Amseln, diverse Meisen, Buchfinken, Rotkehlchen, Kleiber, Gimpel, Zaunkönige, Tauben, Krähenvögel, Spechte und am oder auf dem Wasser unter anderem Schwäne, verschiedene Entenarten, Blesshühner, Graureiher und Kormorane. Einige Vogelarten, von denen manche zu den Zugvögeln zu rechnen sind, bekommt man wiederum seltener zu Gesicht, beispielsweise Haus- und Feldsperling, Kernbeißer, Girlitz, Stieglitz, Schwanzmeise, Haus- und Gartenrotschwanz, Winter- und Sommergoldhähnchen. Unter den Amphibien und Reptilien sind Kröten und Frösche recht häufig, mitunter erblickt man auch den Laubfrosch. Salamander sieht man wenig, sogar der Bestand des auffällig gefärbten Feuersalamanders gilt mittlerweile als gefährdet. Blindschleichen, Waldeidechsen und Mauereidechsen sind recht häufig zu erblicken. In den sonnenverwöhnten Weinbergen des Moseltals sieht man gelegentlich auch die grün leuchtende Westliche Smaragdeidechse über die Trockenmauern huschen.

019_wei_fs

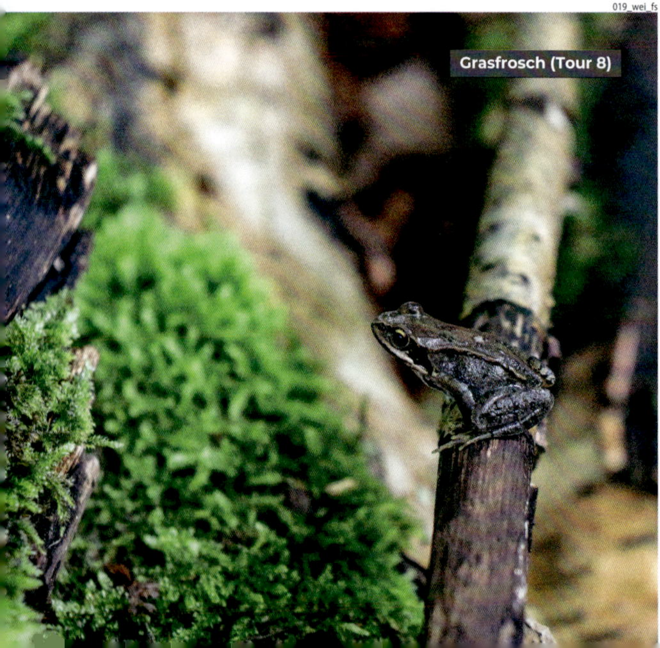

Grasfrosch (Tour 8)

National- und Naturparks

Auf deutschem Gebiet der Eifel gibt es bis dato vier große Naturparks, einen Nationalpark und rund 150 Naturschutzgebiete, in denen Besonderheiten der Landschaft, Geologie, Flora oder Fauna unter Schutz gestellt wurden.

Unter den Naturparks wurde im Jahr 1958 als erster der 432 km² umfassende **Naturpark Südeifel** gegründet, der damit auch der älteste Naturpark in Rheinland-Pfalz und der zweitälteste im gesamten Bundesgebiet ist. Zudem ist er seit 1964 Teil des Deutsch-Luxemburgischen Naturparks, dem ersten länderübergreifenden Naturpark in Europa. Letzterer ist insgesamt 789 km² groß und inkludiert Gebiete beiderseits der Flüsse Our und Sauer, so auf deutscher Seite etwa das Ferschweiler Plateau. Dieser Gründung folgte 1959 an den nördlichen Eifelausläufern die Ausweisung des Naturparks Kottenforst-Ville, der nun als **Naturpark Rheinland** bezeichnet wird. Zwischen der Rheinebene und dem Erfttal zieht sich dieses 1.045 km² umfassende Schutzgebiet, das unter anderem den Kottenforst, den Höhenzug der Ville wie die Ville-Seenplatte einschließt, bis vor die Tore von Köln und Bonn.

Daraufhin wurde 1960 der **Naturpark Nordeifel** auf einer Fläche von 1.760 km² ausgewiesen. Seit 1970 ist er Teil des Deutsch-Belgischen Naturparks Hohes Venn-Eifel (rund 2.500 km² Gesamtfläche), der auf den Gebieten der beiden Bundesländer Nordrhein-Westfalen und Rheinland-Pfalz wie auf jenem der belgischen Provinz Lüttich liegt. Im Norden erstreckt er sich vom belgischen Eupen im Hohen Venn bis nach Langerwehe, im Süden von St. Vith in Belgien über Prüm bis nach Bad Münstereifel. Im Herzen des Naturparks findet sich seit 2004 auch der erste Nationalpark in Nordrhein-Westfalen mit dem Namen **Nationalpark Eifel.**

Dieser komplett in Nordrhein-Westfalen liegende Nationalpark wurde als der 14. Nationalpark Deutschlands rund um den ehemaligen Truppenübungsplatz Vogelsang eingerichtet. Unter dem Motto „Natur Natur sein lassen" sollen auf der ausgewiesenen Fläche von circa 100 km² die „Urwälder der Zukunft" entstehen. Ziel ist es, der Natur weitestgehend freien Lauf zu lassen und nur dort einzugreifen, wo es unbedingt notwendig erscheint. Beispielsweise, um standortuntypische Aufforstungsmaßnahmen der Vergangenheit – wie etwa jene mit Fichten –

rückgängig zu machen. In allen Lebensräumen des Nationalparks – ob Wald, Grünfläche oder Moor – sollen seltene Pflanzen und Tiere besonders geschützt beziehungsweise wieder angesiedelt werden.

Der 2010 eingerichtete Naturpark Vulkaneifel wurde dem bereits bestehenden Geopark Vulkaneifel angeschlossen und wird daher als **Natur- und Geopark Vulkaneifel** bezeichnet. Auf einer Fläche von circa 1.070 km² umfasst das ausgewiesene Areal einen Großteil der Vulkaneifel rund um Daun.

- **Nationalpark-Zentrum Eifel** im Forum Vogelsang IP, Vogelsang 70, D-53937 Schleiden, +49 2444 915740, www.nationalpark-eifel.de

Zudem finden sich im Nationalpark die Nationalpark-Tore, die als touristische Informationsstellen mit Ausstellungsräumen fungieren, in denen man viel Wissenswertes über die Natur und die Schutzmaßnahmen im Nationalpark erfährt.

- **Nationalparktor Heimbach,** An der Laag 4, D-52396 Heimbach, Tel. +49 2446 8057914, heimbach@rureifel-tourismus.de
- **Nationalparktor Monschau-Höfen,** Hauptstr. 72, D-52156 Monschau-Höfen, Tel. +49 2472 8025079, nationalparktor@touristik.monschau.de
- **Nationalparktor Nideggen,** Im Effels 9, D-52385 Nideggen, Tel. +49 2427 3301220, nideggen@rureifel-tourismus.de
- **Nationalparktor Schleiden-Gemünd,** Kurhausstr. 6, D-53937 Schleiden-Gemünd, Tel. +49 2444 2011, nationalparktor@nordeifel-tourismus.de
- **Nationalparktor Simmerath-Rurberg,** Seeufer 3, D-52152 Simmerath-Rurberg, Tel. +49 2473 93770, info@rursee.de

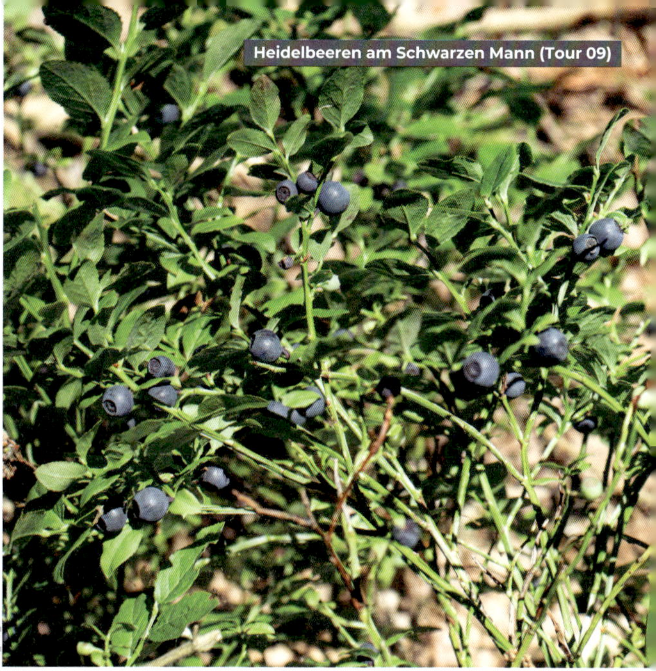

Heidelbeeren am Schwarzen Mann (Tour 09)

020_wei_fs

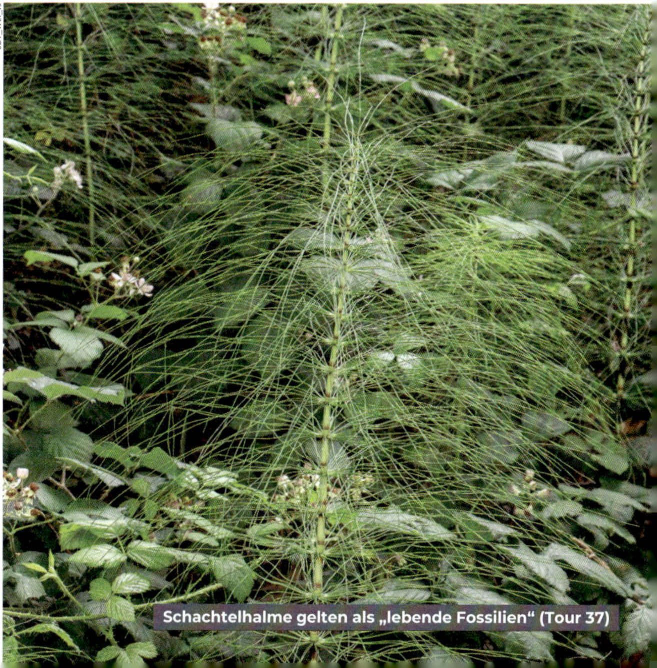

Schachtelhalme gelten als „lebende Fossilien“ (Tour 37)

021_wei_fs

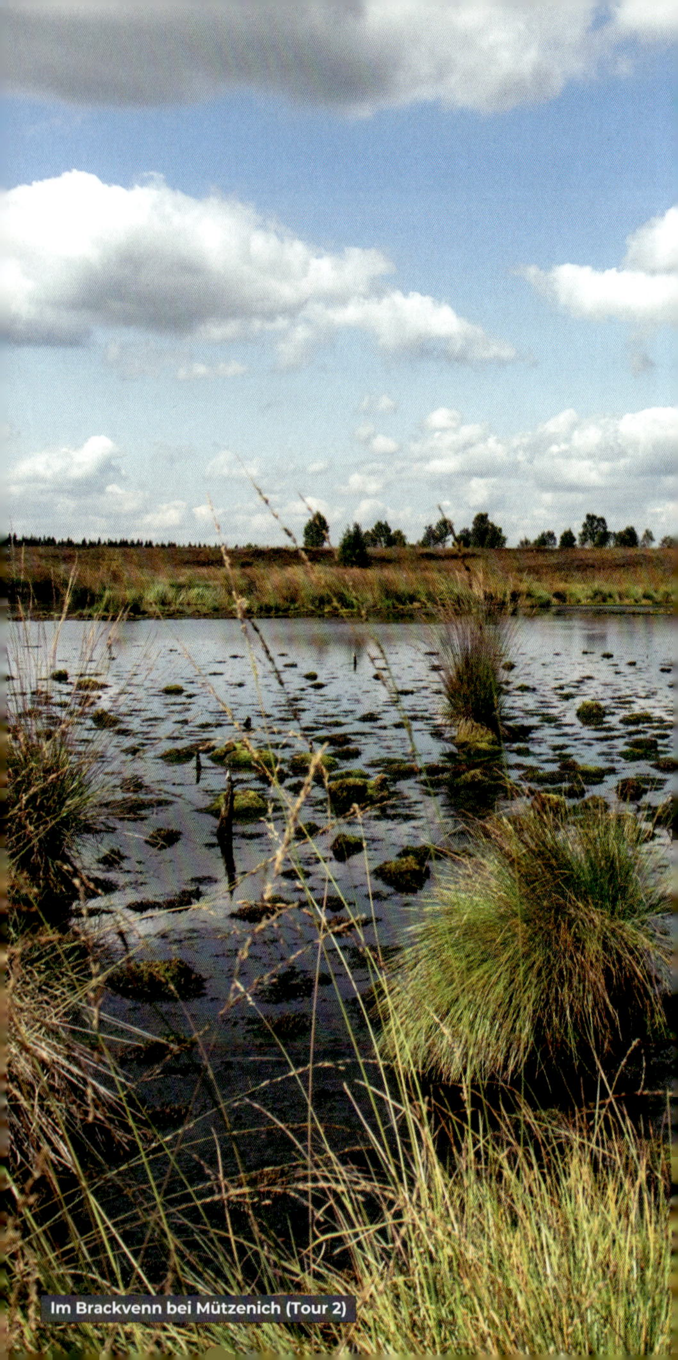

Im Brackvenn bei Mützenich (Tour 2)

VENN UND EIFELVORLAND

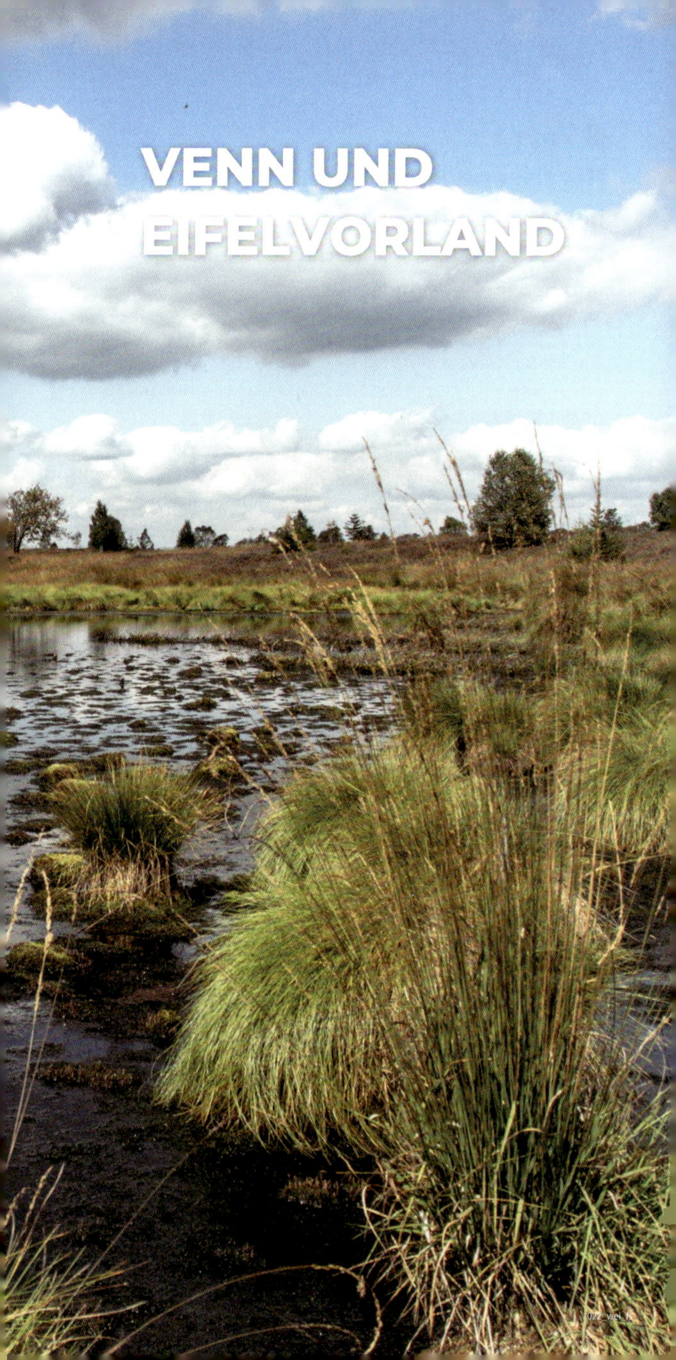

022_wel_fs

Tour 1

Narzissenwiesen und Buchenhecken im Monschauer Land –

Geschützte Pflanzen, murmelnde Bächlein und haushoher Windschutz

Die einfache Wanderung führt durch das seit 1976 unter Naturschutz stehende Gebiet des Perlenbach- und Fuhrtsbachtals.

Meist geht es entlang der gut ausgeschilderten **Narzissenroute** - eine Rundtour, die besonders zur Blütezeit der Gelben Wildnarzisse herrlich ist. Ein Abstecher ins Monschauer Heckenland bietet Einblick in lokale **Kulturgeschichte:** Hohe, vor rauen Winden schützende Rotbuchenhecken und hübsche, teils reetgedeckte Fachwerkhäuser charakterisieren diese Region. Im Frühjahr, wenn die Gelben Narzissen leuchten, kann es - gerade an den Wochenenden - auf den Wegen rund um Höfen sehr voll werden.

Das Zentrum des pittoresken Städtchens **Monschau** ist unbedingt einen Besuch wert. Neben historischen Sehenswürdigkeiten (u. a. das Rote Haus) bietet der einstige **Tuchmacherort** viele nette Geschäfte, Cafés und Restaurants. Unbedingt probieren sollte man den lokal produzierten Senf aus der traditionsreichen Monschauer Senfmühle, den es in unzähligen Geschmacksvarianten gibt.

026_wei_fs

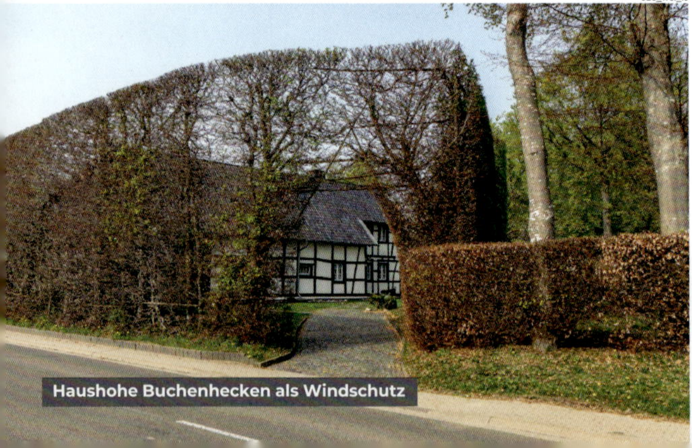

Haushohe Buchenhecken als Windschutz

Kurze Informationsübersicht

Länge: 12,8 km
Gehzeit: ca. 3½ Stunden
Auf-/Abstieg: je ca. 180 m
LEICHT

Ausgangsort: D-52156 Monschau-Höfen

Startpunkt: Wanderparkplatz nahe des Nationalparktors Monschau-Höfen (Hauptstraße 72), GPS N 50.53343, E 6.25377 (UTM 32U 305386/5601545)

Karte: Eifelverein Nr. 3, Monschauer Land, Rurseengebiet, 1:25.000

Wegeigenschaften: größtenteils breite, gut begehbare Wege; einige Passagen auf schmaleren, partiell sumpfigen Baumwurzelpfaden durch den Wald, die ein wenig Trittsicherheit verlangen; ideale Familientour

Einkehrmöglichkeiten: Höfen, Alzen, Höfener Mühle

ÖPNV: nächstgelegene Bushaltestelle „Höfen Kirche" (www.avv.de)

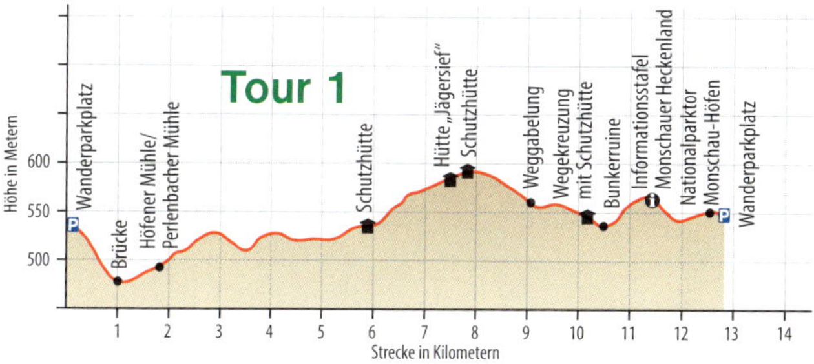

Wegbeschreibung

Vom **Wanderparkplatz (1)** nahe des Nationalparktors Monschau-Höfen, der direkt am Startpunkt der „Narzissenroute" (Logo: Gelbe Wildnarzissenblüte) liegt, folgt man einem breiten Schotterweg mit Blick auf Wiesen und Felder. An der ersten Gabelung geht es rechts hinab in den Wald und auf schmalem Pfad in Richtung Roetgen/Perlenbachtalsperre. Schon nach etwa 5 Minuten stößt man auf einen breiteren Weg, der entlang der Perlenbachtalsperre verläuft: Hier sollte man links abzweigen und weiter talwärts laufen, an der folgenden **Brücke (2)** geradeaus gehen in Richtung **Höfener Mühle (3),** auch **Perlenbacher Mühle** genannt, die schon bald rechts zu sehen ist. Auf deren Höhe trifft man auf eine zu überquerende Straße. Auf der gegenüberliegenden Seite geht es dann auf schmalem Wurzelpfad direkt am leise vor sich hin murmelnden Perlenbach entlang. Nach etwa 10 Minuten trifft man auf einen geteerten Fahrweg. Hier wird eine den Fuhrtsbach überspannende Brücke überquert und unmittelbar danach rechts abgebogen. Man folgt weiter der als Rundweg angelegten „Narzissenroute", die nun länger vorbei führt an ausgedehnten, wiederum am Perlenbach liegenden Talwiesen, die im April und Mai gelb leuchten, da

023_wei_fs

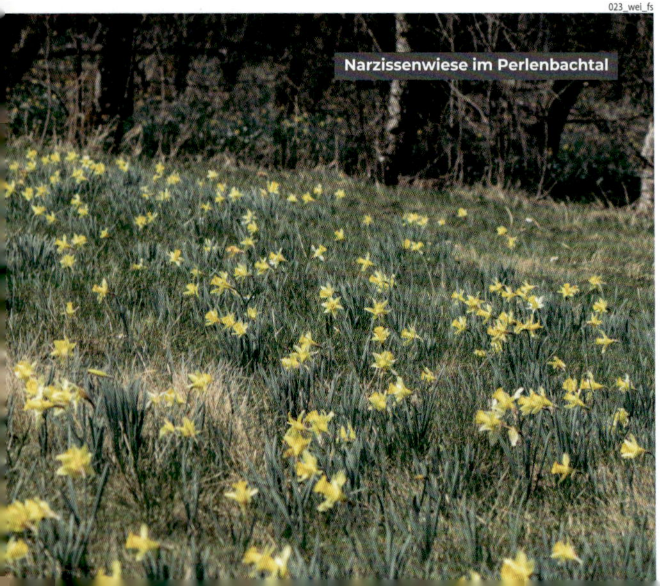

Narzissenwiese im Perlenbachtal

Massen von geschützten Wildnarzissen ebendann in voller Blüte stehen: Das ist ein tolles Naturschauspiel! Zum Schutz der seltenen Art werden die Wiesen, die jahrhundertelang der Heugewinnung dienten, weiterhin regelmäßig gemäht, damit die Flächen frei bleiben.

Bis auf Weiteres folgt man geradeaus dem breiten Wirtschaftsweg, der in Sichtweite des Perlenbachbetts verläuft. Bald trifft man

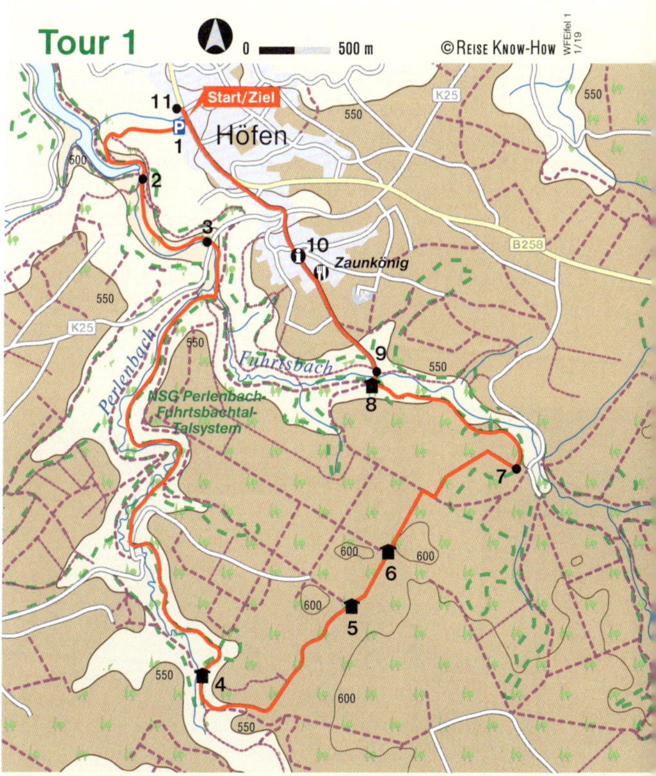

- P 1 Wanderparkplatz
- • 2 Brücke
- • 3 Höfener Mühle/ Perlenbacher Mühle
- 4 Schutzhütte
- 5 Hütte „Jägersief“
- 6 Schutzhütte
- • 7 Weggabelung
- 8 Wegekreuzung mit Schutzhütte
- • 9 Bunkerruine
- i 10 Informationsstafel Monschauer Heckenland
- • 11 Nationalparktor Monschau-Höfen

auf einen geteerten Weg und eine Brücke, die den Perlenbach überquert – allerdings benutzt man diese nicht, sondern bleibt auf dem Teerweg. Unmittelbar vor der Brücke geht es um eine Linkskurve und damit weiter auf der „Narzissenroute". Nachdem eine auf der rechten Seite stehende **Schutzhütte (4)** passiert wurde, wandert man links weiter in Richtung Fuhrtsbachtal – und entfernt sich mehr und mehr vom Perlenbach. Eine weitere **Hütte „Jägersief" (5)** mit Sitzmöglichkeiten bietet nochmals eine Gelegenheit zur Pause: Ihr gegenüber steht ein Schild mit der Aufschrift „Jägersief" – der Name des kurzen Bächleins, das in einiger Entfernung parallel zum Weg fließt. In eingeschlagener Richtung geht es weiter, die nächste Gabelung mit **Schutzhütte (6)** ignoriert man und geht geradeaus. An der darauffolgenden Kreuzung mit Tischen und Bänken biegt man erst rechts und nach etwa 100 Metern links auf einen ziemlich unauffälligen Pfad ab, um ein Stückchen durch dichteren Wald zu laufen. Diesem Weg folgt man bis zu einer **Weggabelung (7)**, an der man wieder aus dem Wald hinaustritt und sich nach links wendet, um nun vorerst am Waldrand entlang und parallel zum Fuhrtsbach zu wandern, welcher auf der rechten Wegseite fließt.

Bald erreicht man eine **Wegekreuzung mit Schutzhütte (8)** und einer Informationstafel zum Nationalpark Eifel: Hier wird rechts abgebogen und der Fuhrtsbach überquert. Damit wird auch die „Narzissenroute" verlassen: Vorerst folgt man den Schil-

024_wei_fs

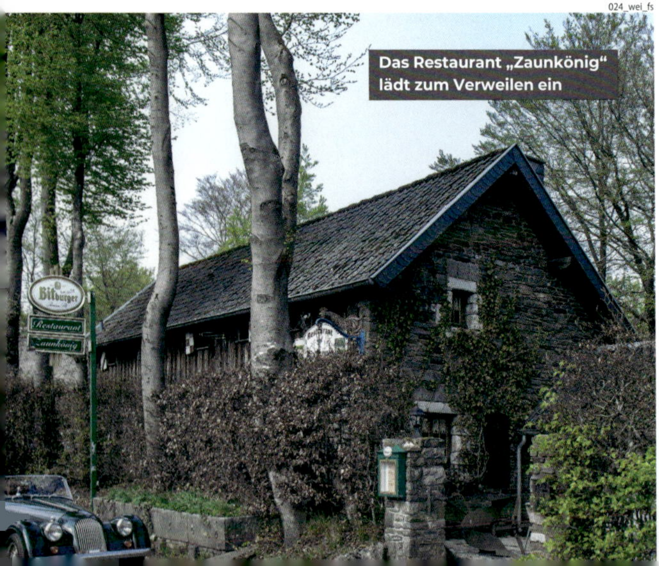

Das Restaurant „Zaunkönig" lädt zum Verweilen ein

dern in Richtung Alzen. Unmittelbar nach der Bachüberquerung, auf der Höhe der rechts des Weges liegenden **Bunkerruine (9),** steigt man gegenüber dieser auf schmalem, steilem Waldpfad an. Nach etwa 100 Metern kommt man auf einen Asphaltweg, biegt in diesen ein und folgt ihm bergan. Es folgt ein kurzer Marsch durch offene Flurlandschaft und schon werden die ersten Häuser des Höfener Ortsteils Alzen erreicht. Entlang der regionaltypischen Rotbuchen-Schutzhecken folgt man der Straße „Kauferberg" und passiert das pittoreske Restaurant „Zaunkönig" mit einladender Terrasse. Alsbald gelangt man im „Kauferberg" an eine Kreuzung mit einer **Informationstafel zum Monschauer Heckenland (10):** Man hält sich geradeaus und geht bergab in Richtung Mühlenweg (K25). Nachdem die letztgenannte Straße überquert wurde, folgt man „Im Sief" hinein nach Höfen, wo es prächtige, von hohen Hecken umgebene Fachwerkhäuser zu sehen gibt – bis man zur Hauptstraße des Orts kommt: In diese biegt man links ein und wandert zurück zum Startparkplatz, der auf der linken Seite der Straße liegt. Bevor man den Ort verlässt, bietet sich noch ein Besuch der sehenswerten Ausstellung im **Nationalparktor Monschau-Höfen (11)** an, die u. a. über die Themen Narzissenwiesen und Waldwandel informiert (im Sommer täglich geöffnet 9–17 Uhr, im Winter 10–16 Uhr, Eintritt frei).

025_wei_fs

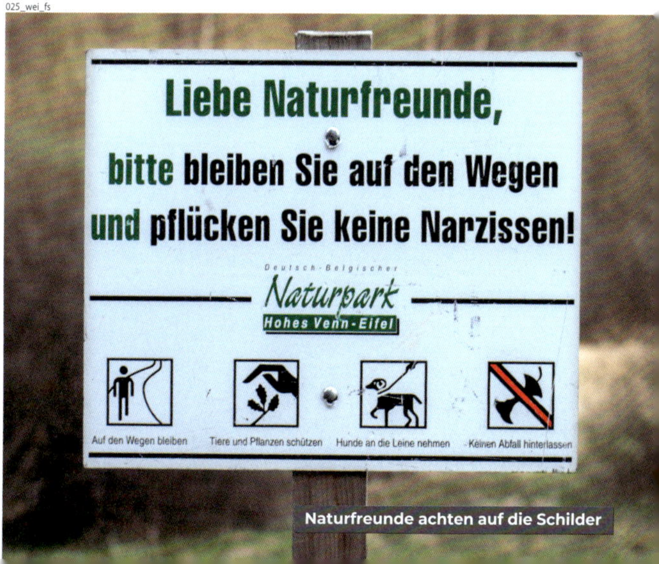

Naturfreunde achten auf die Schilder

Tour 2

Durchs Hohe Venn bei Mützenich –

Über Holzstege, Moorpfade und Grenzen im deutsch-belgischen Naturpark

Der Besuch dieses einzigartigen, geschützten Naturraums ist zu jeder Jahreszeit ein besonderes Erlebnis und beeindruckt durch Stille, Einsamkeit und eine ganz eigentümliche, mystische Schönheit.

Die **grenzübergreifende Runde** führt über pittoreske Holzstege und weiche Pfade durch die faszinierende Moorlandschaft des Hohen Venns bei Monschau-Mützenich, das zum deutsch-belgischen **Naturpark Hohes Venn-Eifel** gehört.

027_wei_fs

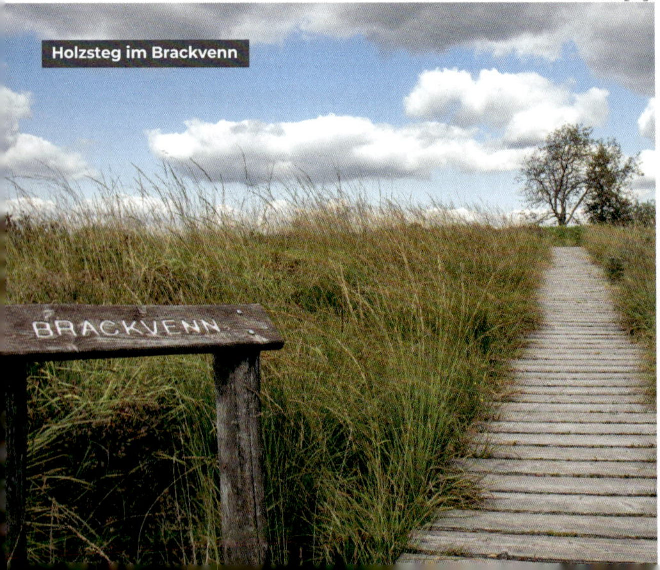

Holzsteg im Brackvenn

Kurze Informationsübersicht

Länge: 9,6 km
Gehzeit: ca. 2½ Stunden
Auf-/Abstieg: je ca. 72 m
LEICHT

Ausgangsort: D-52156 Monschau-Mützenich

Startpunkt: Parkplatz (Im Brand), GPS N 50.56613, E 6.20496 (UTM 32U 302065/5605309)

Karte: Eifelverein Nr. 3, Monschauer Land, Rurseengebiet, 1:25.000

Wegeigenschaften: je nach Wetterlage stellenweise Matsch und rutschige Holzstege, daher am besten knöchelhohe Schuhe mit rutschfesten Sohlen tragen

Einkehrmöglichkeiten: in Mützenich

ÖPNV: nächste Bushaltestelle „Mützenich Zoll" (www.avv.de)

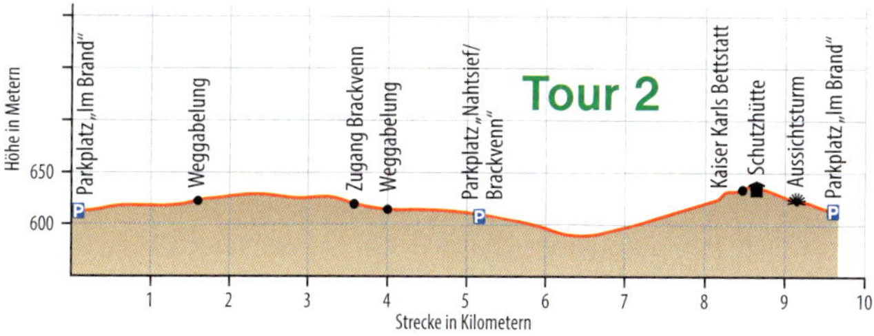

Wegbeschreibung

Vom **Parkplatz „Im Brand“ (1)** aus nimmt man den gegenüberliegenden schmalen und tendenziell matschigen Weg. Auf diesem geht man etwa 5 Minuten geradeaus, bis man auf einen asphaltierten, breiteren Weg stößt, in den man links einbiegt und in Richtung Eupener Straße läuft. Sobald man auf die Letztere trifft, wird sie überquert, um in die Straße „Plattevenn“ zu gelangen und dieser vorerst zu folgen. Auf deren rechter Seite stehen mehrere Gebäude: Unmittelbar vor dem zweiten Gehöft, das man erblickt, biegt man rechts auf einen Schotterweg. Etwa einen halben Kilometer nach dieser Abzweigung und kurz, nachdem man in den Wald hineingetreten ist, hält man sich an einer recht unauffälligen **Weggabelung (2)** links. Man wandert auf schmalem, leicht zugewachsenem, teils morastigem Pfad durch Nadelwald. Nach etwa 750 Metern biegt man rechts in einen breiteren Waldweg ein, tritt nach weiteren 350 Metern aus dem Wald hinaus und trifft auf einen Querweg. Hier hält man sich links.

Man blickt das erste Mal auf die beeindruckende Hochmoorlandschaft des Hohen Venns und findet schon nach kurzer Strecke den rechts des Weges liegenden **Zugang** ins südliche **Brackvenn (3).** Von nun an wandert man größtenteils über pittoreske Holzbohlenwege, die über dem morastigen Boden zu schweben scheinen. Sie führen mitten durch die geschützte Moor- und Heidelandschaft mit den standorttypischen Pflanzen und an den charakteristischen, dunklen Wasserlöchern entlang. Hier gedeihen unter anderem Woll- und Pfeifengras, üppige Farne, Blau- und Preiselbeeren sowie Besen- und Glockenheide. Dazwischen ragen einzelne Bäume wie Moorbirken und Fichten aus der niedrigen Vegetation heraus und setzen bizarre Akzente in der sanft hügeligen, „schaurig“-schönen Landschaft.

Nachdem man etwa eine Viertelstunde dem Weg gefolgt ist, trifft man an einer **Weggabelung (4)** auf einen schmaleren, rechts abgehenden Holzsteg, in den man einbiegt. Wenige Minuten später wechselt man wieder auf einen breiteren Steg, dann wieder auf einen schmalen und so weiter. Man wandert ruhig dahin, meist auf den Holzbohlenstegen, gelegentlich auf weichen Moorpfaden – bis man die Monschauer Straße (N67) erreicht und diese überquert. Auf der gegenüberliegenden Seite passiert man sogleich den **Parkplatz „Nahtsief/Brackvenn“ (5),** um unmittelbar nach diesem rechts erneut ins Moorgebiet abzubiegen und weiter auf Stegen und Pfaden zu wandeln, fortan in Richtung Kaiser Karls Bettstatt. Nach einiger Zeit des stillen Wanderns verlässt man das Brackvenn endgültig, indem man ein Holztor passiert, an dem ein angebrachtes Schild darüber informiert, dass Fahrräder und Hunde im Venn verboten sind und die Wege partiell gesperrt sein können, falls Gefahr für die dort heimische Pflanzen- und Tierwelt besteht (etwa bei Trockenheit und entsprechender Brandgefahr). Unmittelbar nach dem Tordurchgang stößt man auf einen querlaufenden Wiesenpfad, der am Waldrand entlang führt: In diesen biegt man rechts ein, geht auf den Wald zu und tritt schon bald in diesen hinein. Man wandert zuerst auf wurzeligem Pfad, nach einer kurzen Wegstrecke verlässt man den Wald wieder und geht an dessen Rand entlang

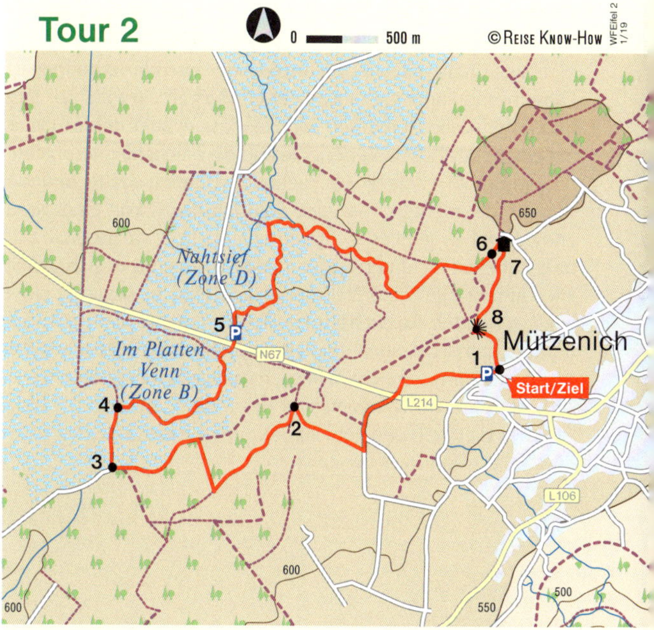

- 1 Parkplatz „Im Brand"
- 2 Weggabelung
- 3 Zugang Brackvenn
- 4 Weggabelung
- 5 Parkplatz „Nahtsief/ Brackvenn"
- 6 Kaiser Karls Bettstatt
- 7 Schutzhütte
- 8 Aussichtsturm

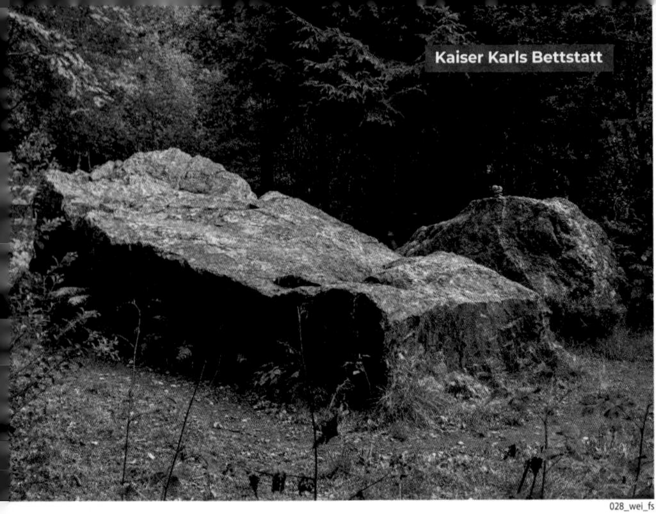

028_wei_fs

durch Busch- und Graslandschaft weiter in Richtung **Kaiser Karls Bettstatt (6),** die man recht schnell erreicht. Bei dieser bekannten Sehenswürdigkeit handelt es sich schlicht um zwei mächtige Quarzitblöcke, mit denen eine Legende verbunden ist: Diese besagt, dass Kaiser Karl der Große sich einst auf der Jagd im Hohen Venn dermaßen verirrte, dass er sein müdes Haupt auf einem der Felsen niederlegte und die Nacht hier verbrachte.

Unmittelbar nach dieser sagenumwobenen Stätte befindet sich auf der rechten Seite eine **Schutzhütte (7)** an einer Kreuzung. Dahinter geht es rechts auf breitem Weg weiter. Man trifft bald auf einen Schotterweg und folgt diesem, bis er sich gabelt: Hier nimmt man eine Linkskurve und erblickt sogleich einen links stehenden **Aussichtsturm (8),** den man erklimmen kann und auf dem man einen guten Rundumblick genießt. Nach Passieren des Turms erreicht man nach wenigen Gehminuten die ersten Häuser von Mützenich in der Straße „Im Brand", biegt rechts in diese ein und geht zurück zum Ausgangspunkt.

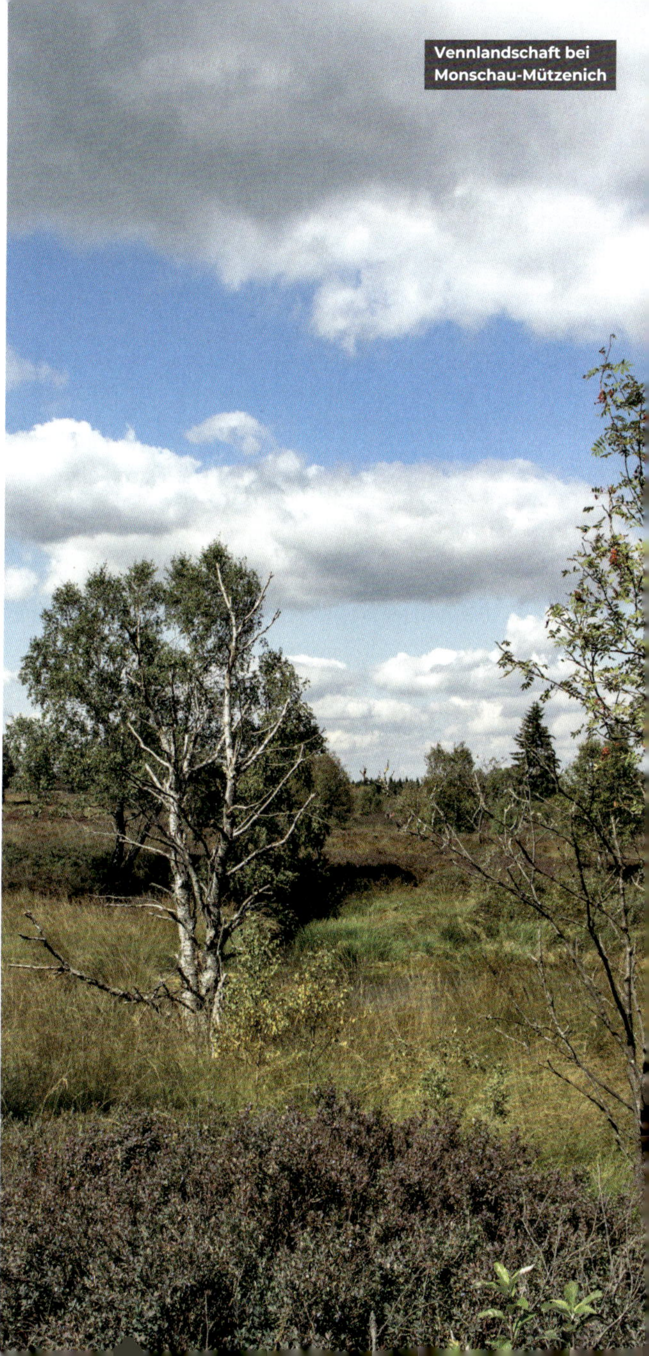

Vennlandschaft bei Monschau-Mützenich

Tour 3
Entlang der „Drachenzähne" bei Simmerath –
Westwall, Kranzbruchvenn und Paustenbacher Venn

Die historisch wie landschaftlich interessante Tour führt durch offene Flurlandschaft, Wald- und Moorgebiet und in großen Teilen entlang der aus mehreren Höckerlinien bestehenden Panzersperren des Westwalls.

Dieses aus Bunkern, Stollen, Gräben und besagten Sperren gebildete **Verteidigungssystem** wurde von den Nationalsozialisten in den Jahren 1938 bis 1940 an der Westgrenze des Deutschen Reichs errichtet. Im Volksmund werden die mitunter stark überwucherten Höcker des Bollwerks, von denen in der Eifel noch viele Kilometer erhalten sind, auch als **„Drachenzähne"** bezeichnet.

030_wei_fs

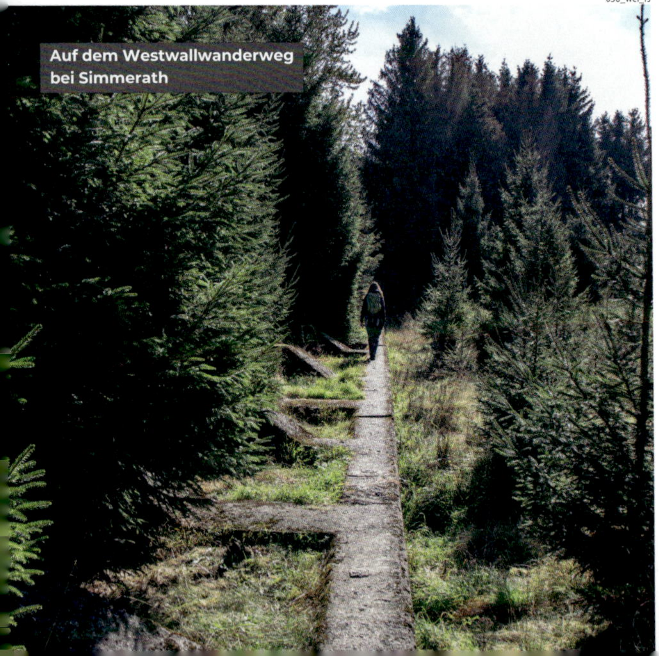

Auf dem Westwallwanderweg bei Simmerath

Kurze Informationsübersicht

Länge: 9,5 km
Gehzeit: ca. 2½ Stunden
Auf-/Abstieg: je ca. 80 m
MITTELSCHWER

Ausgangsort: D-52152 Simmerath

Startpunkt: Parkplatz (Kopperweg), GPS N 50.61437, E 6.29138 (UTM 32U 308380/5610445)

Karte: Eifelverein Nr. 3, Monschauer Land, Rurseengebiet, 1:25.000

Wegeigenschaften: auf dem Westwallwanderweg, der teils über eine schmale Betonmauer verläuft, ist Achtsamkeit und Trittsicherheit vonnöten; bisweilen matschige Passagen

Einkehrmöglichkeiten: Simmerath

ÖPNV: nächstgelegene Bushaltestelle „Simmerath, Bickerath Post“ (www.avv.de)

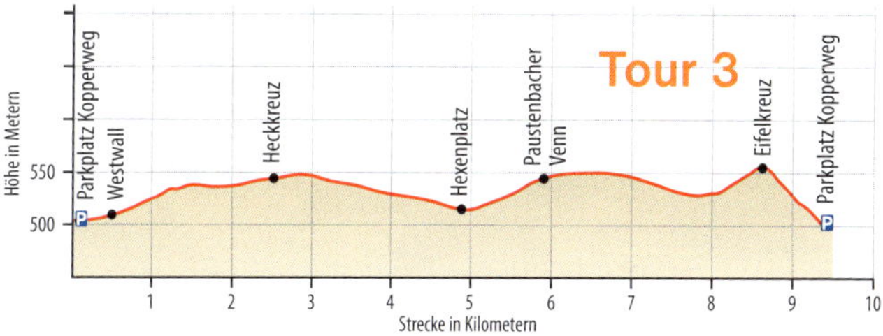

Wegbeschreibung

Die Wanderung startet am **Parkplatz im Kopperweg (1)** unterhalb der Grillhütte der Gemeinde Simmerath. Zuerst geht es in Richtung Bickerather Straße. Links unterhalb des Wegs fließt die Kall in schmalem Bett. An oben genannter Straße angekommen, überquert man diese, hält sich danach links und folgt den Schildern in Richtung Westwall: Schon nach wenigen Metern zeigen sich die ersten „Drachenzähne" der einstigen Panzersperre etwas versteckt zwischen den Bäumen. Kurz darauf geht man mitten durch diesen speziellen Teil des **Westwalls (2)** hindurch. Bald trifft man auf eine schmale Betonmauer, die quasi die äußere Fundamentbegrenzung der mehrreihigen Höckerlinie darstellt: Man hält sich links und kommt zu einer hölzernen, die Kall überspannenden Brücke, die man überschreitet. Danach wandert man wiederum auf besagter Mauer weiter. Beim Begehen des Weges ist ein wenig Vorsicht angeraten, denn zwischen den einzelnen Betonelementen klaffen immer wieder Lücken, in die man leicht hineintreten kann.

Es geht vorerst immer entlang der einst wohl ziemlich bedrohlich wirkenden „Zähne", die mittlerweile vielfach von Gestrüpp, Buschwerk sowie Bäumen überwachsen sind. Meist verläuft die Mauer, auf der man sich fortbewegt, auf einer Ebene, mitunter aber auch etwas bergan. Man folgt ihrem Verlauf, der an Privatgrundstücken mit Einfamilienhäusern vorbei, an Wassergräben

032_wei_fs

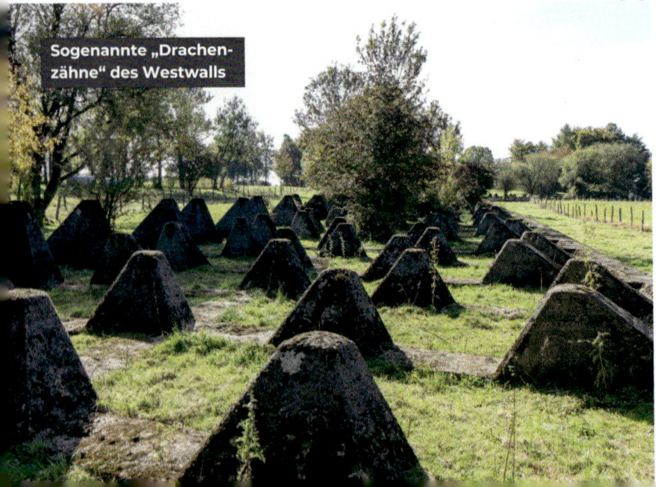

Sogenannte „Drachenzähne" des Westwalls

oder Feldern entlang führt – bis man auf einen asphaltierten Querweg stößt (Vennchesweg). An dieser Stelle hält man sich zuerst links und geht unmittelbar darauf rechts und fortan am Rand eines größeren Feldes vorbei, auf dem die Dimension und der Aufbau der Höckerlinien deutlicher greifbar wird, weil die „Zähne" hier vollkommen frei stehen und nicht durch Pflanzenwuchs verdeckt werden. Bereits nach kurzer Wegstrecke trifft man auf einen breiteren Schotterweg (Kalferscheider Gasse), in den man rechts einbiegt, um nach wenigen Metern links um eine Kurve zu gehen und weiterhin dem Westwallwanderweg zu folgen. Hierzu steigt man wiederum auf eine Betonmauer.

Man gelangt nun in das Naturschutzgebiet Kranzbach und Kranzbruchvenn, eine Hochmoor- und Feuchtheidelandschaft. Ein Teil der mit reichlich Moos und Flechten bewachsenen Höckerlinie verläuft durch diese hindurch und staut hier zwei Quellbäche des Kranzbaches auf. Wer Glück hat, stößt im wei-

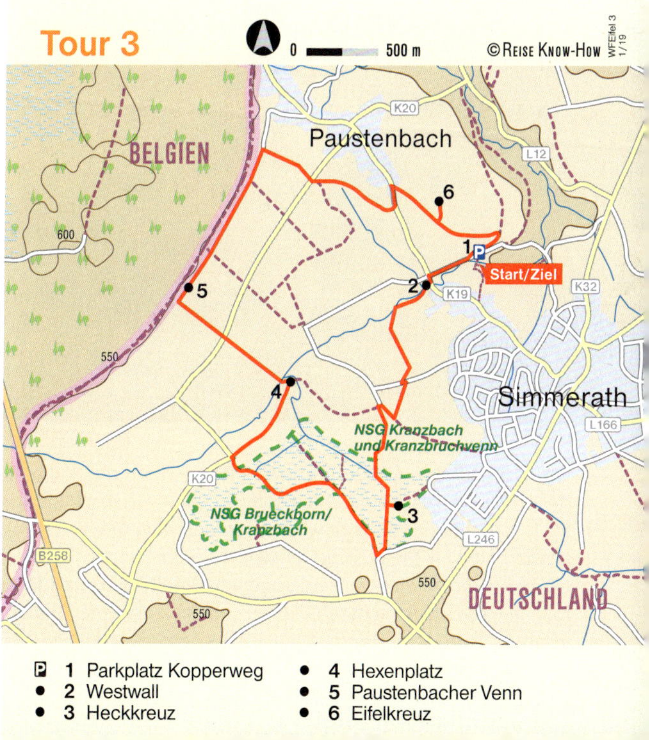

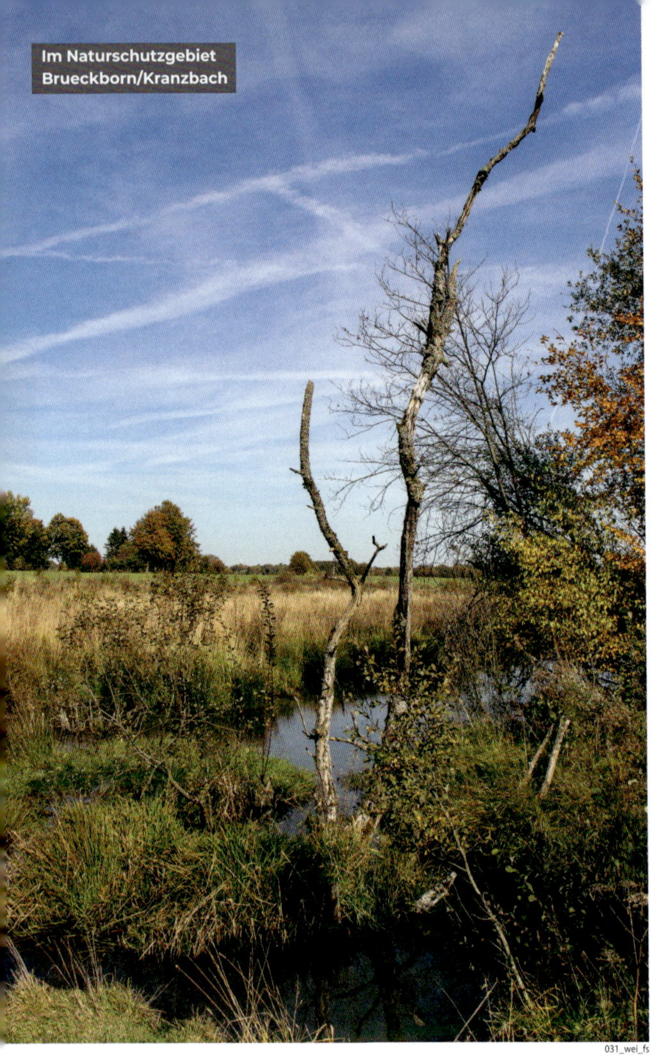

031_wei_fs

teren Verlauf der Wanderung vielleicht auf Spuren des Bibers, der sich hier recht wohlfühlen soll. An einer ausgeschilderten Stelle inmitten des dicht bewachsenen und etwas mystisch wirkenden Gebiets bietet sich Gelegenheit über Holzbohlenstege einen kurzen Abstecher zum sogenannten **Heckkreuz (3)** zu machen, das an einen durch Blitz zu Tode gekommenen Bauern erinnert. Zurück auf dem Mauer-Weg geht es weiter in eingeschlagener Richtung durch dichten Wald- und Buschbereich. Sobald ein Schotterweg kreuzt, biegt man rechts in diesen ein und verlässt damit vorerst den Westwall. Man wandert auf dem Weg weiter, der sich nach einiger Zeit gabelt: Hier sollte man die Linkskurve nehmen und den Schildern in Richtung Konzen folgen. Nach kurzer Zeit trifft man auf eine Kreuzung. Links verläuft eine schmale Landstraße mit dem lautmalerischen Namen „Rönnjesje". An dieser Stelle biegt man rechts in den Weg „Om Jellert" ein und läuft in Richtung Simmerath. Kurz nachdem der sogenannte **Hexenplatz (4)** passiert wurde, zweigt man links ab, geht über eine Holzbrücke, um dann weiter an buschumsäumten Weideflächen entlang zu wandern. Nach etwa 10 –15 Minuten kommt man zu einer Landstraße, die man überquert und danach weitere 10 Minuten geradeaus geht. Kurz bevor man auf die alte Trasse der Vennbahn (und damit die Grenze zu Belgien) stößt, die heute als Radweg genutzt wird, hält man sich rechts und folgt einem Pfad, der parallel zu dieser verläuft.

Der Weg führt nun – mitunter über schmale Holzstege – durch die geschützte Heidemoorfläche des **Paustenbacher Venns (5),** das vom Hohen Venn nur durch die Bahntrasse getrennt ist. Bevor die ersten Häuser des Simmerather Ortsteils Paustenbach passiert werden, biegt man rechts auf einen an Weideflächen vorbeilaufenden Asphaltweg ein und folgt diesem. Kurz darauf erreicht man eine Landstraße, die überquert wird, um dann auf gegenüberliegender Seite bald auf einem links abgehenden Schotterweg weiterzugehen. Nach circa 10 Minuten kommt man zur bereits bekannten Bickerather Straße: Man wechselt die Seite und wandert dann links in Richtung Paustenbach. Vor dem Ortseingang hält man sich indes rechts und trifft damit auf den ebenfalls bekannten Kopperweg, mit dem die Tour startete.

Nach wenigen Metern stößt man erneut auf die „Drachenzähne" des Westwalls und geht nun in Richtung Eifelkreuz, zu dem nach kurzer Strecke links ein Weg abzweigt. Nachdem man einen Abstecher zum hölzernen **Eifelkreuz (6)** gemacht hat, das etwa 100 Meter ab des Hauptwegs auf einer Anhöhe steht und an das Ende des Zweiten Weltkriegs erinnert, folgt man kurz weiter dem bisher begangenen Weg und dann einem rechts von diesem abgehenden Wiesenweg leicht bergab. Dieser trifft indes nach kurzer Zeit wiederum auf den Kopperweg, in den man rechts einbiegt und zurück zum Ausgangspunkt wandert.

Tour 4

Wollseifen, Urftsee, Vogelsang – Über die Dreiborner Hochfläche zur einstigen „NS-Ordensburg"

Nicht nur im späten Frühjahr, wenn der Ginster – das vielbesungene „Eifelgold" – in gelber Blüte steht, ist es herrlich, über die Dreiborner Hochfläche und die benachbarten Schutzgebiete inmitten des Nationalparks Eifel zu wandern.

Diese Tour bietet sowohl ein einzigartiges **Naturvergnügen** als auch eindrückliche Erlebnisse in Sachen **neuerer deutscher Geschichte.** So führt die Route durch den einstigen Ort **Wollseifen,** heute eine Wüstung, hinunter zur beeindruckenden **Urfttalsperre** und wieder hinauf zur ehemaligen **NS-Ordensburg Vogelsang.**

Der Besuch der Ausstellungen im **Forum Vogelsang IP** (www.vogelsang-ip.de) bietet sich an. Im NS-Dokumentationszentrum gibt die Dauerpräsentation „Bestimmung: Herrenmensch. NS-Ordensburgen zwischen Faszination und Verbrechen" Einblick in die Geschichte und die zugrunde liegende Ideologie der einstigen NSDAP-Schulungsstätte.

Dagegen steht die Schau „Wildnis(t)räume" des **Nationalpark-Zentrums** ganz im Zeichen des Mottos „Natur Natur sein lassen" und informiert auf vielfältige Weise über den Nationalpark Eifel.

033_wei_fs

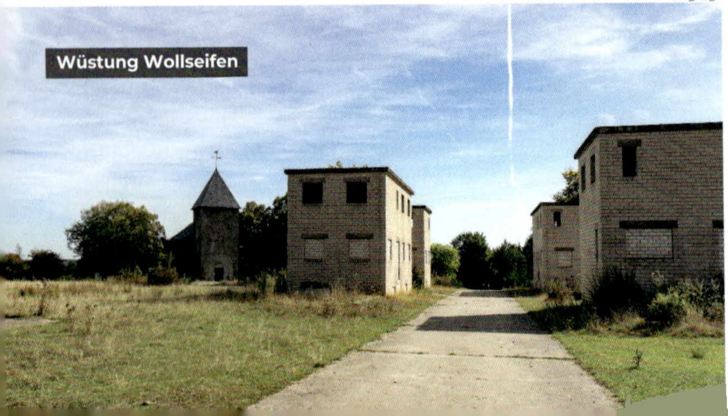

Wüstung Wollseifen

Kurze Informationsübersicht

Länge: 14,5 km
Gehzeit: ca. 4 Stunden
Auf-/Abstieg: je ca. 244 m
MITTELSCHWER

Ausgangsort: D-53937 Schleiden

Startpunkt: Parkplatz „Walberhof" an der B266, GPS N 50.56 781, E 6.43595 (UTM 32U 318427/5604904)

Karte: Eifelverein Nr. 50, Nationalpark Eifel, 1:25.000

Wegeigenschaften: überwiegend gut zu begehende Pfade und Wege; keine besonderen Fähigkeiten vonnöten

Einkehrmöglichkeiten: Ausflugslokal Urfttalsperre und Restaurant im Forum Vogelsang IP (Internationaler Platz)

ÖPNV: nächstgelegene Bushaltestelle „Vogelsang, IP Walberhof B266" (www.avv.de)

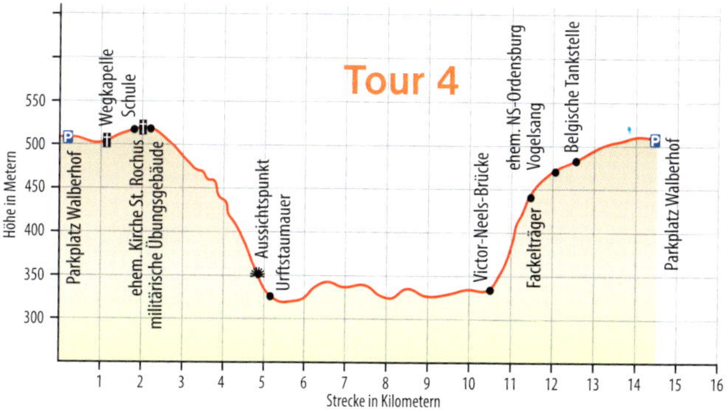

Wegbeschreibung

Die interessante Rundtour startet am **Parkplatz Walberhof (1)**, von dem man auf die querende B266 zuläuft und links am Kreisverkehr vorbei über die Straße geht. Auf der gegenüberliegenden Seite hält man sich links und wandert auf breitem, geschottertem Weg in Richtung Wüstung Wollseifen. Nach etwa 10 Minuten kommt man zu einer kleinen **Wegkapelle (2)**, die einmal zum Weiler Wollseifen gehörte, und an der ehemaligen Dorfstraße lag. Kurz nach dem kleinen Bau geht es links weiter in Richtung Wüstung, die wenige Minuten später erreicht wird.

Der einst über 500 Einwohner zählende Ort Wollseifen bestand bis kurz nach Ende des Zweiten Weltkriegs: Im August 1946 wurden die Bewohner seitens der britischen Besatzer darüber informiert, dass das Areal zu einem Truppenübungsplatz umfunktioniert werden würde und daher die Räumung bis zum 1. September des Jahres erfolgen müsse. Im Jahr 1950 wurde das Gebiet sodann dem belgischen Militär übergeben. Nach Aufgabe des Übungsplatzes ist die Wüstung seit 2006 wieder frei zugänglich. Die meisten der ursprünglichen Dorfgebäude sind heute zerstört, nur Kirche und Schulhaus überdauerten. Zuerst gelangt man zur restaurierten **Schule (3)**, in deren Räumen heute eine Ausstellung mit historischen Fotografien und vielfältigen Hintergrundinformationen zur Geschichte des Orts untergebracht ist. Danach kommt man zur **ehemaligen Kirche St. Rochus (4)**, die ebenfalls besichtigt werden kann. Man geht weiter in eingeschlagener Richtung und durchquert das komplette Wüstungsareal. Schon bald stößt man auf unansehnliche Häuser, die auf beiden Seiten des staubigen Weges stehen: Es handelt sich hierbei um **militärische Übungsgebäude (5)**, die lange Jahre von der belgischen Armee genutzt wurden: Sie dienten den Truppen zum Häuserkampf. Mittlerweile steht von den über 50 zu diesem Zweck errichteten Häusern nur noch ein Bruchteil, bei denen Tür- und Fensteröffnungen vermauert sind, damit kein Mensch in die Gebäude einsteigen kann. Indes bieten Schlitze und Öffnungen wilden Tieren die Möglichkeit, die aufgegeben Bauten als Unterschlupf zu nutzen.

Nach Passieren dieser bizarren Militärrelikte, die wie die Wüstung Wollseifen selbst nunmehr unter Aufsicht der Nationalparkverwaltung stehen, biegt man rasch rechts ab und geht in Rich-

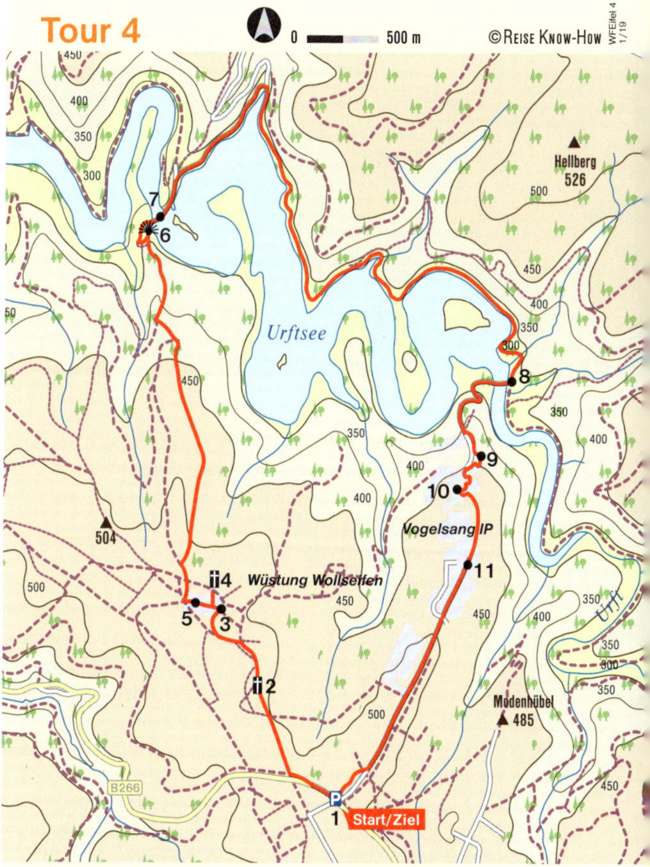

P	1 Parkplatz Walberhof		●	7 Urftstaumauer
⛪	2 Wegkapelle		●	8 Victor-Neels-Brücke
●	3 Schule		●	9 Fackelträger
⛪	4 ehem. Kirche St. Rochus		●	10 ehem. NS-Ordensburg Vogelsang
●	5 militärische Übungsgebäude		●	11 Belgische Tankstelle
✳	6 Aussichtspunkt			

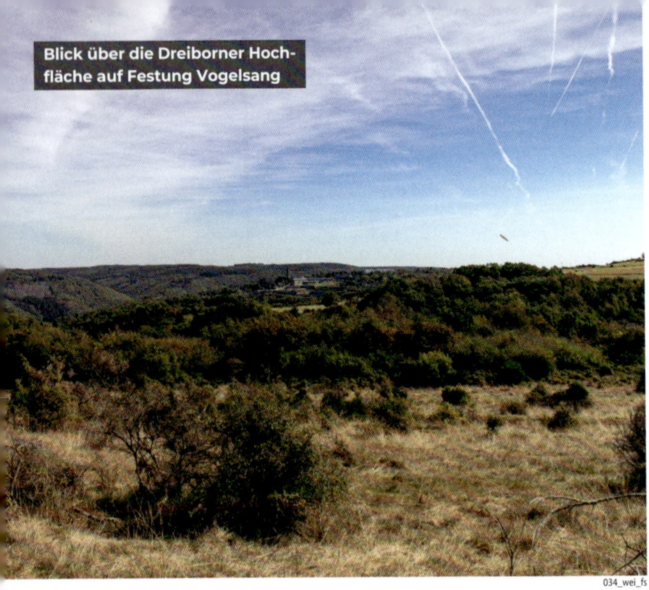

Blick über die Dreiborner Hochfläche auf Festung Vogelsang

034_wei_fs

tung Urfttalsperre. Kurz nach der Abzweigung teilt sich der Feldweg: Man hält sich hier rechts, der linke Weg erlaubt keinen Durchgang, geht über den darauf folgenden Querweg und dann leicht links bergab, bei nächster Gelegenheit hält man sich rechts. Man wandert nun eine Weile auf einem breiten, geschotterten Weg über die Dreiborner Hochfläche und weiter in Richtung Urftstaumauer – mit Blick auf die umgebende Landschaft mit den charakteristischen Ginsterbüschen („Eifelgold"), den von Schafen freigehalten Grünlandflächen, den sanften Hügeln, den Hängen des Kermeter-Hochwalds sowie der einstigen NS-Ordensburg Vogelsang, die bedrohlich oberhalb des Urftsees thront.

Nach einiger Zeit des Wanderns über die Hochebene läuft man bergab in einen Waldbereich, der erkennbar sich selbst überlassen bleibt. Auf teils schmalen Pfaden geht es immer weiter talwärts in Richtung Urfttalsperre. Kurz bevor man diese erreicht, lohnt sich ein kleiner Abstecher zu einem nahe des Weges liegenden **Aussichtspunkt (6),** der einen fantastischen Blick auf die Staumauer, den Urft- wie den Obersee gewährt. Von diesem läuft man dann zurück zum zuvor verlassenen Hauptweg und steigt teils recht steil bergab – bis man zu einer Stelle kommt, wo sich der Weg teilt: Hier hält man sich rechts und läuft auf schmalem Pfad bergan in Richtung der von 1900 bis 1905 erbauten **Urftstaumauer (7),** seinerzeit ein echtes Mammutprojekt, die man schnell erreicht und dann begeht. An deren gegenüberliegendem Ende befindet sich ein Ausflugslokal, welches sich zur Einkehr anbietet.

Nach der Gaststätte geht es rechts weiter in Richtung Victor-Neels-Brücke. Man folgt einem geteerten Weg, der oberhalb des Urftseeufers verläuft bis zu einer Bushaltestelle, die an einer spitzen Ausbuchtung des Gewässers liegt. An dem Haltepunkt geht man vorbei und dann rechts auf einem geschotterten Wander- und Radweg (Alte K7) in Richtung zuletzt genannter Brücke. Nachdem man etwa 5 Kilometer am Ufer des Sees entlanggewandert ist, erreicht man die 124 Meter lange **Victor-Neels-Brücke (8).** Sie ist eine beeindruckende Konstruktion aus Stahl, die nach einem Kommandanten der belgischen Streitkräfte benannt wurde. Nach Überquerung der Hängebrücke geht

035_wei_fs

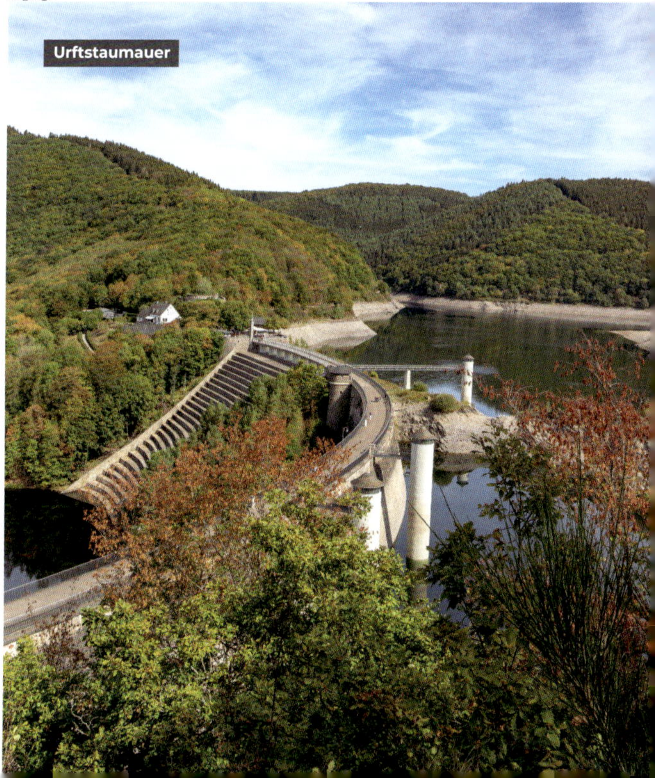

Urftstaumauer

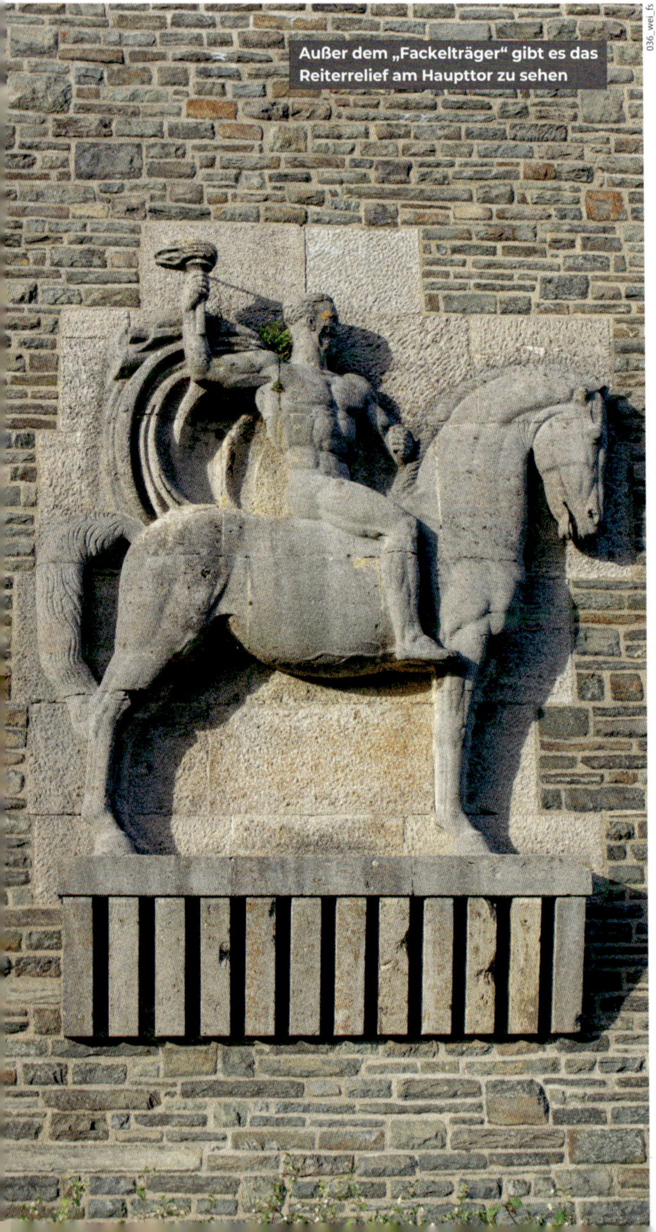

Außer dem „Fackelträger“ gibt es das Reiterrelief am Haupttor zu sehen

036_wei_fs

man etwa eine Viertelstunde steil bergan und kommt unterhalb der ehemaligen NS-Ordensburg Vogelsang heraus. In dem Gebäudekomplex wurde zwischen 1936 und 1939 der NSDAP-Nachwuchs ausgebildet. Nach dem Krieg ist das Areal zuerst vom britischen, dann bis 2005 vom belgischen Militär genutzt („Camp Vogelsang“) worden. Seither dient die historische Stätte als Gedenk-, Begegnungs- und Bildungszentrum mit vielfältigen Nutzern.

Kurz bevor man zu einem auf der rechten Seite liegenden Sportplatz mit dahinter emporlaufender, großer Treppenanlage gelangt, biegt man von dem breiten Weg links auf einen schmaleren Waldpfad ab, der bergan führt. Schon nach wenigen Minuten erreicht man so die ehemalige Thingstätte, auch Sonnwendplatz genannt, mit dem steinernen **Fackelträger (9)** – eine überlebensgroße, muskelbepackte Figur, die den „arischen Herrenmenschen“ im Sinne der NS-Ideologie verkörpert. Nach Passieren dieses martialischen Relikts stößt man bald auf einen Weg, in den man rechts einbiegt, um unmittelbar darauf links weiterzugehen und so zur **ehemaligen NS-Ordensburg Vogelsang (10)** zu gelangen. Man passiert ein Gästehaus und läuft bis zum Rotkreuz-Museum: Dort nimmt man die aufsteigende Treppe und gelangt auf einen darüber verlaufenden Weg, in den man links einbiegt und dann direkt die rechts aufsteigende Treppe zum Forum Vogelsang benutzt. Man geht über die von einzelnen Gebäuden umbaute Freifläche, an dem links liegenden Nationalparkzentrum Eifel vorbei, hinter diesem links und folgt dann weitestgehend dem Zufahrtsweg zur B266. Vorbei an einer alten, sehenswerten **belgischen Tankstelle (11)** aus den 1950ern, die zu einer Bushaltestelle umfunktioniert wurde, verlässt man das Areal Vogelsang und geht stets geradeaus – größtenteils parallel auf einem zur Zufahrtsstraße verlaufenden Weg – zurück in Richtung Parkplatz Walberhof.

Tour 5

Runde um das Staubecken Heimbach –

Kraftwerk Heimbach, Staumauer Schwammenauel, Burg Hengebach

Die einfache Tour führt größtenteils entlang des Ufers des Staubeckens Heimbach, über die Mauer der Rurtalsperre Schwammenauel und durch den pittoresken Burgenort Heimbach.

Meist geht es über breite, leicht zu begehende Wege. Für angenehme Abwechslung sorgen indes **Waldpassagen** auf schmalen, felsigen Pfaden sowie der über Holzstege verlaufende **„Dschungelpfad".** Die historischen Schmankerl am Wegesrand – wie das Jugendstil-Kraftwerk Heimbach und die Burg Hengebach – runden das Wandererlebnis ab.

Das auf einem Bergrücken über dem Stausee liegende Areal der alten **Abtei Mariawald** ist auch nach der Auflösung der Trappistengemeinschaft im September 2018 einen Besuch wert.

038_wei_fs

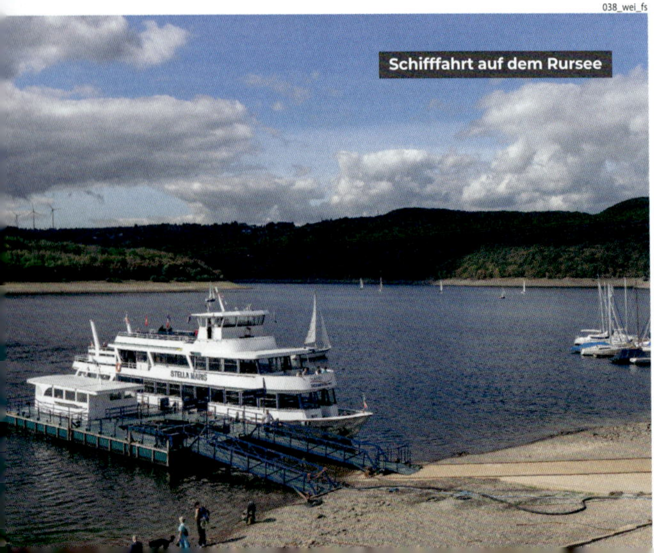

Schifffahrt auf dem Rursee

Kurze Informationsübersicht

Länge: 10,6 km
Gehzeit: ca. 3 Stunden
Auf-/Abstieg: je ca. 150 m
LEICHT

Ausgangsort: D-52396 Heimbach

Startpunkt: Parkplatz am Wasserkraftwerk (Langerscheidt), GPS N 50.62831, E 6.45319 (UTM 32U 319879/5611588)

Karte: Eifelverein Nr. 50, Nationalpark Eifel,1:25.000

Wegeigenschaften: kein besonderes Können erforderlich; ideale Familientour

Einkehrmöglichkeiten: Ausflugslokal an der Staumauer Schwammenauel, viele Lokale in Heimbach

ÖPNV: nächstgelegene Bushaltestelle „Kraftwerk Heimbach" (www.avv.de)

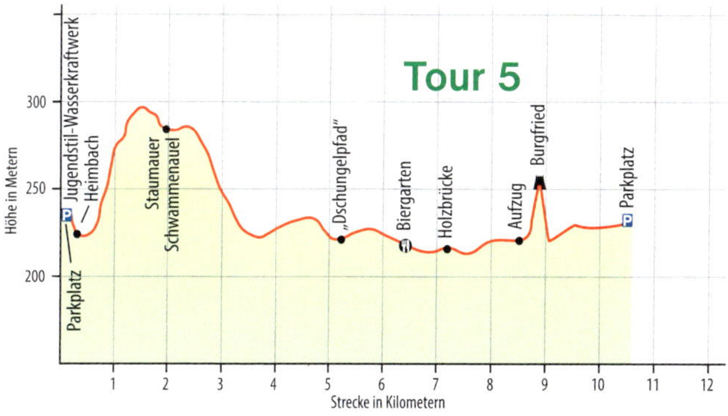

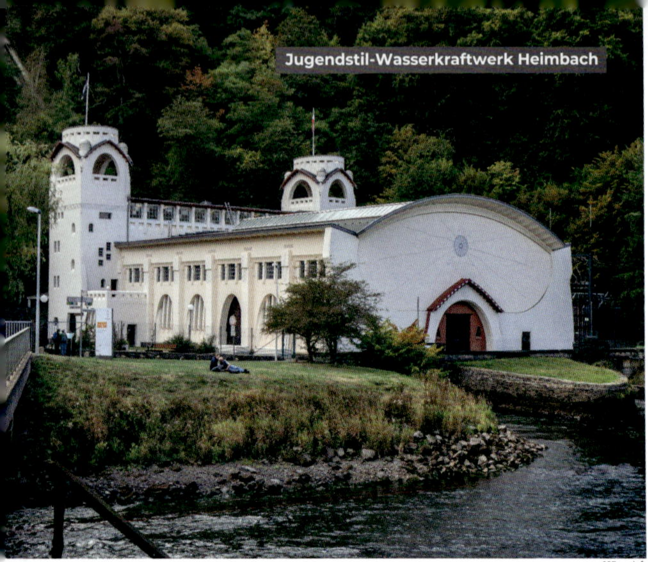

037_wei_fs

Wegbeschreibung

Die entspannte Rundwanderung startet auf dem großen **Parkplatz (1).** Man geht sogleich auf das nahe am Rurufer und am Fuße des Kermeters liegende Elektrizitätskraftwerk zu. Seit 1905 ist das architektonisch anspruchsvolle **Jugendstil-Wasserkraftwerk Heimbach (2)** in Betrieb. Sein Wasser bezieht es aus der Urfttalsperre über den Kermeterstollen. Der Bau beherbergt zudem das RWE-Industriemuseum, das Besuchern im Rahmen von Führungen zugänglich ist.

Hat man den pittoresken Bau erreicht, passiert man diesen und folgt dem geradeaus verlaufenden Asphaltweg. Bei nächster Gelegenheit hält man sich links bergan in Richtung „Landal Eifeler Tor", einem am Hang liegenden Ferienpark mit nachgeahmten Fachwerkhäusern. Man folgt dem aufsteigenden Weg, der um das Areal herum führt, bis zur Anhöhe und einer kreuzenden Landstraße (L15), die überquert wird. Danach hält man sich rechts und wandert parallel zur Straße in Richtung **Staumauer Schwammenauel (3),** die in wenigen Minuten erreicht wird. Man geht über die mächtige Mauer der Rurtalsperre hinweg, passiert eine am Rursee liegende Schiffsanlegestelle und überquert in Höhe letzterer wiederum die L15. Nun geht man erst einmal etwa 500 Meter an der Straße entlang: Dann zweigt ein asphaltierter, breiter Weg rechts ab in den Wald, dem man folgt. Recht schnell trifft man auf eine zwischen Häusern liegende

Gabelung im Heimbacher Ortsteil Hasenfeld, an der man sich nach rechts wendet und weiter auf einem Schotterweg läuft. An der nächsten Gabelung hält man sich links und geht vor einer bald auftauchenden Schranke wiederum links auf einem schmalen, sich bergab schlängelnden Pfad voran. Bald kommt man auf einem breiteren Schotterweg an und erblickt eine hölzerne Brücke, die es zu überqueren gilt. Dann geht es links weiter, nahe des Ufers des Staubeckens Heimbach. Nach etwa 15 Minuten gelangt man an einen asphaltierten Platz mit Wendemöglichkeit unterhalb von Häusern, über den man hinweggeht, um auf der gegenüberliegenden Seite auf geschottertem Waldweg weiterzulaufen. Erst einmal hält man sich links, gewinnt etwas an Höhe und wandert auf schmalem Pfad oberhalb eines bewaldeten Hangs. An der nächsten Wegteilung geht es rechts weiter bergan, man erreicht eine Bank, an der man sich nach links wendet und dem Weg auf gerader Ebene folgt.

Nach kurzer Zeit trifft man auf die querende Kleestraße, wo man rechter Hand auf den Bürgersteig einbiegt. An der Stelle, wo es rechts am Campingplatz in Richtung Kraftwerk/RWE-Industriemuseum über eine Brücke geht, hält man sich links und

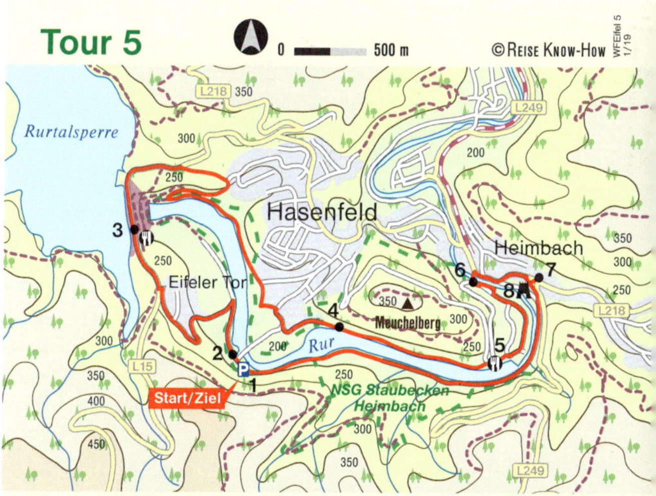

- P 1 Parkplatz
- ● 2 Jugendstil-Wasserkraftwerk Heimbach
- ● 3 Staumauer Schwammenauel
- ● 4 „Dschungelpfad“
- 5 Biergarten
- ● 6 Holzbrücke
- ● 7 Aufzug
- 8 Burgfried

weiter bergab in die Straße „Im Sangert" in Richtung Heimbach. Der Weg verläuft nun parallel zum Ufer des Staubeckens und führt unterhalb von Einfamilien- und Wochenendhäusern vorbei. Hier tummeln sich vielerlei Wasservögel: Brand- und Kanadagänse, Stockenten, Grau- und Silberreiher, Teich- und Blesshühner. Nach dem letzten Ferienhaus in der Reihe trifft man auf den sogenannten **„Dschungelpfad" (4),** der unterhalb des Meuchelbergs über breite Holzstege mit Geländer oberhalb der Wasserfläche verläuft. Von hier aus bietet sich ein schöner Blick auf das Staubecken wie auf die dahinter aufsteigenden Waldhänge.

Abwechselnd geht es fortan auf besagten Holzstegen und mehr oder minder felsigen Pfaden weiter in Richtung Heimbach. Nach einiger Zeit wird ein am Ufer gelegener **Biergarten (5)** mit Tretbootausleihstelle passiert. Man läuft leicht bergan daran vorbei und trifft sogleich auf einen asphaltierten Weg, in den man rechts einbiegt und wieder sanft bergab geht. Mit Blick auf die mittelalterliche Höhenburg Hengebach sowie den Ort Heimbach wandert man entlang an Schrebergärten und erreicht einen Parkplatz, den man überquert. Vor der folgenden, die Rur überspannenden Brücke geht es links auf schmalem Pfad am

039_wei_fs

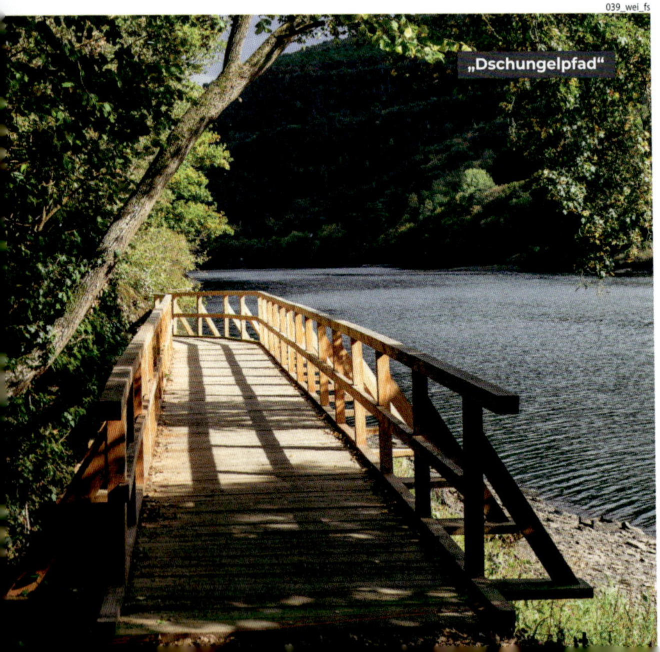

„Dschungelpfad"

Fluss entlang. Nach weniger als 5 Minuten gelangt man zu einer schönen **Holzbrücke (6).** Auf dieser wird nun die Rur überquert und danach auf dem parallel zum Fluss verlaufenden Pfad rechts in Richtung Ortskern Heimbach gegangen. Man wechselt auf die Hengebachstraße und folgt dieser bis zur Burg. Der Eingang zum Burgareal liegt direkt an der Straße. An den Außenmauern hängt ein Schild mit der Aufschrift: „Internationale Kunstakademie Heimbach", die schon seit 2009 hier untergebracht ist. Man geht über den Innenhof zum gläsernen **Aufzug (7),** der die Besucher auf die erste Ebene befördert. Insgesamt stehen zwei frei zugängliche Aufzüge zur Verfügung. Der Turm muss via Treppenstiegen erklommen werden. Vom **Burgfried (8)** aus genießt man eine tolle Aussicht auf den Ort Heimbach, die Rur und die umgebenden Nordeifelhänge. Wieder vom Turm hinabgestiegen, verlässt man das Areal über den am Fuße der Burg liegenden Parkplatz mit Blick auf eine größere Treppenanlage, die hinunter zum Seerandweg führt. In diesen biegt man links ein und folgt dessen Verlauf. Schon nach etwa einer halben Stunde erreicht man den Ausgangspunkt der Tour, den Parkplatz am Wasserkraftwerk.

040_wei_fs

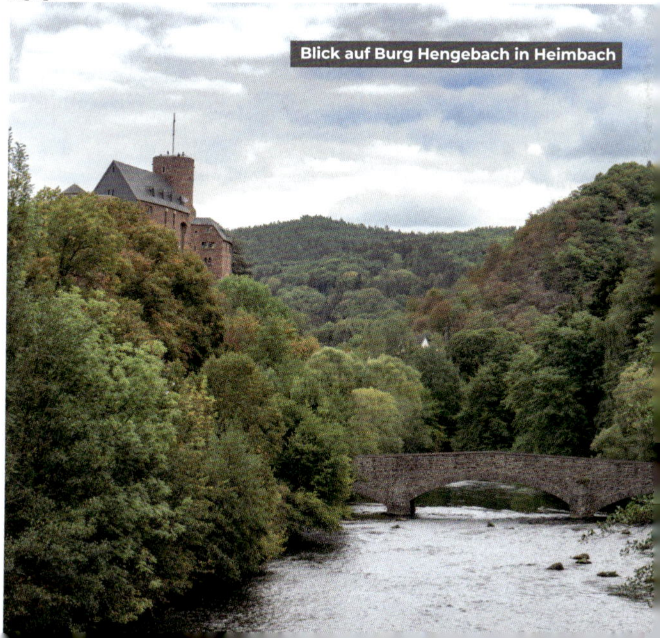

Blick auf Burg Hengebach in Heimbach

Tour 6

Rund um die Buntsandsteinfelsen bei Nideggen –

Auf und ab im zauberhaften Rurtal

Die Strecke verläuft entlang der für die Region typischen, rot leuchtenden Buntsandsteinfelsen, durch ruhige, einsame Waldabschnitte, einladende Ortschaften, idyllische Täler und über luftige Höhen.

Eine **abwechslungsreiche,** aber anstrengende **Runde** über Stock und Stein erwartet die Wanderer. Von markanten Felsen, dem zeichenhaften Krawutschketurm auf dem Burgberg sowie der traumhaften Burg Nideggen bieten sich unzählige **Ausblicke** auf die herrliche Rureifel-Landschaft ringsum.

041_wei_fs

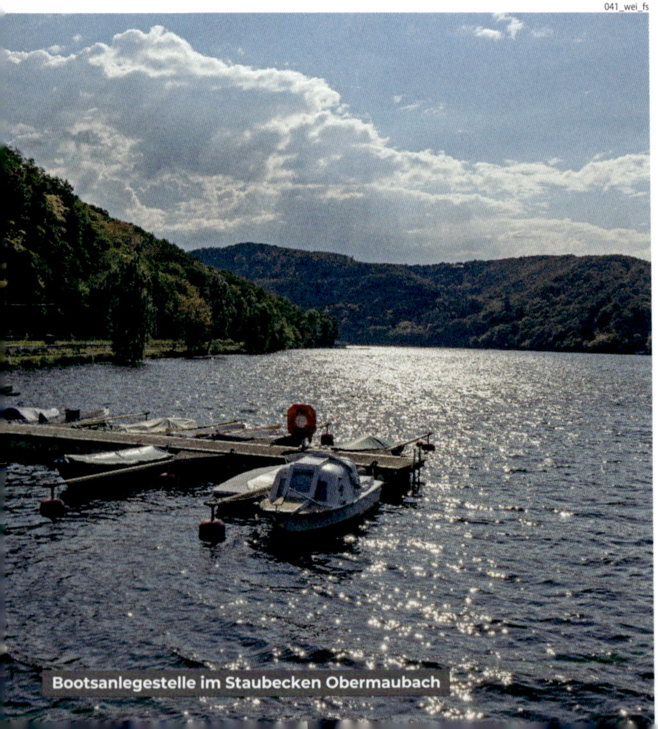

Bootsanlegestelle im Staubecken Obermaubach

Kurze Informationsübersicht

Länge: 17,7 km
Gehzeit: ca. 5½ Stunden
Auf-/Abstieg: je ca. 500 m
ANSPRUCHSVOLL

Ausgangsort: D-52385 Nideggen

Startpunkt: Parkplatz „Danzley" (Bahnhofstraße), GPS N 50.69 265, E 6.47913 (UTM 32U 321957/5618679)

Karte: Eifelverein Nr. 2, Erholungsgebiet Rureifel, 1:25.000

Wegeigenschaften: lange Tour mit beträchtlichen Höhenmetern, die eine gute Kondition verlangt; auf den felsigen Waldpfaden teils Trittsicherheit erforderlich; ausreichend Proviant und Wasser mitnehmen

Einkehrmöglichkeiten: Nideggen, Obermaubach und Zerkall

ÖPNV: nächstgelegene Bushaltestelle „Nideggen, Dürener Tor" (www.avv.de)

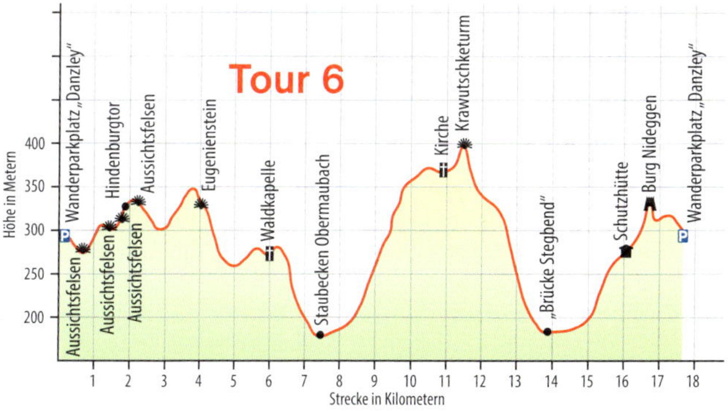

Wegbeschreibung

Die kurzweilige Rundtour startet am **Wanderparkplatz „Danzley“ (1)** in Nideggen. Von diesem läuft man links in die Bahnhofstraße, dann bergab und überquert die sogleich kreuzende Straße (L11), hält sich danach links und geht auf felsigem Pfad in den Wald. An einer folgenden Gabelung überschreitet man eine Holzbrücke und damit den Nideggener Bach. Man folgt fortan den Schildern in Richtung Obermaubach. Eine weitere Brücke wird genommen. Sehr bald kommt man an den ersten markanten Buntsandsteinfelsen vorbei, die charakteristisch sind für das

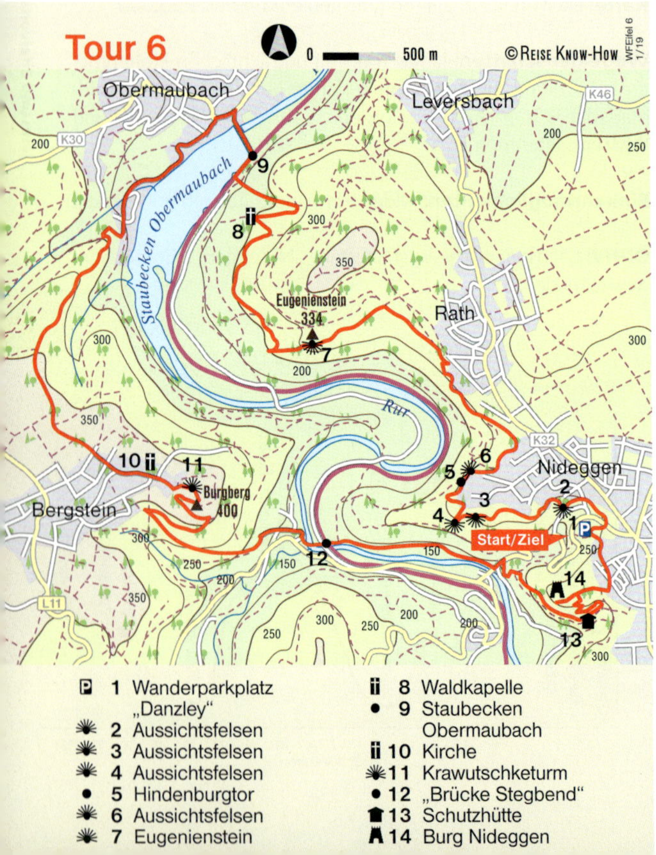

Rurtal. Als Felsbrüter findet hier auch der geschützte Uhu, die größte europäische Eulenart, geeignete Nistplätze.

Nach kurzem, heftigem Anstieg erreicht man einen spektakulären **Aussichtsfelsen (2),** der den Blick freigibt auf die umgebende Landschaft und auf die Burg Nideggen. Es geht weiter geradeaus, an den beiden nächsten Weggabelungen jeweils rechts und leicht bergan. Wenige Minuten später trifft man auf einen Forstweg, in den man links einbiegt und etwas hinabsteigt. Es folgt erneut ein **Aussichtsfels (3)** mit Bank und naher Schutzhütte. Man geht in eingeschlagener Richtung voran durch Mischwald, wobei hier Eichen und Kiefern überwiegen. Nach nur 2–3 Minuten gelangt man zu einem leicht ausgesetzten, mit Geländer gesicherten **Aussichtsfelsen (4).** Man wandert weiter in dieser Richtung und nimmt an der nächsten Gabelung einen links bergab führenden Weg. Vorerst werden eventuelle Abzweigungen ignoriert und man hält sich geradeaus. So erreicht man das sogenannte **Hindenburgtor (5),** ein mächtiges Buntsandsteintor, unter dem man hindurch schreitet. Es folgt ein nächster **Aussichtsfels (6).** Der Pfad verläuft bergan, teils über Stufen. Wenig später trifft man auf einen querenden Schotterweg, in den man links einbiegt.

An den beiden folgenden Gabelungen hält man sich jeweils links, immer in Richtung Obermaubach. Nach einem mäßigen,

042_wei_fs

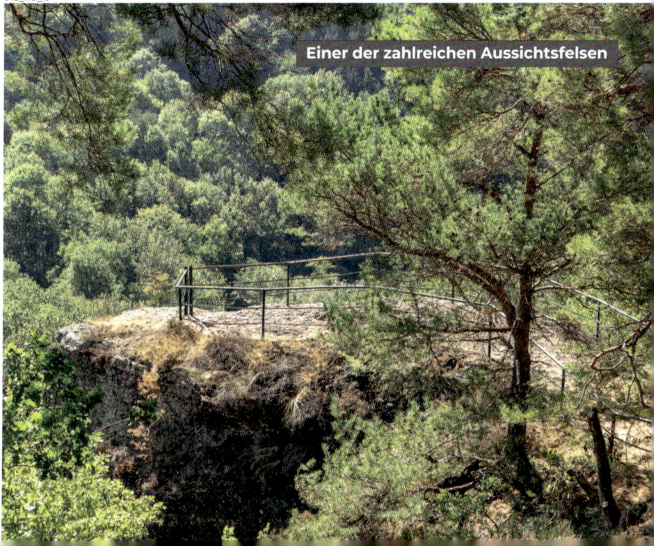

Einer der zahlreichen Aussichtsfelsen

anhaltenden Anstieg kommt man zu einer Abzweigung, geht rechts um die Kurve weiter bergan, dann wiederum rechts inmitten großer Plattfelsen hindurch, woraufhin man zu einer Aussichtsterrasse mit Bank und Tisch gelangt, die man passiert. An der nächsten Kreuzung nimmt man den mittleren Weg in Richtung Obermaubach. Man tritt auf einen breiten Schotterweg, geht aber direkt wieder von diesem links ab in den Wald hinein zum **Eugenienstein (7),** einem großen Aussichtsfelsen. Unmittelbar vor diesem geht es rechts und dann auf steilem, teils rutschigem Felsenpfad bergab. Nachdem man etwa 10 Minuten abgestiegen ist, trifft man auf einen breiten Fahrweg, biegt rechts in diesen ein und folgt den Schildern nach Obermaubach. Man bleibt auf dem Hauptweg und gelangt nach einiger Zeit an eine größere Kreuzung, über die man geradeaus hinweggeht und dann auf einer Art Höhenweg zur naheliegenden **Waldkapelle (8)** wandert. Von hier lässt sich ein guter Blick auf Ort und Stausee Obermaubach werfen. In eingeschlagener Richtung geht es zuerst weiter, bei nächster Gelegenheit muss man aber einen links abzweigenden Weg nehmen, der hinunter zum **Staubecken Obermaubach (9)** führt. Am Ufer des Sees angekommen, wendet man sich nach rechts und läuft zur Staumauer, die man überquert. Dann wird ein Kiosk passiert, links in die Seestraße eingebogen und dieser bis zur Kreuzung Bergsteiner Straße gefolgt. Hier sollte man nun links in die nahe zum Ufer des Sees verlaufende Bergsteiner Straße abbiegen und auf dieser zum Ortsausgang laufen.

Hinter dem auf der rechten Seite der Straße liegenden Wohnhaus mit der Nummer 72 wird auf einem steilen Hohlweg in den Wald hinaufgestiegen. Etwa 10 Minuten später trifft man auf einen Fahrweg, in den man links einbiegt. Es folgen einige kräftige Anstiege. Sobald man aus dem Wald hinaustritt, kann man die ersten Häuser des Ortes Bergstein sehen, auf die man nun zugeht. Dort angekommen, gelangt man über die Straße „Im Siebert" in die Burgstraße, in die man links einbiegt und leicht bergab geht. Man passiert die **Kirche (10)** des Dorfes und läuft geradeaus. Beim letzten Haus am Ortsausgang geht es links in den Wald hinein. Hier sollte der mittlere, steil bergan führende Weg auf den Burgberg gewählt werden, auf welchen man einen kurzen Abstecher macht. Oben angekommen, lohnt es sich, die 76 Stufen des – nach dem engagierten Eifelwanderer Franz Krawutschke benannten – **Krawutschketurm (11)** zu erklim-

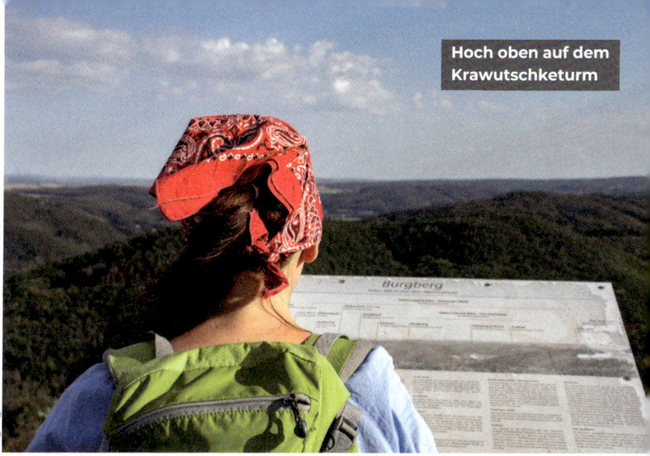

Hoch oben auf dem Krawutschketurm

043_wei_fs

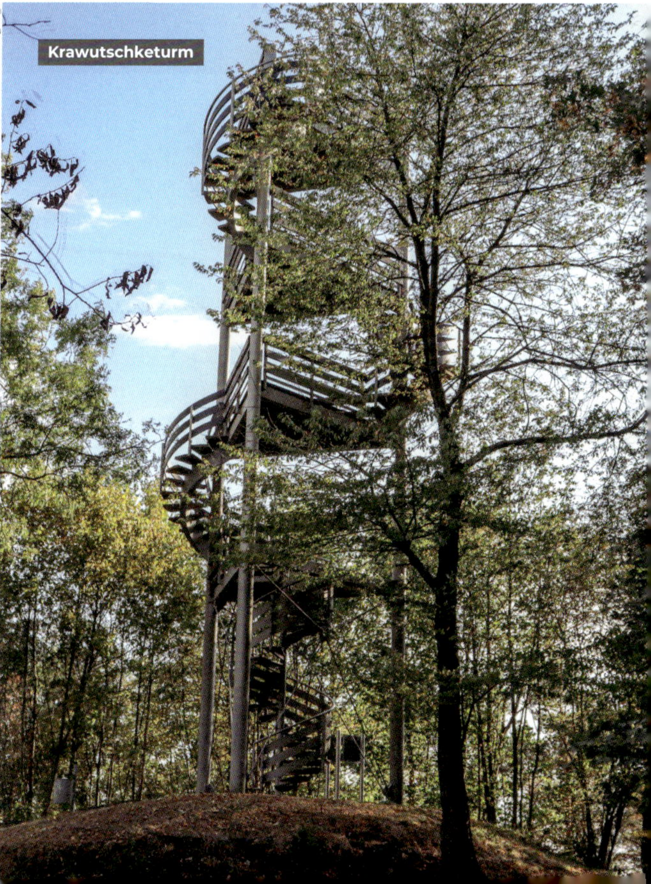
Krawutschketurm

044_wei_fs

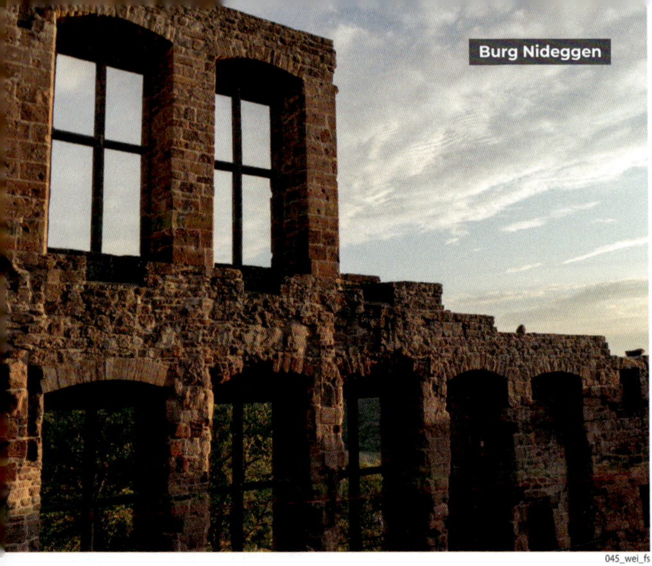

045_wei_fs

men, der tolle und weite Ausblicke auf die Höhenzüge und Täler der Rureifel zulässt. Nach dem Abstieg vom Turm kommt auch der Abstieg vom Burgberg. Hierzu folgt man dem Rundweg in der zuvor eingeschlagenen Richtung und geht nicht den Aufstiegsweg wieder zurück.

Schnell erreicht man den bekannten Fahrweg, in den man links einbiegt und nun Zerkall anpeilt. Mit Fernblick auf die Burg Nideggen nimmt man eine Rechtskurve leicht bergab und wechselt an nächstmöglicher Stelle links auf einen schmaleren Pfad – bis man auf einen kreuzenden Weg stößt und links um die Kurve steil bergab läuft. An der unmittelbar folgenden Gabelung nimmt man den linken Pfad, der nach einiger Zeit aus dem Wald hinausführt. Auf schmalem Pfädchen wandert man quer über einen Hang, der komplett abgeholzt wurde. Nach längerem, teils recht steilem Abstieg erreicht man einen breiten Forstweg und hält sich links. Schnell gelangt man zu den ersten Häusern von Zerkall im Mühlenweg, dem man folgt bis zur Rur, die man sodann überquert. Die **„Brücke Stegbend" (12),** die zum Infopunkt Nationalpark Eifel führt, lässt man rechts liegen, hält sich stattdessen geradeaus und überquert die Bahngleise. Kurz darauf passiert man das Hofgut Laach und wandert weiter auf einem Schotterweg, der in einiger Entfernung zur Rur an abgezäunten Weideflächen vorbeiläuft. Nachdem man noch mal ein

Stück durch Waldbereich gelaufen ist, trifft man auf die querende Burgstraße am Ortseingang von Brück.

Diese wird überquert, dann leicht links und direkt rechts in den Schütterfelder Weg gegangen. Unmittelbar darauf links führt der schmale, felsige Weg steil bergan in den Wald. Angekommen auf einem breiteren Weg, hält man sich zuerst links und nimmt dann eine Rechtskurve. Man passiert eine rechts an einem Parallelweg liegende **Schutzhütte (13).** Kurz darauf gehen beide Wege ineinander über und man nimmt eine direkt folgende Linkskurve in Richtung Burgruine Nideggen, der man sich in weiten Kehren bergauf nach und nach nähert. Bevor man das Burgareal erreicht, tritt man aus dem Wald hinaus und überquert eine Streuobstwiese: Auf der rechten Seite sieht man nun den Turm der Kirche St. Johannes Baptist, links die umfriedete **Burg Nideggen (14),** der man einen Besuch abstatten sollte. Der Turm der mittelalterlichen Wehranlage (erbaut ab dem 12. Jh.), die einst als uneinnehmbar galt, soll unter anderem Mauerseglern, Turmfalken, der Schleiereule sowie dem Braunen Langohr als geeignete Unterkunft dienen. Nach der Besichtigung verlässt man das Burgareal in Richtung Kirche, die man passiert und sodann der Kirchgasse folgt bis zum Marktplatz. Dort kann man links abbiegen, über den Markt hinweg in die Bahnhofstraße und dann auf geradem Weg zurück zum Ausgangspunkt wandern.

Tour 7

Von Burg Satzvey zur Bruder-Klaus-Kapelle –

Hin zu Burgen, Wegkreuzen und Kapellen

Eine abwechslungsreiche und kulturhistorisch interessante Runde erwartet die Wanderer.

Angefangen im hübschen **Ort Satzvey** mit gut erhaltenen Fachwerkbauten und der aus dem 13. Jahrhundert stammenden Kirche St. Pantaleon geht es vorbei an den beiden mittelalterlichen **Burgen Satzvey** und **Zievel.** Die Erstere gilt als Kleinod des rheinischen Burgenbaus und ist seit der Öffnung für Besucher ein Publikumsmagnet, besonders zur Zeit der Ritterspiele. Über Höhen und durch Täler, durch Wald und Flur geht es dann zur eindrucksvollen, 2007 geweihten **Bruder-Klaus-Kapelle** des renommierten Schweizer Architekten Peter Zumthor, die einsam auf einem Feld **nahe Wachendorf** steht.

In Satzvey wurde mitten im Kalten Krieg seitens der Landeszentralbank NRW ein **geheimer Bunker** unter dem Decknamen „Sonderbauwerk Steinfurt" eingerichtet, der im Falle des Falles als Ausweichsitz dienen sollte. Dieser kann im Rahmen von Führungen besichtigt werden (Info unter: www.lzb-bunker satzvey.de).

047_wei_fs

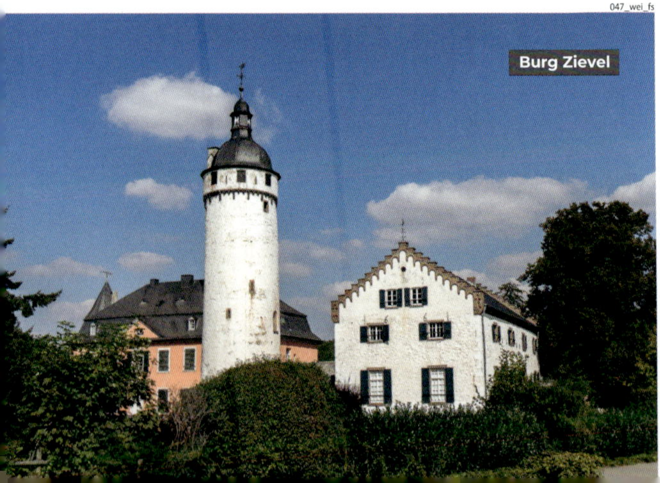

Burg Zievel

Kurze Informationsübersicht

Länge: 15,8 km
Gehzeit: ca. 4¼ Stunden
Auf-/Abstieg: je ca. 180 m
MITTELSCHWER

Ausgangsort: D-53894 Mechernich-Satzvey

Startpunkt: Parkplatz (Am Pfarrhaus), GPS N 50.62061, E 6.70 685 (UTM 32U 337790/5610146)

Karte: Eifelverein Nr. 5, Kall-Kommern-Mechernich-Nettersheim, 1:25.000

Wegeigenschaften: keine besonderen

Einkehrmöglichkeiten: Satzvey

ÖPNV: nächstgelegene Bushaltestelle „Satzvey, Firmenicher Strasse" (www.vrs.de)

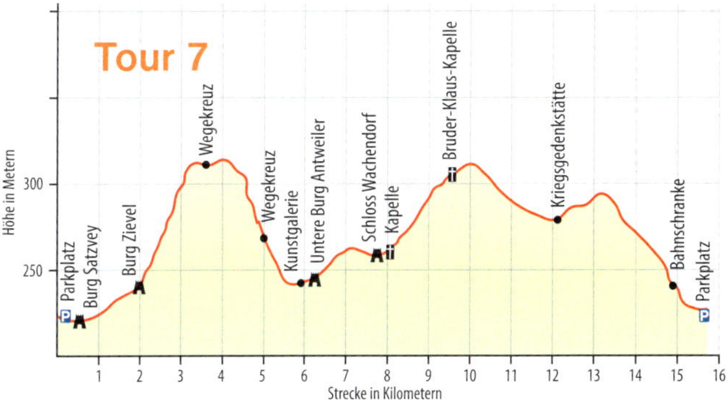

Wegbeschreibung

Vom unmittelbar an der Burg liegenden **Parkplatz (1)** startet man die Tour mit einem Besuch der mittelalterlichen **Wasserburg Satzvey (2).** Nach Verlassen des Areals folgt man dann der Straße „An der Burg“ in Richtung Gartzemer Straße. Sobald man auf Letztere trifft, biegt man in diese rechts ein und geht geradeaus weiter. Kurz darauf überquert man den Veybach und die Bahngleise. Danach wendet man sich nach links und läuft „Am Billig“ auf ein Gewerbegebiet zu und durchquert es. Vor den letzten Gebäuden des Geländes geht man rechts durch die Unterführung der A1 und geradeaus auf den dahinterliegenden Golfplatz zu, der sich rund um die pittoreske **Burg Zievel (3)** er-

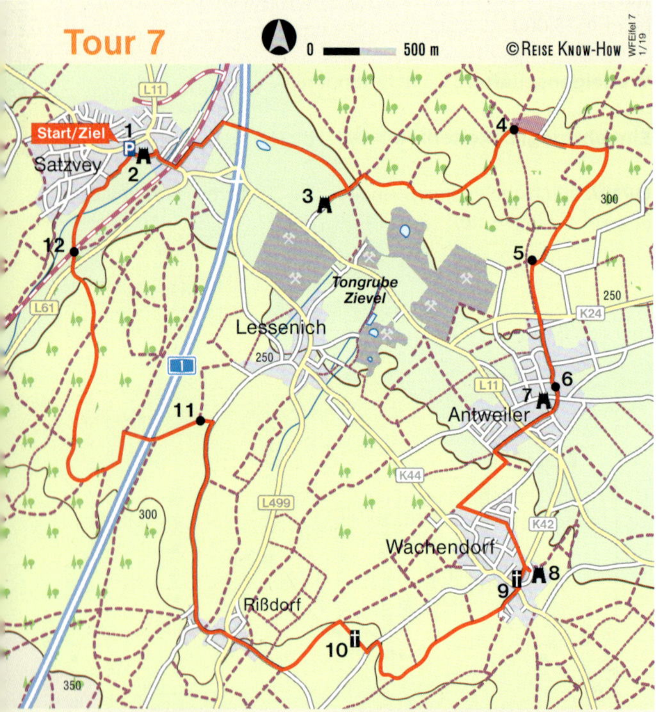

- 1 Parkplatz
- 2 Burg Satzvey
- 3 Burg Zievel
- 4 Wegekreuz
- 5 Wegekreuz
- 6 Kunstgalerie
- 7 Untere Burg Antweiler
- 8 Schloss Wachendorf
- 9 Kapelle
- 10 Bruder-Klaus-Kapelle
- 11 Kriegsgedenkstätte
- 12 Bahnschranke

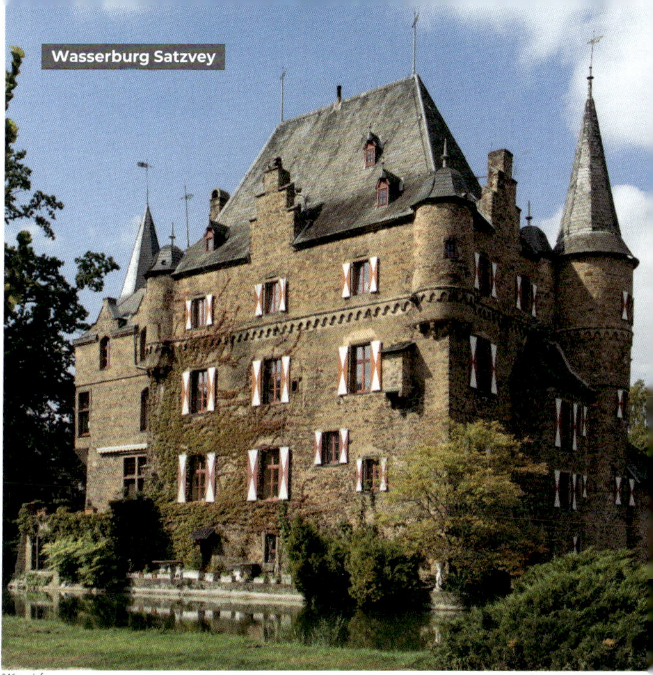

046_wei_fs

streckt. Sie wurde 1107 erstmals erwähnt und liegt am Südrand des Waldgebiets am Billiger Berg. Man läuft über den Weg, der das Areal zentral erschließt, und macht einen kurzen Abstecher zur Burg, in dem man rechts vom Weg abgeht. Danach kehrt man wieder hierhin zurück, überquert den Hauptweg und hält sich geradeaus in Richtung Wald.

An einer als Naturdenkmal ausgezeichneten Eiche führt die erstmögliche Abzweigung nach rechts. Die nächste Abzweigung ignoriert man (Blindweg) und hält sich an der darauf folgenden Gabelung links. Der Weg verläuft jetzt etwa 10 Minuten mäßig bergan, bis man aus dem Wald hinaustritt und mit Blick auf ein abgesperrtes Militärgelände des Standortübungsplatzes Billig weitergeht. Auf der Höhe angekommen, passiert man ein **Wegekreuz (4),** an dem Bänke zur Rast einladen. Mit begleitender Panoramasicht wandert man auf dem rechts des Militärgeländes vorbeiführenden Weg vorerst durch offene Flurlandschaft, am Ende der Absperrung weiter in Richtung Wald, der schon bald betreten wird. Auf breitem Forstweg geht es erst einmal geradeaus, die erste Abzweigung nach rechts wird ignoriert, die zweite genommen und dem nun zu begehenden Schotterweg bis auf Weiteres gefolgt.

Nach kurzer Strecke tritt man aus dem Wald heraus, hält sich weiter geradeaus, geht leicht bergab und passiert ein abgesperrtes Privatanwesen. Etwa 50 Meter nach diesem Haus biegt man rechts ab. Sogleich gelangt man zu einem auffälligen **Wegekreuz (5)** mit der Figur eines trauernden Mädchens. Hier geht man links und auf einem Wiesenpfad an Feldern entlang. Unmittelbar darauf trifft man auf eine kreuzende Landstraße, die überquert wird, um danach auf der Graf-Schall-Straße in den Ort Antweiler zu gehen. Auf der rechten Seite der Straße fällt eine **Kunstgalerie (6)** mit verspieltem Gartenbereich ins Auge. Man bleibt auf der Graf-Schall-Straße, bis diese in die Fabrikstraße übergeht. Kurz nach dem Eintreten in Letztere kann man einen Blick in den Hof der ursprünglich im 16. Jh. erbauten **Unteren Burg Antweiler (7)** werfen. Danach wird die Straße „Oberburg" (L11) überquert, um in die Pappelstraße zu gelangen. Am Ende der Pappelstraße biegt man links auf einen Schotterweg ein, bei nächster Gelegenheit geht es rechts weiter.

Kurz bevor man dann am Ortsrand von Wachendorf auf einen Asphaltweg stößt, zweigt man links ab und wandelt nun auf einer umfriedeten Kastanienallee, die sich über mehrere Nebenwege hinwegzieht. Man folgt ihr bis zum Ende an der kreuzenden Petrusstraße: Dort erblickt man auf gegenüberliegender Seite das herrschaftliche, in leuchtendem Ocker und Rotbraun gestrichene **Schloss Wachendorf (8).** Man hält sich rechts, läuft an einer hübschen **Kapelle (9)** vorbei und überquert die Iversheimer Straße, um in den Forstweg zu gelangen. An einer folgenden Gabelung hält man sich rechts und verlässt Wachendorf. Man wandert an abgezäunten Weideflächen und Feldern vorbei und sieht nach einer gewissen Zeit die in den Himmel ragende Bruder-Klaus-Kapelle, das nächste Etappenziel.

Man ignoriert vorerst eventuelle Abzweigungen, nimmt dann aber mit Blick auf das Gebäude eine Rechtskurve und trifft auf den asphaltierten Rißdorfer Weg, in den man links einbiegt. Etwa 2 Minuten später geht rechts ein schmaler Pfad ab, hin zur **Bruder-Klaus-Kapelle (10).** Der eigenwillige, monumentale und besonders im Inneren sehr atmosphärische Bau, der dem schweizerischen Friedensheiligen Nikolaus von Flüe geweiht ist, beruht auf einer Privatstiftung und wurde 2005 bis 2007 von dem berühmten Schweizer Architekten Peter Zumthor errichtet. Nach einer Besichtigung setzt man den Weg in eingeschlagener Richtung fort – bis der Pfad in einen breiteren Feldweg mündet.

An dieser Stelle hält man sich links leicht bergan. Nach etwa 10 Minuten trifft man auf einen Querweg, geht rechts auf einen Bauernhof zu und erreicht den Ort Rißdorf, in dem es einige gut erhaltene Fachwerkhäuser zu bestaunen gibt. Man folgt der Straße „Am Kippert", dann der Rochusstraße rechts weiter, geht kurz darauf links in die Straße „Zur Wolfskaul" und folgt dem Schild „Anlieger frei bis Friedhof". Man wandert vorbei an einem Aussiedlerhof und geht vor dem Friedhof links auf den „Römerkanal"-Wanderweg, an einer rechts liegenden **Kriegsgedenkstätte (11)** vorbei und durch die Autobahnunterführung der A1.

Hinter dieser hält man sich an einem querenden Weg links und geht in den Wald hinein bis zu einer Infotafel zum „Römerkanal"-Wanderweg. Dort wird dieser sodann verlassen, in dem man nach rechts abbiegt und geradeaus wandert – parallel zum rechts des Weges fließenden Siefenbach – zurück in Richtung Burg Satzvey bis zu einer Kreuzung, über die man hinweggeht. Man gelangt zu einer Landstraße (L61), überquert diese ebenso wie die danach folgende Bahntrasse mit **Bahnschranke (12)** und den Veybach. Vor Erreichen der ersten Häuser von Satzvey biegt man an einem Kreuz rechts ab, passiert wenige Minuten später den Friedhof sowie die Kirche und gelangt über Treppenstufen zum Parkplatz an der Burg.

049_wei_fs

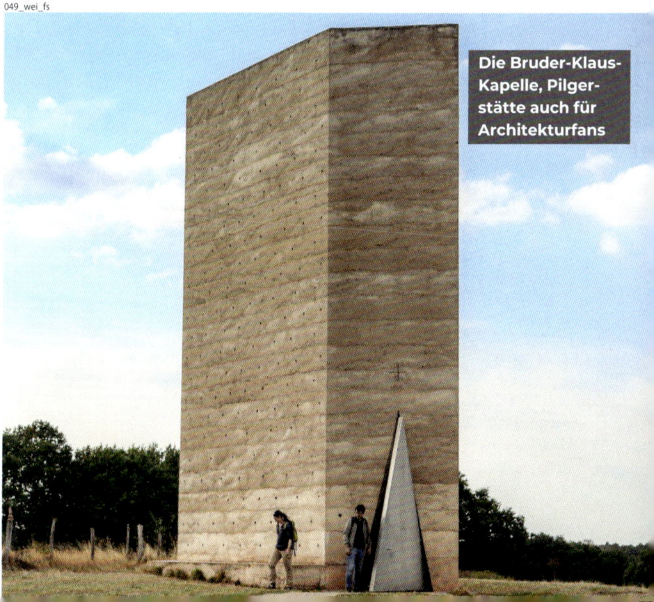

Die Bruder-Klaus-Kapelle, Pilgerstätte auch für Architekturfans

Tour 8

Auf den Spuren der Römer bei Nettersheim

Eifelwasserleitung, Via Agrippa und Tempelbezirk „Görresburg“

Die entspannte Runde führt durch das Urfttal rund um das schöne Nettersheim im Kreis Euskirchen.

Die Wanderung führt vorbei an diversen **römischen Ausgrabungsstätten** und teils entlang der wohl Ende des 1. Jahrhunderts n. Chr. gebauten Wasserleitung. Diese transportierte auf einer Länge von etwa 95 Kilometern frisches, kalkhaltiges Quellwasser von Nettersheim ins antike Köln.

Das **Naturparkzentrum Eifel** in Nettersheim (Urftstraße 2–4) bietet viele Informationen zum Thema Archäologie in der Region, so unter anderem zum Römerkanal.

051_wei_fs

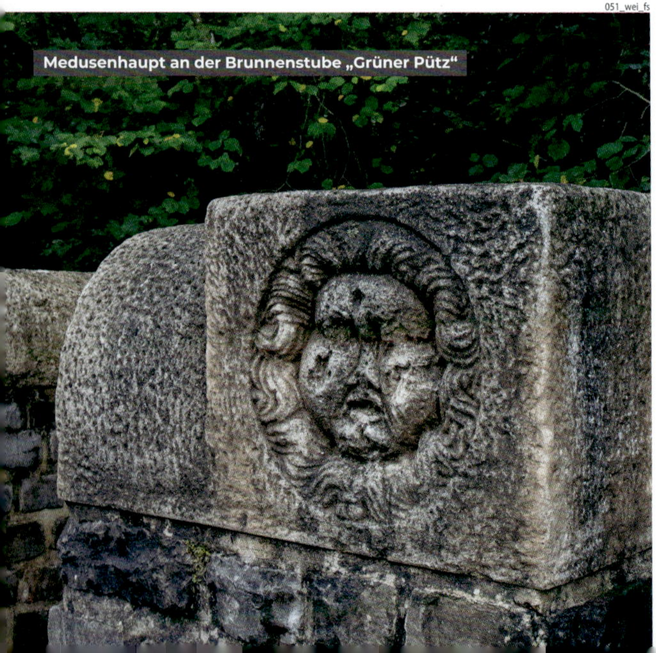

Medusenhaupt an der Brunnenstube „Grüner Pütz“

Kurze Informationsübersicht

Länge: 13,2 km
Gehzeit: ca. 3½ Stunden
Auf-/Abstieg: je ca. 130 m
MITTELSCHWER

Ausgangsort: D-53947 Nettersheim

Startpunkt: Parkplatz am Café „Zur Römerquelle" (Rosenthalstraße), GPS N 50.49428, E 6.63219 (UTM 32U 332061/559 6268)

Karte: Eifelverein Nr. 5, Kall–Kommern–Mechernich–Nettersheim, 1:25.000

Wegeigenschaften: meist breite, gut begehbare Wege; teils schmalere Pfade, auf denen etwas Trittsicherheit erforderlich ist

Einkehrmöglichkeiten: Nettersheim

ÖPNV: nächstgelegene Bushaltestelle „Nettersheim, Bahnhof" (www.vrs.de)

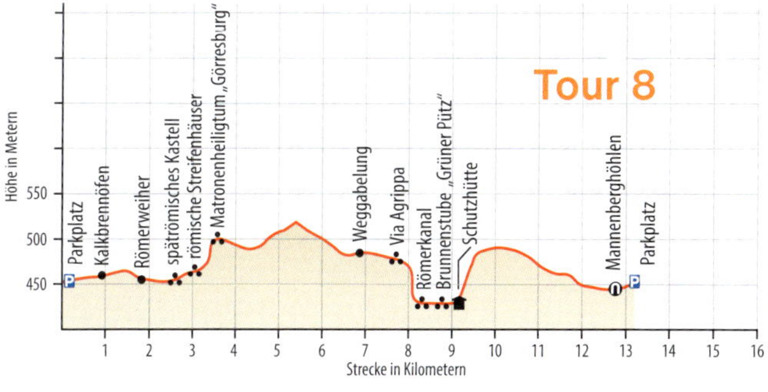

Wegbeschreibung

Vom **Parkplatz (1)** startet man in der Rosenthalstraße in Richtung Klosterstraße und hält sich dort rechts. Dann wird der Genfbach überquert und bald rechts um die Kurve in die Bahnhofstraße eingebogen. Man passiert das einladende Hotel-Restaurant „Nettersheimer Hof" und hält sich vor den Bahngleisen links in Richtung Bahnhof. Man folgt dem Hauptweg geradeaus mal näher, mal weiter weg von den Gleisen, die parallel verlaufen. Auf dem Weg namens „Kaninhecke" gelangt man rasch zu den direkt an der Bahnstrecke liegenden ehemaligen **Kalkbrennöfen (2)** aus dem 19. Jh. inklusive dazugehöriger Werkhäuser. Hier trifft man zum ersten Mal auf die Urft. In den urigen Häusern befindet sich heute unter anderem eine Taverne sowie ein Gästehaus (Info unter: www.naturzentrum-eifel.de).

050_wei_fs

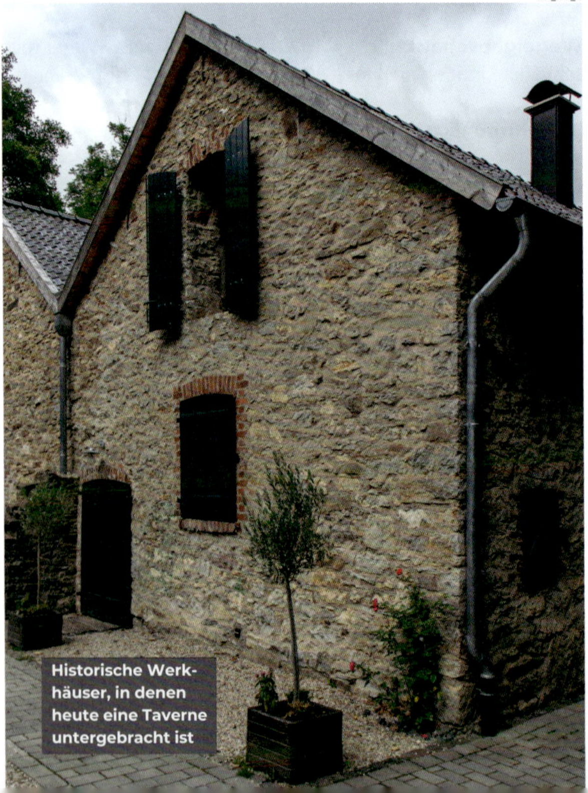

Historische Werkhäuser, in denen heute eine Taverne untergebracht ist

Nun folgt man dem Weg „Kaninhecke" weiter, der mehr oder minder nah an der Urft verläuft. Nach einiger Zeit kommt man so zum auf der rechten Seite liegenden **Römerweiher (3).**

Weiter in eingeschlagener Richtung gelangt man nach einigen Hundert Metern zu einem Querweg, in den man erst einmal links einbiegt, um dann auf das auf der rechten Seite liegende Areal eines **spätrömischen Kastells (4)** zu gelangen: Dieses wurde wohl um das Jahr 316 n. Chr. erbaut und hatte die Aufgabe, den Personen- wie Warenverkehr auf der Römerstraße Trier – Köln (Teilstück des römischen Fernstraßennetzes der sogenann-

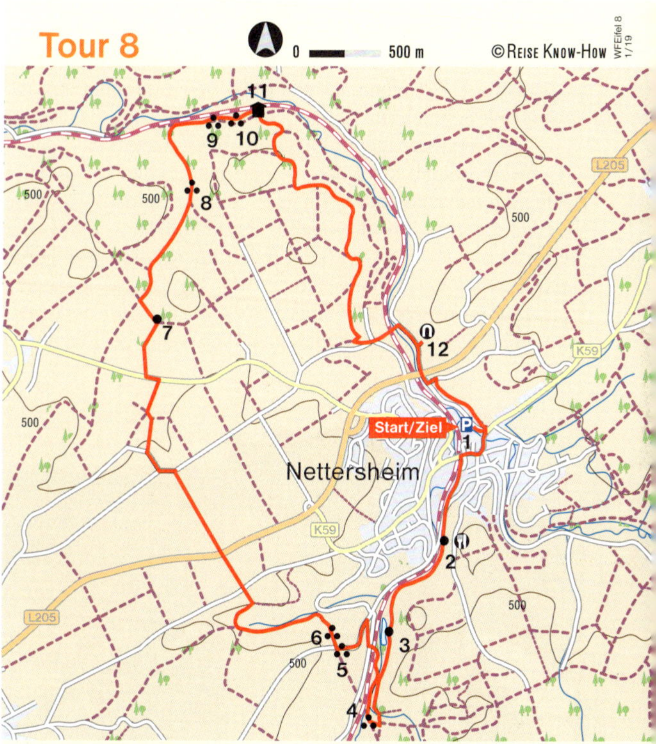

- 1 Parkplatz
- 2 Kalkbrennöfen
- 3 Römerweiher
- 4 spätrömisches Kastell
- 5 römische Streifenhäuser
- 6 Matronenheiligtum „Görresburg"
- 7 Weggabelung
- 8 Via Agrippa
- 9 Römerkanal
- 10 Brunnenstube „Grüner Pütz"
- 11 Schutzhütte
- 12 Mannenberghöhlen

ten „Via Agrippa") zu kontrollieren. Man überquert die Ausgrabungsstätte und danach eine die Urft überspannende Brücke, läuft dann zuerst parallel zur Bahntrasse, passiert auch diese bei nächster Gelegenheit und geht weiter auf asphaltiertem Weg. Dieser trifft auf einen Weiteren, über den man hinweggeht. Dann hält man sich leicht rechts und nimmt an der folgenden Gabelung den linken Weg in Richtung „Görresburg". Man folgt dem barrierefreien Weg, der zuerst zu rekonstruierten **römischen Streifenhäusern (5)** führt, die einst zum Siedlungsbezirk „Marcomagus" gehörten und nach kurzer Wegstrecke erreicht werden. Ein kleiner Abstecher nach links zu diesen hin lohnt sich.

Danach wendet man sich wieder dem zuvor verlassenen Hauptweg zu, läuft über diesen hinweg und dann auf gegenüberliegender Seite leicht bergan zum **Matronenheiligtum „Görresburg" (6)**, einem teilrekonstruierten römischen Tempelbezirk (mit Schutzhütte anbei). Nach Besichtigung des Areals geht es in eingeschlagener Richtung auf schmalem Pfad durch Buschwerk bergab auf einen nahegelegen, breiten Weg. Hier sollte man sich links halten, ein gutes Stück geradeaus wandern, eine links abgehende Abzweigung ignorieren, kurz darauf aber rechts abbiegen und den Schleifbach überqueren. Auf Forstwegen nähert man sich einer kreuzenden Landstraße (L205), die man nach etwa 10 Minuten überquert, und geht dann auf einem zwischen Feldern hindurchführenden Weg weiter geradeaus. An

052_wei_fs

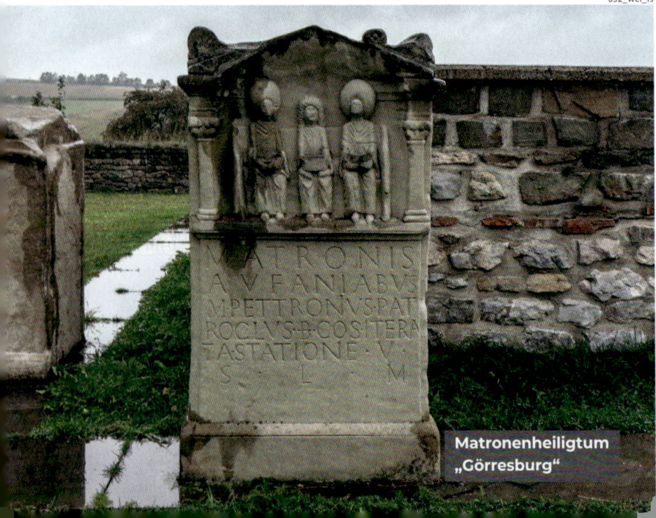

Matronenheiligtum „Görresburg"

einer folgenden Gabelung hält man sich schräg links und unmittelbar darauf rechts und folgt dem Verlauf bis zu einem Querweg, in den man wiederum rechts einbiegt und dann zur Landstraße wandert.

An dieser angekommen, hält man sich links und geht etwa 50 Meter an ihr entlang, überquert dann die Straße weiter in Richtung Wald. An einer **Weggabelung (7)** dieses Schotterweges nimmt man nun den Weg, der links in den Wald hineinführt, ziemlich zugewachsen und leicht zu übersehen ist. Auf diesem läuft man durch dichten Forst auf weichem, federndem Boden. Nachdem man einige Minuten auf einem etwas verwunschen wirkenden Pfad unterwegs war, stößt man auf einen Asphaltweg, hält sich rechts und ignoriert vorerst eventuelle Abzweigungen. Nach einiger Zeit kann man auf der rechten Seite, leicht abseits des Wegs einige Reste der berühmten Straße **„Via Agrippa" (8)** erkennen. In einem freigelegten Abschnitt haben sich Fahrspuren im Felsen erhalten, die davon künden, dass hier jahrelang Fuhr-, Transport- und Reisewagen verkehrten. Danach geht man zurück auf den Hauptweg, hält sich an der nächsten Abzweigung rechts und läuft weiter auf dem Eifelsteig. Man trifft auf eine reichlich beschilderte Kreuzung, an welcher der Eifelsteig auf den Römerkanalweg trifft: Dort folgt man dem Schild rechts bergan in Richtung Nettersheim – mit dem nächsten Ziel der römischen Brunnenstube „Grüner Pütz" (etwa 0,5 Kilometer

053_wei_fs

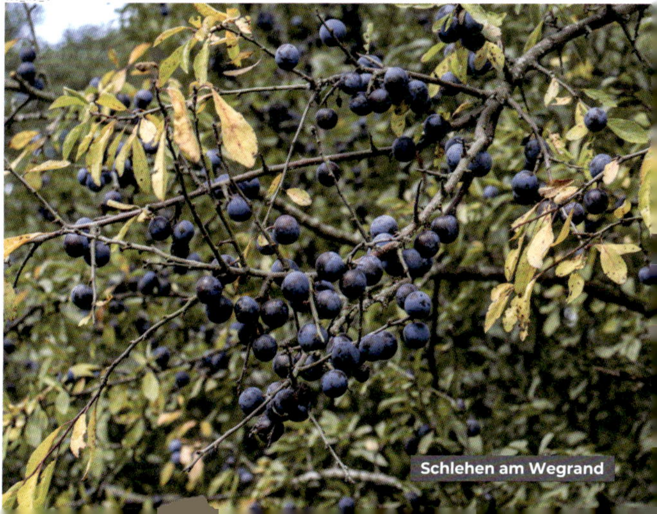

Schlehen am Wegrand

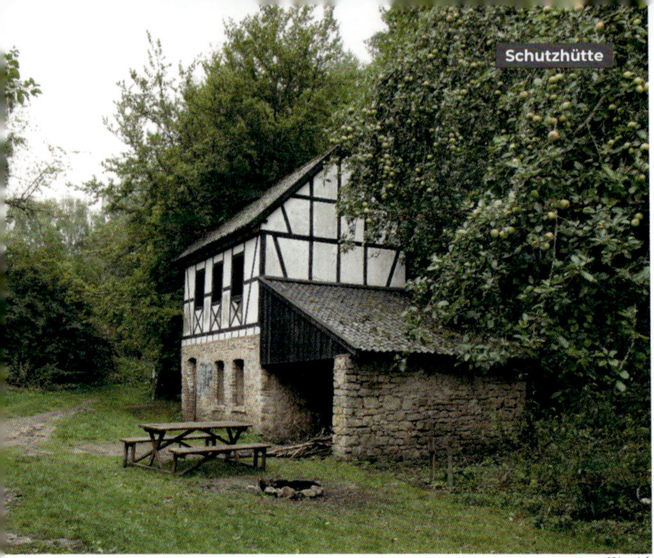

054_wei_fs

entfernt). An der nächsten Gabelung hält man sich links und läuft vorerst parallel zur Bahntrasse. Kurz aufeinander gibt es nun zwei Highlights des Römerkanalwegs zu sehen: zuerst ein angeschnittenes Teilstück des **Römerkanals (9)** am Bahndamm und dann die mit abschreckenden Medusenhäuptern geschmückte **Brunnenstube „Grüner Pütz" (10)**, die südlichste Quellfassung des Römerkanals.

Weiter des Weges gelangt man zu einer **Schutzhütte (11)** der besonderen Art – ein kleines, pittoreskes Fachwerkhäuschen, das mit Feuerstelle und Sitzmöglichkeit im Außen- wie Innenbereich (1. Etage) ausgestattet ist und zur Rast einlädt. Unmittelbar hinter dem Bau geht es rechts kurz bergan. Man überquert einen Parkplatz, hält sich rechts und steigt an – und folgt so weiterhin dem Römerkanalweg wie dem Eifelsteig. Man wandert nun inmitten des Naturschutzgebiets Urfttal nördlich von Nettersheim und bewegt sich auf einem Hohlweg in die Höhe. Eventuelle Abzweigungen vom – sich in weiten Kehren bergan schlängelnden – Hauptweg werden ignoriert. Sobald der Hohlweg auf der Höhe angekommen ist und aus dem Wald hinausführt, trifft er auf einen Querweg. Hier geht man links am Waldrand entlang weiter und ignoriert wiederum Abzweigungen. Die Schilder des Eifelsteigs zeigen den Weg auch an der Stelle, wo man links um eine Kurve auf einen schmalen, steinigen Schotterweg abbiegt, der bergab führt. Diesem folgt man, bis man auf einen asphaltierten

Weg stößt, und dann an einer Kreuzung ankommt. Nun überschreitet man die Bahngleise und die Urft, biegt darauf rechts in die Rosenthalstraße ein und wandert in Richtung **Mannenberghöhlen (12)** und Nettersheim. Die Höhlen werden schnell erreicht und liegen versteckt links des Weges im steilen, bewaldeten Hang. Gitter vor den Karsthöhlen sollen menschliches Eindringen verhindern, unter anderem zum Schutz der Fledermäuse, die im Winter hier Quartier beziehen (u. a. das Große Mausohr). Man erreicht sodann den Ort Nettersheim. Nachdem man unter der Autobrücke hindurchgegangen und bei nächster Gelegenheit links abgebogen ist, wandert man auf dem Eifelsteig und Römerkanalweg zurück zum Ausgangspunkt.

055_wei_fs

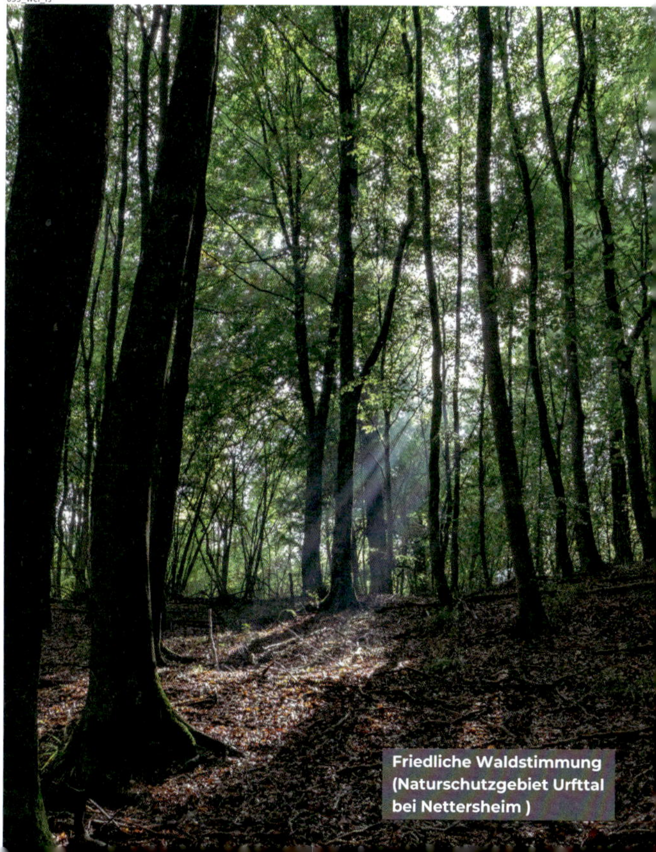

Friedliche Waldstimmung (Naturschutzgebiet Urfttal bei Nettersheim)

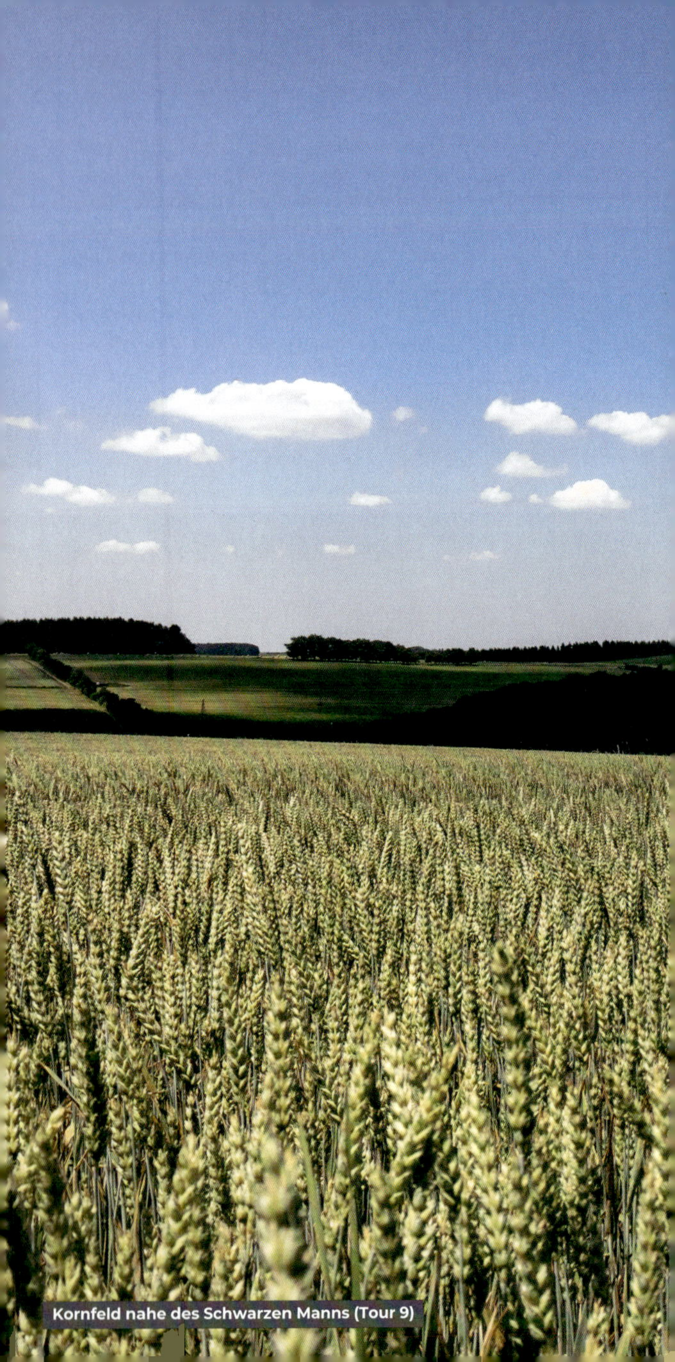

Kornfeld nahe des Schwarzen Manns (Tour 9)

WESTEIFEL

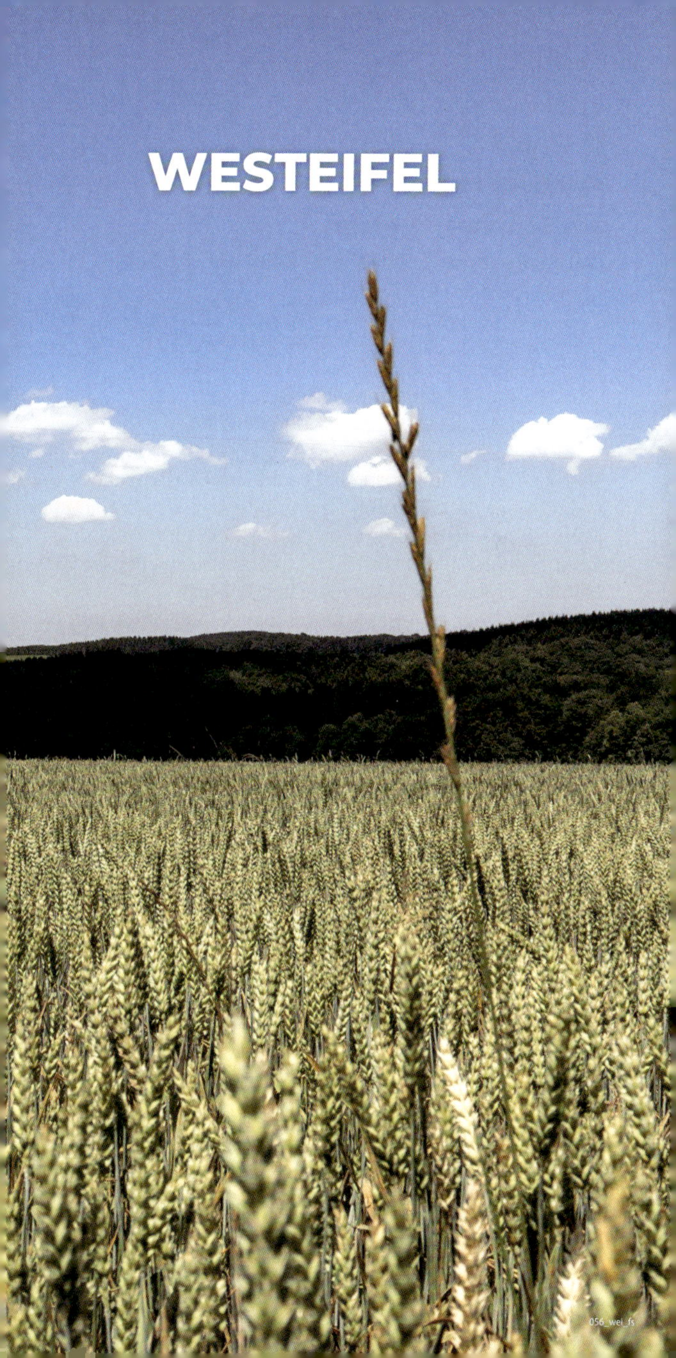

Tour 9

Auf dem Moore-Pfad am Schwarzen Mann –

Durch die moosigen Höhenwälder der Schneifel

Auf Forstwegen, verwunschenen Pfaden und urigen Holzbohlenstegen geht es durch lichte und moorige Wälder rund um den Schwarzen Mann, der dritthöchsten Erhebung der Eifel.

Die stille Wanderung durch **Feucht- und Bruchwälder** des Gebirgszugs der **Schneifel** folgt größtenteils dem Verlauf des **Moore-Pfads,** einer der Routen des „NaturWanderParks delux“. Zwischendurch bieten sich grandiose Fernblicke über die **Islek-Höhen** – bis hin nach Luxemburg und Belgien.

Ein Abstecher zum **Besucherbergwerk** „Mühlenberger Stollen“ im nahen Bleialf bietet sich an (www.besucherbergwerk.bleialf.org).

121_wei_fs

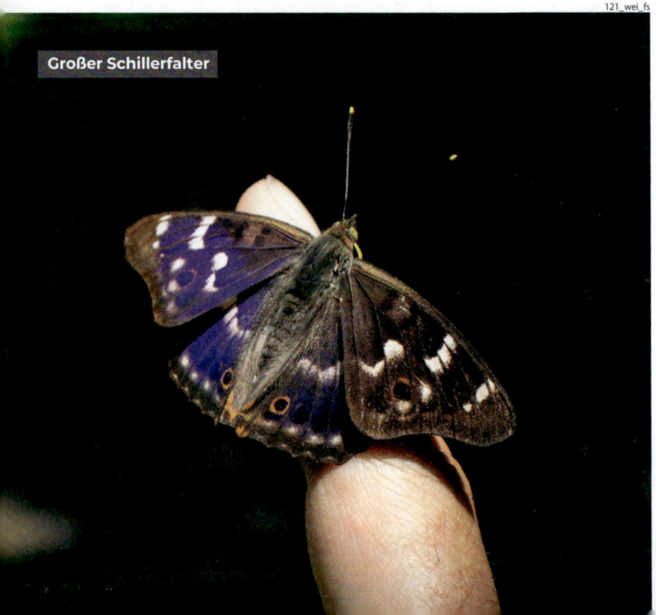

Großer Schillerfalter

Kurze Informationsübersicht

Länge: 14,7 km
Gehzeit: ca. 4 Stunden
Auf-/Abstieg: je ca. 202 m
MITTELSCHWER

Ausgangsort: D-54595 Gondenbrett

Startpunkt: Wanderparkplatz an der L20 (gegenüber Blockhaus „Zum Schwarzen Mann"), GPS N 50.26475, E 6.37294 (UTM 32U 312774/5571369)

Karte: Eifelverein Nr. 17, Prümer Land, 1:25.000

Wegeigenschaften: überwiegend gut begehbare Wege; teils feuchter bis morastiger Untergrund, daher am besten knöchelhohe Wanderstiefel tragen; die Holzbohlenstege können (insbesondere bei Nässe) rutschig sein

Einkehrmöglichkeiten: Blockhaus „Zum Schwarzen Mann"

ÖPNV: nein

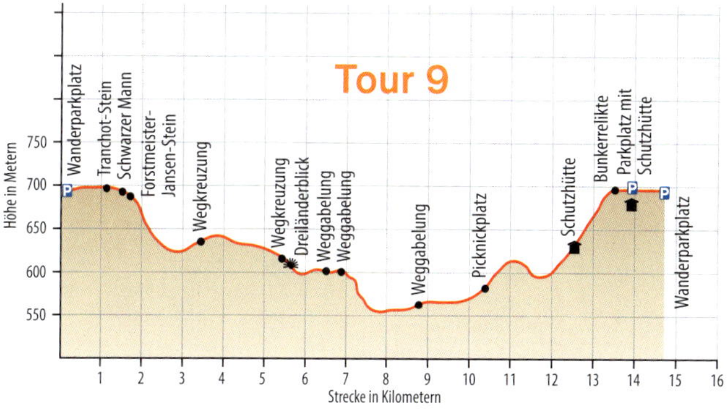

Wegbeschreibung

Vom großen **Wanderparkplatz (1)** am Schneifelhöhenweg, der auch gern von Wintersportlern genutzt wird, startet die Wanderung auf dem Moore-Pfad des „NaturWanderParks delux“ (Logo: grün-braunes Blatt). Zuerst überquert man die Straße mit Blick auf das Blockhausrestaurant „Zum Schwarzen Mann“. Vor diesem geht es rechts auf einen schmalen Pfad, der parallel zur L20 verläuft. Nach etwa einem Kilometer gelangt man zu einer Gabelung, an der man sich rechts hält und wiederum über die L20 geht. Direkt nach dem Seitenwechsel erblickt man rechts den **Tranchot-Stein (2).** Der Grenzstein ist nach dem französischen Geografen Jean Joseph Tranchot benannt worden, der im Auftrag Napoleons das Kartenwerk „Topographische Aufnahme der Rheinlande“ erstellt hat. Gegenüber befindet sich eine Holztreppe, die zu einer Informationsplattform am „Gipfel“ des **Schwarzen Mannes (3)** führt, der mit seinen knapp 698 Metern

119_wei_fs

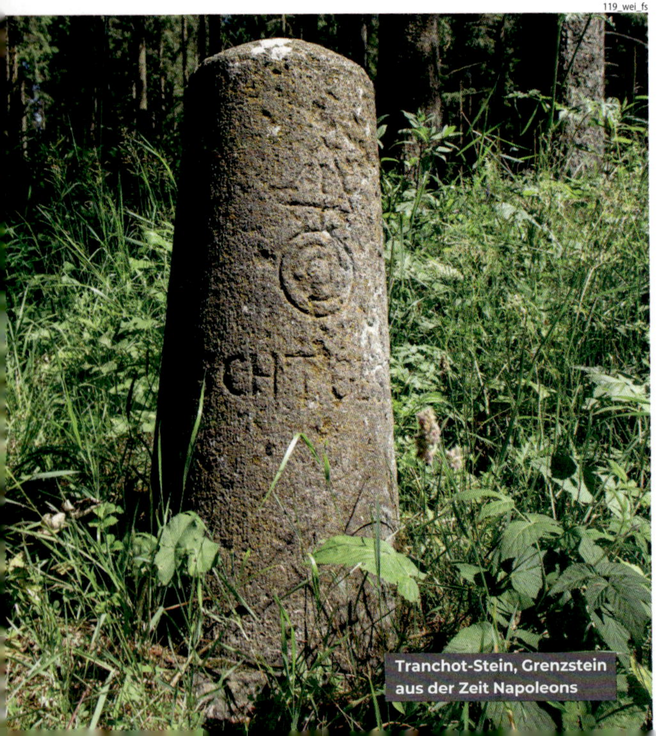

Tranchot-Stein, Grenzstein aus der Zeit Napoleons

die dritthöchste Erhebung der Eifel ist. Die dort stehende, etwas archaisch anmutende Holzskulptur soll einen „schwarzen Mann“ darstellen: Es heißt nämlich, der Name des Schneifelbergs verweise auf die dreckigen Gesichter der Bergleute, die einst Bleierze im nahen Bleialf abbauten.

Auf dem Waldpfad geht es weiter, vorerst stets in Richtung Dreiländerblick. Alsbald sieht man auf der linken Seite den sogenannten **Forstmeister-Jansen-Stein (4).** Ein prähistorischer

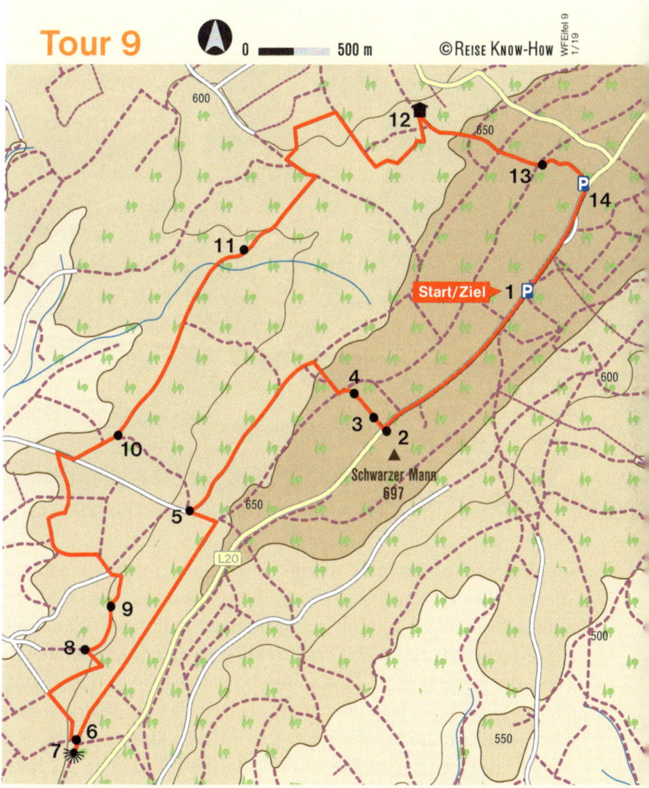

- P 1 Wanderparkplatz
- • 2 Tranchot-Stein
- • 3 Schwarzer Mann
- • 4 Forstmeister-Jansen-Stein
- • 5 Wegkreuzung
- • 6 Wegkreuzung
- ✳ 7 Dreiländerblick
- • 8 Weggabelung
- • 9 Weggabelung
- • 10 Weggabelung
- • 11 Picknickplatz
- 12 Schutzhütte
- • 13 Bunkerrelikte
- P 14 Parkplatz mit Schutzhütte

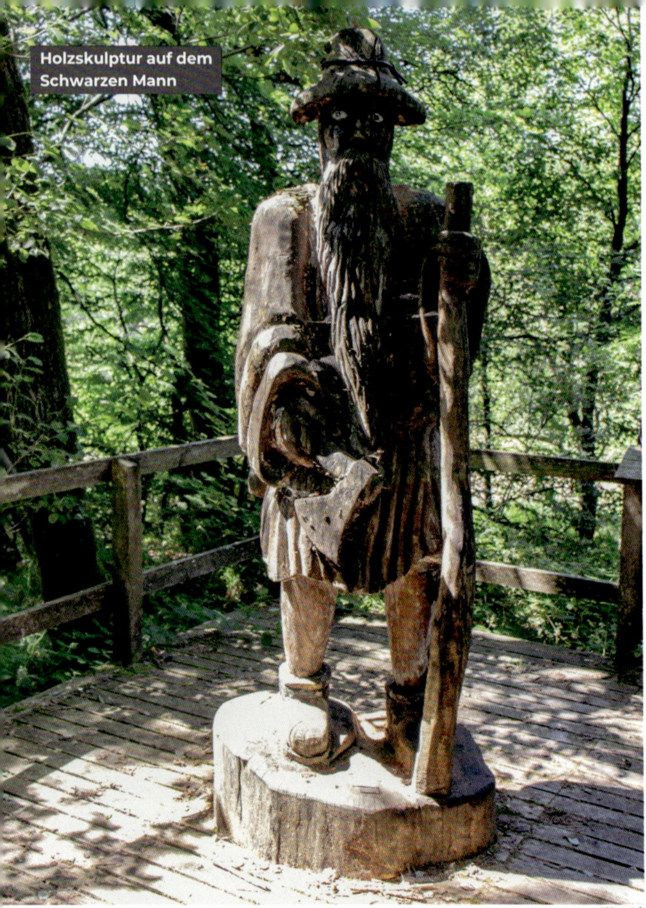

Holzskulptur auf dem Schwarzen Mann

122_wei_fs

Menhir, der umgenutzt wurde und heute an den einstigen Trierer Oberforstmeister Ivo Jansen erinnern soll. Danach trifft man auf einen breiten Forstwirtschaftsweg und geht hier links weiter. Kurz darauf biegt man rechts ab auf einen schmalen Weg, der bergab führt. Wie schon im ersten Streckenabschnitt, der parallel zur L20 verlief, steht auch in diesem Waldbereich alles voller Heidelbeerbüsche, die im Juni kleine, pralle und wohlschmeckende Früchte tragen. Man wandert etwa 1,2 Kilometer geradeaus und erreicht dann eine **Wegkreuzung (5),** an der man links und nach 200 Metern wiederum rechts abbiegt und weiterhin in Richtung Dreiländerblick marschiert. Vom Weg aus sind bisweilen ruinöse Bunkeranlagen zu erkennen, die von den Nazis im Zuge des Westwallbaus errichtet worden sind. Die meisten der Bunker wurden nach dem Zweiten Weltkrieg gesprengt, die noch erhaltenen Reste sind weiträumig abgesperrt und nicht zugänglich. Heute dienen die Kriegsrelikte gefährdeten Tierarten – wie Fledermäusen und der sehr seltenen europäischen Wildkatze – als Quartier.

Nach etwas weniger als zwei Kilometern kommt man an eine **Wegkreuzung (6),** an der man erst einmal etwa 30 Meter weiter bis zum sogenannten **Dreiländerblick (7)** geht. Das ist eine Holzplattform, von der man bei klarem Wetter eine herrliche Panoramasicht auf die Höhenzüge der Islek-Landschaft bis hin zum Luxemburger Ösling und dem Hohen Venn in Belgien hat. Nach kurzer Rast geht es zurück zur zuvor passierten **Wegkreuzung (6),** nun einmal nach links und dann nach rechts. Dabei folgt man stets dem bekannten Logo – nun in Richtung Blockhaus „Zum Schwarzen Mann". Die Route verläuft vorerst durch offene Flurlandschaft entlang an Feldern und Wiesen, an deren Rändern im Sommer unzählige Wildblumen blühen und sich entsprechend viele Insekten tummeln. Mit Blick auf sanfte Hügel

120_wei_fs

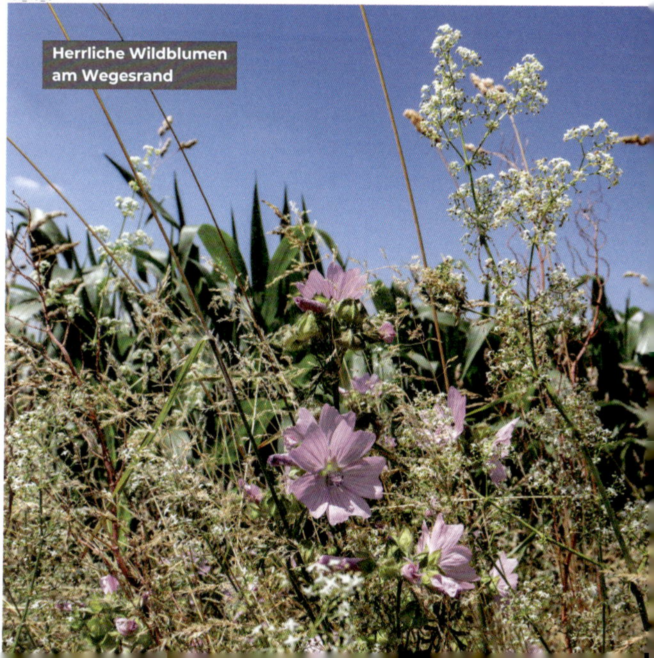

Herrliche Wildblumen am Wegesrand

und verstreut liegende Dörfer schlendert man so dahin und gelangt dann an eine **Weggabelung (8).** Hier hält man sich rechts. Schon bald verläuft der Weg wieder durch lichten Fichten- und Buchenwald. An der nächsten **Weggabelung (9)** folgt man dem rechten der beiden Wege, obwohl man beim linken an den Bäu-

123_wei_fs

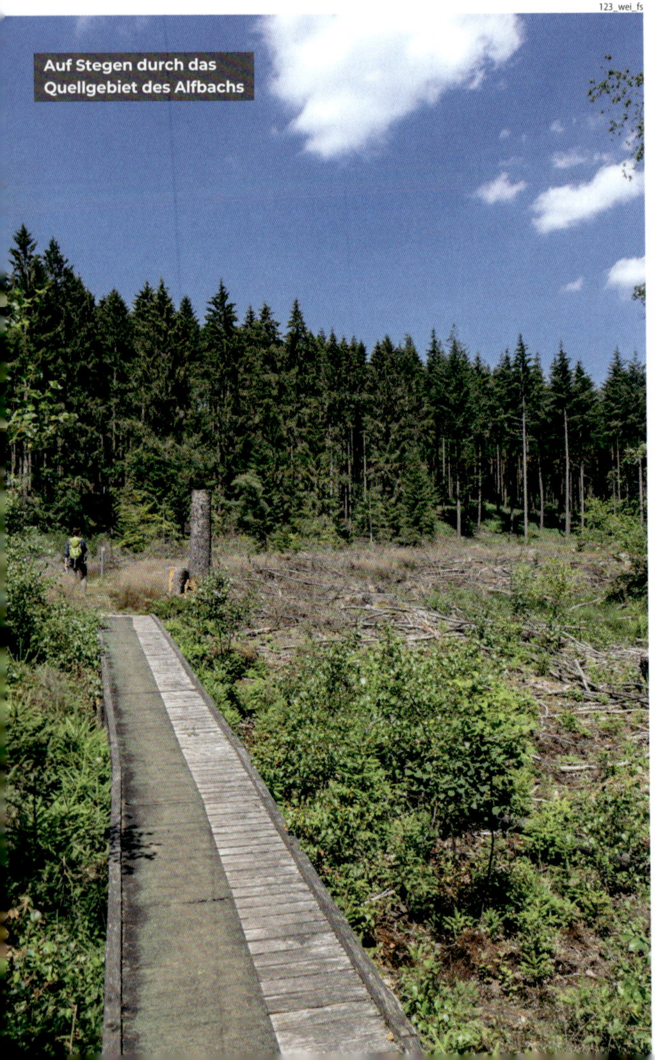

Auf Stegen durch das Quellgebiet des Alfbachs

men das Blattlogo erkennen kann. – Die Wege laufen rasch wieder zusammen. Kurz nachdem sich die beiden vereint haben, geht es über einen Querweg mit Blick in die offene Landschaft, durch die die Route vorerst verläuft. Nun folgt man bis zum Ende der Wanderung konsequent dem Logo „NaturWanderPark delux".

Nach einer längeren Strecke trifft man auf eine geteerte Straße, an der man rechts abbiegt, wenige Meter danach links abzweigt und an der folgenden **Weggabelung (10)** den linken Weg nimmt. Bald darauf betritt man wieder lichten Waldbereich. Erstmals kommt man an Bohlenstegen entlang, die über moorigen Untergrund verlaufen. Die ersten Bohlenwege, die man auf der rechten Seite des Wegs sieht – und die ebenfalls zum Blockhaus führen – sollten ignoriert werden. Man geht an ihnen vorbei und trifft rasch auf weitere Stege, auf denen man nun durch das mystisch-verwunschene, feucht-moorige Quellgebiet des Alfbachs wandelt. Die Holzstege ermöglichen nicht nur dem Wanderer das sichere Gehen, sondern sind auch zum Schutz sensibler und gefährdeter Pflanzen unverzichtbar. Fast zu rasch tritt man wieder hinaus auf offenes Feld. Auf der linken Seite findet sich indes ein schöner **Picknickplatz (11)** mit rustikalem Holztisch und zwei Bänken, der zur Rast einlädt.

Danach hält man sich rechts und folgt dem Weg geradeaus. An nächstmöglicher Stelle wird dann aber links abgebogen und Folgendes sollte bitte beachtet werden: Es gilt, dem Schild in Richtung Blockhaus zu folgen, aber jenem, welches die Entfernung mit 4 Kilometern angibt (mehrere ausgeschilderte Wege führen dorthin). Nach einer weiteren Gabelung zweigt rechts ein Weg ab, in den man einbiegt. Man folgt nun still dem Logo und einem sich durch den Wald schlängelnden Weg bis zu einer **Schutzhütte (12)** am Waldesrand. An dieser führt die Strecke rechts bergan auf einen Wirtschaftsweg, der wiederum in den Wald hineinführt. Es folgen mehrere Wegüberquerungen und man gelangt an einen Querweg, an dem auf der gegenüberliegenden Seite einige **Bunkerrelikte (13)** aus dem Zweiten Weltkrieg zu sehen sind. Hier hält man sich erst links und folgt dann dem bekannten Logo nach rechts. Rasch erreicht man einen an der L20 liegenden **Parkplatz mit Schutzhütte (14).** Vor der Straße rechts wandert man auf schmalem Pfad in den Wald hinein. Nach etwa einem Kilometer entlang an unzähligen Heidelbeerbüschen gelangt man so zum Ausgangspunkt.

Tour 10

In den Wäldern der Schönecker Schweiz – Schattige Bachtäler, würzige Kräuter und mächtige Dolomitfelsen

Die abwechslungsreiche Route führt durch schattige Täler und über luftige Höhen rund um den Ort Schönecken im Deutsch-Belgischen Naturpark Hohes Venn-Eifel.

Auf stillen Wegen geht es entlang der **Nims,** des **Schalkenbachs** und des **Altburger Bachs,** vorbei an mächtigen Kalkfelsen und Klufthöhlen hin zur Ruine der mittelalterlichen **Höhenburg Schönecken,** von der sich ein fantastischer Rundumblick bietet. Die Strecke ist alljährlich eine Wanderung wert – aber das Frühjahr dürfte die schönste Zeit dafür sein, denn dann stehen die Flächen an den Bachufern und den Hängen des noch lichten Buchenwaldes voller Bärlauch, Buschwindröschen, Schlüsselblumen und Veilchen.

In unmittelbarer Nähe zur Wanderroute lohnt sich ein Blick auf den **„Wetteldorfer Richtschnitt"** im Schönecker Ortsteil Wetteldorf. Dabei handelt es sich um einen künstlichen geologischen Aufschluss, der die zeitliche Grenze zwischen den Erdzeitaltern des Unter- und Mitteldevons markiert.

124_wei_fs

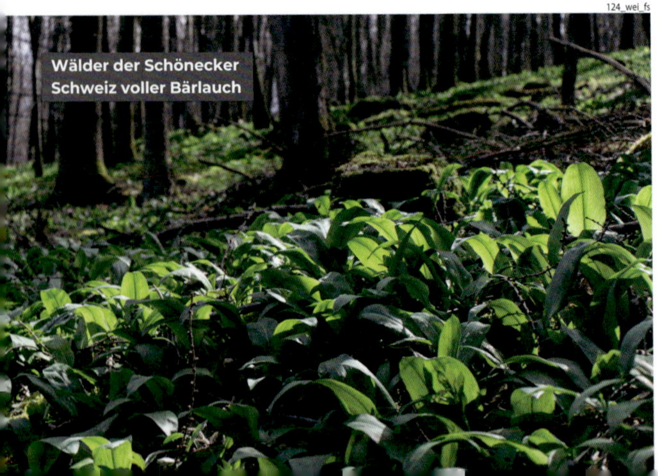

Wälder der Schönecker Schweiz voller Bärlauch

Kurze Informationsübersicht

Länge: 11,6 km
Gehzeit: ca. 3¼ Stunden
Auf-/Abstieg: je ca. 135 m
MITTELSCHWER

Ausgangsort: D-54614 Schönecken

Startpunkt: Wanderparkplatz Schönecker Schweiz (an der L5), GPS N 50.16476, E 6.46206 (UTM 32U 318746/5560033)

Karte: Eifelverein Nr. 17, Prümer Land, 1:25.000

Wegeigenschaften: vorwiegend deutlich markierte, gut begehbare Wege; einige Passagen abschüssig und rutschig

Einkehrmöglichkeiten: lediglich in Schönecken

ÖPNV: nächstgelegene Bushaltestelle „Schönecken, Lindenstraße" (www.vrt-info.de)

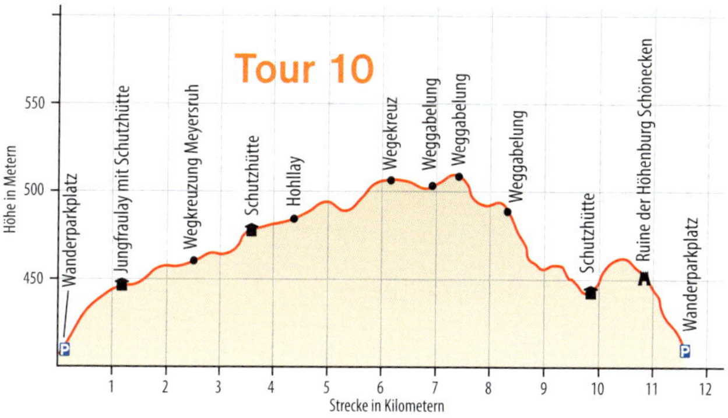

Wegbeschreibung

Vom **Wanderparkplatz (1)** am nördlichen Ende von Schönecken starten wir unsere Rundtour durch die Schönecker Schweiz. Seit Anfang der 1990er steht dieser Teil der sogenannten Prümer Kalkmulde in der südlichen Kalkeifel unter Naturschutz.

Die Eifeler Kalkmulden, denen die Landschaft ihren Namen verdankt, resultieren aus Ablagerungen des vor etwa 360 Millionen Jahren ebendort existierenden Meeres. Charakteristisch für die Schönecker Schweiz sind u. a. die markanten, vereinzelt stehenden Dolomitblöcke, die lichten Buchenwälder und das rei-

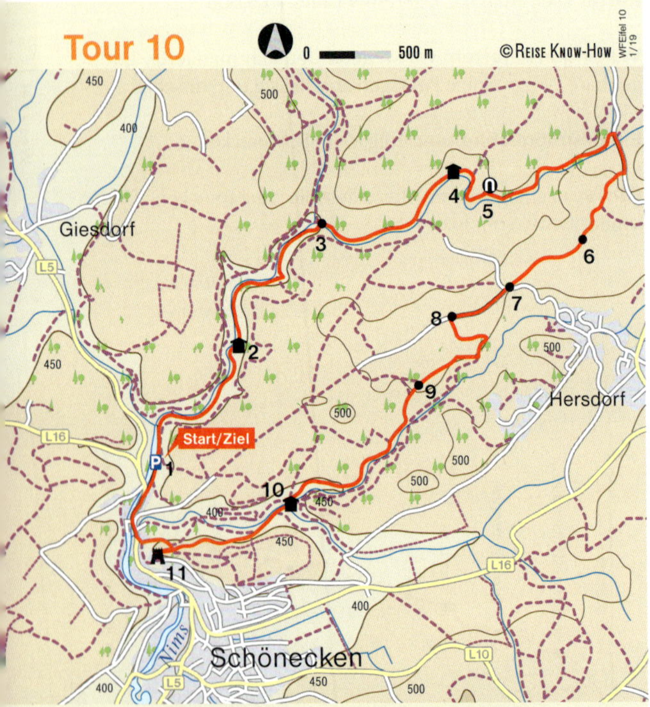

- P 1 Wanderparkplatz
- 2 Jungfraulay mit Schutzhütte
- 3 Wegkreuzung Meyersruh
- 4 Schutzhütte
- 5 Hohllay
- 6 Wegekreuz
- 7 Weggabelung
- 8 Weggabelung
- 9 Weggabelung
- 10 Schutzhütte
- 11 Ruine der Höhenburg Schönecken

che Vorkommen an Pflanzen und Insekten, die auf magere Böden angewiesen sind. So finden sich im größten Naturschutzgebiet des Eifelkreises Bitburg-Prüm alleine über 60 Falterarten.

Zu Beginn geht man auf einem breiten Schotterweg parallel zum Flusslauf der Nims und dann entlang des Schalkenbachs in Richtung Prüm/Rommersheim. Wer die Tour im Frühjahr (April bis Mai) macht, der wird schon sehr bald an den Bachufern der genannten Fließgewässer die ersten saftig-grünen Bärlauchpflanzen erblicken. Auch ist der Weg des Wanderers dann gesäumt von unzähligen weißen Buschwindröschen, blasslila Veilchen, rosa- und blaufarbenen Akeleien und gelb leuchtenden Schlüsselblumen. Etwa eine Viertelstunde nach Start der Tour trifft man auf eine **Schutzhütte,** die rechts des Wegs direkt neben einem wuchtigen Dolomitfelsen namens **Jungfraulay (2)** steht. Man passiert diesen und kommt nach einer weiteren halben Stunde in einen Waldabschnitt, in dem die Uferpartie des Schalkenbachs breiter ausfällt. Hier wächst zur rechten Jahreszeit auf beiden Seiten des Weges massenhaft Bärlauch – ein frischer, angenehmer Knoblauchduft liegt dann in der Luft. Für den Eigengebrauch dürfen die würzigen Blätter gesammelt werden, ausgraben sollte man die Pflanzen aber nicht!

Etwa 10 Minuten später überquert man eine Brücke und trifft auf die **Wegkreuzung Meyersruh (3),** an der man sich rechts hält und dem Schild in Richtung Hohllay folgt. Man passiert nach kurzer Wegstrecke eine **Schutzhütte (4),** nimmt dann eine Kurve und gelangt gleich darauf zur **Hohllay (5),** einer markanten Felsformation aus Dolomitgestein, zu der ein steiler Pfad hinaufführt. Nach Kurzvisitation ebendieser geht man zurück bergab auf den zuvor verlassenen Hauptweg. Eine bebilderte Tafel informiert darüber, dass die gerade besuchte Klufthöhle, wo im Laufe der Zeit das Wasser Hohlräume aus dem Felsen gewaschen hat, nicht nur geologisch interessant ist, sondern zudem Fledermäusen und anderen Tieren geeigneten Unterschlupf bietet. Man hält sich nun weiter in eingeschlagener Richtung, bis man auf einen asphaltierten Querweg trifft. Hier geht man rechts und nach etwa 200 Metern wiederum rechts und bergan zum Teilziel Schönecken/Burgruine. Es geht vorerst durch offene Flurlandschaft. Man passiert ein steinernes **Wegekreuz (6),** daraufhin ein linker Hand liegendes Gehöft und gelangt kurze Zeit später zu einer **Weggabelung (7)** mit einem weiteren Kreuz: Hier geht man zuerst geradeaus, nimmt aber rasch an der

Ruine der Höhenburg Schönecken

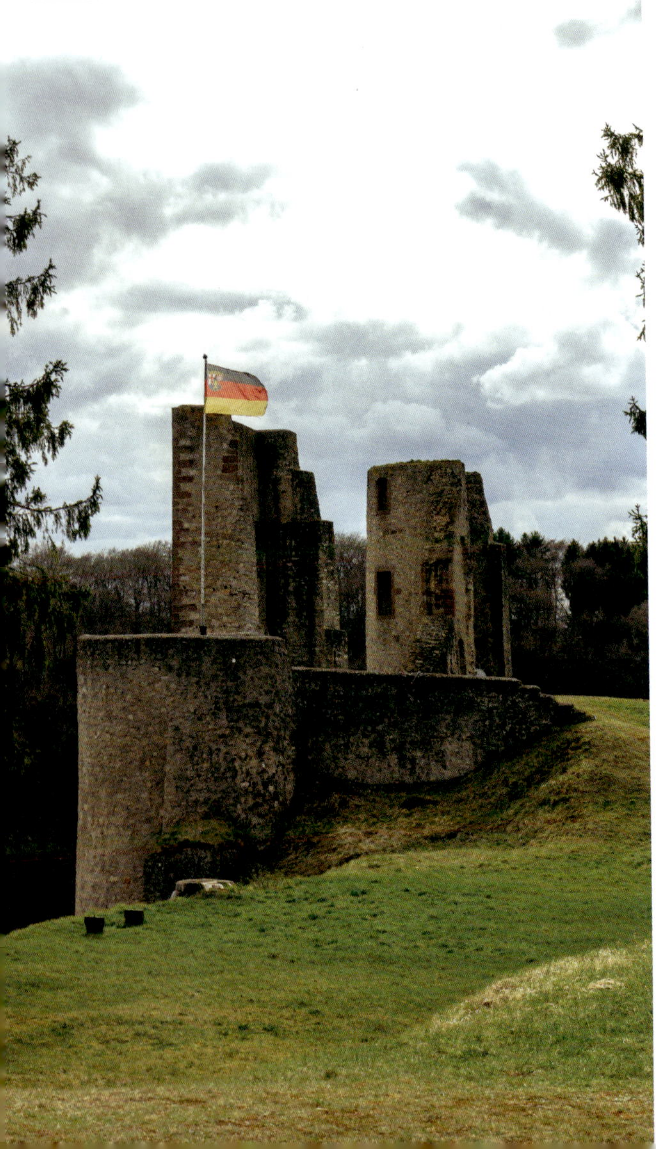

125_wei_fs

nächsten **Weggabelung (8)** den links abzweigenden Weg, der in den Wald hineinführt und in Richtung Altburgerbachtal und Schönecken verläuft.

Nach nur wenigen hundert Metern trifft man auf ein Schild mit der Aufschrift „Keltenfliehburg", zu der man einen Abstecher macht, indem man an einer erneuten **Weggabelung (9)** einen links abzweigenden Weg nimmt, der eher unauffällig ist. Danach geht man ein kurzes Stück zurück und wählt einen bergab führenden, teils ziemlich rutschigen Weg und folgt dem „Schneifel-Pfad" in Richtung Altburgerbachtal. Nachdem dieses erreicht wurde, sieht man eine den Bachlauf überspannende Brücke, die allerdings ignoriert wird. Stattdessen geht es rechts um eine Kurve und dann weiter geradeaus. Nach einer Weile tritt man aus dem Wald hinaus und blickt auf eine hügelige Landschaft. An der nächsten Gabelung biegt man links ab, überquert nun doch den Altburger Bach und geht weiter mit dem Ziel der Burgruine Schönecken. Sofort sieht man linker Hand eine **Schutzhütte (10),** an der rechts abgebogen und der Burbach kaum merklich überquert wird. Man geht über eine Wiese und steigt bergan in den Wald hinein. Nachdem man auf einer Anhöhe angekommen ist, sollte man einen kurzen Abstecher zu der auf dem Felssporn oberhalb von Schönecken thronenden **Ruine der** einst mächtigen **Höhenburg Schönecken (11)** aus dem 13. Jh. machen. Nach der Besichtigung kehrt man zur zuvor genommenen Abzweigung zurück, nimmt dort den linken Weg steil bergab und ignoriert dabei die folgende Abbiegung. Bald schon umrundet man auf schmalem Pfad die Burg und wandert hinunter in den Ort. Man folgt dem Schlosspfad bis dieser auf die Lindenstraße stößt, biegt dann rechts in diese ein und geht in Richtung Brücke, die indes nicht genommen wird. Kurz vor dieser biegt man rechts ab und erreicht schon wenige Augenblicke später den Ausgangspunkt der Tour.

Tour 11
Unterwegs auf dem „Devon-Pfad“ um Waxweiler –
Luftige Höhen und stille Täler im Islek

Die malerische Rundtour lässt den Wanderer aktiv teilhaben an der vielgestaltigen Schönheit des Isleks, der sich über den Norden der Südeifel und Luxemburgs erstreckt.

Geprägt ist diese – je nach Jahreszeit und Wetterlage – mal raue, mal liebliche Gegend durch ihre offenen **Hochflächen,** die tief eingeschnittenen **Flusstäler** und die meist bewaldeten **Hänge.** So hat sich die Prüm in Millionen von Jahren ihr tiefes Bett gegraben und gleich ihrer vielen Nebenbäche eine reiche und diverse Landschaft geschaffen.

Ein Besuch im **„Devonium“** in Waxweiler (Hauptstraße 28) bietet interessante Einblicke in die Erdgeschichte der Eifel. Das Gebiet um den heutigen Ort Waxweiler lag im Devon-Zeitalter (vor etwa 400 Millionen Jahren) inmitten eines großflächigen Flussdeltas – und viele regionale Pflanzenfossilienfunde zeugen davon.

128_wei_fs

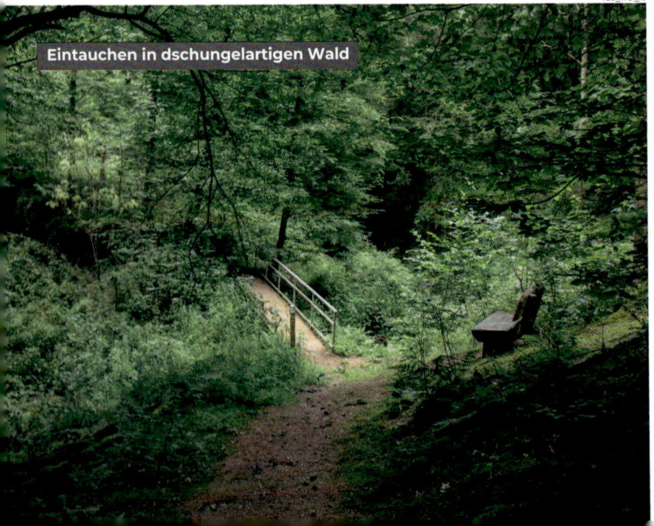

Eintauchen in dschungelartigen Wald

Karte auf S. 126

Kurze Informationsübersicht

Länge: 16,1 km
Gehzeit: ca. 4½ Stunden
Auf-/Abstieg: je ca. 315 m
MITTELSCHWER

Ausgangsort: D-54649 Waxweiler

Startpunkt: Parkplatz an der Sparkasse (rechts der Bahnhofstraße), GPS N 50.09344, E 6.36220 (UTM 32U 311335/555 2352)

Karte: Eifelverein Nr. 26, Arzfeld, Stausee Bitburg, 1:25.000

Wegeigenschaften: größtenteils breite, gut begehbare Wege; auf den schmalen, felsigen Wurzelpfaden etwas Trittsicherheit vonnöten; die teils kräftigen Anstiege wie die Streckenlänge verlangen eine gute Grundkondition

Einkehrmöglichkeiten: Waxweiler

ÖPNV: nächstgelegene Bushaltestelle „Waxweiler, Post" (www.vrt-info.de)

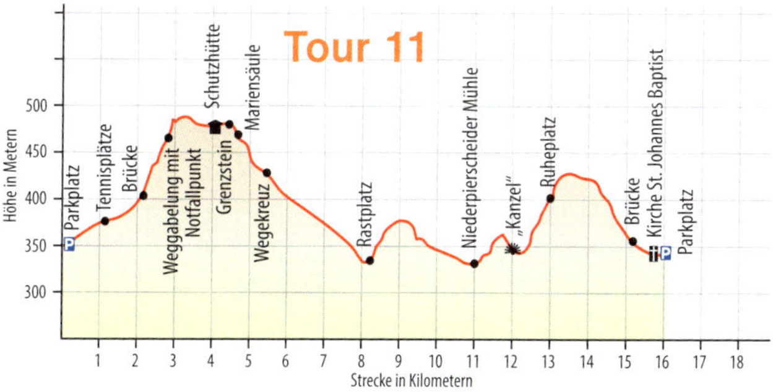

Wegbeschreibung

Die landschaftlich abwechslungsreiche und schöne Rundwanderung folgt in großen Teilen dem sogenannten „Devon-Pfad" (Logo: grün-braunes Blatt und Schriftzug „NaturWanderPark delux"). Sie beginnt am **Parkplatz (1)** unterhalb der Sparkasse inmitten von Waxweiler. Zuerst geht es indes nicht den genannten Schildern nach, sondern rechts in die Pintesfelder Straße, dann wiederum rechts in die Weiherbachstraße. Dieser folgt man bis

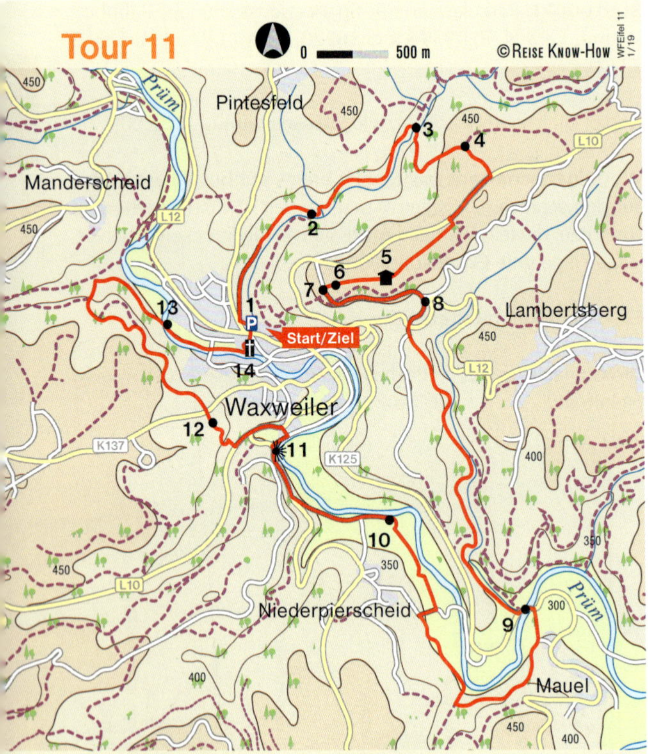

- 1 Parkplatz
- 2 Tennisplätze
- 3 Brücke
- 4 Weggabelung mit Notfallpunkt
- 5 Schutzhütte
- 6 Grenzstein
- 7 Mariensäule
- 8 Wegekreuz
- 9 Rastplatz
- 10 Niederpierscheider Mühle
- 11 „Kanzel"
- 12 Ruheplatz
- 13 Brücke
- 14 Kirche St. Johannes Baptist

zu den **Tennisplätzen (2),** die man sodann passiert. Gleich danach nimmt man eine Linkskurve und hält sich ab hier nun an das genannte Logo. Nachdem man etwa 15 Minuten über einen breiten Wirtschaftsweg an Wiesen, Weiden und Ackerflächen entlang durch das malerische Weiherbachtal gegangen ist, stößt man auf einen Asphaltweg. Hier biegt man rechts in Richtung Mariensäule ab und überquert dann den Weiherbach auf einer **Brücke (3).** Mal mäßig, mal steil bergan gewinnt man nach und nach an Höhe und erreicht eine **Weggabelung mit Notfallpunkt (4),** an der es scharf rechts um die Kurve geht. Zuerst muss man steil, dann etwas moderater ansteigen – bis man zu einer Landstraße (L10) kommt. Diese wird überquert, um dann rechts auf einem schmalen, teils verwachsenen Pfad parallel zur Straße weiterzugehen. Nach etwa 5 Minuten nimmt man eine Linkskurve, gleich darauf eine Rechtskurve und geht nun mit größerer Entfernung zur Straße an ausgedehnten Feldern vorbei. Nach weiteren 600 Metern passiert man eine **Schutzhütte (5).** Es geht leicht bergab und schon bald gelangt man zu einem al-

126_wei_fs

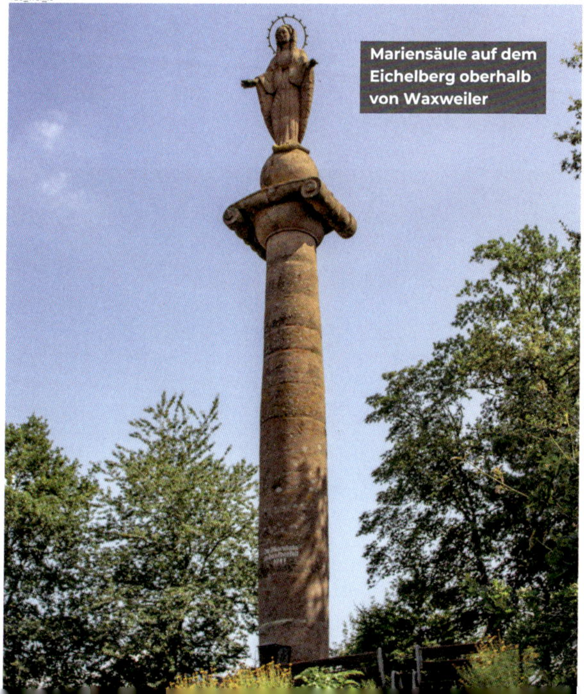

Mariensäule auf dem Eichelberg oberhalb von Waxweiler

ten **Grenzstein (6)** und unmittelbar danach zur **Mariensäule (7).** Das auf dem Eichelberg oberhalb von Waxweiler stehende Denkmal aus rotem Sandstein wurde nach Ende des Zweiten Weltkriegs von Bürgern des Ortes zu Ehren der Gottesmutter aufgestellt – zum Dank dafür, dass das Dorf während der Ardennenoffensive 1944/45 relativ wenige Schäden erlitten hatte. Der Blick von hier oben ist phänomenal. Unmittelbar hinter der Säule geht es links bergab in Richtung Mauel in den Wald hinein. An zwei aufeinanderfolgenden Gabelungen sollte man jeweils den rechten Weg nehmen. Man tritt aus dem Wald hinaus und folgt einem teils recht holprigen Weg, geht vorbei an einem hübschen **Wegekreuz (8)** und kommt zu einer kleinen Straße, in die man rechts einbiegt, um sogleich zu einer größeren Landstraße (L12) zu gelangen. An Letzterer hält man sich links, läuft kurz an ihr entlang, überquert sie dann, um gegenüber auf den linken der beiden zur Verfügung stehenden Wege zu wechseln.

Weiter auf dem „Devon-Pfad" nähert man sich dem Dierbachtal. Nachdem man etwa 35 Minuten rechts oberhalb des Bächleins gewandert ist, trifft man erneut auf eine Straße – und zwar an der Stelle, wo der Dierbach in die Prüm mündet. Hier biegt man links ab in Richtung Mauel. Kurz bevor man die Prüm überquert, befindet sich auf der rechten Seite ein **Rastplatz (9).** Unmittelbar nach der Brücke geht es rechts weiter auf einem leicht verwachsenen Pfad bergan in den Wald hinein. Nach ei-

127_wei_fs

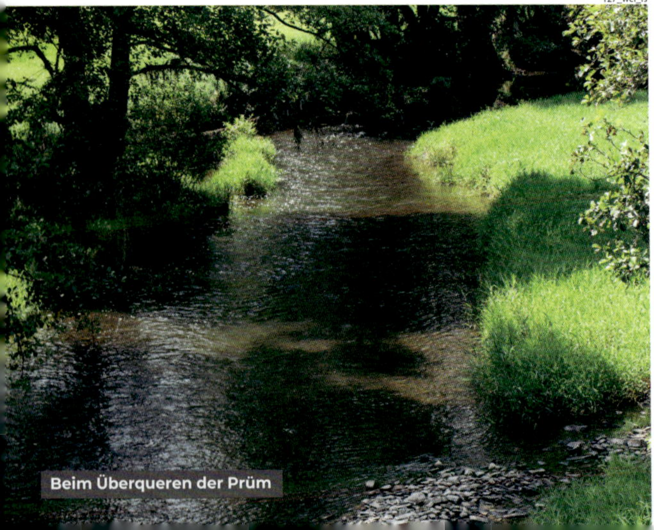

Beim Überqueren der Prüm

nem kurzen, steilen Anstieg durchquert man eine eingezäunte Weidelandschaft (über Tore zugänglich). Danach wandert man rechts und folgt einem breiten Weg. Nicht einmal zwei Minuten später steigt man links auf schmalem, verwachsenem Weg wieder bergan. Einem kurzen Anstieg durch halboffene Landschaft folgt der Eintritt in den Wald. Bald darauf geht es auf einem schmalen, rechts abzweigenden Wurzelpfad bergab – und nun vorerst auf und ab durch einen idyllischen Waldabschnitt, der teilweise Blicke auf die im Tal fließende Prüm zulässt. Zwischenzeitlich wird das Bett des Sohlbachs überquert, wo rutschige Steine nach Aufmerksamkeit verlangen.

Irgendwann kommt man auf einem geschotterten Fahrweg an. Man hält sich rechts in Richtung Waxweiler und folgt konsequent dem bekannten Blatt-Logo. Nach und nach nähert man sich so dem kleinen, direkt an der Prüm liegenden Weiler **Niederpierscheider Mühle (10).** Man passiert diesen, geht zunächst durch offene Landschaft, dann weiter im Wald und kommt nach erneutem kräftigem Anstieg zur **„Kanzel" (11),** einer hölzernen Plattform, die eine herrliche Aussicht ins Prümtal bietet. Nun geht es zuerst steil bergab und dann direkt wieder bergan, teils über Treppen. Schnell wird eine querende Landstraße (L10) erreicht. Über diese geht man hinweg, auf der anderen Seite links weiter, dann zweigt man rechts auf einen schmalen, felsigen Wurzelpfad ab. Nach einem längeren, ziemlich kräftigen Anstieg kommt man auf eine Anhöhe und tritt aus dem Wald hinaus. Schnell sieht man sich einem **Ruheplatz (12)** mit großzügigen Liegebänken gegenüber.

Nach kurzer Pause geht es weiter in Richtung Gerhard-Faber-Straße, die man überquert und dann auf der anderen Seite weitergeht, rasch wieder inmitten des Waldes. Der Weg führt nach Waxweiler. Nach einer ganzen Weile des Auf- und Abgehens, teils auch auf schmaleren Pfaden, kommt man an einer die Prüm überspannenden **Brücke (13)** an, die man quert. Dann hält man sich rechts und wandert zuerst am Sportplatz, dann am Schwimmbad entlang. Bald sieht man eine überdachte Brücke vor sich: Vor dieser links um die Kurve und auf einem Asphaltweg zum Gerberweg gehen, rechts in diesen einbiegen und ihm bis zur Waxweiler **Kirche St. Johannes Baptist (14)** folgen, die 1770 nach Plänen von Johannes Seiz erbaut wurde. Über die Hauptstraße und die Bahnhofstraße geht es sodann zurück zum Parkplatz an der Sparkasse.

Tour 12

Rund ums Dreiländereck bei Ouren –

Durchs Ourtal zum Europadenkmal und zur Kalborner Mühle

Nicht zuletzt geht's auf dieser Tour im deutsch-belgisch-luxemburgischen Dreiländereck um Geschichte und den – mitunter auch gefährdeten – europäischen Gedanken.

Im Oberlauf der Our gibt es sie noch – die in Europa gefährdete, mancherorts gar verschwundene **Flussperlmuschel,** die sauberes, sauerstoffreiches Wasser benötigt. In der **Kalborner Mühle,** die auf dieser Wanderung passiert wird, bemüht man sich um ihren Erhalt. Zu Gesicht kriegt man die Muschel wohl nicht. Nicht unwahrscheinlich ist es hingegen, einen schillernden **Eisvogel** auf einem Ansitz über den murmelnden Wassern der Our oder gar einen majestätischen **Schwarzstorch** zu beobachten.

Seit 2002 kann man im deutschen Welchenhausen (Ortsteil von Lützkampen) nahe des Dreiländerecks das ungewöhnliche **Museum „wArtehalle"** 24/7 besuchen. Untergebracht in einem einstigen Buswartehäuschen gibt es seither Kunst aller Gattungen zu sehen.

131_wei_fs

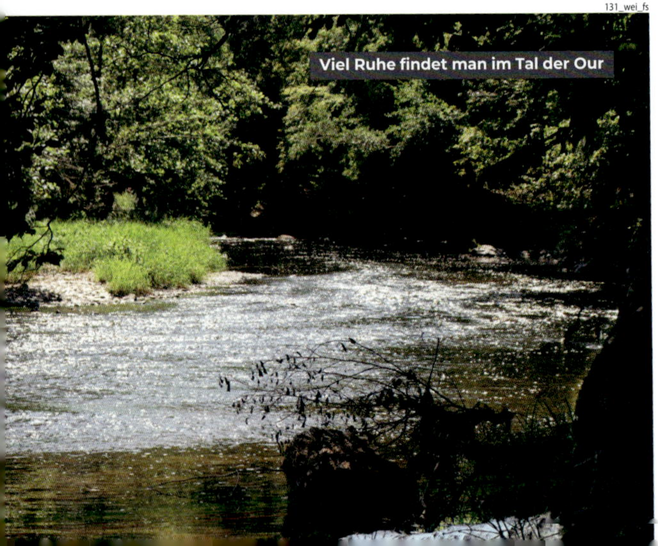

Viel Ruhe findet man im Tal der Our

Kurze Informationsübersicht

Länge: 13,5 km
Gehzeit: ca. 3¾ Stunden
Auf-/Abstieg: je ca. 220 m
MITTELSCHWER

Ausgangsort: D-54689 Dahnen

Startpunkt: Parkplatz an der K148 (gegenüber Campingplatz Tintesmillen, L-9758 Heinerscheid), GPS N 50.09238, E 6.12636 (UTM 32U 294465/5552857)

Karte: Eifelverein Nr. 26, Arzfeld, Stausee Bitburg, 1:25.000

Wegeigenschaften: größtenteils gut begehbare Wege; partiell steile, felsige Passagen, die etwas Trittsicherheit und Kondition verlangen

Einkehrmöglichkeiten: Campingplatz Tintesmillen (in den Sommermonaten)

ÖPNV: nein

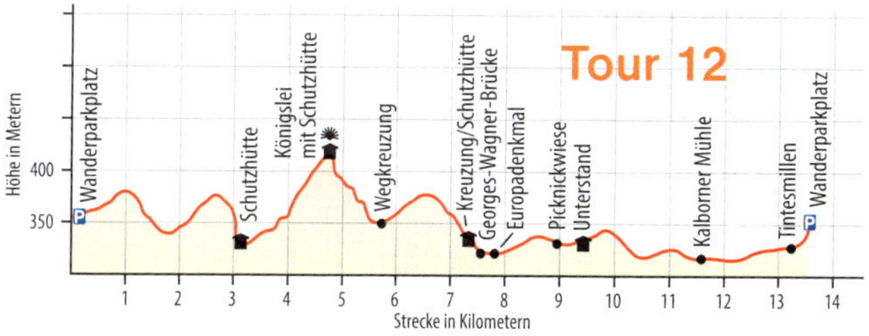

Wegbeschreibung

Die grenzüberschreitende Runde durch das enge Ourtal startet auf der deutschen Seite am **Wanderparkplatz (1)** südlich der Ourbrücke. Von hier aus wird die Straße überquert und gegenüber auf schmalem Pfad bergan gegangen. Weiter über eine Holztreppenanlage gelangt man auf einen breiten Fahrweg und folgt diesem nach links. Allgemein gilt, dass die Strecke in großen Teilen mit der „Nat'Our 1"-Route des „NaturWanderParks delux" (Logo: grün-braunes Blatt) übereinstimmt und man

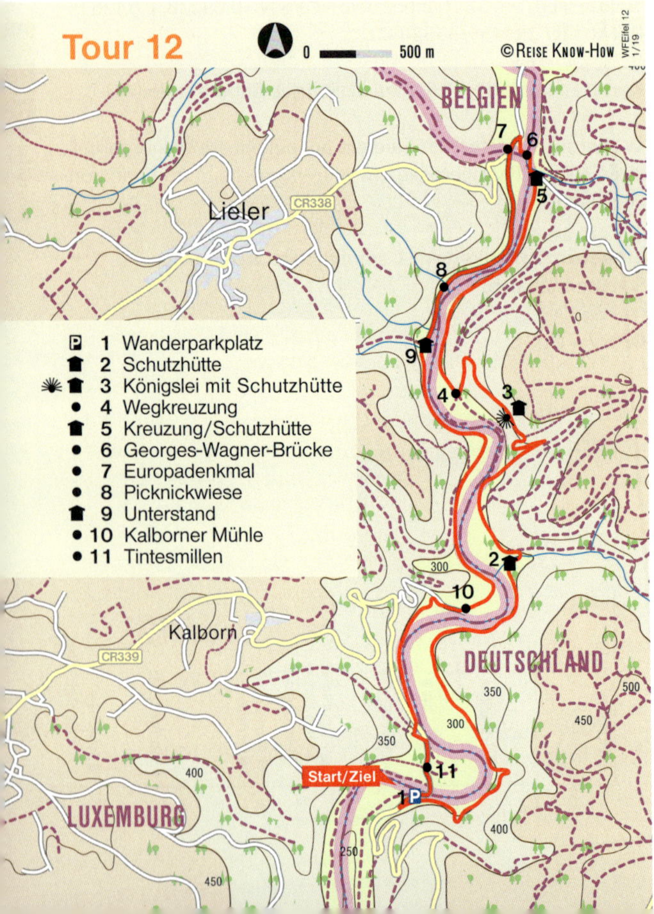

sich prinzipiell daran orientieren kann. Etwa 15 Minuten läuft man entspannt über einen breiten Höhenweg mal durch dichten, mal lichten Wald und mit Blick auf die Our, die sich sanft durch das grüne Tal schlängelt.

An einer Gabelung geht es geradeaus in Richtung Königslei. Dabei ignoriert man vorerst eventuelle Abzweigungen und bleibt auf dem Hauptweg, der mal bergab, mal bergauf verläuft. Nach weiteren 10 Minuten kommt man zu einer **Schutzhütte (2).** An dieser geht man vorbei und nimmt den linken Weg abwärts. Nach einer kurzen Strecke bergab und bergauf, geht es weiter auf einer Ebene geradeaus. Ein links um eine Kurve gehender Weg wird ignoriert. Nach etwa 10 Minuten folgt eine Abzweigung, die vom Hauptweg führt, man läuft hier weiter bergan in Richtung Königslei. Nun wandert man durch einen idyllischen Naturwaldbereich, der entsprechend markiert ist (Dreiecksschild mit grünem Rand und großem Hirschkäfer). Oberhalb eines kleinen Bergbächleins geht man links. Nach kurzem, recht heftigem Anstieg gelangt man an eine Gabelung, an der man links um die Kurve auf einen schmaleren Pfad abzweigt und weiter bergan steigt. Alsbald stößt man auf einen breiten Fahrweg und tritt aus dem Wald heraus. An dieser Stelle hält man sich links. Kurz darauf erblickt man auf der linken Seite eine Aussichtsplattform inklusive **Schutzhütte** auf der sogenannten **Königslei (3),** die einen tollen Blick ins Ourtal bietet. Das Wörtchen „Lei" (in unterschiedlichen Schreibweisen, z. B. „Lay" oder „Ley") bedeutet dabei nichts anderes als Fels.

Weiter des Weges trifft man nach längerer Zeit auf einen Querweg, auf dem man links bergab geht. Nach 2–3 Minuten erreicht man sodann eine **Wegkreuzung (4).** Hier hält man sich rechts auf breitem Weg bergan, nun in Richtung Europadenkmal. Vorerst werden alle Abzweigungen ignoriert. Immer wieder bietet sich durch die Bäume und auch auf lichtungsartigen Abschnitten ein fantastischer Ausblick auf die Our, die links unterhalb des Weges dahinfließt. Man trifft nach einer gewissen Zeit auf eine **Kreuzung** samt **Schutzhütte (5),** wo es auf einem links abzweigenden Pfad durch den Wald hinab zur Our und weiter in Richtung Europadenkmal geht. Bald steht man vor der etwas unglücklich wirkenden Konstruktion der **Georges-Wagner-Brücke (6),** die überquert wird. Mit dieser wechselt man von Deutschland nach Belgien und genau unter dieser, inmitten der Wasser der Our, liegt das sehr unauffällige Dreiländereck von

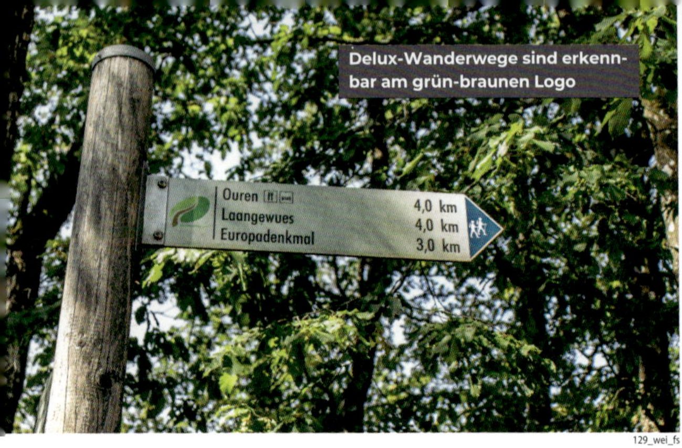

Delux-Wanderwege sind erkennbar am grün-braunen Logo

129_wei_fs

Deutschland, Belgien und Luxemburg. Ebenda nämlich fließt auch noch die kleinere Ribbach, die Luxemburg und Belgien voneinander trennt, in die Our. Die Grenzsteine im Wasser geben Orientierung.

Daraufhin geht es rechts zum 1977 eingeweihten **Europadenkmal (7),** das von der „Europäischen Vereinigung für Eifel und Ardennen" und dessen seinerzeitigem Präsidenten, dem Luxemburger Georges Wagner, initiiert wurde. Nach der Besichtigung des mit zahlreichen Infotafeln ausgestatteten Denkmalareals läuft man in eingeschlagener Richtung weiter, kurz an der Straße entlang und biegt dann links ab auf einen asphaltierten Weg, der zur Kalborner Mühle führt. Mit etwas Abstand zur Our wandert man nun länger auf dem Asphaltweg und passiert dabei eine große, direkt am Wasser liegende, sehr einladende **Picknickwiese (8)** mit Tischen, Bänken und Feuerstellen. Man läuft an einem **Unterstand (9)** vorbei und weiter geradeaus. Es folgen noch mehrere Unterstände. Man hält sich stets an die Richtungsanzeiger, die zur Kalborner Mühle weisen. Bevor man diese erreicht, geht es noch ein Stück über einen felsigen Wurzelpfad mit einigen etwas ausgesetzten, nicht gesicherten Stellen, die allerdings nicht besorgniserregend sind. Irgendwann tritt man aus dem Wald heraus, läuft entlang einer abgezäunten Weide und erreicht dann schnell die **Kalborner Mühle (10).** Dies ist ein Wassererlebniszentrum mit pädagogischem Ansatz, das sich fokussiert der Rettung der stark gefährdeten Flussperlmuschel verschrieben hat (was die Wiederherstellung respektive den Schutz ihres Lebensraums impliziert).

Man überquert das Mühlenareal und geht weiter auf dem ansteigenden Schotterweg. Nach kurzem, steilem Anstieg zweigt auf der linken Seite ein schmaler Waldpfad ab, den man nimmt. Zeitweise geht man nun direkt am Ufer der Our entlang, die murmelnd vor sich dahinplätschert. Nach einem weiteren knackigen Anstieg entfernt man sich indes vom Wasser und stößt auf eine Landstraße, die überquert wird, um dann auf der gegenüberliegenden Seite einen schmalen Felsenpfad in den Wald zu nehmen – zuerst bergan, dann bergab. Alsbald läuft man auf einem etwas abschüssigen Pfad hinab zu einem breiten Fahrweg und dann links weiter. Darauf trifft man erneut auf die bereits zuvor überquerte Landstraße und bleibt kurzzeitig rechts parallel zu dieser. Ein folgender Abzweig nach rechts wird genommen. Nunmehr wandert man durch ein von Sträuchern und Gräsern bewachsenes Tal in Richtung **Tintesmillen (11).** Auf schmalem Pfad geht es dann links des Campingplatzes über die Ourbrücke zurück zum Startpunkt.

130_wei_fs

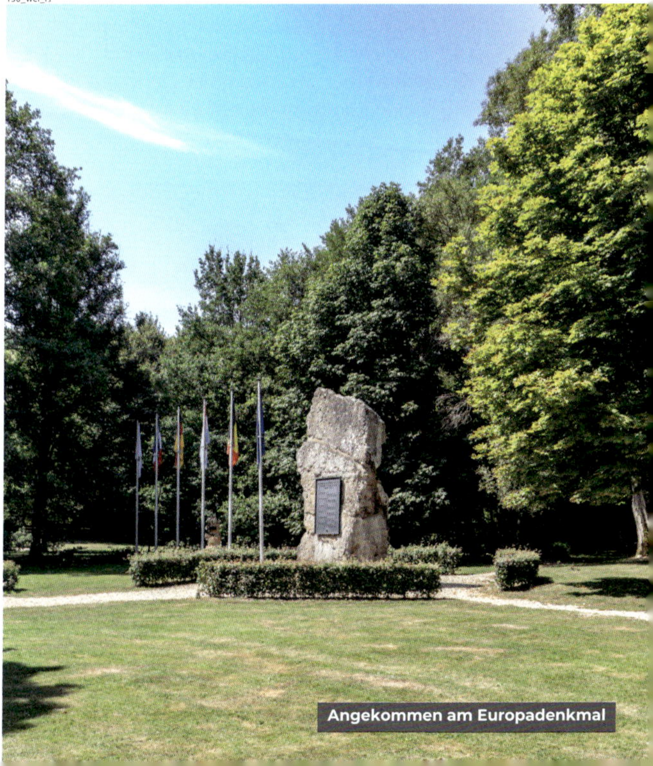

Angekommen am Europadenkmal

Tour 13

Ginsterheide und Schmetterlinge im Irsental –

Admiral, Kaisermantel und Tagpfauenauge

Rund um die Irsen fühlen sich über 80 Vogelarten wohl. Außerdem ist hier noch der seltene Biber unterwegs – glücklich mag sich der Wanderer schätzen, der ihn zu Gesicht bekommt.

Eine Tour im **idyllischen Irsental** kommt immer recht, da sie äußerst ansprechend ist. Zugegebenermaßen aber ist eine solche ganz besonders bezaubernd, wenn der **Besenginster** und die vielen **Wildblumen und -kräuter** auf den Wiesen und am Wegesrand in voller Blüte stehen – und es überall frisch und würzig duftet. Dann tummeln sich hier unfassbar viele Schmetterlinge, Käfer, Hummeln, Bienen, Libellen und andere Insekten.

Rund um den **Stauweiher** der Irsen gibt es einen barrierefreien, hübsch angelegten Rundweg von etwa 2 Kilometern Länge.

136_wei_fs

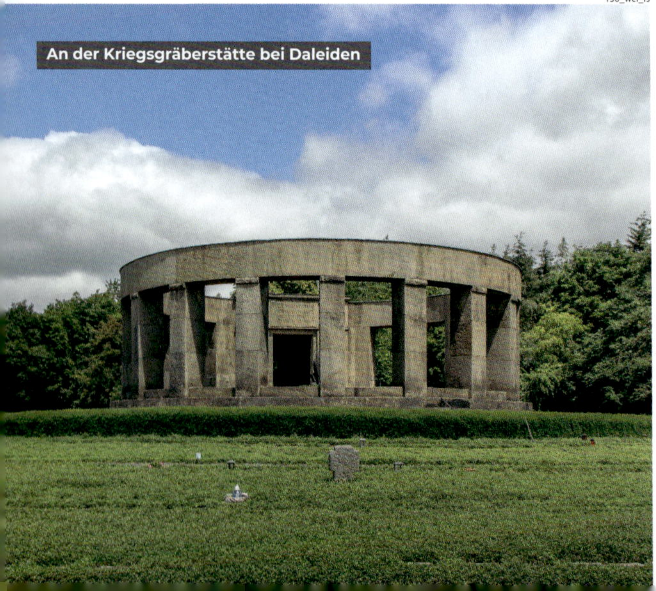

An der Kriegsgräberstätte bei Daleiden

Kurze Informationsübersicht

Länge: 19,7 km
Gehzeit: ca. 5½ Stunden
Auf-/Abstieg: je ca. 374 m
ANSPRUCHSVOLL

Ausgangsort: D-54689 Irrhausen

Startpunkt: Wanderparkplatz am Ortsausgang (an der B410; am Eingang zum „Waldpark Eifel"), GPS N 50.07512, E 6.20569 (UTM 32U 300066/5550723)

Karte: Eifelverein Nr. 26, Arzfeld, Stausee Bitburg, 1:25.000

Wegeigenschaften: wegen Weglänge und zu leistender Höhenmeter gute Kondition vonnöten; festes Schuhwerk und ausreichend Proviant/Wasser

Einkehrmöglichkeiten: Campingplatz „Waldpark Eifel" und im Ort Daleiden

ÖPNV: nächstgelegene Bushaltestelle „Irrhausen, Im Pfenn" (www.vrt-info.de)

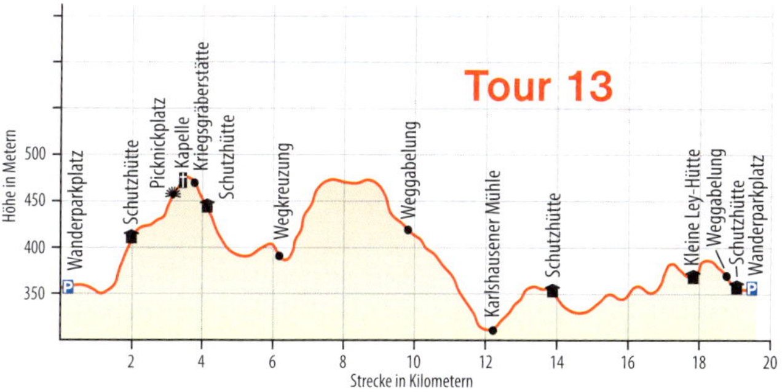

Wegbeschreibung

Die herrliche Tour durch das malerische Irsental, das im Volksmund auch „Tal der 1.000 Schmetterlinge" genannt wird, samt kleinem Naturschutzgebiet Ginsterheide startet am **Wanderparkplatz (1),** der am Eingang zum „Waldpark Eifel" inklusive Campingplatz und Hochseil-Kletterpark liegt. Zuerst geht es rechts der Irsen in Richtung Daleiden. In den Sommermonaten wird direkt zu Beginn klar, was den Wanderer auf diesem Weg erwartet: nämlich unzählige Schmetterlinge, Käfer und andere Insekten in allen nur möglichen Formen und Farben. Wenn man Glück hat, dann sieht man überdies Graureiher beim Fischfang und den in einzelnen Regionen der Eifel wieder heimischen Biber. Zumindest die Bissspuren des pelzigen Nagers lassen sich an diversen Bäumen am Wegesrand erkennen.

Nach kurzer Wegstrecke kommt man an einem Stauweiher an und erblickt eine Brücke mit Fischpassage, die den Fischen den überlebenswichtigen Aufstieg ermöglicht. Man geht weiter in eingeschlagener Richtung und erreicht nach etwa 15 Minuten eine **Schutzhütte (2).** Am Wegesrand stehen schon jetzt mannigfache (Besen-)Ginsterbüsche. Nach dem viel besungenen „Eifelgold", das Mai bis Juni in gelber Blüte steht, ist die „NaturWanderPark delux"-Route, deren Streckenverlauf man im Grunde folgt, auch benannt (Logo: grün-braunes Blatt). Nach der letztgenannten Hütte kommt recht bald ein Abzweig vom bisherigen Weg nach rechts. Nach etwa 10 Minuten steilen, kurvenreichen Anstiegs kommt man auf einer Anhöhe an, von der man einen guten Panoramablick hat. Es geht weiter auf einem Höhenweg, der irgendwann an einer Straße (B410) ankommt. Unmittelbar vor dieser sollte man links den breiten Weg in Richtung Daleiden und Ehrenmal nehmen. Kurz darauf findet sich auf einer stillen Wiese ein einsamer **Picknickplatz (3)** mit schöner Aussicht auf die reizvolle Landschaft ringsum. Man geht links unterhalb des Friedhofs von Daleiden vorbei in einen als „Schulwald" definierten Waldabschnitt. Schon nach wenigen Metern erreicht man eine kleine **Kapelle (4),** die für die Besucher offen steht. Man wendet sich in Richtung Ehrenfriedhof und gelangt über einen Schotterweg zu einer monumentalen **Kriegsgräberstätte (5).** An diesem Ort sind über 3.000 Menschen bestattet, die während des Zweiten Weltkriegs im Eifel-Ardennen-Raum den Tod fanden. Im Zentrum des großen Areals steht eine steinerne Pietà, die wiederum von einer kolossalen Pfeilerrotunde umfangen wird.

Nach dem Rundgang geht es ein paar Meter zurück, dann links zum Ortsausgang Daleiden. Man läuft hinab zur Hauptstraße, weiter unter Beibehaltung der Richtung parallel zu dieser ein paar Meter geradeaus. Bald schlägt man links den abzwei-

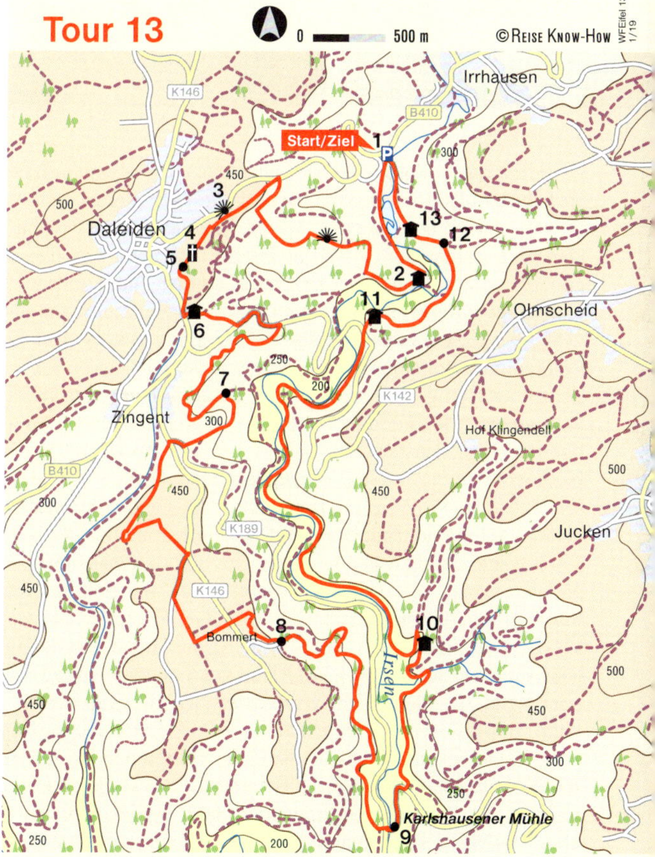

P	1 Wanderparkplatz		●	7 Wegkreuzung
	2 Schutzhütte		●	8 Weggabelung
	3 Picknickplatz		●	9 Karlshausener Mühle
	4 Kapelle			10 Schutzhütte
●	5 Kriegsgräberstätte			11 Kleine Ley-Hütte
	6 Schutzhütte		●	12 Weggabelung
				13 Schutzhütte

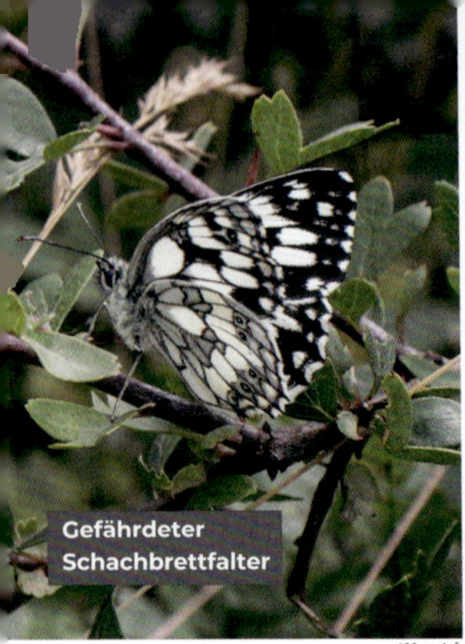

Gefährdeter Schachbrettfalter

132_wei_fs

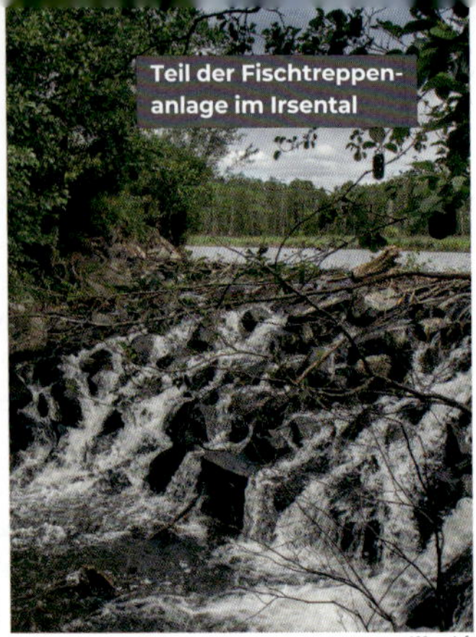

Teil der Fischtreppen- anlage im Irsental

133_wei_fs

genden Weg zur Karlshausener Mühle ein, auf dem sogleich eine **Schutzhütte (6)** mit Bank passiert wird. Erst einmal geht es bergab, man kommt auf einen Schotterweg und hält sich rechts. Danach trifft man auf eine kleine Straße, läuft vorerst an dieser entlang bergab, überquert sie an geeigneter Stelle und geht dann gegenüber weiter auf einen Wanderweg. Immer wieder gleitet der Blick über Ginsterbüsche und sich im Wind wogende Wildblumen. Auf einem Wiesenwaldweg kommt man nach einer ziemlich langen Strecke zu einer **Wegkreuzung (7),** an der man rechts in Richtung Irrhausen abzweigt. Nach etwa 10 Minuten recht steilen Anstiegs passiert man das Haus der Jugend, biegt rechts in die Straße „Vor der Höh" und überquert sogleich den Falkenaueler Weg, um dann auf der gegenüberliegenden Seite an Feldern und am Waldrand entlang weiterzuwandern.

Eine folgende Abzweigung nach rechts ignoriert man, kurz danach muss man indes an einer Wegbiegung scharf links um die Kurve gehen. Bald trifft man auf eine Straße (Bommert): vor dieser rechts weiter in Richtung Karlshausener Mühle und darauf links auf einen Schotterweg. Man läuft quasi querfeldein, kommt aber dann zu einem recht versteckten Schild mit dem Blatt-Logo, das etwas von Buschwerk verdeckt ist. Der Wegweiser zeigt die Strecke nach links entlang der Feldgrenze auf. Recht schnell kommt man erneut zur bereits zuvor gekreuzten Bommert-Straße, die man nun quert und dann bergab geradeaus über eine Wiese läuft. Knapp darauf geht es auf schmalem Weg in den Wald hinein steil bergab. Nach Begehen einer Holztreppe gelangt man auf einen breiten Weg, hält sich rechts und tritt nach einiger Zeit aus dem Wald heraus, wo man auf die Siedlung Bommert trifft. Hier wandert man hinter dem gegenüberliegenden Haus vorbei und folgt an der **Weggabelung (8)** dem Hinweisschild zur nahen **Karlshausener Mühle (9)**, einer alten Getreidemühle außer Nutzung, die man passiert. Dann folgt man der Straße steil bergan. Auf der Anhöhe und kurz bevor die Straße eine scharfe Kurve nimmt, geht man auf den links abzweigenden Weg hinab in den Wald. Im Tal hört man die Wasser der Irsen und der ihr zufließenden Bäche murmeln und plätschern. Auf den umliegenden Wiesen und an den Wegsäumen flattern Schmetterlinge, Hummeln, Wildbienen und anderes Fluggetier. Allein die Großschmetterlinge sollen im Irsental mit fast 550 Arten vertreten sein, wovon fast 150 auf der Roten Liste von Rheinland-Pfalz stehen.

An den folgenden Gabelungen hält man sich stets links und damit nah zur Irsen. Man passiert eine **Schutzhütte (10)**, geht 60 Meter danach wiederum links und ignoriert vorerst alle weiteren Abzweigungen. Nach circa 5 Kilometern des Weges erreicht man eine Landstraße, die in Richtung Campingplatz überquert wird. Nunmehr wandert man inmitten der Ginsterheide geradeaus mit Blick auf die **Kleine Ley-Hütte (11)**, an der man vorbeigeht. Nach einiger Zeit gelangt man zu einer **Weggabelung (12)**, an der man links hinabgeht. Bald darauf passiert man eine weitere **Schutzhütte (13)** mit Picknick-Möglichkeit. An dieser biegt man links in einen Schotterweg ein, der bald links unterhalb des Campingplatzes vorbeiführt und dann auf einen Asphaltweg trifft. Dort geht man links und dann zurück zum Ausgangspunkt.

134_wei_fs

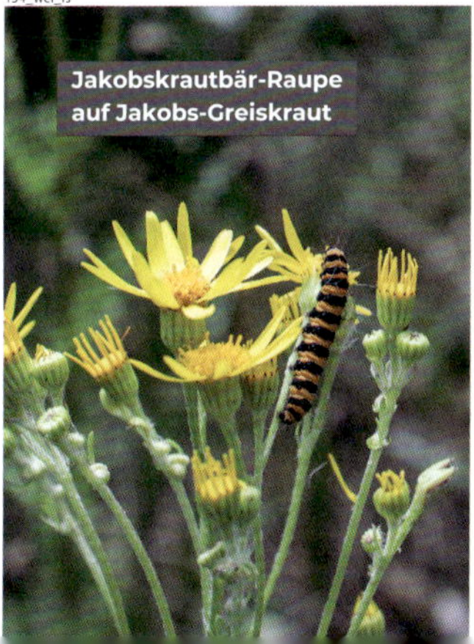

Jakobskrautbär-Raupe auf Jakobs-Greiskraut

135_wei_fs

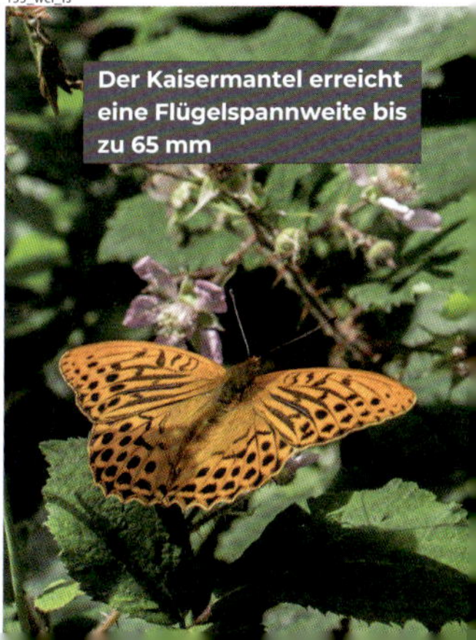

Der Kaisermantel erreicht eine Flügelspannweite bis zu 65 mm

Tour 14

Auf und ab im Ourtal bei Vianden – Über Felsenpfade und Uferwege rund um die Ourschleife

Steile, felsige, waldreiche Hänge stehen im Kontrast zu luftigen Höhen und lieblichen Tälern.

Der mäandernde **Grenzfluss** namens **Our** hat sich tief in den Stein des Rheinischen Schiefergebirges gegraben und sich als fähiger Landschaftsbildner erwiesen. Indes hat auch der Mensch gestalterisch eingegriffen. So hat er etwa das Flüsschen aufgestaut, um seine Wasserkraft zu nutzen. Vom luxemburgischen, an der Ourschleife gelegenen Ort **Bivels** über die **Burg Falkenstein,** den **Lätgesberg** und entlang des **Stauseeufers** nach **Vianden** führt die spannende Runde, die erstaunliche Ein- wie Ausblicke in die facettenreiche Natur- und Kulturlandschaft des Ourtals bietet.

Der **Besucherstollen** und die **unterirdische Kaverne** des 1964 eingeweihten **Pumpspeicherkraftwerks Vianden,** das der Nutzung der Wasserkraft im Ourtal dient, sind täglich zugänglich und bieten vielfältige Informationen zum Thema Energiegewinnung generell (www.seo.lu).

137_wei_fs

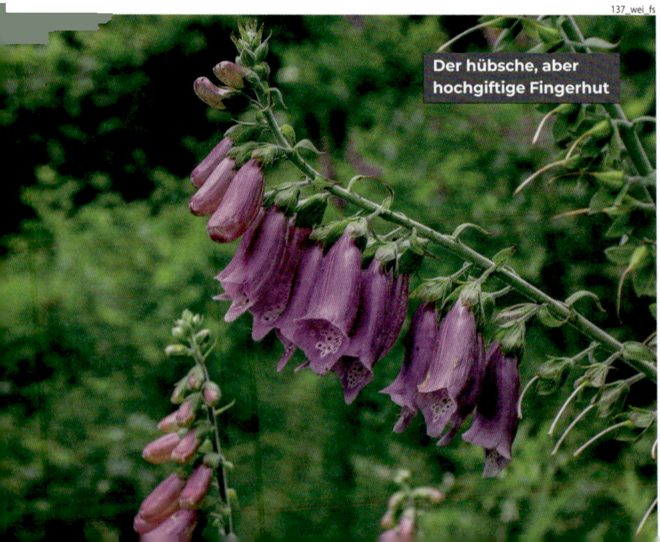

Der hübsche, aber hochgiftige Fingerhut

Kurze Informationsübersicht

Länge: 11,9 km
Gehzeit: ca. 3¾ Stunden
Auf-/Abstieg: je ca. 445 m (inkl. Lift)
ANSPRUCHSVOLL

Ausgangsort: L-9453 Bivels

Startpunkt: Parkplatz gegenüber der Heilig-Kreuz-Kirche (Rue du Lac), GPS N 49.95912, E 6.19274 (UTM 32U 298655/553 7863)

Karte: Eifelverein Nr. 27, Neuerburg, Vianden, 1:25.000

Wegeigenschaften: wegen der zu leistenden Höhenmeter, der teils schmalen Wald- und Felsenpfade sowie des leicht alpinen Gratwegs am Lätgesberg eine eher schwere Runde, die Trittsicherheit und Ausdauer verlangt – außerdem festes Schuhwerk und ausreichend Proviant/Wasser

Einkehrmöglichkeiten: zahlreiche in Vianden

ÖPNV: nächstgelegene Bushaltestelle „Bivels, Bei der Kirch" (www.cfl.lu)

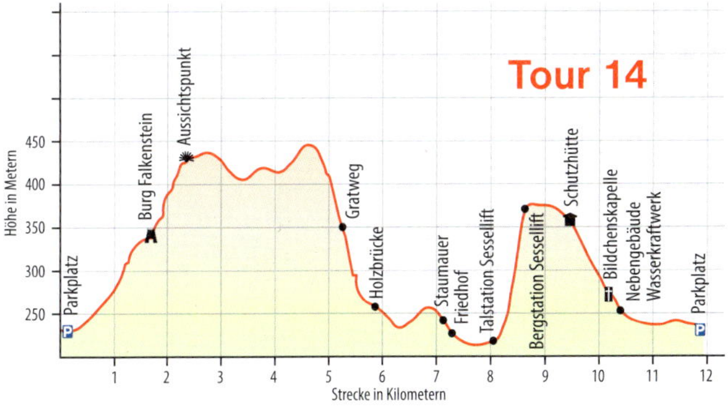

Wegbeschreibung

Vom **Parkplatz (1)** im luxemburgischen Bivels startet diese grenzübergreifende, traumhafte Runde durch das malerische Ourtal in Richtung Burgruine Falkenstein. In Sachen Orientierung helfen die Schilder des „NaturWanderParks delux", und zwar jene der „Nat'Our-Route 5", der die Wanderung in großen Teilen folgt. Auf der Uferpromenade geht es in Richtung Rue du Cimetière, auf die man schnell stößt. Kurz darauf überquert man den Our-Stausee, das Unterbecken des Pumpspeicherkraftwerks Vianden, auf dem „Bivelser Steg" – und wechselt damit hinüber nach Deutschland und wandert nun im etwa 270 Hektar umfassenden Naturschutzgebiet Ourschleife-Falkenstein.

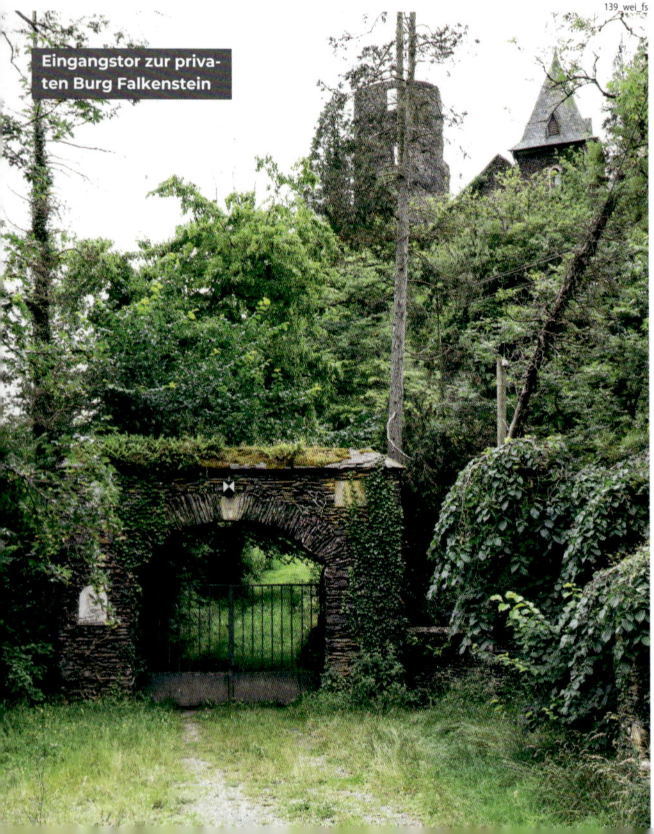

Eingangstor zur privaten Burg Falkenstein

139_wei_fs

Nach der Brücke geht man links den Waldweg entlang über ein Bächlein und dann bergan. Wiederum den Bach überquerend, läuft man dann rechts neben diesem entlang.

Nach etwa 12 Minuten des Anstiegs wendet man sich weg vom Bach und geht nach links auf einem schmalen Pfad voran. Recht schnell erreicht man die auf einem steilen Bergsporn stehende **Burg Falkenstein (2),** die ihren Ursprung im 12. Jh. hat. Vor einem großen Tor, das das private Burgareal abschließt, geht es rechts um eine Kurve leicht bergan. Vom Hauptweg zweigt

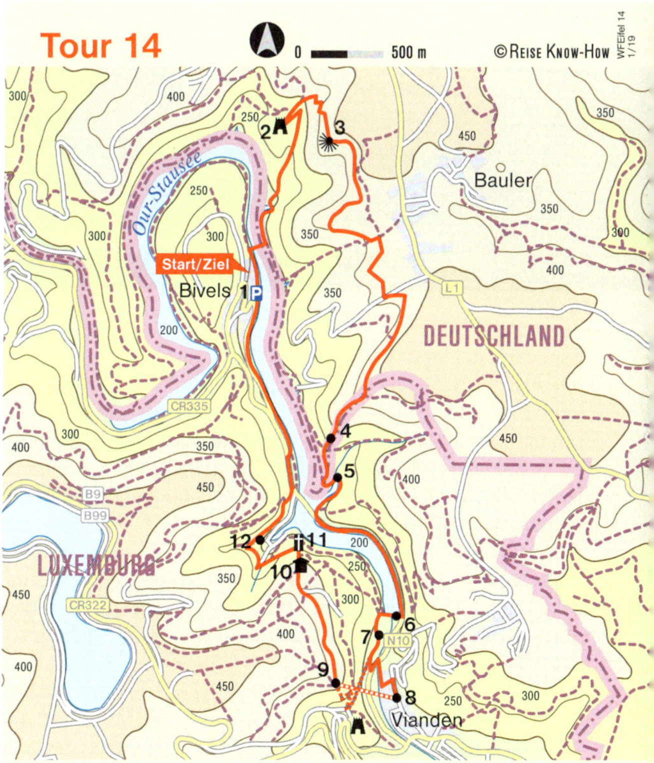

P	1	Parkplatz
♜	2	Burg Falkenstein
☀	3	Aussichtspunkt
•	4	Gratweg
•	5	Holzbrücke
•	6	Staumauer
•	7	Friedhof
•	8	Talstation Sessellift
•	9	Bergstation Sessellift
☗	10	Schutzhütte
✝	11	Bildchenskapelle
•	12	Nebengebäude Wasserkraftwerk

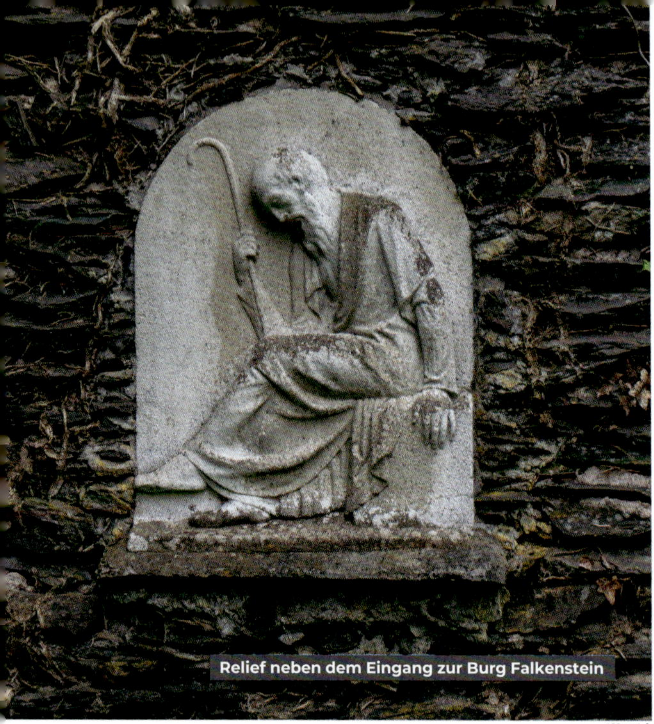

Relief neben dem Eingang zur Burg Falkenstein

138_wei_fs

man dann bald rechts ab in Richtung Retgesberg/Vianden und durchläuft einen lichten Hang. Nur wenig später geht man erneut über ein Bachbett, nimmt rechts eine Kurve und folgt dem schmalen, sich dahinschlängelnden Pfad. Auf einer Anhöhe erreicht man einen **Aussichtspunkt (3)** mit Bank. Dem Wanderer bietet sich von hier oben ein großartiger Panoramablick, der genossen werden will. Nach einer kurzen Rast läuft man auf schmalem Pfad weiter, zuerst in den Wald hinab, dann abwechselnd auf und ab. Mal verläuft der Weg durch dichten Wald, mal öffnet sich dieser. Die lichten Hänge und Säume stehen in den Sommermonaten voller blühender Wildblumen und -kräuter sowie Himbeer- und Brombeerbüsche – entsprechend viele Insekten auf der Suche nach Nahrung summen und brummen umher.

Nach einem längeren Spaziergang durch den Wald, entlang von Weideflächen und Wiesen erreicht man einen felsigen, mit Geländern gesicherten **Gratweg (4)** am Lätgesberg, wo ein wenig Trittsicherheit erforderlich ist. Dieser verleiht der Tour einen leicht alpinen Charakter – grandiose Ausblicke sind garantiert.

Über Felsstufen und Geröllpfade wandert man langsam bergab, überquert eine den Bosterbach überspannende **Holzbrücke (5)** und erreicht unmittelbar darauf die N10 sowie den Ourstausee. Nach Überquerung der N10 folgt man dem links des Stausees verlaufenden Uferweg mit Blick auf Stadt und Burg Vianden. Man geht bis zur **Staumauer (6)** und überquert diese. Sobald man den Ort betritt, läuft man am **Friedhof (7)** vorbei und über den Parkplatz davor.

Man folgt nun der Rue du Vieux Marché bis zur N10, geht links, überquert die Our und wandert dann in der Rue Charles Mathias Andrè zur **Talstation des Sessellifts (8).** Eine Fahrt mit der Bahn überbrückt doch einige Höhenmeter und ermöglicht zudem einen exklusiven Blick auf die beeindruckende Anlage der mittelalterlichen Burg Vianden, die hoch über dem Ourtal thront.

Wegvariante

Wem die Bergstation mit dem Lift zu schnell zu erreichen ist, der kann natürlich genauso gut den Berg hinauf laufen. Man wandert einfach ab dem **Friedhof (7)** weiter auf der „Nat'Our-Route 5", die über die Burg zur **Bergstation (9)** verläuft. Ab hier folgt man der Hauptroute weiter.

140_wei_fs

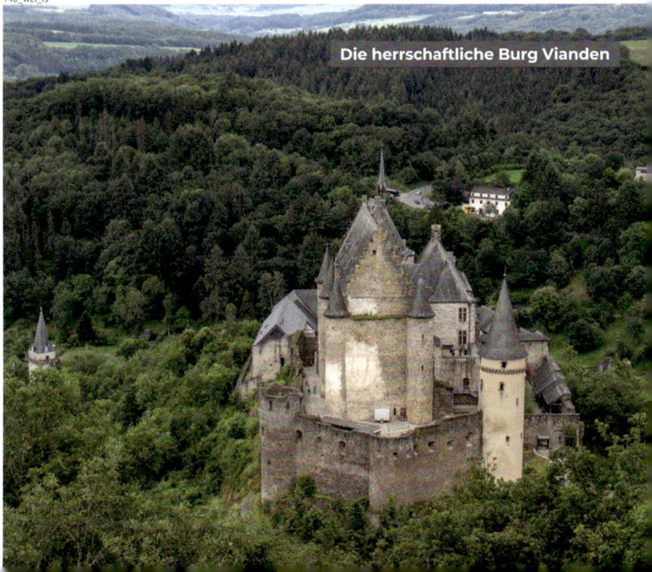

Die herrschaftliche Burg Vianden

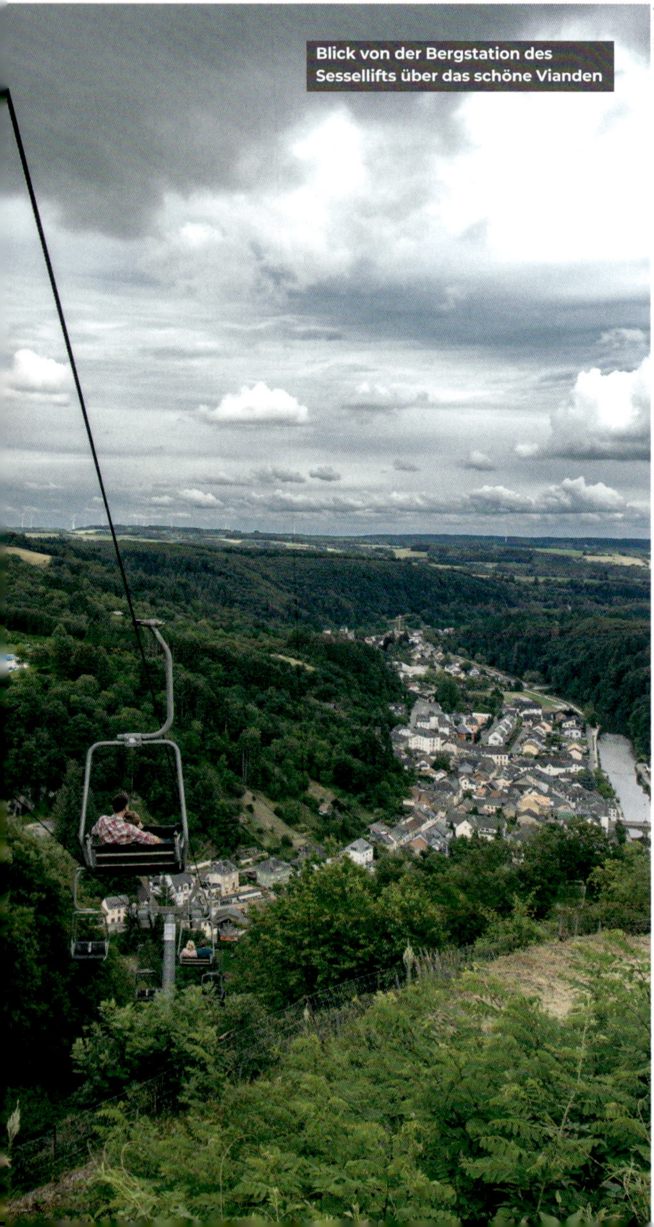
Blick von der Bergstation des Sessellifts über das schöne Vianden

141_wei_fs

Von der **Bergstation (9)** aus folgt man dann dem mittlerweile bekannten Logo direkt in den Wald hinein, zuerst etwa 10 Minuten auf einem breiten Wirtschaftsweg. Dann trifft man auf einen abzweigenden Weg, der ignoriert wird. Man steigt hier geradeaus auf zu einer Anhöhe, geht dort oben rechts weiter, passiert eine **Schutzhütte (10)** und läuft auf schmalem, felsigen Pfad wieder hinab. Nach rund 10 Minuten trifft man auf einen Asphaltweg, hält sich links hin zur **Bildchenskapelle (11)**, einer Muttergotteskapelle, die ab 1848 nach Plänen des Architekten Charles Arendt errichtet wurde, um einer Marienstatue aus dem 13. Jh. eine würdige Herberge zu schaffen. An dem hübschen Bau geht es vorbei und man folgt sodann einem kleinen Weg, der bergab führt. Man überquert ein Bächlein, passiert ein **Nebengebäude des Wasserkraftwerks (12)**, gelangt auf einem schmalen Weg nach oben. Diesem folgt man, bis es auf einem breiten Schotterweg noch einmal bis zu einer Abzweigung bergan geht. Hier nimmt man den Pfad rechts in Richtung Stausee. Schon bald gelangt man erneut zur querenden N10 und sieht sich dem Stausee gegenüber. Die Straße ist zu überqueren und sich zuerst links zu halten. Dann biegt man nach etwa 150 Metern rechts in die Rue du Lac ab und folgt dem parallel dazu verlaufenden Uferweg bis zum Ausgangspunkt.

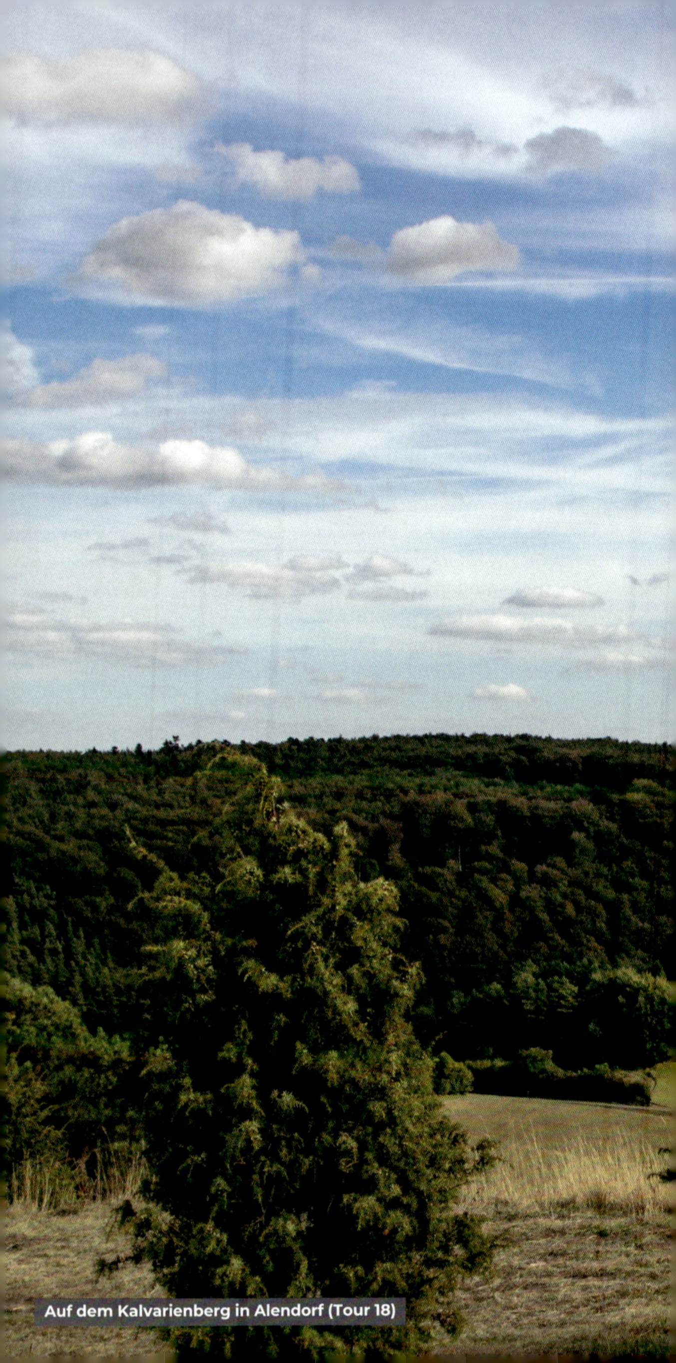

Auf dem Kalvarienberg in Alendorf (Tour 18)

OSTEIFEL

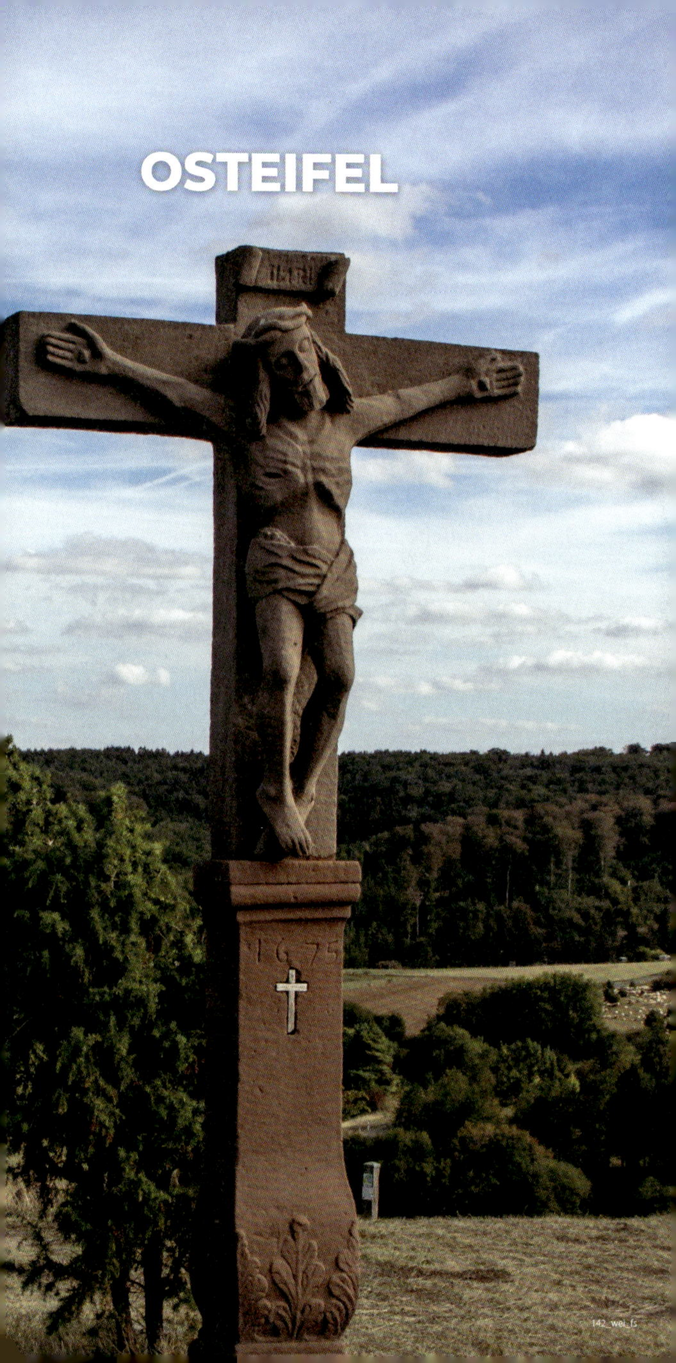

142_wei_fs

Tour 15

Das Ahrtal um Mayschoß –

Enge Täler, felsige Hänge und edle Tropfen

Durch die sonnenverwöhnten Weinberge des mittleren Ahrtals rund um Mayschoß, dem Sitz der ältesten Winzergenossenschaft der Welt, führt diese kleine, feine Runde den Wanderer.

Teils entlang des beliebten **Rotweinwanderwegs** geht es dies- und jenseits der Ahr mit phänomenalen Aussichten auf das enge Flusstal, die steilen Felshänge sowie die pittoreske Ruine der mittelalterlichen **Saffenburg** von Weinort zu Weinort.

143_wei_fs

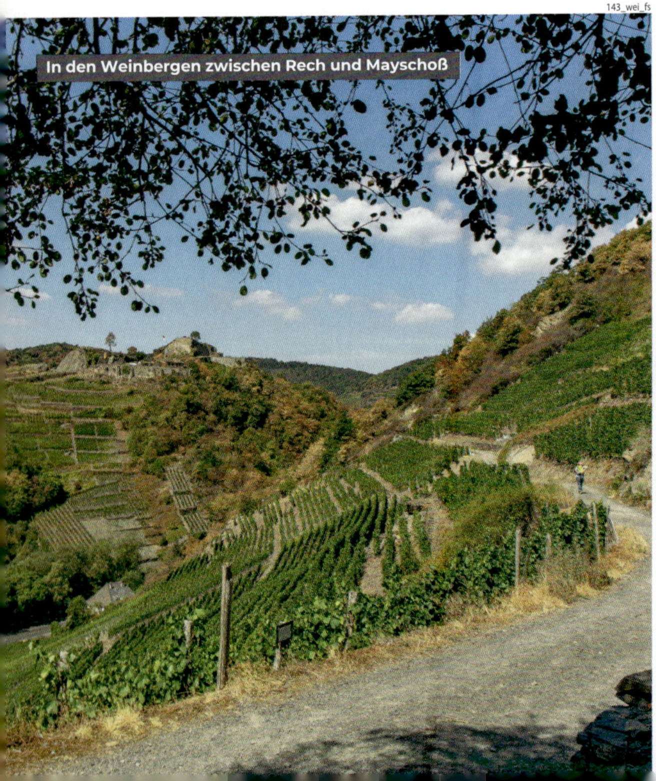

In den Weinbergen zwischen Rech und Mayschoß

Kurze Informationsübersicht

Länge: 7,9 km
Gehzeit: ca. 2¼ Stunden
Auf-/Abstieg: je ca. 150 m
LEICHT

Ausgangsort: D-53506 Rech

Startpunkt: Parkplatz (Im Bungert), GPS N 50.51426, E 7.03786 (UTM 32U 360890/5597650)

Karte: Eifelverein Nr. 9, Das Ahrtal, 1:25.000

Wegeigenschaften: entspannte Tour auf meist gut begehbaren Wegen (einzige Ausnahme: die Schotterpassage hoch zur Saffenburg); an sonnigen, heißen Sommertagen an entsprechenden Sonnenschutz denken

Einkehrmöglichkeiten: in Rech und Mayschoß sowie zeitweise auf der Saffenburg

ÖPNV: nächstgelegene Bushaltestelle „Rech, Brücke" (www.vrs.de)

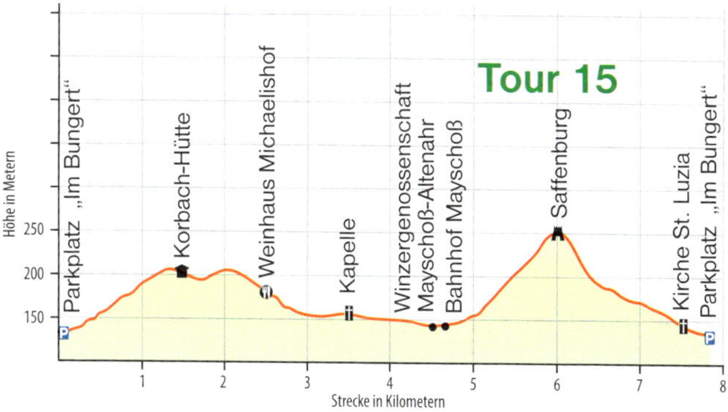

Wegbeschreibung

Die kleine Runde durch die Ahr-Weinberge rund um den Ort Mayschoß startet im benachbarten Rech am **Parkplatz „Im Bungert" (1).** Von diesem geht man zur Rotweinstraße, biegt dann links ab in Richtung Nepomukbrücke. Auf deren Höhe wendet man sich nach rechts, um die Rotweinstraße zu überqueren und dann gegenüber „Am Herrenberg" geradeaus zu laufen. Man quert eine Brücke und damit Bahngleise, geht auf einem Asphaltweg weiter bergan, wobei Abzweigungen vorerst ignoriert werden. Alsbald trifft man auf den Rotweinwanderweg (Logo: rote Weinrebe) und biegt auf einer ersten Anhöhe links in diesen ein. Ihm folgt man nun bis nach Mayschoß. Auf einem Schotterweg geht es durch die Weinberge mit einem tollen Blick auf die Ruine der Saffenburg oberhalb von Mayschoß sowie auf das enge Ahrtal und die umliegenden Steilhänge. Man passiert die auf der rechten Seite, leicht oberhalb des Weges stehende **Korbach-Hütte (2),** eine Schutzhütte mit Picknickmöglichkeit. Immer weiter geht es in Richtung Mayschoß mit grandioser Sicht. Dabei werden eventuelle Abzweige ignoriert.

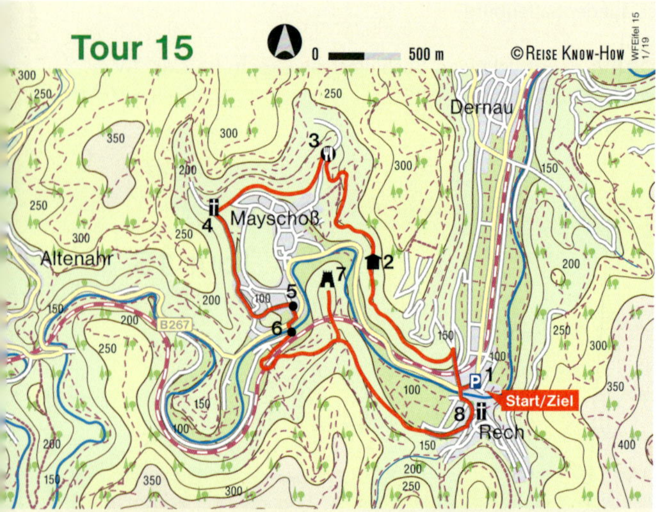

- 1 Parkplatz „Im Bungert"
- 2 Korbach-Hütte
- 3 Weinhaus Michaelishof
- 4 Kapelle
- 5 Winzergenossenschaft Mayschoß-Altenahr
- 6 Bahnhof Mayschoß
- 7 Saffenburg
- 8 Kirche St. Luzia

Nach einer längeren Strecke stößt man, noch inmitten der Weinberge, auf die Dorfstraße von Mayschoß, an der das **Weinhaus Michaelishof (3)** zur Einkehr einlädt. Hier geht man links ab in Richtung Ort und nimmt an der nächsten Weggabelung den rechten Schotterweg. Durch die Weinberge wandert man bis zu einer Kreuzung, an der eine kleine **Kapelle (4)** aus dem 19. Jh. steht, hinter dieser läuft man links in Richtung Ortskern.

144_wei_fs

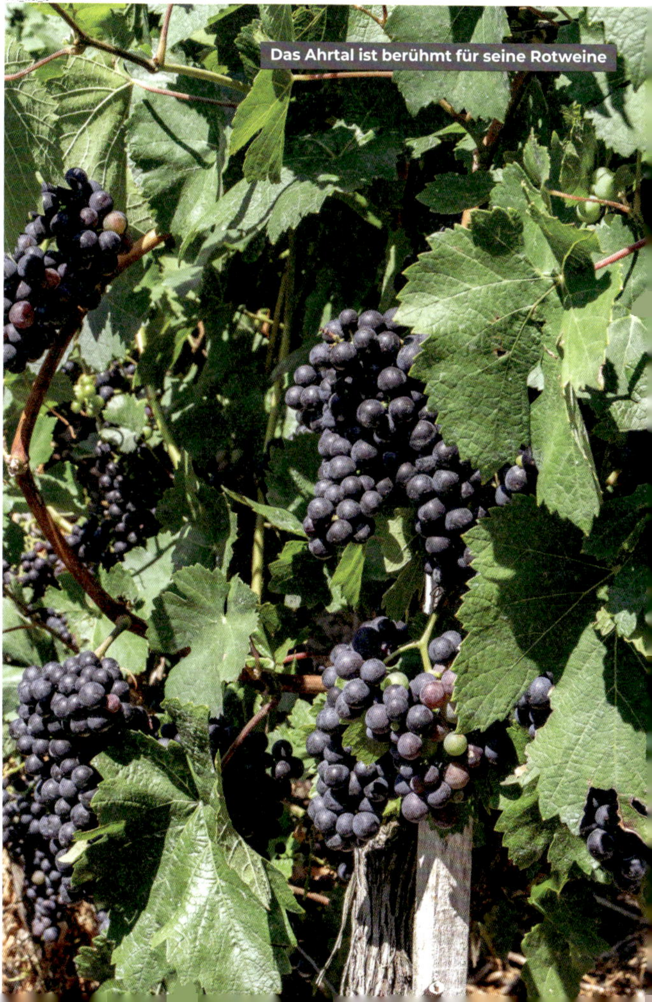

Das Ahrtal ist berühmt für seine Rotweine

Nachdem man die ersten Häuser von Mayschoß passiert hat, folgt man der Straße „Am Silberberg“ bis zur Bungertstraße, in die man links einbiegt. Bei nächster Gelegenheit geht man rechts in eine kleine, unscheinbare Gasse (Anlieger und Räder frei) und läuft über das Gelände der 1868 gegründeten **Winzergenossenschaft Mayschoß-Altenahr (5).** Hier kann man sich nicht nur über den berühmten Ahrwein informieren, sondern die guten Tropfen auch direkt vor Ort verkosten und erwerben.

Man quert sodann die Ahr-Rotweinstraße und auf der gegenüberliegenden Seite die Brücke in Richtung **Bahnhof Mayschoß (6).** Vor dem ehemaligen Bahnhofsgebäude geht man rechts. Nach einem Wohnmobilplatz hält man sich links, geht über eine die Bahngleise überspannende Brücke und wandert bergan – und folgt dabei stets den Schildern zur Burgruine Saffenburg. Nach einer ganzen Weile gelangt man zu einer Gabelung, an der links ein steil ansteigender Schotterweg abzweigt, der direkt zur Ruine führt. Ein kurzer Abstecher zur **Saffenburg (7),** deren Ursprünge im 11. Jh. liegen, ist zu empfehlen: Von hier kann man eine herrliche Panoramasicht auf das Ahrtal genießen.

Ist man wieder an der zuletzt passierten Gabelung angekommen, geht es links weiter. Bald wandert man auf einem Schotterweg durch schattigen Buchenmischwald, was im Sommer eine willkommene Abkühlung bringt und einen schönen Kontrast zu den sonnenbeschienenen Weinbergen bietet. Nach etwa 10 Minuten tritt man aus dem Wald heraus und kommt im Ort Rech an. Man hält sich geradeaus bis zur nächsten Straße, dann links bis zur **Kirche St. Luzia (8),** die an der folgenden Kreuzung steht. Ebenda biegt man von der Bärenbachstraße links in die Brückenstraße ein, geht in Richtung Nepomukbrücke und von dort zurück zum Ausgangspunkt.

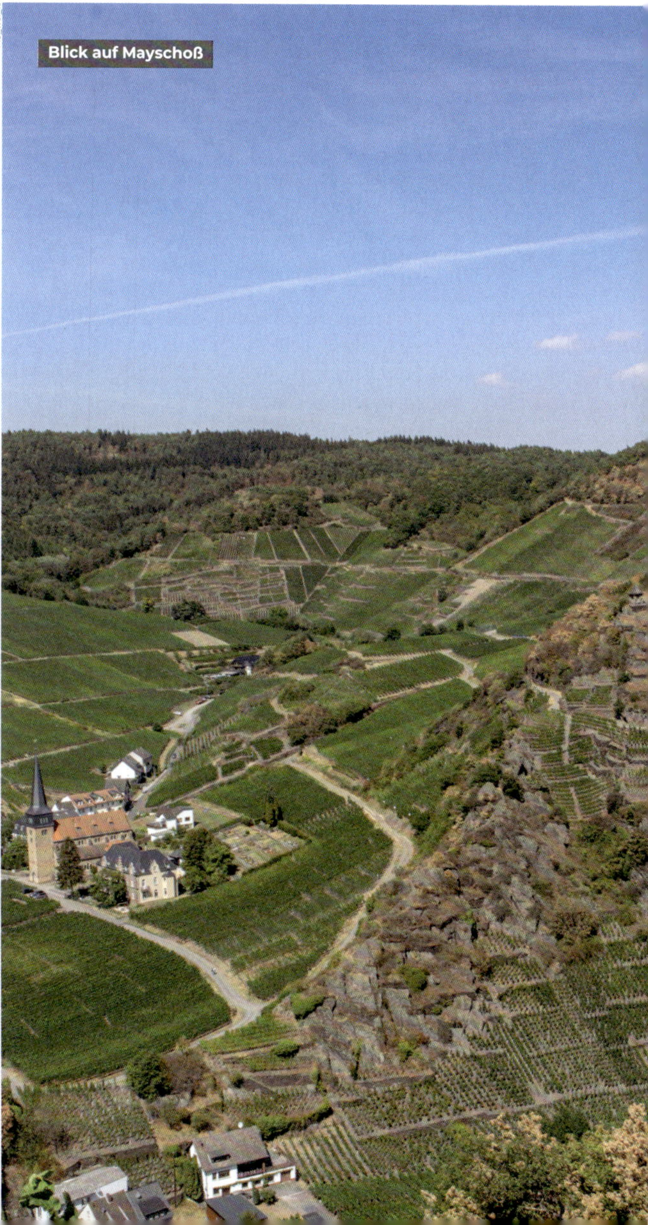

Blick auf Mayschoß

Tour 16

Alpine Bergpartie um Altenahr –

Teufelsloch, Langfigtal, Engelsley und Burg Are

Auf und ab, über Stock und Stein führt die anspruchsvolle Rundwanderung, die auch Kletterpassagen zu bieten hat, den ambitionierten Wanderer durch das wildromantische Ahrtal bei Altenahr.

Über das sagenumwobene **Teufelsloch** geht es ins abgeschiedene, von der Ahrschleife umschlossene **Langfigtal.** Dann folgt der Aufstieg zur **Engelsley** und die Gratwanderung über kantige, schroffe und ausgesetzte Schieferfelsen hin zur einst mächtigen **Höhenburg Are** – und über diese wieder hinab ins Tal.

146_wei_fs

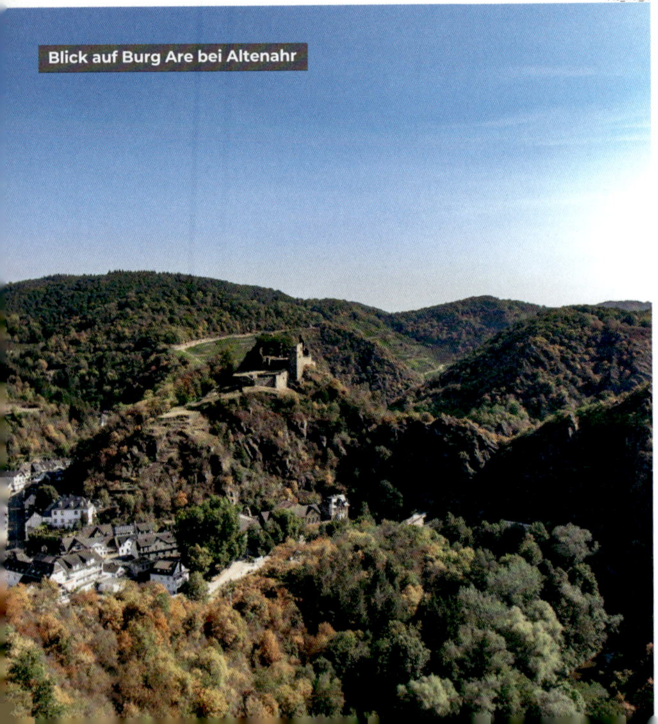

Blick auf Burg Are bei Altenahr

Kurze Informationsübersicht

Länge: 7 km
Gehzeit: ca. 2½ Stunden
Auf-/Abstieg: je ca. 130 m
ANSPRUCHSVOLL

Ausgangsort: D-53505 Altenahr-Altenburg

Startpunkt: Parkplatz (Kreuzberger Straße), GPS N 50.51133, E 6.98712 (UTM 32U 357284/5597420)

Karte: Eifelverein Nr. 9, Das Ahrtal, 1:25.000

Wegeigenschaften: sehr schwierige Runde mit felsigen, unwegsamen und teils alpinen Passagen; festes, knöchelhohes Schuhwerk obligatorisch; eventuell Handschuhe für die Kletterpassagen; gute Kondition, Trittsicherheit und bisweilen Schwindelfreiheit vonnöten; die Gratwanderung über die Engelsley ist nicht markiert und sollte nur von geübten Wanderern begangen werden

Einkehrmöglichkeiten: Altenahr, Altenburg

ÖPNV: nächstgelegene Bushaltestelle „Altenburg, Kapelle" (www.vrs.de)

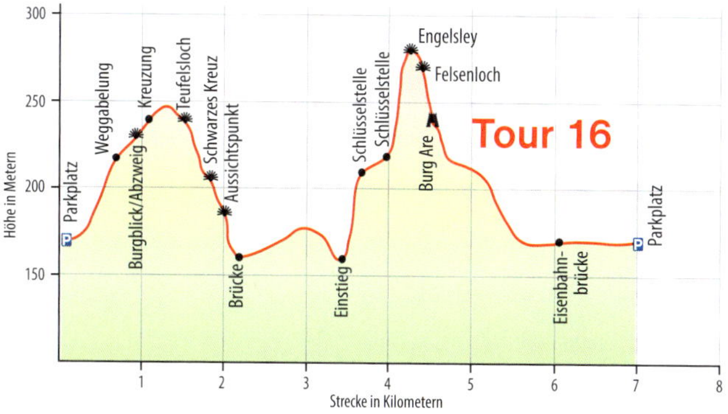

Osteifel

Wegbeschreibung

Die kurze, aber knackige Wanderung beginnt am **Parkplatz (1),** der an der Ahr und gegenüber der Altenburger St.-Maternus-Kapelle liegt. Zuerst überquert man die Kreuzberger Straße und geht in die Straße „Am Weiher", folgt dieser geradeaus bis zur Straße „Am Steinacker", dann auf dieser weiter bis zur Schule. Dort führt links des Sportplatzes ein schmaler Pfad in den Wald hinein, den man nimmt. Recht bald erreicht man einen breiteren Weg, geht links um eine Kurve und steil bergan. Man trifft auf eine **Weggabelung (2),** hält sich hier links weiter in Richtung Altenahr. Nach maximal 50 Metern geht es links auf ein Pfädchen und damit auch kurz vom bis dato begangenen Ahrsteig weg. Auf sehr steilem Felsenpfad steigt man bergan. Nach nur wenigen Minuten indes stößt man wieder auf den Ahrsteig und folgt diesem in Richtung Teufelsloch.

An einer Stelle des Wegs – **Burgblick/Abzweig (3)** – von der man rechts die auf dem gegenüberliegenden Bergrücken thro-

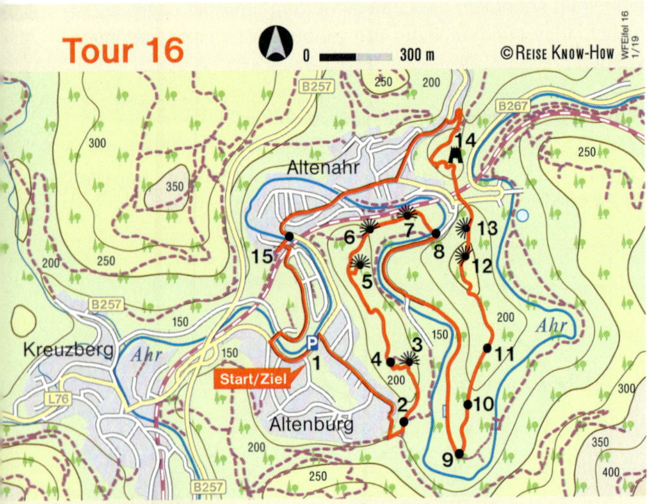

- 1 Parkplatz
- 2 Weggabelung
- 3 Burgblick/Abzweig
- 4 Kreuzung
- 5 Teufelsloch
- 6 Schwarzes Kreuz
- 7 Aussichtspunkt
- 8 Brücke
- 9 Einstieg
- 10 Schlüsselstelle
- 11 Schlüsselstelle
- 12 Engelsley
- 13 Felsenloch
- 14 Burg Are
- 15 Eisenbahnbrücke

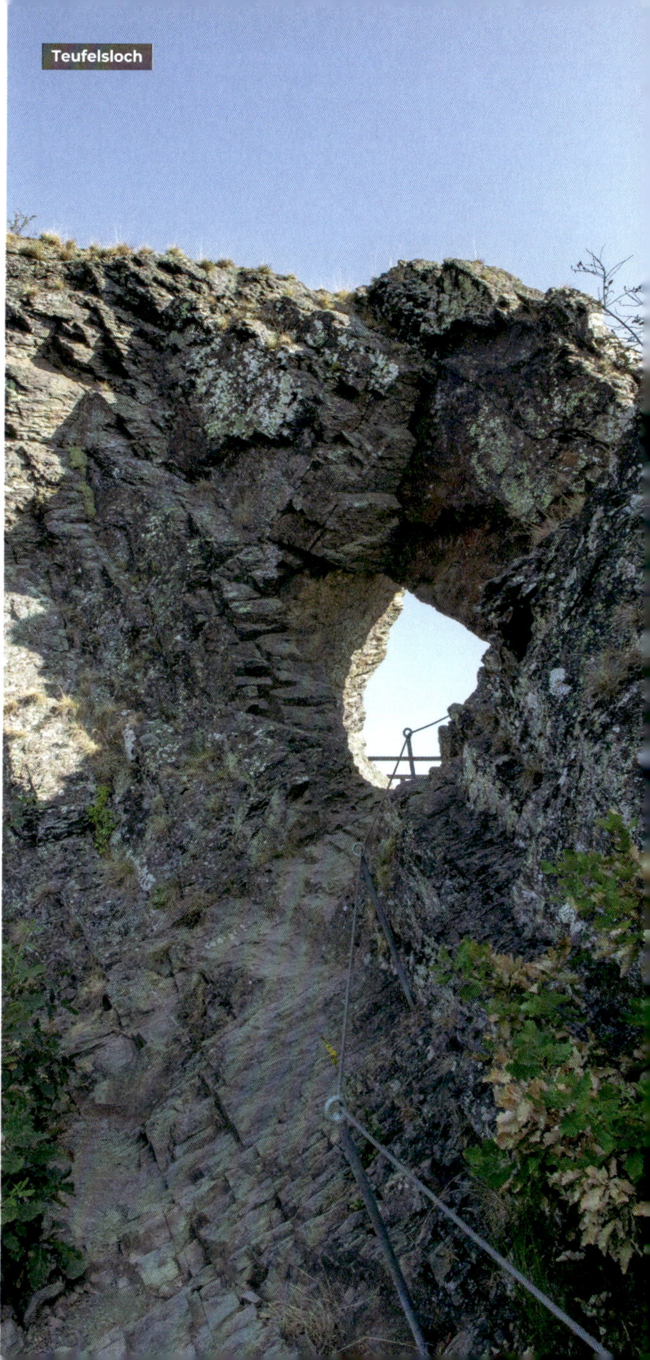
Teufelsloch

147_wei_fs

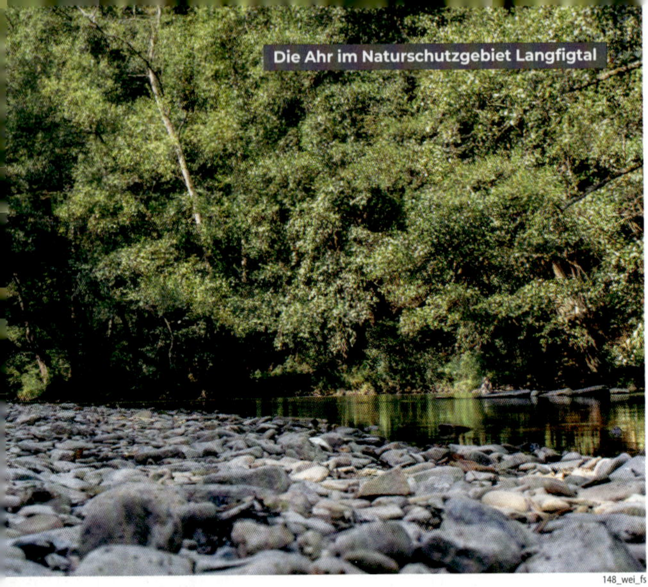

148_wei_fs

nende Ruine der Burg Are erblicken kann, geht links ein schmaler, sehr steiler und felsiger Pfad ab, den man wählt. Weniger Ambitionierte können hier schlicht dem Ahrsteig bis zum Teufelsloch folgen. Auf holprigem Weg geht es durch lichten Eichenwald, der im Sommer zur Abwechslung angenehmen Schatten bietet, was im sonnenverwöhnten Ahrtal eine echte Wohltat sein kann. Es werden Felsen erklommen, die teils recht ausgesetzt sind, die aber gleichsam tolle Ausblicke bieten. An einer rasch folgenden **Kreuzung (4)** trifft man indes schon wieder auf den Ahrsteig und hält sich hier links. Es geht weiter durch eine schmale Felsspalte in Richtung **Teufelsloch (5)**, das schnell erreicht ist: Es handelt sich dabei um einen Felsen, der mit einer Art „Fenster" aufwartet, das tolle Ausblicke zulässt: auf das Langfigtal samt Ahrschleife, die Burg Are sowie die umgebenden Höhen und Täler. Zum deutlich ausgeschilderten Teufelsloch gelangt man via Betonstiegen und einer mit Drahtseilen gesicherten Felsenpartie. Nach dem Abstecher zu dem „Guckloch" mit Bank geht es zurück auf gleichem Weg.

Nachdem man den zuvor verlassenen Hauptweg wieder erreicht hat, geht man in eingeschlagener Richtung kurz bergab. Man gelangt zu einer Gabelung, von der das auf der aussichtsreichen Heislei stehende **Schwarze Kreuz (6)** zu sehen ist, zu dem man auch hochgehen kann. Von hier aus folgt man den

Schildern des Eifelvereins (Rundweg Nr. 7) talwärts nach rechts. Man gelangt zu einem weiteren **Aussichtspunkt (7)** mit überdachtem Pavillon. Es geht weiter abwärts. Nach dem Abstieg ins Tal passiert man einen Spielplatz, überquert eine **Brücke (8)** und damit die Ahr. Nach dieser hält man sich rechts. Man wandert vorerst auf einem breiten Uferweg durch das etwas abgeschiedene, idyllische Langfigtal, das seit 1983 als Naturschutzgebiet Altenahr und Ahrschleife ausgewiesen ist. An einer Stelle, an der auf der rechten Seite des Wegs unter einer Kastanie zwei rote Bänke stehen, befindet sich links der nicht markierte und nicht leicht zu findende **Einstieg (9)** hoch zur Engelsley.

Der folgende Abschnitt der Tour setzt Trittsicherheit, Schwindelfreiheit sowie gute Orientierungsfähigkeiten voraus und ist nur für Geübte zu empfehlen. Man steigt in den abschüssigen Hang hinein, auf dem erst einmal kein Weg zu erkennen ist. Über glattes Schiefergestein geht es steil bergan. Alsbald wird ein schmaler Pfad sichtbar, der sich über den Bergrücken schlängelt. Über kantige Schieferfelsen folgt man dessen Verlauf, der auch ein paar knackige Kletterpassagen beinhaltet. Man gelangt zu einer ersten, schwierigen **Schlüsselstelle (10):** Wer sich hier nicht mehr sicher fühlt, der sollte besser umkehren! Schon bald liegt die zweite **Schlüsselstelle (11)** auf dem Weg, die gemeis-

149_wei_fs

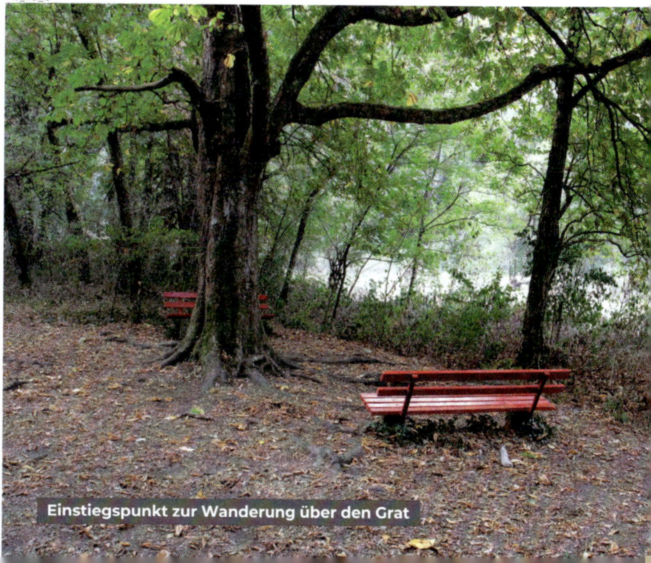

Einstiegspunkt zur Wanderung über den Grat

tert werden will. Eine weitere folgt unterhalb des Gipfelkreuzes der **Engelsley (12):** Hier ist der höchste Gipfel des beeindruckenden Bergrückens erreicht und man hat eine phänomenale Sicht auf Altenahr, die umgebenden Weinberge sowie die nicht mehr allzu ferne Burg Are. Kurz nach dem „Gipfelglück" hält man sich talwärts und kommt zu einer Gabelung, an der man den rechten, einfacheren Weg wählt. Der linke Klettersteig ist mit Haken und Ösen entsprechend gesichert. Ein paar Minuten später kommt man an eine weitere Abzweigung, an der man geradeaus mit Blick auf die Burg weitergeht, also nicht den rechts abgehenden Weg ins Tal nimmt. Unmittelbar darauf passiert man ein links zu sehendes **Felsenloch (13),** das wie die verkleinerte Ausführung des Teufelslochs anmutet. In eingeschlagener Richtung geht es zur Burg Are, der man sich nach und nach nähert.

Über einen abschüssigen Felsenpfad und zuletzt über Mauern erklimmt man die hoch oben auf einem Sporn stehende, 1121 erstmals urkundlich erwähnte **Burg Are (14),** von der bei klarer Wetterlage beste Panoramasicht garantiert ist. Alsdann steigt

150_wei_fs

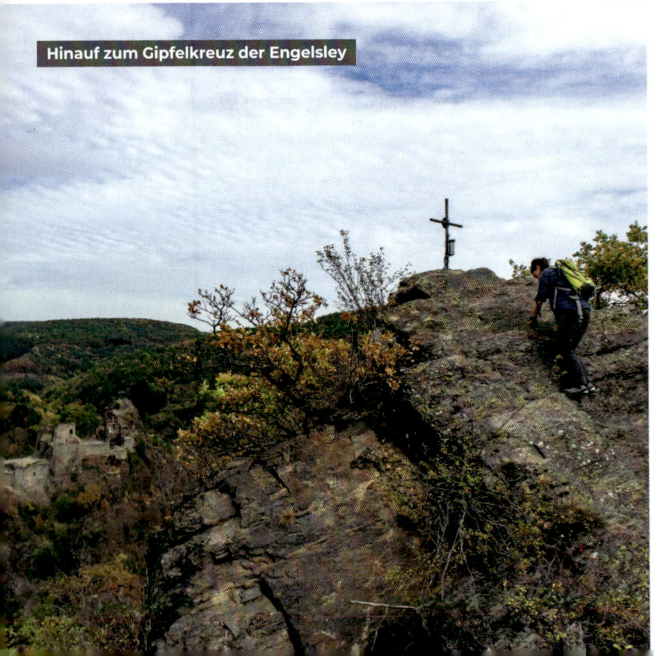

Hinauf zum Gipfelkreuz der Engelsley

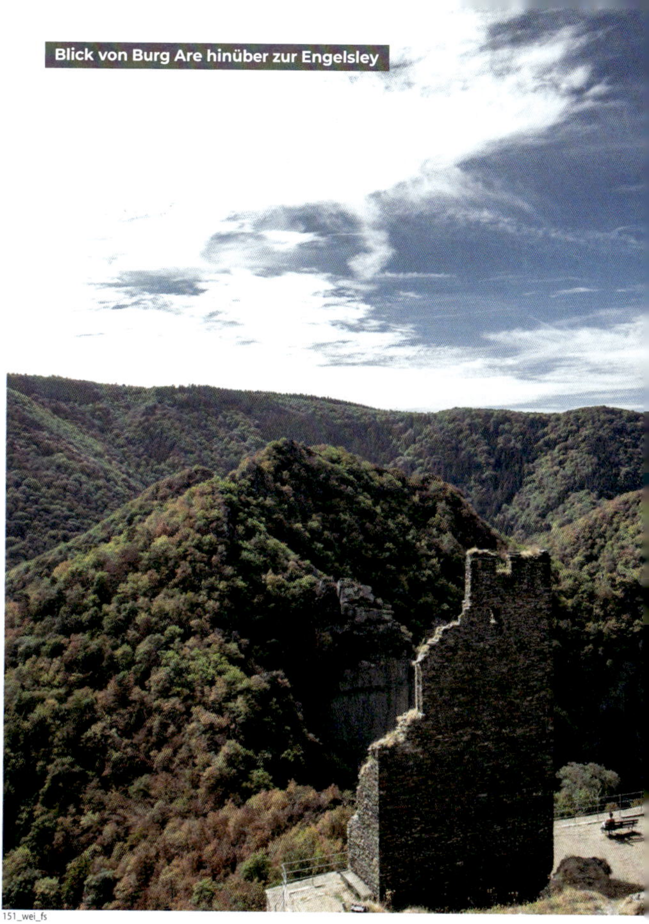
Blick von Burg Are hinüber zur Engelsley

151_wei_fs

man über Treppen, mal schmale, mal breite Pfade hinunter vom Burgberg nach Altenahr. Im Dorf angekommen, stößt man auf die Straße „Roßberg“, hält sich links und folgt dieser bis zur Kreuzung Tunnelstraße/Brückenstraße. Hier biegt man rechts in die Brückenstraße ein und folgt dieser durch den Ortskern in die Altenburgerstraße bis zur alten **Eisenbahnbrücke (15),** auf der man die Ahr überquert. Darunter wandert man dann sogleich hindurch in Richtung Altenburg. Unterhalb der St.-Maternus-Kapelle läuft man vorbei und geht über die nächstmögliche Brücke zurück zum Ausgangspunkt.

Tour 17

Durch das Sahrbachtal zum Radioteleskop Effelsberg –

Über Mühlen-, Galaxien- und Martinswege

Unmittelbar an der Grenze der beiden Bundesländer Nordrhein-Westfalen und Rheinland-Pfalz führt diese spannende wie entspannende Runde auf abwechslungsreichen Wegen durch die reizvollen Täler des Sahrbachs und des Effelsberger Bachs.

Hier steht das seit 1972 vom Max-Planck-Institut für Radioastronomie betriebene **Radioteleskop Effelsberg,** das noch immer eines der größten vollbeweglichen Radioteleskope weltweit und eines der leistungsfähigsten Observatorien in Europa ist.

Die ikonographisch sehr besondere, martialisch anmutende **„Türkenmadonna“** (vermutlich aus dem frühen 18. Jh.) in der **Kirche St. Martin** in Kirchsahr ist sehr sehenswert. Die Kirche ist nur zu den Gottesdiensten und nach Vereinbarung zugänglich; Besichtigung nach telefonischer Voranmeldung unter 02643-903504 möglich.

154_wei_fs

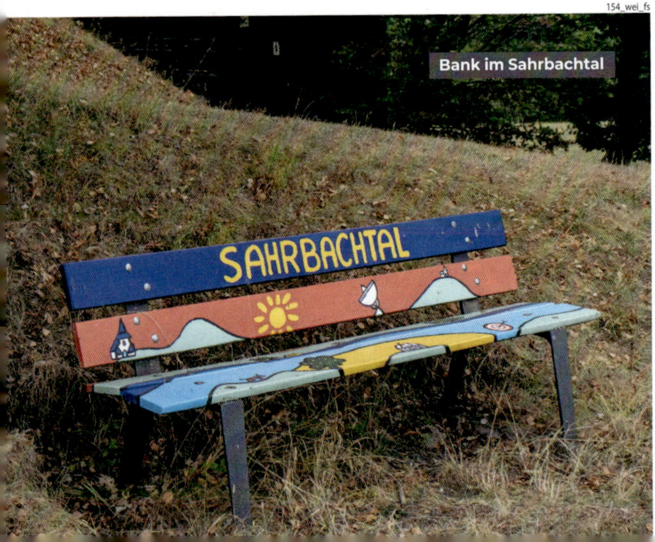

Bank im Sahrbachtal

Kurze Informationsübersicht

Länge: 6,9 km
Gehzeit: ca. 2 Stunden
Auf-/Abstieg: je ca. 176 m
MITTELSCHWER

Ausgangsort: D-53505 Kirchsahr-Binzenbach

Startpunkt: Wanderparkplatz (an der L77), GPS N 50.51881, E 6.90413 (UTM 32U 351424/5598415)

Karte: Eifelverein Nr. 7, Bad Münstereifel, 1:25.000

Wegeigenschaften: größtenteils gut begehbare Wege; zwischendurch Waldpartien auf Wurzelpfaden, die rutschig sein können; interessante Tour für Familien mit Kindern

Einkehrmöglichkeiten: in Kirchsahr

ÖPNV: nächstgelegene Bushaltestelle „Kirchsahr, Abzw." (www.vrs.de)

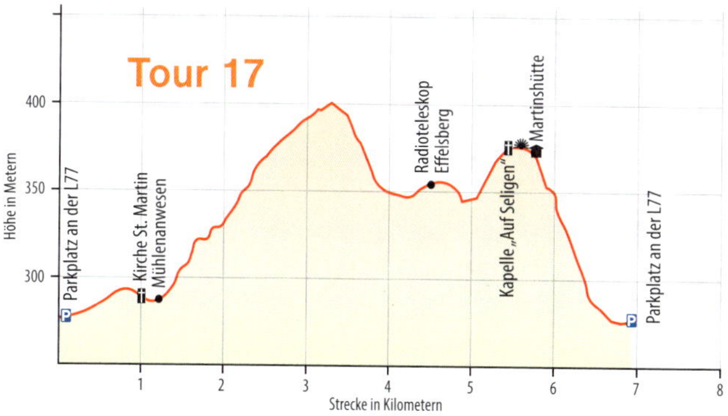

Wegbeschreibung

Die entspannte Tour startet am **Parkplatz an der L77 (1)** nahe der Brücke in Kirchsahr-Binzenbach. Erst einmal folgt man dem Sahrbachweg, trifft dann in Kirchsahr auf den Mühlenweg, später auf den Galaxienweg, der am Radioteleskop Effelsberg vorbeiführt, und wandert zuletzt auf dem Martinssteig. Nun geht es aber zunächst über die Brücke nach Binzenbach und man durchquert den kleinen Weiler. Sobald man das Einkehrhaus „Am Rübenkeller" sieht, biegt man links in die Straße „Auf dem Morgen" ein und läuft Richtung Kirchsahr. Man stößt auf eine Weidefläche und nimmt den rechts leicht bergan steigenden Waldweg. Auf den nächsten paar hundert Metern stehen überall seltsame Tiergestalten im Hang: Nashorn, Fuchs und andere hölzerne Figuren dienen den Bogenschützen im Sahrtal zur Übung.

Nach etwa einem Kilometer verlässt man den Wald und geht auf schmalem Pfad in den Ort Kirchsahr. Zuerst kommt man zum Thürner Weg, geht links und folgt diesem bis zur Bonner Straße. Am Hotel „Zum Sahrtal" wendet man sich zuerst links und überquert den Sahrbach. Es ist möglich, einen kurzen Abstecher hinauf zur **Kirche St. Martin (2)** zu machen, die jedoch

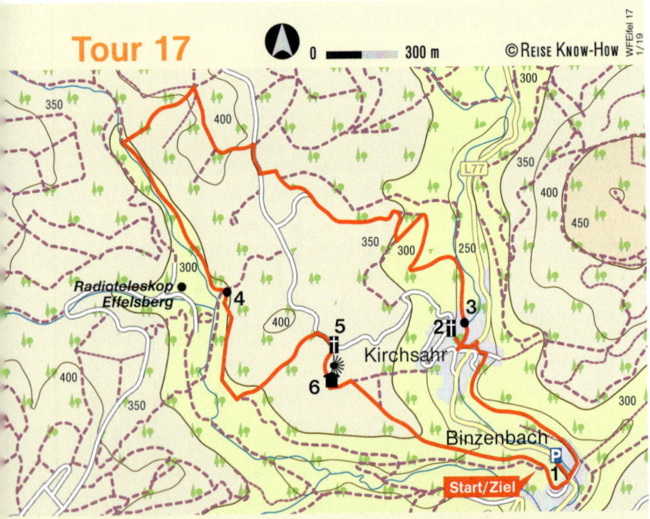

- P 1 Parkplatz an der L77
- 2 Kirche St. Martin
- 3 Mühlenanwesen
- 4 Radioteleskop Effelsberg
- 5 Kapelle „Auf Seligen"
- 6 Martinshütte

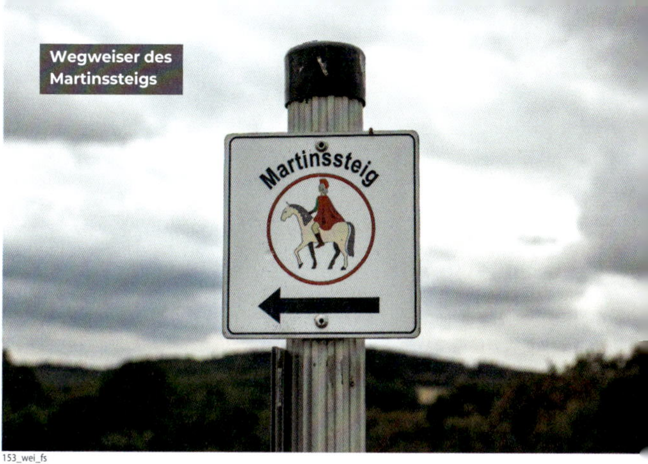

Wegweiser des Martinssteigs

153_wei_fs

meist nicht zugänglich ist. Vom Gotteshaus aus geht man an einem Gedenkstein für die Opfer des Zweiten Weltkriegs vorbei, nimmt eine Linkskurve und hält sich dann geradeaus. Sogleich trifft man auf den Mühlenweg, in den man links einbiegt. Vor dem Ortsausgang und kurz vor dem Eintritt in den Wald wird ein altes, gut restauriertes **Mühlenanwesen (3)** passiert. Nach diesem steigt man in weiten Kehren bergan. Man hält sich vorerst an die Schilder des Mühlenwegs (Logo: Mühlrad), der irgendwann in offener Landschaft auf einen Querweg trifft, in den man sodann rechts einbiegt und fortan dem Galaxienweg (Logo: Radioteleskop) folgt. Kurz darauf gelangt man an eine Kreuzung, an der man links abbiegt. Der Weg führt nun wieder in den Wald hinein. Rasch wechselt man links auf einen schmaleren Weg bergab, über den man noch tiefer in den Wald gelangt. Stets folgt man dabei dem Galaxienweg, der von zahlreichen Infotafeln zum Thema begleitet wird. Nach einiger Zeit stößt man auf einen Querweg, in den man links einbiegt und nunmehr parallel zum Effelsberger Bach wandert. Nur wenig später steht man unvermittelt dem riesigen **Radioteleskop Effelsberg (4)** gegenüber, das auf abgesperrtem Terrain in Nordrhein-Westfalen steht, während sich der Wanderer in Rheinland-Pfalz befindet. Man geht an dem zwischen 1967 und 1971 errichteten Großteleskop vorbei und kommt kurz darauf an eine Gabelung, bleibt aber auf dem bisherigen Weg, der eine Rechtskurve nimmt und ab hier nun als Milchstraßenweg bezeichnet wird.

Es geht bergan, dann bergab durch lichten Laubwald. An der nächsten Gabelung hält man sich links und folgt dem Forstweg

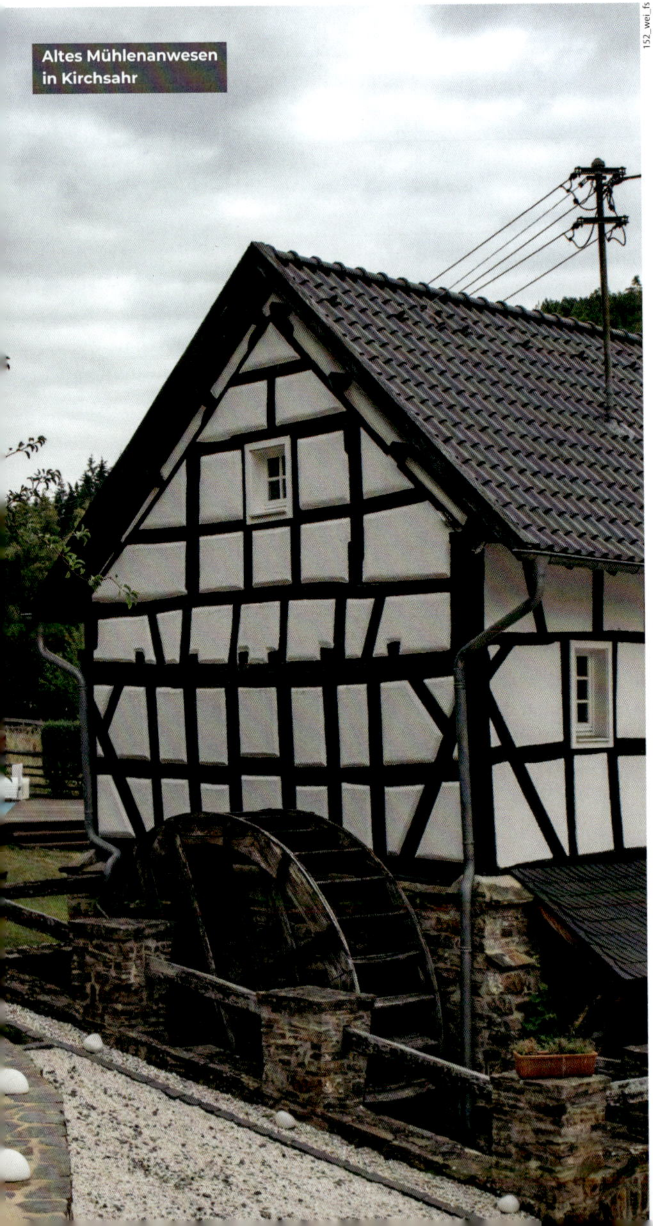

Altes Mühlenanwesen in Kirchsahr

in Richtung Kapelle Seligen. Nach etwa 10 Minuten recht kräftigen Anstiegs tritt man aus dem Wald hinaus auf einen Asphaltweg, in den man rechts einbiegt. Schnell erreicht man die **Kapelle „Auf Seligen" (5).** Von dort bietet sich ein toller Rundumblick auf die umgebenden Höhen und Täler.

An der Kapelle geht es rechts entlang, woraufhin man zur **Martinshütte (6)** gelangt, einer großen Schutzhütte. Nach dieser wandert man links weiter auf dem Martinssteig (Logo: Hl. Martin zu Pferde) zuerst über eine Wiese, dann inmitten von Buschwerk. Der Weg teilt sich und man geht rechts über eine umzäunte Weide, über die indes der offizielle Weg des Martinssteigs verläuft. Über schmale Wurzelpfade und eine Art Grat läuft man durch einen stillen, lauschigen Waldabschnitt und kommt irgendwann wieder im Weiler Binzenbach an. Hier geht es bergab zur Sahrstraße und dann links zurück zum Ausgangspunkt der schönen Tour.

155_wei_fs

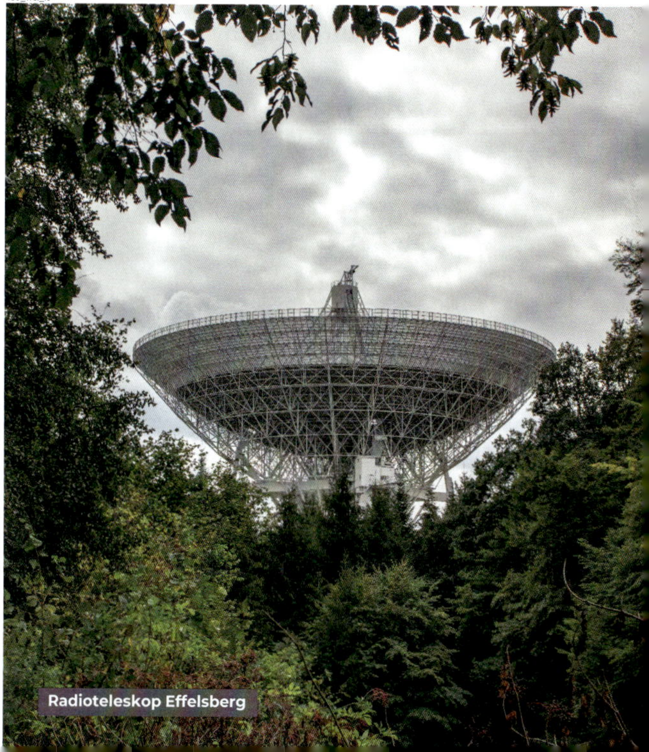

Radioteleskop Effelsberg

Tour 18

Wacholderheiden und Lampertstal –

Über blühende Hänge von Mirbach nach Alendorf

Südlich von Blankenheim liegt das 650 Hektar große Naturschutzgebiet Lampertstal und Alendorfer Kalktriften, ein Highlight in der Eifel.

Es ist nicht nur durch die hier gedeihenden Orchideen und andere seltene Blumen – wie Küchenschelle oder Enzian – ein **floristisches Eifel-Highlight,** sondern insbesondere auch durch die markanten Wacholderheiden gekennzeichnet. Die Grünflächen rund um die immergrünen Sträucher mit den beerenartigen Zapfen, die den sanften Hügeln der Gegend einen Hauch Toskana verleihen, werden traditionell von Schafen freigehalten. Auch auf den Hängen des sehenswerten **Alendorfer Kalvarienbergs,** zu dessen 523 Meter hohem Gipfel ein Kreuzweg hinaufführt, finden sich die Zypressengewächse.

157_wei_fs

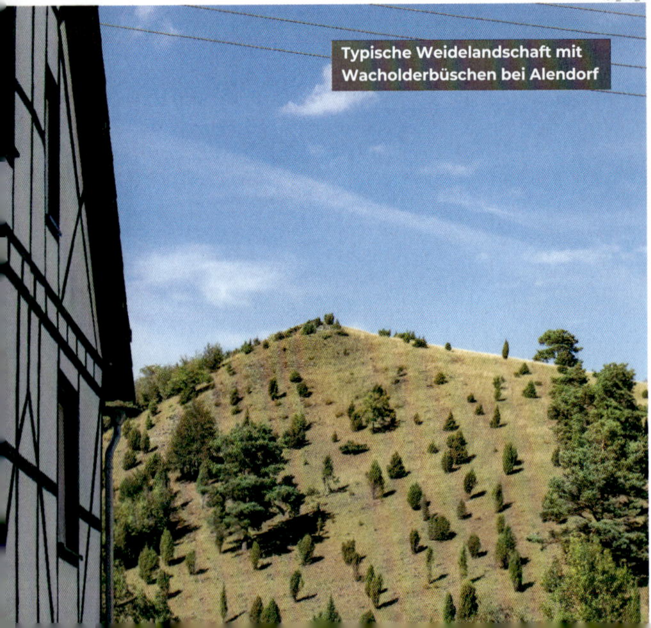

Typische Weidelandschaft mit Wacholderbüschen bei Alendorf

Karte auf S. 174

Kurze Informationsübersicht

Länge: 14,6 km
Gehzeit: ca. 4 Stunden
Auf-/Abstieg: je ca. 213 m
MITTELSCHWER

Ausgangsort: D-54578 Wiesbaum-Mirbach

Startpunkt: Parkplatz (Burgstraße), GPS N 50.35529, E 6.67908 (UTM 32U334904/5580710)

Karte: Eifelverein Nr. 15, Erholungsgebiet Oberes Kylltal, 1:25.000

Wegeigenschaften: ob der Länge eine gewisse Grundkondition notwendig; Wege durchgehend gut begehbar

Einkehrmöglichkeiten: in Mirbach (Wanderhütte „Em Backes“, Schulstraße)

ÖPNV: nächstgelegene Bushaltestelle „Mirbach, Anwesen Heinen“ (www.vrt-info.de)

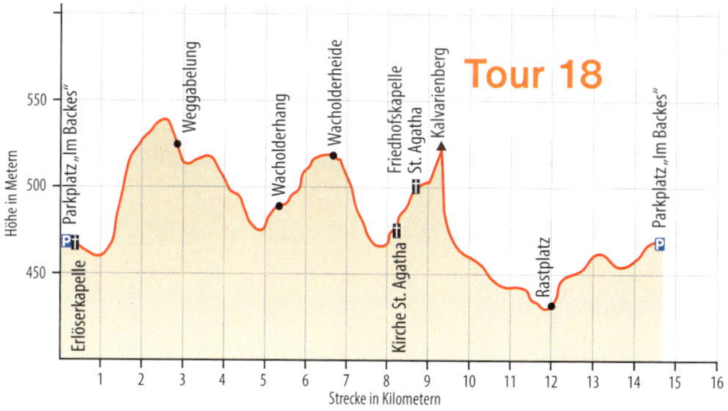

Wegbeschreibung

Der Startpunkt liegt am **Parkplatz „Im Backes" (1)** unterhalb der, für einen kleinen Ort wie Mirbach ziemlich repräsentativen, **Erlöserkapelle (2)**, die 1902 von Ernst Freiherr von Mirbach, dem Kammerherren Kaiser Wilhelms II., im neoromanischen Stil errichtet wurde. An einem von Obstbäumen gesäumten Weg hinauf zur Kirche, die man unbedingt von außen wie von innen anschauen sollte, geht man rechts an dieser vorbei und folgt links der Kapellenstraße. Daraufhin läuft man über die „Camillashöh" links in die Schulstraße zum Ortsausgang und dann weiter auf einem Asphaltweg an abgezäunten Weiden entlang. An der nächsten Gabelung wählt man den linken Weg. Bald schon sieht man die ersten Wacholderbüsche.

Nach einer kurzen Zeit hält man sich links und wechselt auf einen breiten Feldweg, der leicht bergan mit Blick auf den Wald verläuft. An der folgenden Kreuzung wandert man dann geradeaus in den Mischwald hinein. Man trifft sodann auf einen breiten, querlaufenden Forstweg (gegenüber liegt eine Hütte). Hier

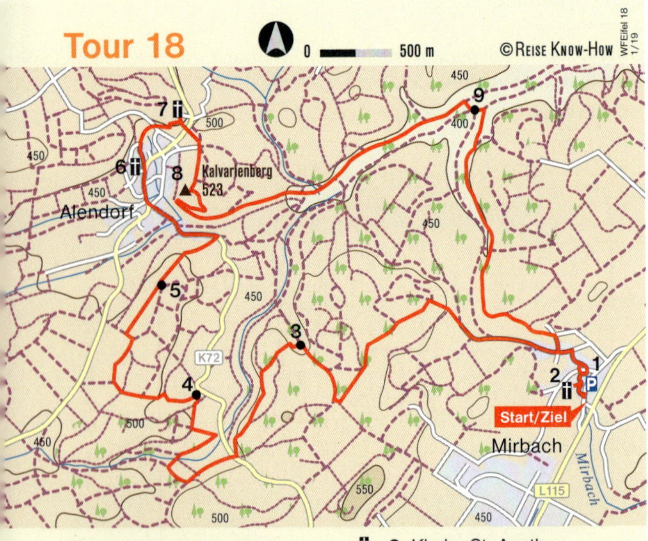

- 1 Parkplatz „Im Backes"
- 2 Erlöserkapelle
- 3 Weggabelung
- 4 Wacholderhang
- 5 Wacholderheide
- 6 Kirche St. Agatha
- 7 Friedhofskapelle St. Agatha
- 8 Kalvarienberg
- 9 Rastplatz

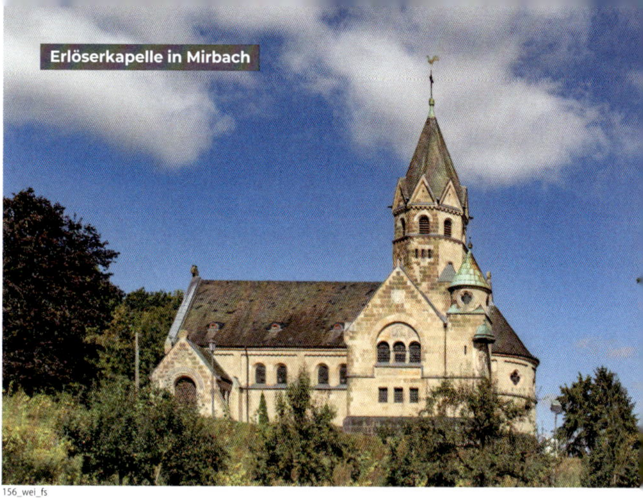

156_wei_fs

wendet man sich nach links und bleibt dann vorerst auf dem Hauptweg. An einer nächsten Kreuzung, an der die Grenzen von Rheinland-Pfalz und Nordrhein-Westfalen unmerklich aufeinandertreffen, hält man sich wiederum links. Nach einer kurzen Wegstrecke stößt man auf einen breiten Querweg, in den man rechts einbiegt und auf diesem bergab geht. An einer folgenden **Weggabelung (3)** geht man links und steigt vorerst leicht bergan.

Nachdem man etwa 15 Minuten auf breitem Schotterweg durch Wald und halboffene, lichte Bereiche gelaufen ist, kommt man an eine Straße (K72), die überquert wird. Auf der gegenüberliegenden Seite wandert man am Waldrand entlang. Schon bald biegt man indes rechts ab – an der Stelle, wo es geradeaus wieder in den Wald hineingehen würde. Nun läuft man über eine Wiese auf nicht wirklich erkennbarem Weg, der aber bald auf einen Schotterweg stößt und in den man rechts einbiegt und mit Blick auf die zuvor überquerte Straße geradeaus wandert. Bei nächster Gelegenheit steigt man links auf einem schmalen Pfad in einen herrlichen, im Sommer würzig duftenden Kiefernwald an – und folgt bis auf Weiteres der Routenbeschilderung „Wo Hänge blühen" (Logo: Orchidee).

Bald geht es wieder am Waldrand entlang, dann rechts und auf einem Wiesenweg voran, mit Blick auf die bekannte Landstraße wiederum links, daraufhin rechts. Man erblickt einen größeren **Wacholderhang (4)** mit vielen vereinzelt stehenden Büschen. In der Gegend um Alendorf findet sich das größte Wacholder-Schutzgebiet in NRW. Erneut wandert man auf das

Landsträßchen zu, nimmt aber vorher eine scharfe Linkskurve auf einen unterhalb des Wacholderhangs verlaufenden Feldweg. Nunmehr geht es über Wiesen, dann kurz durch einen Waldabschnitt und an Feldern entlang. Nach einiger Zeit, in der man sich stets an dem Orchideen-Logo orientiert hat, kommt man auf einen Asphaltweg, dem man nach rechts folgt. Schon bald teilt sich dieser Weg: Man nimmt den rechten, der in einen geschotterten Feldweg übergeht. Bald biegt man links ab und geht über den Hammersberg oberhalb einer ausgedehnten **Wacholderheide (5),** unter der der Ort Alendorf liegt.

Man wandert bergab bis zur querenden Straße, hält sich dann links und geht an dieser entlang in den Blankenheimer Ortsteil Alendorf hinein. Sobald man auf die Alendorfstraße stößt, wendet man sich rechts und geht bis zur **Kirche St. Agatha (6),** die bald links auf einer kleinen Anhöhe zu sehen ist. Hier biegt man links ein (Wendelinusplatz), wechselt dann in die Quellenstraße und folgt dieser bis man zu einer Gabelung kommt, an der mehrere Glascontainer stehen. Auf der gegenüberliegenden Seite nimmt man den schmalen Wiesenpfad zur alten Kirche respektive zur **Friedhofskapelle St. Agatha (7)** aus dem 15. Jh. Kurz bevor man zur Alendorfstraße gelangt, biegt man links ab auf einen schmalen Pfad und steigt steil bergan zur Kapelle und schaut sich ein wenig um. Dann verlässt man das umfriedete Areal durch ein schmiedeeisernes Tor und geht zur Alendorfstraße hinunter, überquert diese und erklimmt auf der gegenüberliegenden Seite entlang eines Kreuzwegs den 523 Meter hohen **Kalvarienberg (8).** Die ersten sieben steinernen Kreuzwegstationen sowie die nicht mehr existente Kapelle, an deren Stelle heute das Gipfelkreuz steht, wurden im 17. Jh. von Graf Salentin Ernst von Manderscheid-Blankenheim errichtet. Weitere sieben Stationen kamen dann im 19. Jh. dazu.

Vom Gipfelkreuz aus hat man eine tolle Panoramasicht: So ist die Hohe Acht und die etwa 23 Kilometer entfernte Nürburg zu sehen. Nun geht es weiter über die Kuppe und dann links. Noch immer folgt man dem Orchideen-Logo, zudem den Schildern des Eifelsteigs. Auf einem schmalen, steinigen, steil abfallenden Weg wandert man ins Tal. Nach einigen Minuten wählt man einen linken, bergab führenden Stich und biegt links ein in einen breiten Forstweg. Nachdem die Route eine längere Zeit geradeaus und am Waldrand entlang durch das liebliche, stille Lampertstal verlaufen ist, nimmt man eine Rechtskurve, überquert fast unmerklich den Lampertsbach. Danach geht es links um die Kurve und gleich darauf wird ein **Rastplatz (9)** passiert, der genau auf der Grenze von NRW und RLP liegt. An der nun folgenden Gabelung hält man sich rechts. Parallel zum Mirbach wandert man zuerst am Waldrand entlang und dann inmitten eines schönen Buchenwalds. Man folgt nun ausschließlich der Beschilderung des Eifelsteigs bis zum Ort Mirbach. Sobald man am Dorfrand auf die Wacholderstraße stößt, biegt man rechts ein, um zur Schulstraße zu gelangen, in die man dann links hineingeht und dieser bis zur Kapellenstraße folgt. Dann geht es vorbei an der imposanten Erlöserkapelle über den Streuobstweg zurück zum Parkplatz.

158_wei_fs

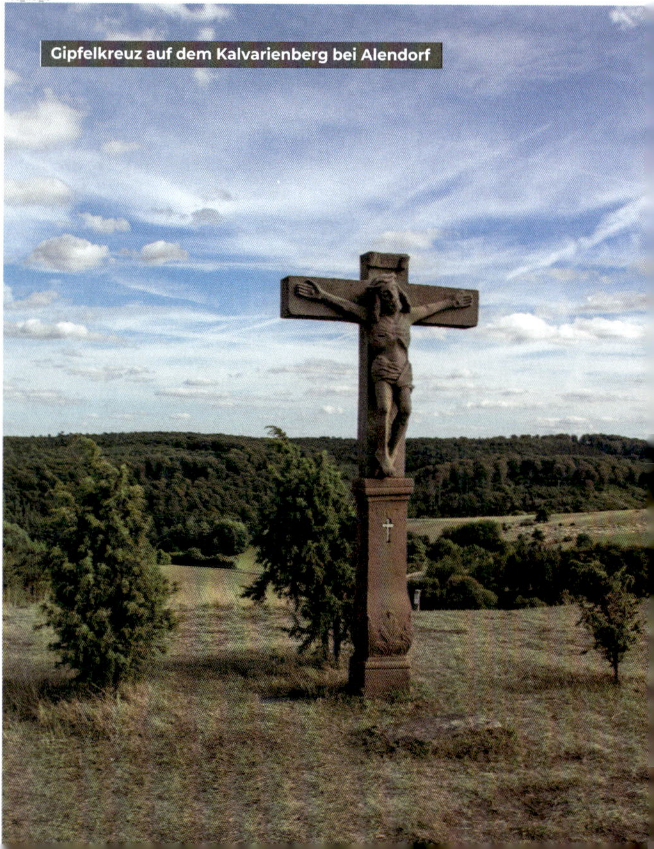

Gipfelkreuz auf dem Kalvarienberg bei Alendorf

Tour 19

Dreimühlenwasserfall und Burg Kerpen –

Wald, Wasser und Kalksinter bei Niederehe

Die entspannte Runde bietet abwechslungsreiche Landschaftseindrücke und viele kulturhistorische Sehenswürdigkeiten.

Vom hübschen Ort Kerpen geht es zum wohl interessantesten **Wasserfall** der Eifel, der seine Existenz stark kalkhaltigem Wasser und dem Menschen verdankt. Der weitere Weg führt den Wanderer zur malerischen **Nohner Mühle,** zu bis 1938 genutzten Kalkbrennöfen, sodann entlang an Wacholderheiden nach Niederehe mit sehenswerter ehemaliger **Klosterkirche** und über luftige Höhen zur mittelalterlichen **Burg Kerpen,** die einst im Besitz des „Eifelmalers" Fritz von Wille war.

Die umfangreichste Sammlung an Werken des Malers Fritz von Wille befindet sich im **Haus Beda** in Bitburg (www.hausbeda.de) – in der südlicheren Eifel.

162_wei_fs

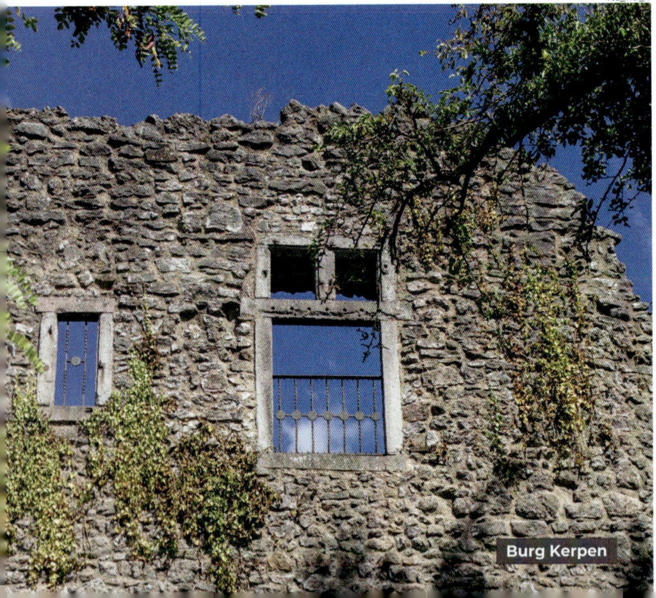

Burg Kerpen

Kurze Informationsübersicht

Länge: 11,5 km
Gehzeit: ca. 3¼ Stunden
Auf-/Abstieg: je ca. 130 m
MITTELSCHWER

Ausgangsort: D-54578 Kerpen (Eifel)

Startpunkt: Parkplatz am Rudersbach-Stausee (Bachstraße), GPS N 50.31378, E 6.73142 (UTM 32U 338486/5575980)

Karte: Eifelverein, Eifelsteig, 1:50.000

Wegeigenschaften: überwiegend breite, gut begehbare Wege; auf den schmaleren Pfaden teils eine gewisse Trittsicherheit erforderlich

Einkehrmöglichkeiten: Kerpen (Eifel), Nohner Mühle (saisonale Öffnungszeiten), Üxheim-Niederehe

ÖPNV: nächstgelegene Bushaltestelle „Kerpen (Eifel), Gasthaus Burghof" (www.vrt-info.de)

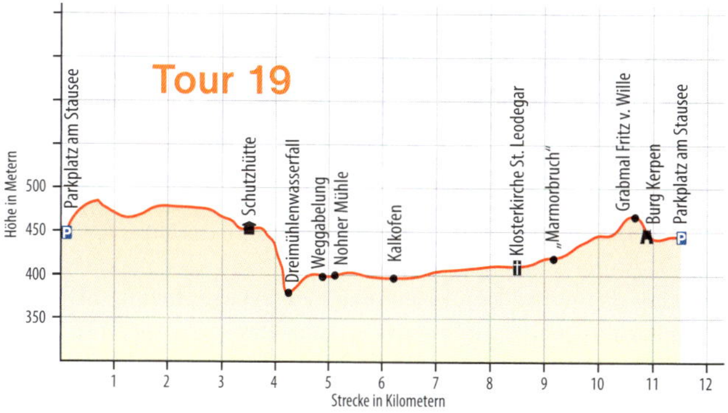

Wegbeschreibung

Man startet in Kerpen auf dem **Parkplatz am Stausee (1).** Von hier folgt man der Routenmarkierung Nr. 15 bis zum Dreimühlenwasserfall. Zu Beginn geht man eine Weile durch offene Landschaft mit herrlichem Blick auf Wiesen und Äcker. Dann überquert man den Nollenbach und tritt in einen lichten Buchenmischwald ein. Man wandert nun etwa 15 Minuten und erreicht dann eine größere Kreuzung, geht geradeaus über diese hinweg und passiert einen Steinbruch. Nach einiger Zeit trifft man auf einen Asphaltweg, gegenüber steht ein Wohnhaus. Hier hält man sich links, überquert sogleich eine Landstraße und geht auf der gegenüberliegenden Seite am Wald entlang. Wenig später passiert man ein Naturschutzgebiet-Schild und stößt auf einen Schotterweg.

An dieser Stelle geht man links um eine Kurve in den Dreimühlenwald hinein. Bald befindet sich linker Hand eine **Schutzhütte (2).** Man verlässt nun den bisherigen Weg und nimmt den linken zum Wasserfall. Zuerst wandert man auf einer Höhe, dann mäßig und später steiler bergab. Irgendwann tritt man aus dem Wald hinaus, überquert eine Wiese und danach eine Brücke. Das Rauschen des nahen Wasserfalls ist bereits zu vernehmen. Hinter der Brücke passiert man eine Picknick-Bank, geht dann links weiter auf einem mit Holzgeländer gesicherten Pfad. Bald steigt man steil hinab über Stufen zum **Dreimühlenwasserfall (3),** der wegen seiner Einzigartigkeit 1938 zum Naturdenkmal erklärt worden ist. Im Grunde ist er das Ergebnis menschlichen Eingriffs. Beim Bau der ehemaligen Ahrtal-Eisenbahnstrecke von Dümpelfeld nach Lissendorf um 1910 wurden mehrere stark karbonathaltige Karstquellen zu einem Wasserlauf zusammengelegt und dann unter den Bahngleisen hindurchgeführt. Dort, wo dieser künstlich geschaffene Mühlbach sich in Richtung Ahbach ergießt, lassen seither Kalksintergesteine den Dreimühlenwasserfall stetig wachsen.

Nach kurzer Rast dreht man dem hochinteressanten und schönen Katarakt den Rücken zu, folgt fortan dem Logo des Eifelsteigs und wandert auf einem felsigen Pfad gegen die Fließrichtung des Ahbachs. An einer folgenden **Weggabelung (4),** die an einer Bahnunterführung liegt, kann man zuerst einen kleinen Abstecher zur **Nohner Mühle (5)** machen, einem lauschigen Café mit hübscher Terrasse, und danach wieder hierhin zurück-

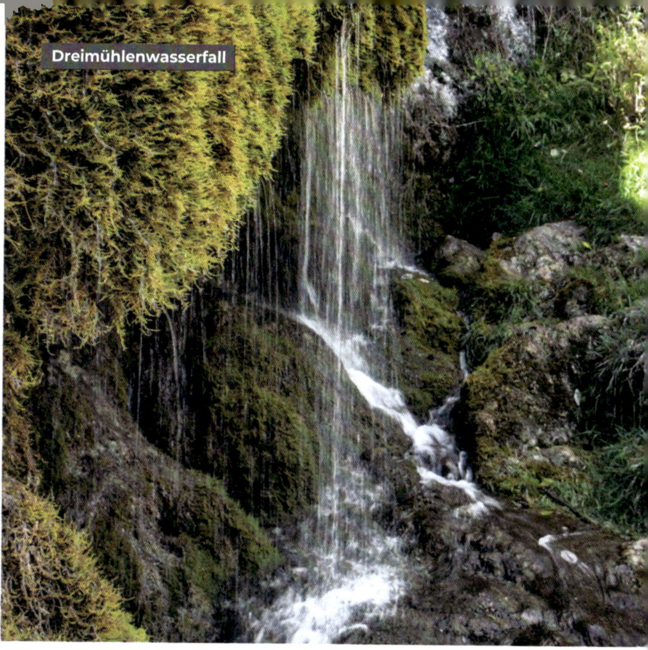

Dreimühlenwasserfall

159_wei_fs

Tour 19

0 500 m © Reise Know-How WFEifel 19 1/19

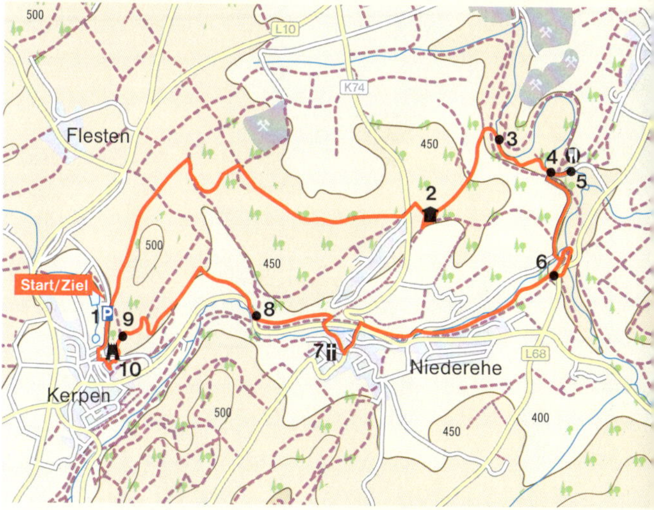

- P 1 Parkplatz am Stausee
- 2 Schutzhütte
- 3 Dreimühlenwasserfall
- 4 Weggabelung
- 5 Nohner Mühle
- 6 Kalkofen
- 7 Klosterkirche St. Leodegar
- 8 „Marmorbruch“
- 9 Grabmal Fritz v. Wille
- 10 Burg Kerpen

kommen. Dann geht man unter der besagten Bahnunterführung hindurch in Richtung Kerpen und hält sich nach dieser links. An der nächsten Abzweigung geht man links und überquert eine Brücke: Hier nun macht man einen kurzen Abstecher wiederum nach links zu einem bis 1938 genutzten, restaurierten und frei zugänglichen **Kalkofen (6)**, der an der Straße zwischen Nohn und Niederehe liegt. Danach kommt man hierhin zurück.

Auf Höhe der zuletzt überquerten Brücke angekommen, geht es nun geradeaus weiter auf dem Eifelsteig, dem man bis Kerpen folgt. Die nächste Brücke wird nach rechts passiert. Unmittelbar hinter dieser biegt man dann links auf einen etwas unscheinbaren Wiesenweg ab und geht leicht bergan, um auf die alte Bahntrasse zu gelangen. Man hält sich rechts und erreicht einen Wiesenpfad, der unterhalb eines mit Wacholdersträuchern bewachsenen Hangs entlang führt. Danach geht es auf einem Schotter-

161_wei_fs

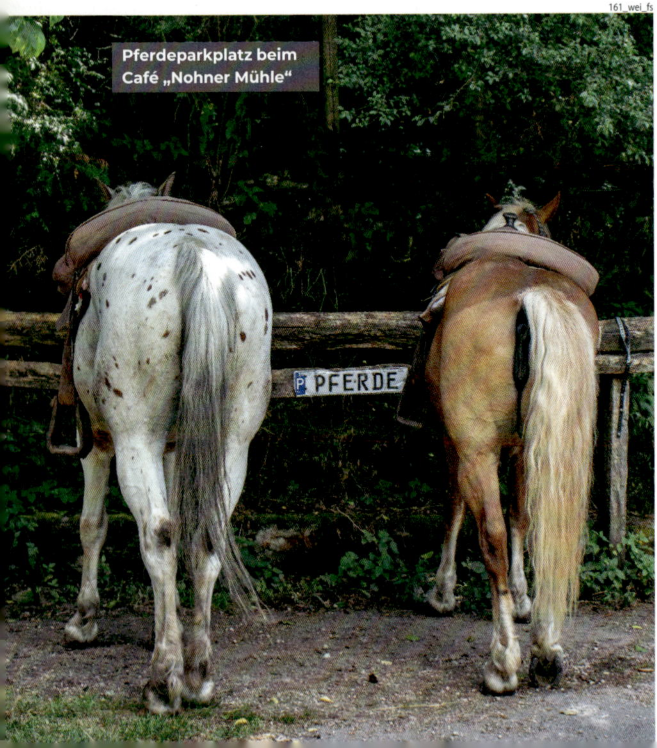

Pferdeparkplatz beim Café „Nohner Mühle“

weg bis zu einer Straße. Hier hält man sich links, überquert die Nohner Straße und wandert auf der Loogher Straße in den Ort Niederehe.

Rechts des Weges erblickt man die Gebäude des einstigen Prämonstratenserinnenklosters Niederehe, das im Zuge der Säkularisation 1803 aufgelöst worden ist. Man folgt dem Mauerverlauf, biegt rechts in die Kerpener Straße ein und passiert den Eingangsbereich der ehemaligen **Klosterkirche St. Leodegar (7).** Von dort geht es erneut über die Nohner Straße. Nach etwa 50 Metern des Weges „Im Bungert" biegt man links ab und steigt über Treppen auf einen schmalen Pfad in den Wald an. Man hält sich direkt links, biegt aber schnell wiederum links ab. An der Straße angelangt, passiert man einen bis in die 1980er betriebenen Kalksteinbruch, der im Volksmund als **„Marmorbruch" (8)** bezeichnet wurde. Hier hält man sich rechts, geht etwa 100 Meter an der Straße entlang und an einem Steinkreuz vorbei, biegt dann rechts in den Wald ab. Es geht etwa 5 Minuten steil bergan. Alsdann trifft man auf einen Fahrweg, geht rechts weiter und an einem Wasserschutzhäuschen vorbei. Kurz darauf tritt man aus dem Wald hinaus und wandert vorerst durch offene Landschaft. Man stößt auf einen Querweg und hält sich links. An der folgenden Gabelung geht es geradeaus und nunmehr in Richtung Burg Kerpen.

Wiederum in lichten Waldbereich eingetreten, hält man sich links und gelangt über Treppenstufen zum **Grabmal** des berühmten „Eifelmalers" **Fritz von Wille (9),** der einst die Burg Kerpen besaß und bewohnte (1911–1941). Über einen schmalen Pfad und Treppenstiegen erreicht man rasch die sich auch heute in Privatbesitz befindende, auf einem Dolomitsporn oberhalb des Orts thronende **Burg Kerpen (10),** deren Ursprünge im 12. Jh. liegen. Auf dem Eifelsteig umrundet man weiter die äußere Burgmauer und sieht sich dann der ehemaligen Burgkapelle St. Sebastian gegenüber. Vor dieser führt eine zweigeteilte Treppe in den Ort hinunter, wo man die linke Stiege wählt. Man kommt „Im Kapelleneck" an und lustwandelt noch ein wenig durch die Gassen von Kerpen, wo es guterhaltene alte Häuser zu sehen gibt. Mit Blick auf ein pittoreskes Eckhaus an der Fritz-von-Wille-Straße geht man rechts weiter an der einladenden Herberge „Die Einkehr" und einer kleinen Bäckerei vorbei. Hinter dieser läuft man rechts um die Kurve und aus dem Ort hinaus zum Stausee und Ausgangspunkt zurück.

Tour 20

Hohe Acht und Grüne Hölle –

Vom höchsten Berg der Eifel zur Nürburgring-Nordschleife

Die kleine Hocheifel-Runde um den bewaldeten **Vulkankegel** der Hohen Acht, dem mit rund 747 Metern höchsten Berg der Eifel, führt zuerst hinauf auf dessen Gipfel. Dort steht der 1908/09 erbaute **Kaiser-Wilhelm-Turm,** von dem sich ein phänomenaler Rundumblick bietet. Danach geht es bergab zur **„Grünen Hölle“,** der sagenumwobenen Nordschleife des legendären Nürburgrings. Der weitere Weg führt über mehrere Teilabschnitte an der Rennstrecke entlang und schließlich durch den Wald wieder bergan auf die Höhe.

Das **Wintersportgebiet Hohe Acht** ist zwar nicht absolut schneesicher, aber für Eifelverhältnisse stehen die Chancen nicht schlecht, ein wenig Sport im Schnee treiben zu können. Vor Ort können Abfahrtshänge für Skianfänger und Fortgeschrittene, präparierte Loipen für Langläufer sowie Rodelpisten genutzt werden.

164_wei_fs

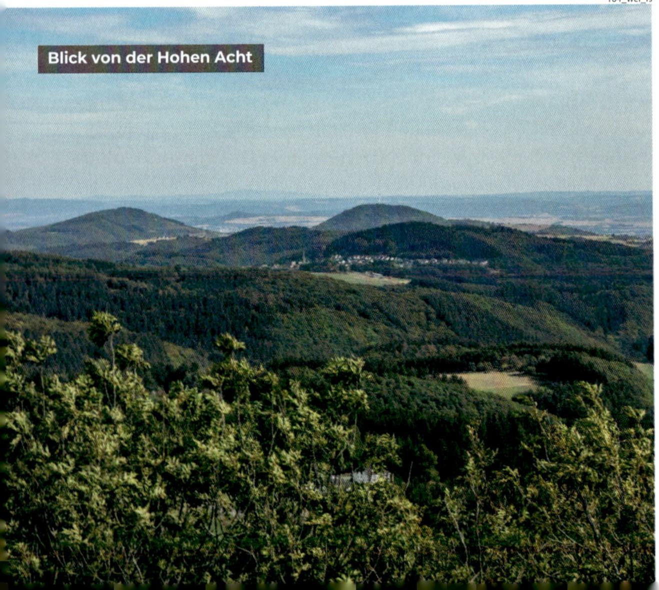

Blick von der Hohen Acht

Kurze Informationsübersicht

Länge: 6,8 km
Gehzeit: ca. 2 Stunden
Auf-/Abstieg: je ca. 180 m
LEICHT

Ausgangsort: D-53518 Adenau

Startpunkt: Wanderparkplatz Hohe Acht (an der L10), GPS N 50.39142, E 7.00652 (UTM 32U 358302/5584052)

Karte: Eifelverein Nr. 11, Hocheifel Nürburgring, Oberes Ahrtal, 1:25.000

Wegeigenschaften: lediglich eine gewisse Lautstärketoleranz (bei Rennen, Testfahrten und zu Zeiten der sogenannten Touristenfahrten kann es laut werden)

Einkehrmöglichkeiten: Imbiss Parkplatz „Am Brünnchen" direkt an der Rennstrecke (saisonale Öffnungszeiten)

ÖPNV: keine

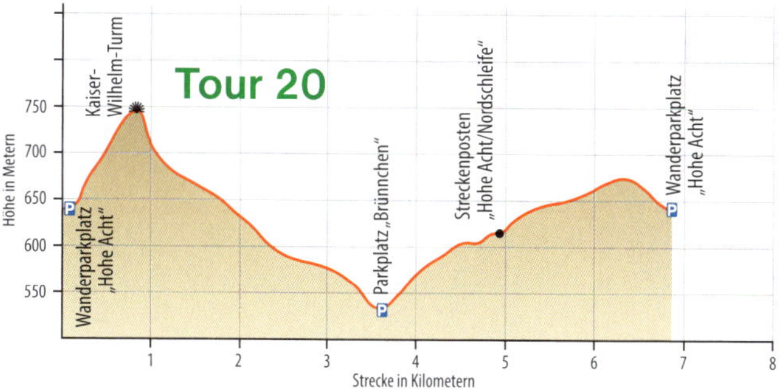

Wegbeschreibung

Die einfache Runde startet am **Wanderparkplatz „Hohe Acht“ (1),** von dem es links auf einem in den Wald führenden Schotterweg in Richtung Hohe Acht geht (Markierung „B3“). Man hält sich vorerst geradeaus und ignoriert abzweigende Wege. Nach etwa 10–15 Gehminuten mit einem recht steilen Anstieg trifft man auf einen Asphaltweg, auf dem man nach links weiter bergan steigt. An der folgenden Gabelung macht man einen Abstecher nach links zum **Kaiser-Wilhelm-Turm (2),** der auf dem Gipfel der Hohen Acht steht. Von dessen Plattform bietet sich bei klarer Sicht ein fantastischer Rundumblick über die Höhenzüge der Eifel – und weit darüber hinaus.

Dann geht es zurück zur letzten Gabelung. Hier sollte man sich nun links halten und dem Routenverlauf folgen. Der Asphaltweg geht schon bald in einen schmalen, felsigen Pfad über, der bergab verläuft und tiefer in den Wald hineinführt. Nach kurzer Zeit folgt eine Kreuzung, an der man sich rechts hält und in Richtung Nürburg läuft. Man wandert etwa 10 Minuten mäßig

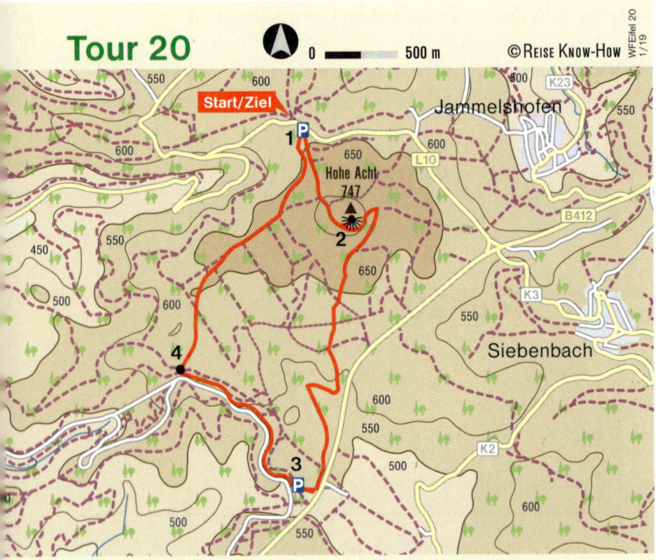

P 1 Wanderparkplatz „Hohe Acht“
2 Kaiser-Wilhelm-Turm
P 3 Parkplatz „Brünnchen“
4 Streckenposten „Hohe Acht/Nordschleife“

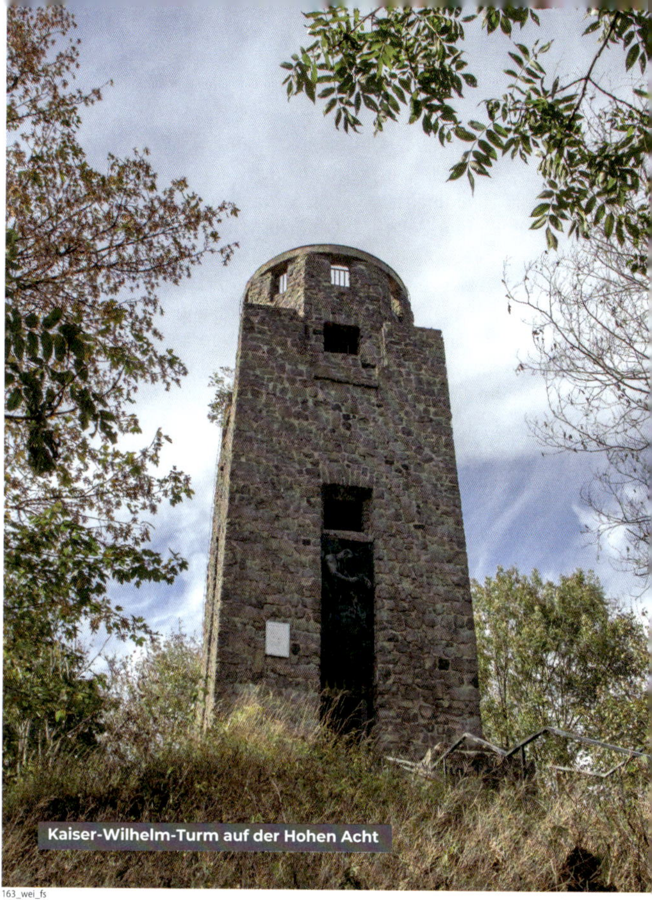

163_wei_fs

abwärts auf breitem Forstweg und kommt zu einem Schotterweg, den man überquert. Dann geht es auf verwachsenem Weg weiter geradeaus. Man läuft nun durch einen einsamen Fichtenwald. Weitere Forstwege werden überquert und man hält sich stets bergab. Nach und nach nähert man sich nun der 1927 eingeweihten Nordschleife, dem ältesten Teil der legendären Nürburgring-Rennstrecke.

Man überquert einen Wirtschaftsweg und geht weiter bergab. Bald stößt man auf einen breiteren Forstweg, in den man rechts einbiegt und an nächster Stelle links abzweigt. Es wird ein kleines Bächlein überschritten, dessen Bett wohl nur infolge starker Regenfälle gut gefüllt sein dürfte. An einem weiteren Wirtschaftsweg angelangt, schwenkt man links in diesen ein. Bei nächster Gelegenheit hält man sich wiederum links. Man passiert seitlich eine geschlossene Schranke und biegt vor der B412 rechts in Richtung **Parkplatz „Brünnchen“ (3)** ab, der direkt an der abgesperrten Rennstrecke liegt und von dem man einen guten Blick auf die vorbeirasenden Autos hat.

Man folgt bis auf Weiteres dem Weg entlang des hohen Zauns und damit in Teilen auch dem Verlauf der Nordschleife, der sagenumwobenen „Grünen Hölle“. Nach etwa 15 Minuten des Weges, der an den Streckenabschnitten „Brünnchen“, „Eschbach“, „Wippermann“ und „Hedwigshöhe“ entlang führt, erreicht man den **Streckenposten „Hohe Acht/Nordschleife“ (4)** mit kleinem Häuschen, das dem jeweiligen Streckenwart als Beobachtungsstation dient. Dort verlässt man die Rennstrecke in Richtung Schranke und gleich darauf auch das Areal des Nürburgrings, indem man diese passiert. Bergan geht es nun wieder in den Wald hinein. Man folgt vorerst der Markierung „B3“ über einen Querweg hinweg und ignoriert die Abzweigungen – bis man zu einer Gabelung kommt. An dieser führt der rechte Weg zum Kaiser-Wilhelm-Turm. Hier sollte man nun stattdessen den linken wählen und auf diesem zurück zum Parkplatz wandern.

Karte auf S. 186

165_wei_fs

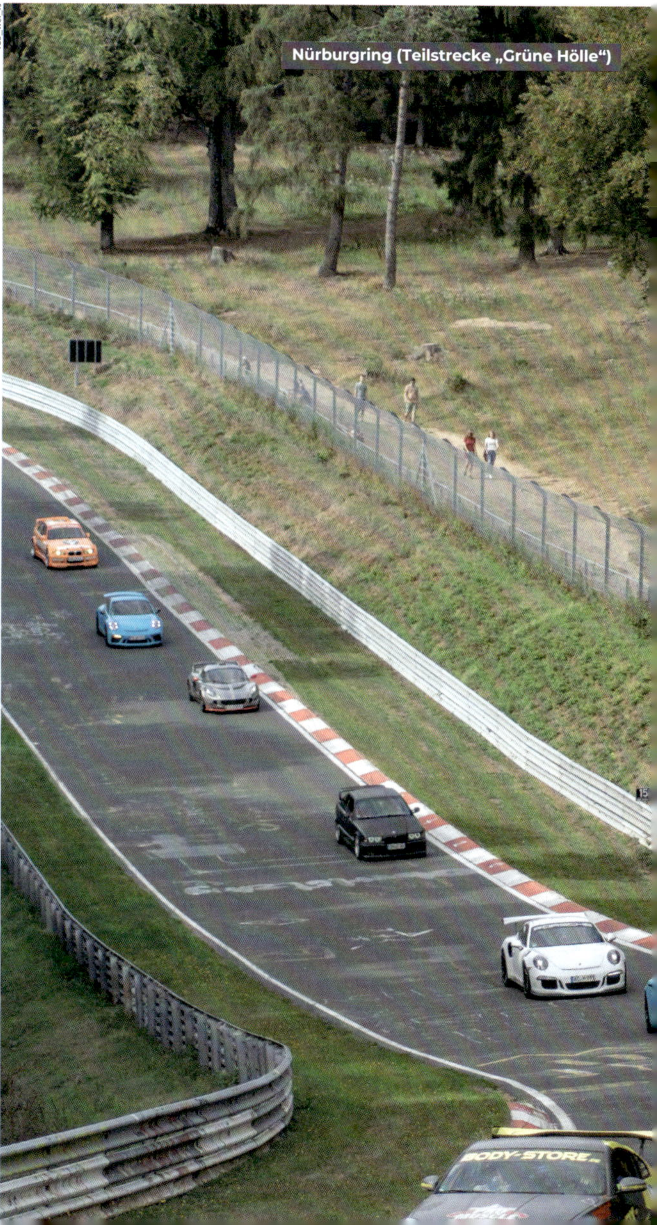

Nürburgring (Teilstrecke „Grüne Hölle“)

Tour 21

Inmitten der Gerolsteiner Dolomiten – Versteinerte Korallen, trockene Vulkankrater und sprudelnde Wasser

Die geologisch wie landschaftlich interessante Runde inmitten der Vulkaneifel führt den Wanderer auf verschlungenen Pfaden durch ein urzeitliches Korallenriff, dessen versteinerte Reste beeindruckende Zeugen des Devon-Zeitalters sind: die Gerolsteiner Dolomiten.

Über die **Munterley,** ein Felsenplateau mit perfektem Blick auf die berühmte Brunnenstadt, geht es zur **Buchenlochhöhle,** einer über 30 Meter tiefen Karsthöhle. Vorbei an der mittelalterlichen **Kasselburg** verläuft der Weg schließlich über die **gallo-römische Tempelanlage** „Juddekirchhof" sowie die spektakuläre **Hustley** mit ihren steilen Kletterfelsen zurück nach Gerolstein.

Der **Adler- und Wolfspark** in den Mauern sowie auf dem Gelände der Kasselburg in Pelm bietet sich für einen Besuch an (www.greifenwarte.net/wolfspark-kasselburg).

170_wei_fs

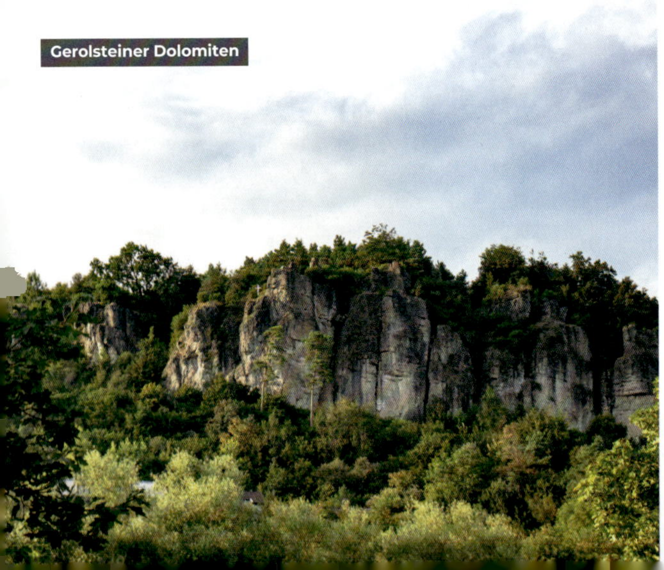

Gerolsteiner Dolomiten

Kurze Informationsübersicht

Länge: 8,5 km
Gehzeit: ca. 2½ Stunden
Auf-/Abstieg: je ca. 200 m
MITTELSCHWER

Ausgangsort: D-54568 Gerolstein

Startpunkt: Parkplatz (Unter den Dolomiten), GPS N 50.22 540, E 6.65482 (UTM 32U 332723/5566324)

Karte: Eifelverein Nr. 19, Vulkaneifel um Gerolstein, 1:25.000

Wegeigenschaften: überwiegend gut begehbare Wege; teils felsige Waldpfade, die Trittsicherheit verlangen; in der dunklen Buchenlochhöhle ist ob des unebenen, unter Umständen glitschigen Untergrunds etwas Vorsicht angeraten (Mitnahme einer Taschenlampe ist ratsam)

Einkehrmöglichkeiten: Gerolstein, Pelm (Forsthaus Kasselburg, direkt neben der Burgruine)

ÖPNV: nächstgelegene Bushaltestelle „Gerolstein, Kiga Lindenanlage“ (www.vrt-info.de); DB: Hauptbahnhof Gerolstein, von dort aus Fußweg zum Startpunkt

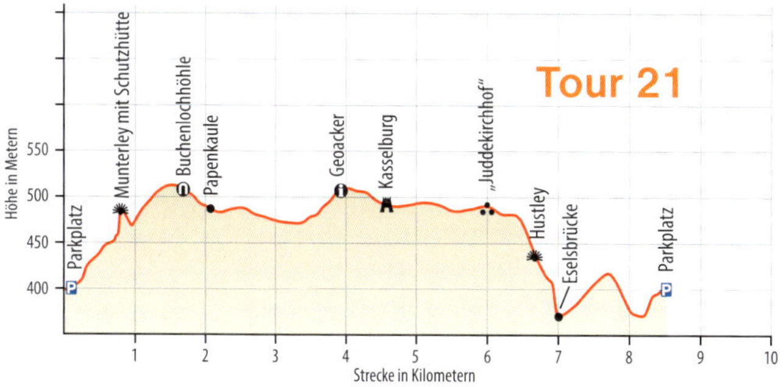

Wegbeschreibung

Am **Parkplatz (1)** startet man gegenüber dem Forstamt bergan und biegt schnell links in den Wald ab. An den darauf folgenden Wegkreuzungen sollte man sich zuerst rechts, dann zweimal links halten und fortan in großen Teilen dem Routenverlauf des „Gerolsteiner Felsenpfads" folgen, zuerst in Richtung Munterley. Schon nach kurzer Wegstrecke befindet man sich inmitten einer fast unwirklichen Landschaft aus hoch aufragenden, beeindruckenden Dolomitfelsen und steigt auf einem sich in die Höhe schlängelnden Waldpfad bergan. Nach einem knackigen Anstieg erreicht man bald die **Munterley (2),** ein Felsplateau **mit Schutzhütte,** von dem ein toller Blick auf das Städtchen Gerolstein garantiert ist. Nun geht es weiter in Richtung Buchenlochhöhle: Die Schilder des „Felsenpfads" zeigen den richtigen Weg. Teils wandert man auf Feldwegen in offener Flurlandschaft, teils auf Waldpfaden und immer wieder entlang der für die Region typischen Dolomitfelsen, die erdgeschichtlich sehr interessant

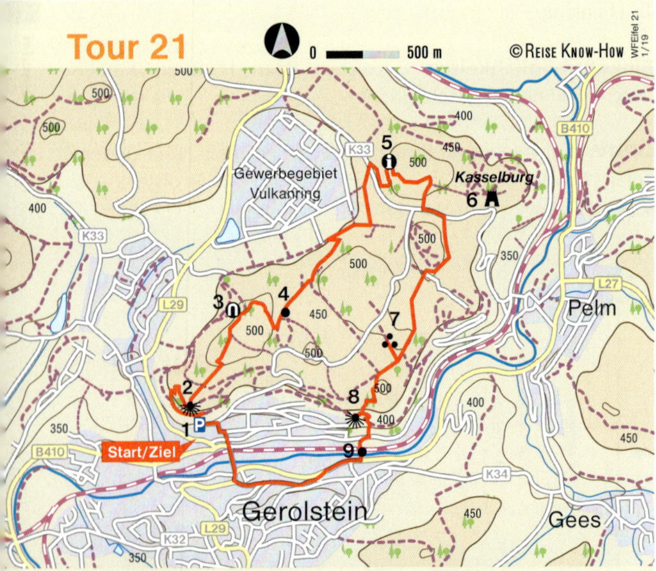

1 Parkplatz
2 Munterley mit Schutzhütte
3 Buchenlochhöhle
4 Papenkaule
5 Geoacker
6 Kasselburg
7 „Juddekirchhof"
8 Hustley
9 Eselsbrücke

sind. Vor etwa 380 Millionen Jahren befand sich hier ein flaches, subtropisches Meer mit ausgedehntem Korallenriff – die sogenannten Gerolsteiner Dolomiten sind dessen versteinerte Reste.

Fast unvermittelt steht man dann unterhalb der ganzjährig und frei zugänglichen **Buchenlochhöhle (3)** – eine vor über 1,8 Millionen Jahren entstandene Höhle von circa 30 Metern Länge und 4 Metern Breite, in der schon Steinzeitmenschen Zuflucht suchten. In diese gelangt man über eine Treppe. Um sich darin zurechtzufinden, sollte man idealerweise eine Taschenlampe zur Hand haben. Nach der Höhlenbesichtigung läuft man weiter in der zuvor eingeschlagenen Richtung. Schon nach etwa 5 Minuten über einen Wurzelpfad erreicht man eine Gabelung, an der es rechts zur sogenannten **Papenkaule (4),** einem trockenen Vulkankrater, geht. Hier allerdings läuft man geradeaus und folgt damit weiterhin den Schildern des „Felsenpfads". Nach einiger Zeit durch halboffene Landschaft trifft man auf einen Querweg und geht links. Auf breitem Wiesenweg geht es oberhalb des Geländes der Firma „Gerolsteiner" zu einer Landstraße. Der

166_wei_fs

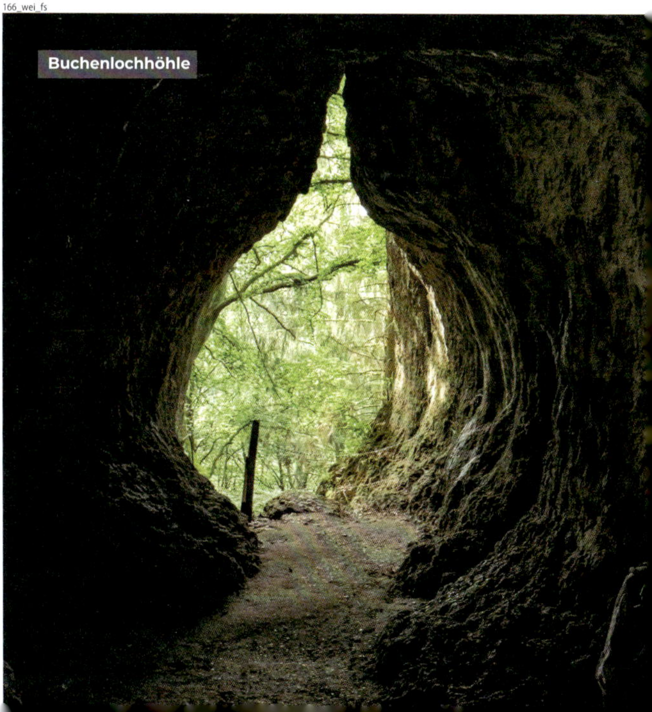

Buchenlochhöhle

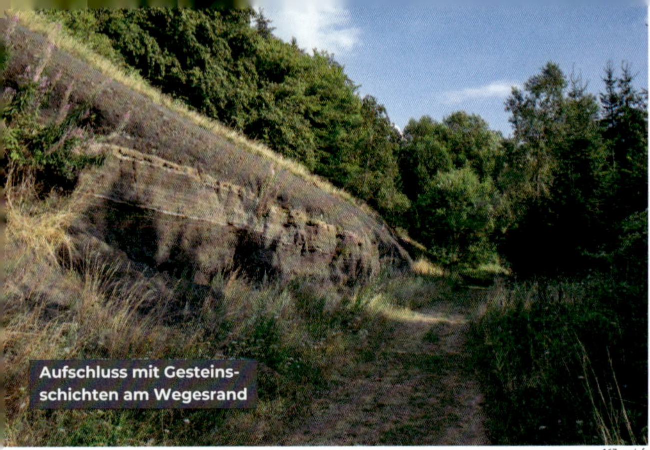

167_wei_fs

größte Mineralwasserhersteller Deutschlands bietet in seinem Besucherzentrum auch Rundgänge an. Man überquert die Straße, um auf der gegenüberliegenden Seite rechts der Beschilderung in Richtung Geoacker/Kasselburg zu folgen. Der sogenannte **Geoacker (5),** wo man sich über die Gesteinsarten des Gerolsteiner Lands informieren und selbst nach Fossilien suchen kann, ist schnell erreicht. Hinter dem Areal erklimmt man eine Holztreppe. Abwechselnd wandert man in halb offener Buschlandschaft und durch Wald. Irgendwann gelangt man an einer großen Wiesenfläche an, von der man links die etwa 300 Meter entfernte **Kasselburg (6),** deren Ursprünge im 12. Jh. liegen, erblicken kann. Hier geht man geradeaus auf eine querende Landstraße zu. An dieser angekommen, geht es kurz links am Straßenrand entlang. An geeigneter Stelle überquert man diese, um gegenüber dem „Felsenpfad" weiter zu folgen. Wiederum wechselt man zwischen offener Landschaft und Waldbereichen. Nach einiger Zeit durch den Forst macht man nach rechts einen kurzen Abstecher zum **„Juddekirchhof" (7),** einer gallo-römischen Tempelanlage, die etwa 100 Meter vom Hauptweg entfernt liegt. Daraufhin läuft man wieder zurück zur Abzweigung und wandert in zuvor eingeschlagener Richtung weiter. An einer folgenden Gabelung dann weist ein Schild in Richtung Gerolstein, dem nun anvisierten Ziel, und gibt als Entfernung 1,5 Kilometer an. Auf teils felsigen, mitunter abschüssigen Waldpfaden geht es munter voran. Dabei passiert man die aufragenden Dolomitfelswände der **Hustley (8),** die nicht nur bei Geologen, sondern auch bei Kletterern besonders hoch im Kurs stehen.

Weiter auf dem felsigen, steil bergab verlaufenden Waldweg kann man durch die Bäume bald den Ort Gerolstein sehen. Über eine Treppe gelangt man auf den Kasselburger Weg. Diesen überquert man, biegt sogleich links ab und hält sich weiter bergab. Sodann überquert man die Eisenbahngleise wie auch den Fluss Kyll auf der **Eselsbrücke (9)** und daraufhin noch die Brunnenstraße. Nun läuft man rechts auf dem Bürgersteig in Richtung Ortsmitte. Von hier lassen sich die spektakulären Dolomitfelsen oberhalb Gerolsteins besonders gut erkennen. An Resten der alten Stadtmauer vorbei geht es alsdann über die Mühlenstraße rechts in die Hauptstraße (Fußgängerzone), in der sich vielerlei einladende Cafés und Restaurants finden. Nachdem man durch diese flaniert ist, überquert man erneut die Kyll sowie die Bahngleise. Auf Höhe des links liegenden Kreisverkehrs hält man sich erst rechts in Richtung Kasselburger Weg und folgt dann einem ansteigenden Verbindungsweg hinauf zur Gymnasialstraße. Dann geht man über den Albertinumweg und steigt weiter über Treppenstiegen an. Oben hält man sich links und erreicht die Straße „Unter den Dolomiten", auf der es zurück zum Parkplatz geht.

168_wei_fs

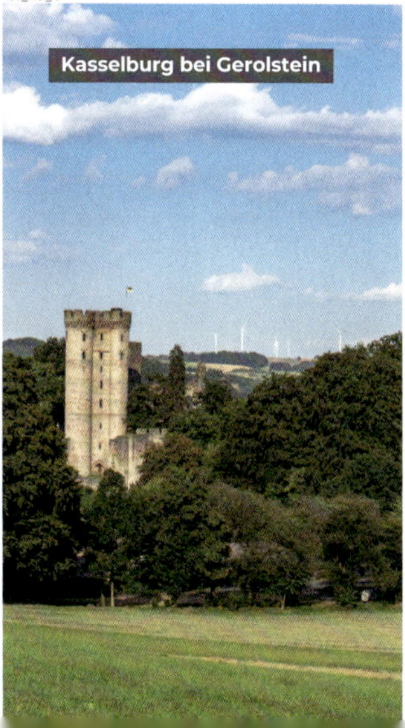
Kasselburg bei Gerolstein

169_wei_fs

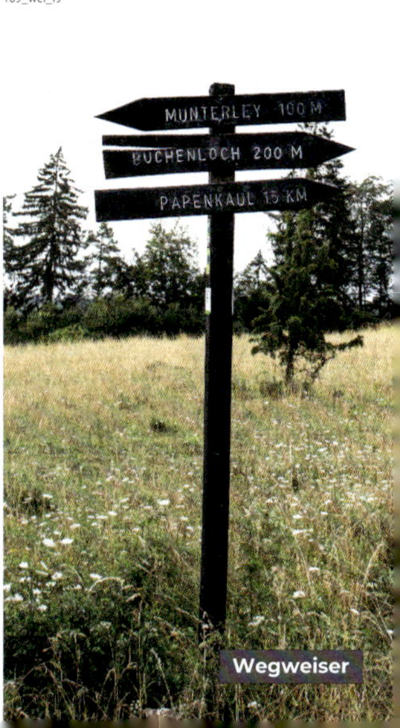

Wegweiser

Tour 22

Auf dem Eifelsteig von Daun nach Manderscheid –

Dauner Maare, Liesertal und viel Wald

Die anstrengende, aber sehr abwechslungsreiche Streckenwanderung bietet interessante und atemberaubende Ausblicke auf die Vulkaneifel.

Auf der 11. Etappe des **Eifelsteig-Fernwanderwegs** geht es ständig auf und ab. Nacheinander passiert man die drei **Dauner Maare,** erklimmt auf dem zwischen Gemündener und Weinfelder Maar gelegenen Mäuseberg den **Dronketurm** und gelangt schließlich in das idyllische **Liesertal** und über ruhige, einsame Waldpfade nach **Manderscheid.**

Das **Maarmuseum** in Manderscheid gibt spannende Einblicke in die Geschichte der Maare – die „Augen der Eifel" sind ein Resultat von Vulkanausbrüchen (www.maarmuseum.de).

173_wei_fs

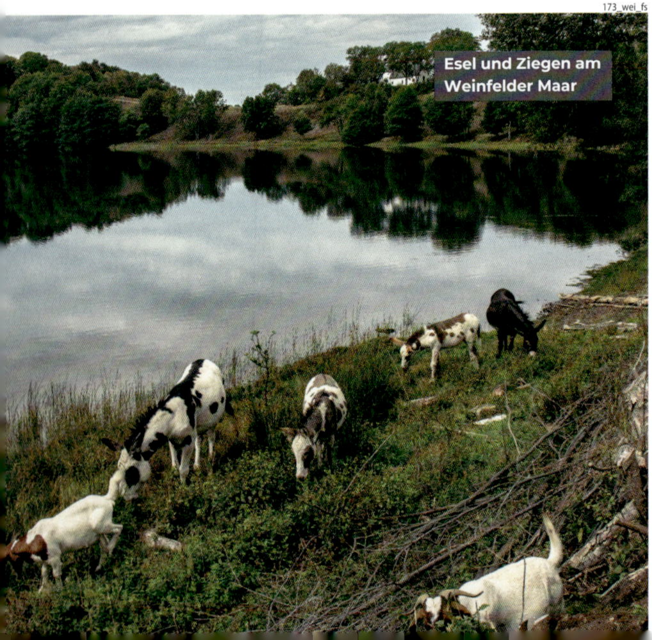

Esel und Ziegen am Weinfelder Maar

Karte auf S. 199

Kurze Informationsübersicht

Länge: 24,4 km
Gehzeit: ca. 7 Stunden
Auf-/Abstieg: 564 m / 652 m
ANSPRUCHSVOLL

Ausgangsort: D-54550 Daun

Startpunkt: ZOB Daun (Trierer Straße), GPS N 50.19926, E 6.82475 (UTM 32U 344758/5563050)

Karte: Eifelverein Nr. 20, Daun, Rund um die Kraterseen, 1:25.000

Wegeigenschaften: sehr gute Kondition und mitunter Trittsicherheit vonnöten

Einkehrmöglichkeiten: Daun, Schalkenmehren, Manderscheid

ÖPNV: nächstgelegene Bushaltestelle „Daun, ZOB" (www.vrt-info.de); Empfehlung: in Manderscheid parken, dann mit Buslinie 300 oder 511 von Manderscheid nach Daun

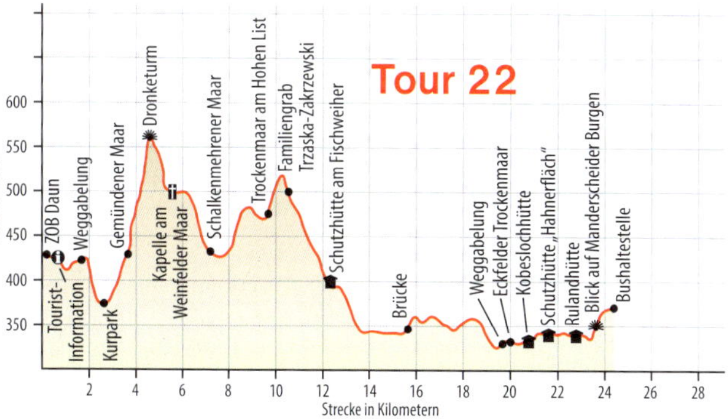

Wegbeschreibung

Die lange Wanderung startet am **ZOB in Daun (1),** von dem man auf der Trierer Straße bergab geht. An der nächsten größeren Kreuzung wechselt man links in die Rosenbergstraße und folgt von nun an dem Eifelsteig in Richtung Manderscheid. Vor der Sparkasse biegt man rechts ab und passiert die **Tourist-Information (2).** Über die Burgfriedstraße geht es hinab. Die nächste Kreuzung überquert man diagonal, um auf dem Eifelsteigzuweg zu bleiben. Sodann geht es über die Lindenstraße, dann leicht rechts, über Treppenstiegen und an der Winrichstraße links weiter. Letztere sollte man bald überqueren und auf der Wehrbüschstraße bergan steigen, um dieser dann links um eine Kurve zu folgen.

Unterhalb des Friedhofs biegt man links in den Philosophenweg ein. An einer **Weggabelung (3),** bei der man schließlich auf den Eifelsteig trifft, hält man sich geradeaus in Richtung Schalkenmehren. Bald biegt man links auf einen schmaleren Weg ab. Nach etwa 10 Minuten durch den Wald stößt man auf die Alte Poststraße. Hier geht man erst nach links auf die Häuser zu, biegt dann aber direkt rechts ab. Man überquert die Lieser und läuft geradeaus weiter. Schnell erreicht man den Dauner **Kurpark (4)** mit Kneipptretbecken und Trinkwasserbrunnen. Nach Durchquerung des Areals gelangt man zur Lieserstraße, an der man schräg links hinauf zur Maarstraße geht. Letztere quert man und folgt dann dem Straßenverlauf in Richtung Gemündener Maar bergan. Bei nächster Gelegenheit wechselt man nach rechts auf einen schmalen Pfad, der ebenfalls bergan führt. Man wandert nun wieder inmitten des Waldes und erreicht nach einiger Zeit das **Gemündener Maar (5),** das kleinste der drei Dauner Maare, in dem im Sommer gebadet werden kann.

171_wei_fs

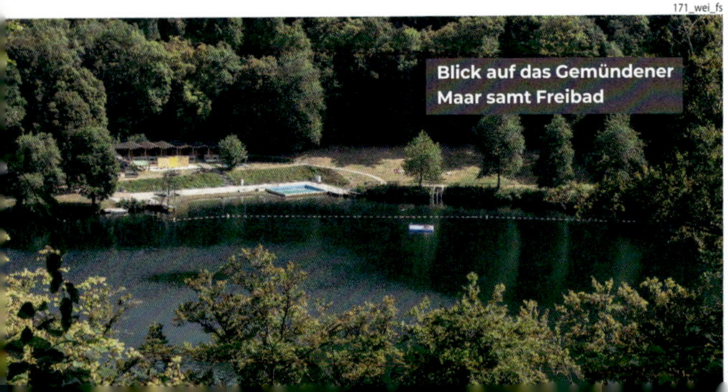

Blick auf das Gemündener Maar samt Freibad

Tour 22

0 500 m

WFEifel 22 1/19

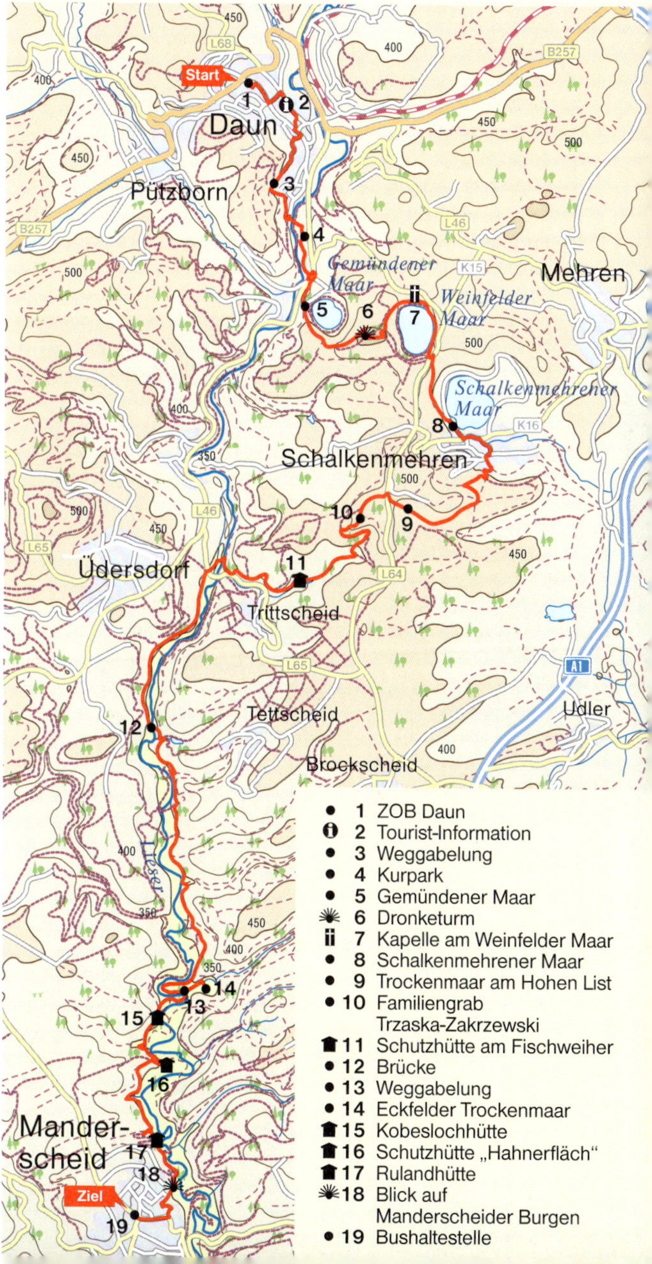

An der Gaststätte „Waldcafé" oberhalb des Maars geht es links vorbei in Richtung Schalkenmehren. Der Eifelsteig macht nun seinem Namen alle Ehren, denn er steigt auf schmalem Pfade steil bergan. Nach einiger Zeit erreicht man den Gipfel des Mäusebergs mit dem **Dronketurm (6),** der zur Würdigung des Eifelvereingründers Adolf Dronke errichtet worden ist. Von dessen Aussichtsplattform bietet sich ein toller Ausblick auf das Gemündener wie das Weinfelder Maar und auf die gesamte Dauner Vulkanlandschaft.

172_wei_fs

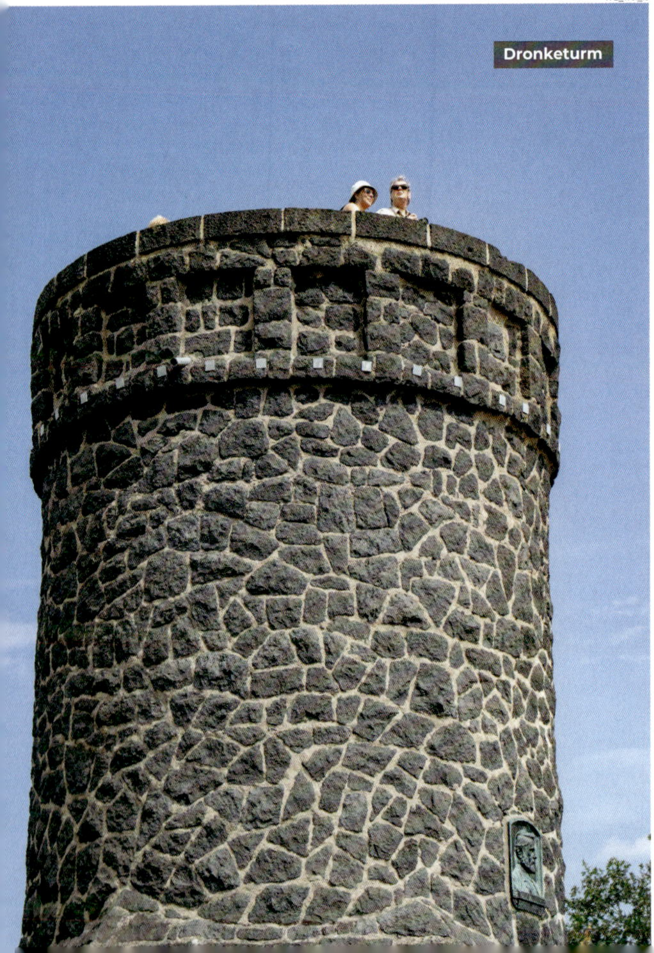

Dronketurm

Vom Turm aus geht man erst einmal durch offene Landschaft über die Anhöhe, dann links weiter in Richtung Weinfelder Maar (auch Totenmaar genannt) und zwar bergab auf sandigem, teils felsigem Wurzelweg. Am Kraterrand entlang visiert man die **Kapelle am Weinfelder Maar (7)** an, die frei zugänglich ist. Danach hält man sich links und folgt dem oberhalb des Maars verlaufenden Rundweg bis zu einem Gatter, das man passiert, und läuft dann leicht bergab in Richtung Ufer. Die Hänge rundum das Weinfelder Maar werden von Ziegen und Eseln beweidet, die hier frei umherlaufen und denen man unweigerlich nahe kommt. Man erreicht ein Drehkreuz, das passiert wird. Die Landstraße (L64) wird überquert, dann geht es links leicht bergab. Das Schalkenmehrener Maar, ein einstiges Doppelmaar, dessen östlicher Teil verlandet ist, lässt sich bereits erblicken. Man verliert schnell an Höhe, kommt auf einen breiteren Schotterweg, dem man nach rechts folgt. Inmitten zahlreicher Obstbäume läuft man hinab auf den asphaltierten Uferweg und hält sich dort wiederum rechts.

Entlang des **Schalkenmehrener Maars (8),** in dem man auch baden darf, wandert man in Richtung Ortszentrum. Man passiert den direkt am Ufer liegenden Campinglatz sowie das daran angeschlossene Hotel. Daraufhin erreicht man die Maarstraße, die man überquert, und hält sich dann links. Man folgt den Schildern des Eifelsteigs durch den Ort. Ab Ortsausgang schraubt sich der Weg wieder langsam in die Höhe. Abwechselnd bergauf und bergab gelangt man nach längerer Gehzeit zu einer Gabelung, an der man sich rechts in Richtung Observatorium Hoher List hält. Man passiert das **Trockenmaar am Hohen List (9)** und betrachtet aus der Ferne die Rinderherde, die als Landschaftspfleger eingesetzt ist, um die Flächen freizuhalten. Danach geht es steil bergan. Kurz darauf biegt man links auf einen schmalen Pfad ab, überquert die schnell erreichte Landstraße (L64) und hält sich in Richtung Manderscheid.

Vor dem Zugang zu den AHG Kliniken Daun-Altburg wendet man sich nach rechts auf einen Pfad und wandert tiefer in den Wald hinein. Bald passiert man das kreisrund ummauerte **Familiengrab Trzaska-Zakrzewski (10),** das im Zusammenhang mit dem Erbauer der Altburg steht, die zu Beginn des 20. Jahrhunderts errichtet worden ist. Dem gegenüber verzweigt sich der Weg – hier wandert man rechts weiter und folgt durch dichten, stillen Wald dem Eifelsteig. Nach einer längeren Strecke erreicht man so den **Fischweiher** des Trittscheider Angelvereins, an dem man rechts vorbei geht. Hier befindet sich auch eine gemütliche **Schutzhütte (11).** Nach Passieren des Weihers und der Hütte geht es an nächster Gabelung rechts bergan. Auf breiten wie schmalen Pfaden und Wegen kommt man nach einiger Zeit wieder hinunter ins Tal und stößt auf die L65. Diese quert man und wandert parallel zur Lieser in Richtung Manderscheid (nun Eifelsteig und zugleich Lieserpfad). Nach einer Weile geht es auf einen schmalen Pfad, der zu einer **Brücke (12)** führt, mit der man die Lieser überquert.

Es geht weiter auf Eifelsteig und Lieserpfad in Richtung Eckfelder Maar und Manderscheid. Man wandert lange durch stillen, einsamen Wald und gelangt irgendwann an eine **Weggabelung (13).** Hier läuft man gleich rechts weiter in Richtung Manderscheid, aber zuerst macht man einen Abstecher zum **Eckfelder Trockenmaar (14),** das nur etwa 200 Meter entfernt ist. Das berühmte „Eckfelder Urpferdchen", das heute im Manderscheider Maarmuseum verwahrt wird, wurde ebendort gefunden (Informationstafeln vor Ort). Von genannter **Weggabelung (13)** geht man über die Brücke (mit Schutzhütte „Blümchesau") in Richtung Manderscheid. Schon recht bald darauf erreicht man die **Kobeslochhütte (15),** von der man einen tollen Blick ins Liesertal und auf die umgebenden Waldhänge genießen kann. Weitere einladende Hütten folgen auf dem Weg bis nach Manderscheid. Die **Schutzhütte „Hahnerfläch" (16)** sowie die **Rulandhütte (17)** folgen. Meist verläuft dieser Tourenabschnitt auf brei-

182_wei_fs

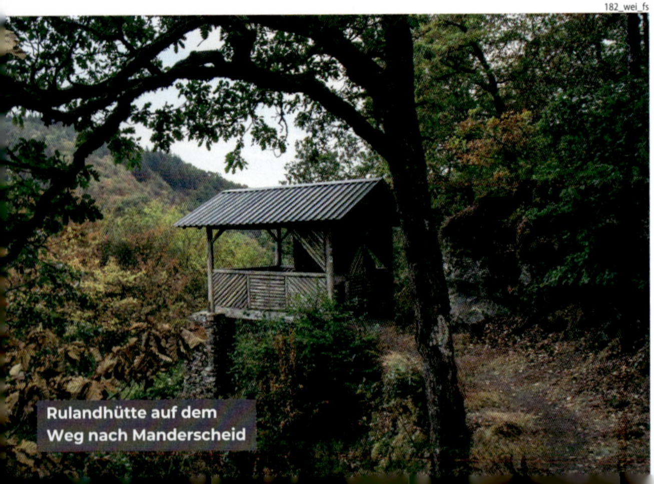

Rulandhütte auf dem Weg nach Manderscheid

ten, gut begehbaren Forstwegen, die ein fast meditativ-träumerisches Wandern zulassen. Indes sind auf den letzten 1,5 bis 2 Kilometern doch noch mal Vorsicht und Trittsicherheit vonnöten. Dann nämlich geht es auf felsigem, schmalem und tatsächlich steigartigem Pfad in den Endspurt. Knapp einen Kilometer vor Ende öffnet sich links der **Blick auf** die malerischen Ruinen der beiden **Manderscheider Burgen (18).**

Sodann erreicht man den Ort Manderscheid. Vorbei am Hotel-Restaurant „Haus Burgblick" folgt man der Klosterstraße hinab und hält sich dann zwei Mal rechts. Über die Kurfürstenstraße gelangt man in die Dauner Straße, wo sich eine **Bushaltestelle (19)** befindet, von der man sich entspannt zurück nach Daun fahren lassen kann.

174_wei_fs

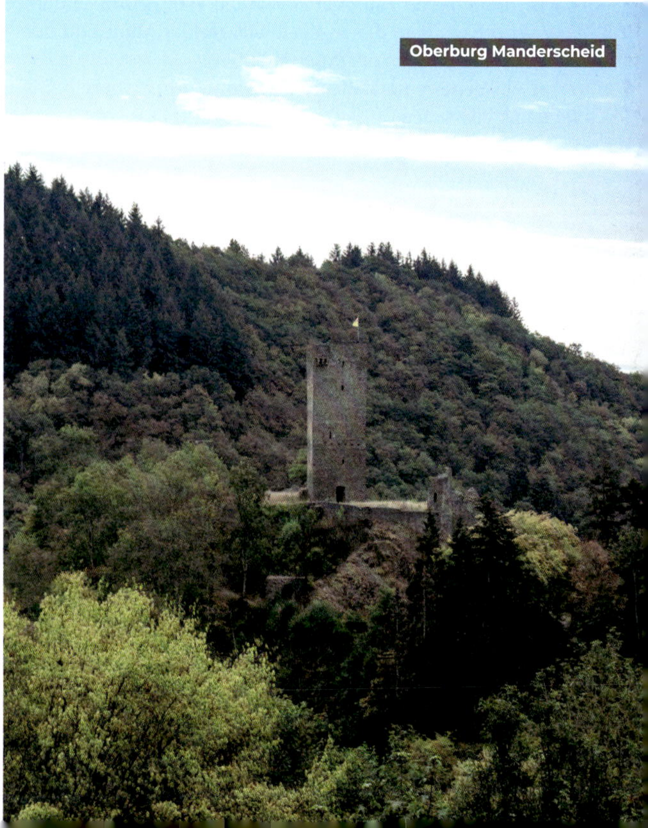

Oberburg Manderscheid

Tour 23

Windsbornkrater und Meerfelder Maar –

Rund um die Mosenberg-Vulkane bei Bettenfeld

Die landschaftlich reizvolle wie geologisch interessante Runde im Herzen der Vulkaneifel hat so einiges zu bieten.

Die Wanderung führt vom Maarmuseum in Manderscheid ins Gebiet der **Reihenvulkangruppe Mosenberg** bei Bettenfeld. Zuerst geht es durch die bizarre **Wolfsschlucht** und entlang des **Horngrabens** hinauf zum aussichtsreichen **Mosenberggipfel,** dann wieder hinab zum märchenhaften **Windsborn-Kratersee** und schließlich zum malerischen **Meerfelder Maar** und durch stillen Wald zurück in die Burgenstadt.

Ein Abstecher zum **Vulkanerlebnispark Mosenberg** bei Bettenfeld bietet sich an.

176_wei_fs

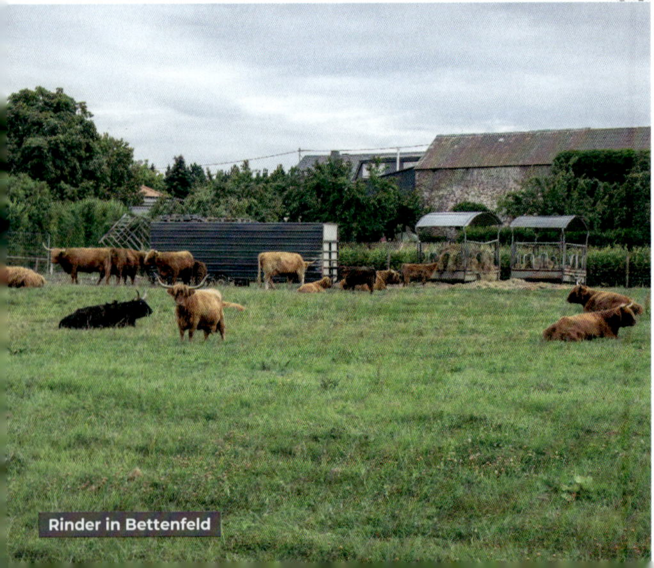

Rinder in Bettenfeld

Kurze Informationsübersicht

Länge: 15,3 km
Gehzeit: ca. 4½ Stunden
Auf-/Abstieg: je ca. 334 m
MITTELSCHWER

Ausgangsort: D-54531 Manderscheid

Startpunkt: Maarmuseum (Wittlicher Straße 11), GPS N 50.09 182, E 6.80771 (UTM 32U 343191/5551141)

Karte: Eifelverein Nr. 20, Daun, Rund um die Kraterseen, 1:25.000

Wegeigenschaften: überwiegend problemlos begehbare Wege; einzelne Passagen indes ziemlich steil, steinig und mitunter abschüssig, zudem teils kräftige Anstiege, daher eine gute Grundkondition sowie eine gewisse Trittsicherheit erforderlich

Einkehrmöglichkeiten: Manderscheid, Bettenfeld, Meerfeld

ÖPNV: nächstgelegene Bushaltestelle „Manderscheid, Dauner Straße“ (www.vrt-info.de)

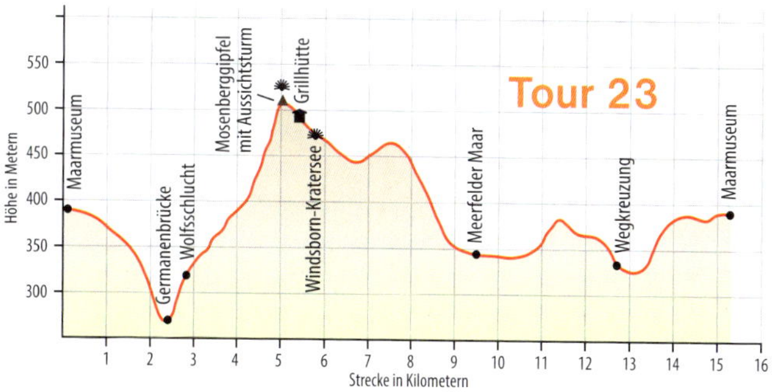

Wegbeschreibung

Die Tour startet am **Maarmuseum (1)** in Manderscheid. Von hier aus geht man in die Wittlicher Straße und folgt dieser bis kurz vor dem Ortsausgang. Auf der Höhe des Gewerbegebiets (nahe der Gewerbestraße) biegt man rechts ab und läuft vorerst parallel zum Dombach, bis dieser in die Kleine Kyll mündet, dann geht man parallel zu dieser weiter. Rasch wechselt man vom Asphaltweg auf einen von Hecken und Buschwerk gesäumten Feldweg und tritt in den Wald ein. Auf mal breiterem, mal schmalerem Weg geht es mehr oder weniger bergab. An Gabelungs- und Kreuzungssituationen folgt man der Beschilderung in Richtung Wolfsschlucht. An einer Abzweigung steigt man rechts bergab und erreicht sodann die **Germanenbrücke (2),** auf der

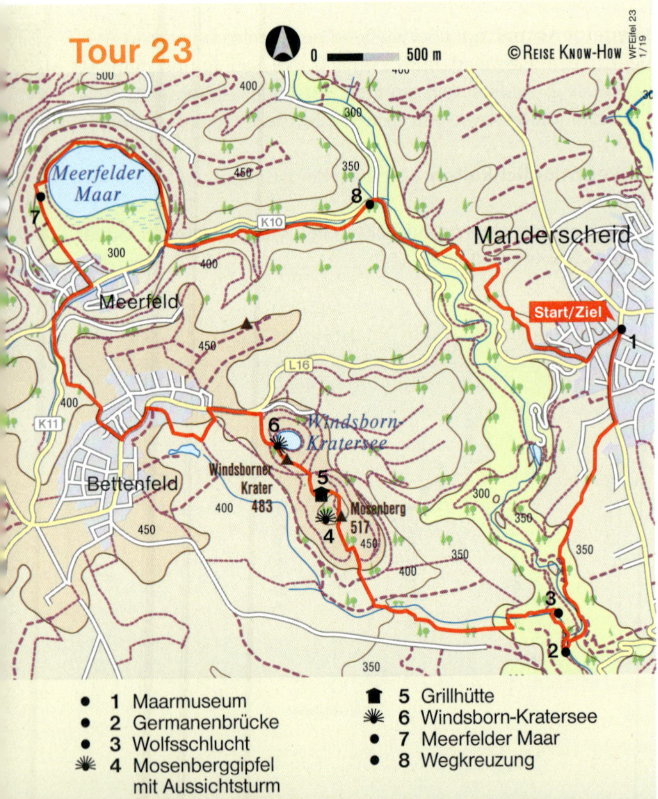

die Kleine Kyll samt pittoreskem „Wasserfall“ überquert wird. Nach der Brücke hält man sich rechts und geht ein Stück flussaufwärts.

Ein paar Minuten später erreicht man die **Wolfsschlucht (3)** inklusive Horngraben. Durch diese enge, dunkle, mystisch anmutende Schlucht voller moosbewachsener Basaltbrocken, die ziemlich rutschig sein können, führt ein schmaler Pfad. Entlang des Horngrabens folgt man den Schildern in Richtung Mosenberg, auch nachdem man aus dem Wald hinausgetreten ist und durch offene Landschaft wandert.

An Feldern und am Waldrand vorbei trifft man nach einer ganzen Weile auf einen breiten Fahrweg. Hier biegt man zuerst nach rechts und unmittelbar darauf nach links ab und folgt dem Wegweiser „Mosenberg Gipfel“. Auf teils abschüssigem, rutschi-

175_wei_fs

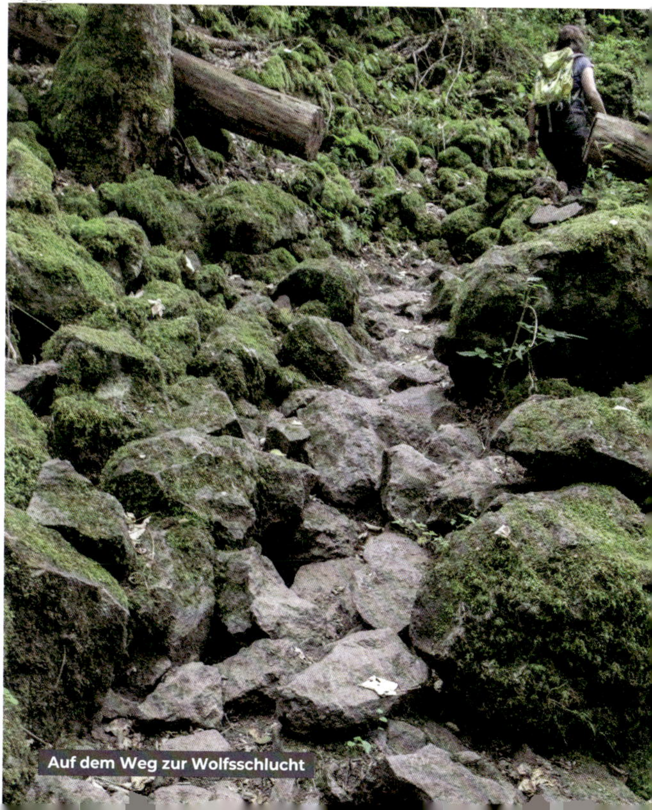

Auf dem Weg zur Wolfsschlucht

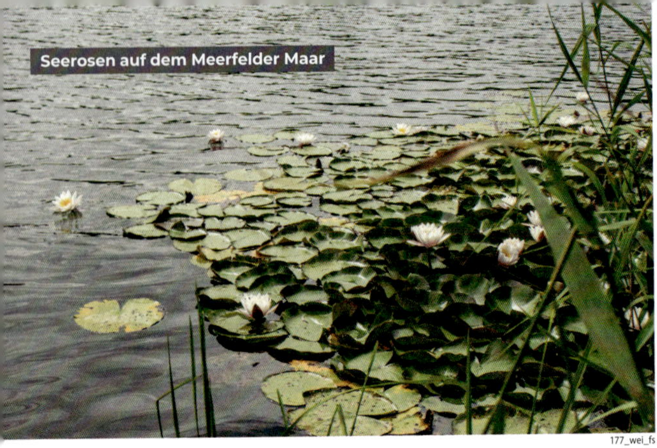

Seerosen auf dem Meerfelder Maar

177_wei_fs

gem, steilem Weg steigt man in den Wald hinein und erreicht nach kurzem, aber kräftigem Anstieg den **Mosenberggipfel mit Aussichtsturm (4).** Letzterer kann über eine Treppe leicht bestiegen werden.

Nach einer kleinen Ruhepause steigt man hinab vom Turm und geht von der Treppe ausgehend geradeaus bergab, nunmehr in Richtung Kratersee. Man passiert eine **Grillhütte (5)** und gelangt bald zum – auf dem Kraterrand stehenden – Gipfelkreuz des **Windsborn-Kratersees (6),** der nur mit Niederschlagswasser gefüllt ist. Von dort geht es nun bergab. An den folgenden Gabelungen hält man sich jeweils links und trifft so schnell auf eine Landstraße (L16), an der man sich wiederum links hält und kurz parallel zur Straße geht. Unmittelbar vor dem Ortseingang von Bettenfeld zweigt links ein Asphaltweg ab, den man wählt und sodann den zweiten Abzweig nach rechts nimmt. Entlang von abgezäunten Weideflächen folgt man dem Weg, geht bei nächster Gelegenheit rechts in Richtung Ortskern, dann wiederum rechts. An der Mosenbergstraße angekommen, biegt man links ab und geht auf dem Bürgersteig bis zur Kreuzung Holzbeulstraße. Dort quert man die Straße und wechselt hinüber in den Kirchweg . Von diesem läuft man in die Friedhofstraße und biegt dann recht bald auf einen links bergab führenden Feldweg ein, der an Ackerflächen und Streuobstwiesen entlangführt. Schon bald tritt man wieder in den Wald ein und läuft auf schmalerem Weg bergab, nun stets in Richtung Meerfeld. Nach kurzer Zeit kommt man auf einem Fahrweg an, den man überquert. Auf einem kleinen Pfad geht es hinab zur Meerbachstraße, an der man sich rechts hält, um in den Ort Meerfeld zu gelangen und diesen zu durchqueren.

Sobald links der Maarweg abzweigt, schlägt man ihn ein und wandert vorerst geradeaus in Richtung **Meerfelder Maar (7).** An passender Stelle zweigt man vom breiten Weg nach rechts ab und gelangt so direkt ans Ufer, an dem man nun ein Weilchen entlangspaziert. Vor dem Badebereich muss man wieder links hinaufgehen auf den breiteren Weg. Sodann passiert man das abgezäunte Naturschwimmbad und geht über den dahinterliegenden Parkplatz zur Mosenbergstraße, die man überquert. Gegenüber steigt man auf breitem Schotterweg mäßig bis steil bergan. Nach wenigen Minuten zweigt man links auf einen schmalen, bergab führenden Pfad ab. Schon bald trifft man wieder auf den Schotterweg und folgt den Schildern in Richtung Manderscheid. Nach einer ganzen Weile durch den Wald erreicht man erneut die Mosenbergstraße. An der **Wegkreuzung (8)** vor der Straße wendet man sich nach rechts und wandert auf schmalem, parallel zur Fahrbahn verlaufendem Pfad bis zur nächsten Gabelungssituation. Dort hält man sich nach links und überquert die Brücke über die Kleine Kyll. Man geht nun kurz an der Straße entlang bis zu einem links abzweigenden Felsenpfad. Diesen wandert man teilweise steil bergan – stets in Richtung Manderscheid. Es folgt eine Abzweigung, an der es rechts weiter steil bergan geht. Irgendwann tritt man aus dem Wald heraus und läuft rechts weiter auf schmalem Pfad. Sobald man Manderscheid erreicht hat, folgt man der Straße „Kyllblick“ bis zur Mosenbergstraße, in die man links einbiegt und zurück zum Maarmuseum wandert.

178_wei_fs

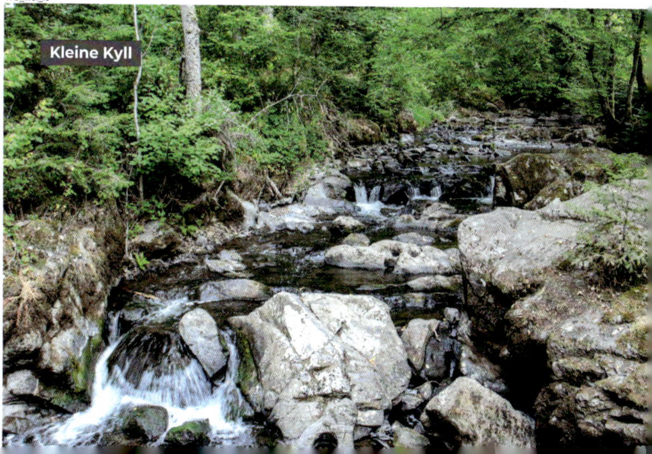

Tour 24
Durch das Salmtal zum Kloster Himmerod –
Unterwegs auf dem Mühlenpfad

Der Name des Ortes Eisenschmitt, wo die schöne Runde durch das Obere Salmtal startet, leitet sich her von der hier einst ansässigen **Eisenerzindustrie.** So erinnern bauliche Reste im Ortsteil Eichelhütte oder der Dorfbrunnen im Zentrum von Eisenschmitt, die auf dem Weg liegen, an diese historischen Zeiten beziehungsweise deren dichterische Verarbeitung. Entlang an **Mühlengräben** sowie der murmelnden **Salm** geht es sodann zum 1134 gegründeten **Kloster Himmerod** – und jenseits der Salm durch herrlichen Wald zurück.

Ein Besuch des **Clara-Viebig-Zentrums** in Eisenschmitt, das über Leben und Wirken der 1860 in Trier geborenen und für die Eifel – und Eisenschmitt – wichtigen Schriftstellerin Clara Viebig informiert, liegt nahe (sehr begrenzte Öffnungszeiten; Info unter: www.clara-viebig-zentrum.de).

181_wei_fs

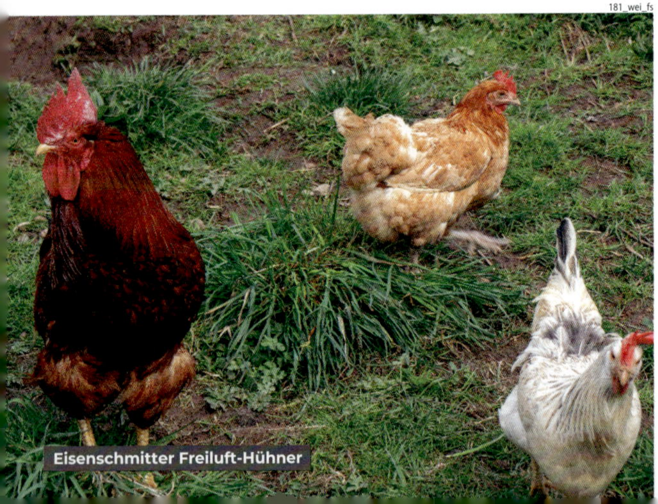

Eisenschmitter Freiluft-Hühner

Kurze Informationsübersicht

Länge: 7,5 km
Gehzeit: ca. 2 Stunden
Auf-/Abstieg: je ca. 70 m
MITTELSCHWER

Ausgangsort: D-54533 Eisenschmitt

Startpunkt: Parkplatz oberhalb des Clara-Viebig-Zentrums (Manderscheider Straße), GPS N 50.04464, E 6.72127 (UTM 32U 336849/5546082)

Karte: Eifelverein Nr. 24, Wittlicher Land, 1:25.000

Wegeigenschaften: teils matschige Wiesenwege im Auenbereich der Salm, entsprechendes Schuhwerk tragen; einige Waldpassagen verlangen etwas Trittsicherheit

Einkehrmöglichkeiten: Eisenschmitt (im OT Eichelhütte das Hotel-Restaurant „Molitors Mühle“), Kloster Himmerod

ÖPNV: nächstgelegene Bushaltestelle „Eisenschmitt, Parkplatz“ (www.vrt-info.de)

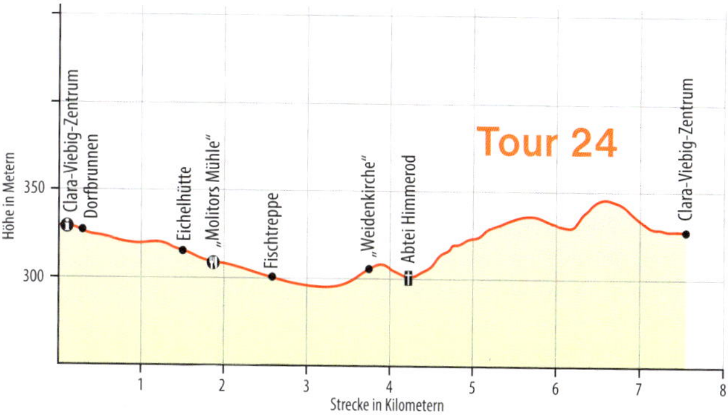

Wegbeschreibung

Vom Parkplatz oberhalb des **Clara-Viebig-Zentrums (1)** startet die kurze Rundtour durch das idyllische Salmtal. Zuerst geht es hinab zum direkt neben der Kirche stehenden **Dorfbrunnen (2),** auf dem Szenen aus Clara Viebigs Roman „Das Weiberdorf" dargestellt sind, der wiederum von der Geschichte des Orts Eisenschmitt inspiriert ist. Von hier aus folgt man zuerst der Hauptstraße und dann der Himmeroder Straße in Richtung Himmerod. Unmittelbar vor dem Ortsausgang biegt man nach rechts auf einen zwischen Häusern verlaufenden Weg, der auf einen schmalen Pfad führt. Bald zweigt man links ab, um hinter der Häuserreihe vorbeizulaufen. Man wandert nun ein Stück in der Nähe des Mühlengrabens und parallel zur Himmeroder Straße, auf die man nach kurzer Strecke auch wieder stößt. Die Straße wird überquert und auf der gegenüberliegenden Seite auf schmalem Pfad bergan gegangen.

Nach einem mäßigen Anstieg geht es direkt wieder bergab und dann weiter geradeaus. Schon bald darauf sieht man das Ortsschild von Eichelhütte. Der Ortsteil von Eisenschmitt ist Anfang des 18. Jahrhunderts als eine Art Gewerbegebiet mit eisenherstellenden Unternehmen entstanden. Einzelne bauliche Relikte künden davon. Man läuft entlang der Straße (L34), die durch **Eichelhütte (3)** in Richtung Himmerod verläuft, und ver-

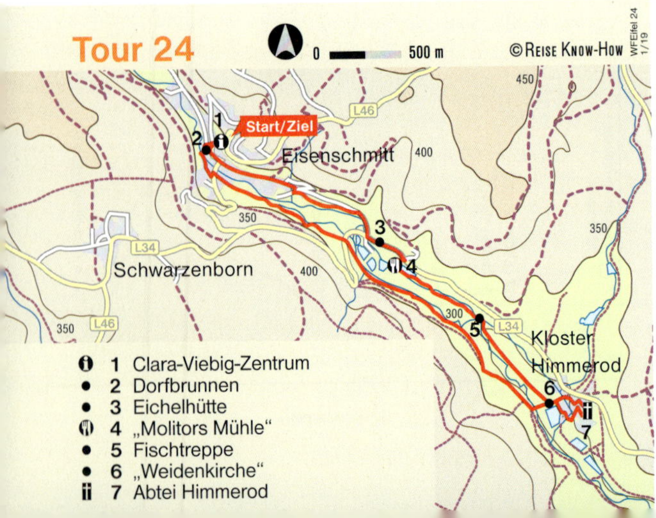

lässt den Weiler wieder. Auf der rechten Seite ist bald **„Molitors Mühle“ (4)** zu erkennen, auf die man bei nächster Gelegenheit zugeht, indem man rechts abbiegt. Ein Stück vor dem Hauptgebäude des heutigen Hotel-Restaurants nimmt man links eine kleine Holztreppe und folgt dann dem rechten, am Weiher vorbeiführenden Pfad. Auf dem ausgeschilderten „Großen Mühlenpfad“ wandert man nun nahe des Mühlgrabens weiter in Richtung Himmerod. In leichten Schleifen führt die Route durch einen lichten Waldabschnitt, dessen Boden im Frühjahr von unzähligen weißen Buschwindröschen und gelben Butterblumen übersät ist. Nach einer Weile überquert man eine kleine Brücke

179_wei_fs

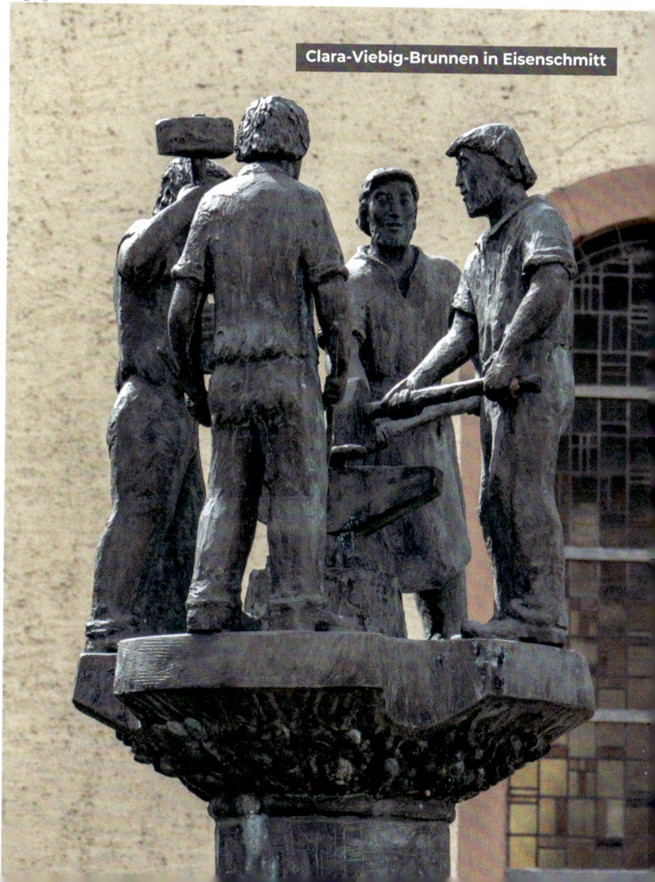

Clara-Viebig-Brunnen in Eisenschmitt

und gelangt auf einen schmalen Pfad, dem man folgt. An einer weiteren, nun die Salm überspannenden Holzbrücke mit **Fischtreppe (5),** die den Tieren den Aufstieg ermöglicht, hält man sich geradeaus. Kurz nachdem man die Salm überquert hat, erreicht man eine provisorisch wirkende Betonbrücke, die über einen Graben führt, und gelangt zu einem schmalen, an Wiesen gelegenen Weidenpfad.

Das Kloster Himmerod ist nun zum ersten Mal in voller Pracht und Größe zu sehen. Der zu begehende Weg ist teils recht matschig, dies auch nach mäßigen Regenfällen. Auf den rund um die Salm liegenden Wiesen grast alljährlich eine Herde schöner, robuster Highland-Rinder. Kurz vor dem Parkplatz des Klosters steht auf der rechten Seite eine **„Weidenkirche" (6).** Links geht es zur Abtei, nach der Besichtigung kommt man wieder hierhin zurück, um den Rückweg nach Eisenschmitt anzutreten. Zuerst läuft man aber über den Parkplatz auf das Gelände der **Abtei Himmerod (7)** zu. Das im Jahre 1134 von Bernhard von Clairvaux gegründete Zisterzienserkloster zwischen Großlittgen und Eisenschmitt war fast 900 Jahre ein geistiges und kulturelles

180_wei_fs

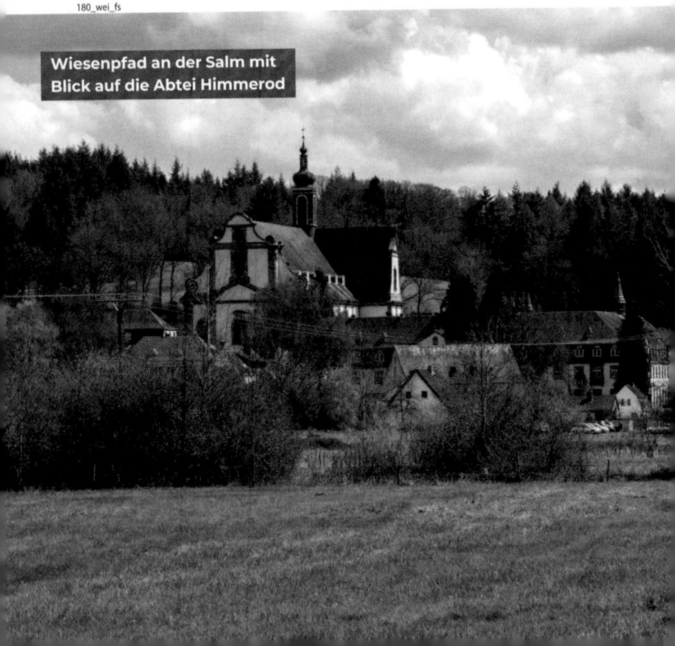

Wiesenpfad an der Salm mit Blick auf die Abtei Himmerod

Zentrum in der Eifel. 2017 wurde das Kloster aufgelöst und die letzten Mönche verließen Himmerod. Besuchen kann man das Gelände weiterhin und vor Ort auch einkehren.

Wieder angelangt an der zuvor passierten „Weidenkirche" hält man sich geradeaus zur Brücke hin, überquert die Salm, geht rechts und folgt dem Mühlenpfad zurück in Richtung „Molitors Mühle". Alsbald taucht man ein in einen lichten Wald und wandert teils auf wurzeligen Pfaden nahe der Salm. Man passiert nach einer gewissen Zeit das Areal der „Molitors Mühle" und steigt bald danach, auf Höhe des Weilers Eichelhütte, hoch zur Straße (L34), die man überquert. Auf der gegenüberliegenden Seite wandert man weiter, meist nahe der Salm, zurück nach Eisenschmitt. Man kommt im Ort an der Kreuzung Hauptstraße/Überscheid an. Hier geht man links und unmittelbar darauf wechselt man nach rechts die Seite, um in Überscheid in Richtung Dorfzentrum zu gehen. Bald überquert man die Salm, passiert die Kirche St. Servatius und gelangt über die Gasse „An der Kirche" zur Hauptstraße. Daraufhin geht es auf der Manderscheider Straße zurück zum Ausgangspunkt.

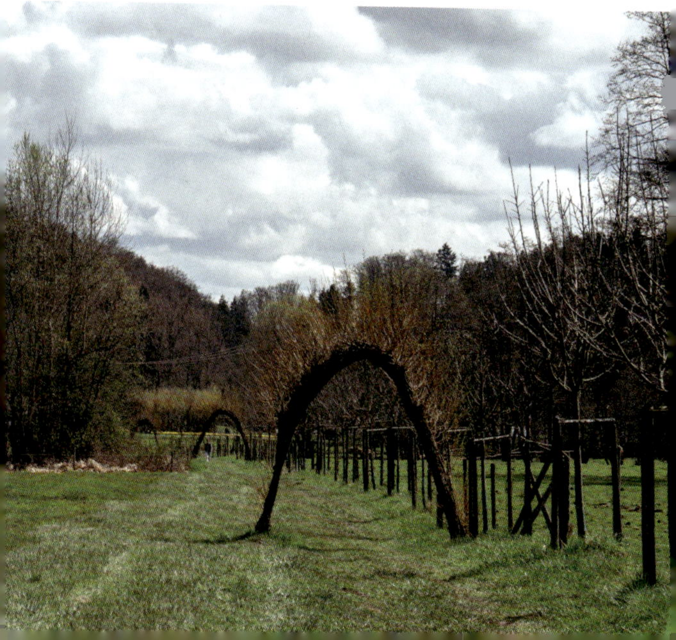

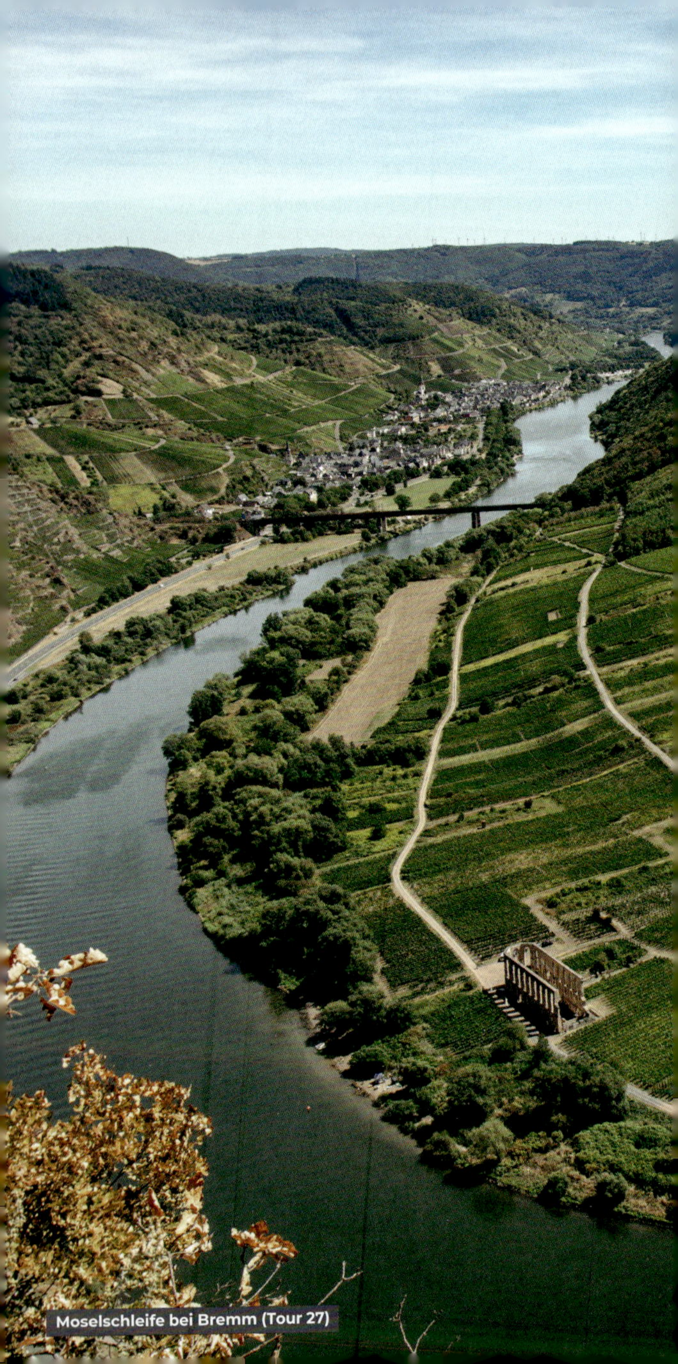

Moselschleife bei Bremm (Tour 27)

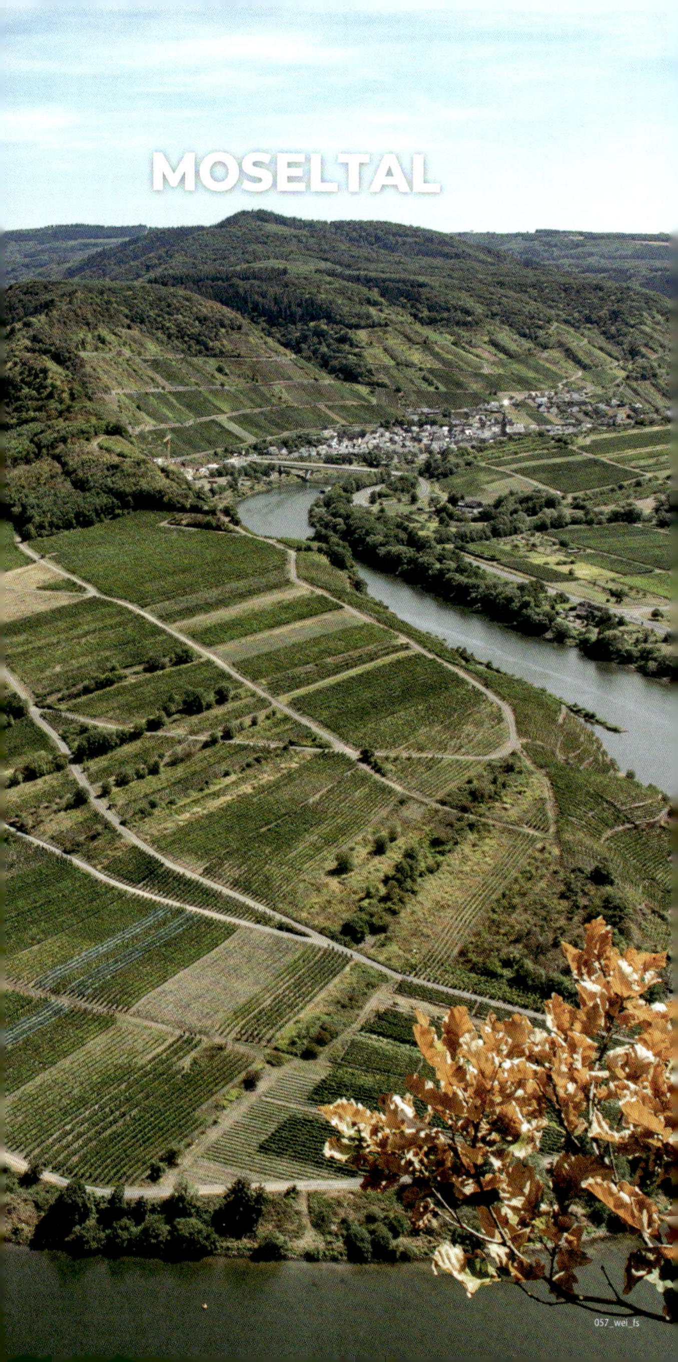

057_wei_fs

Tour 25

Steilhänge, Eifelhöhen und Burg Eltz –

Auf dem Moselsteig von Hatzenport nach Karden

Die landschaftlich wie kulturhistorisch vielfältige Streckenwanderung verläuft in großen Teilen über den Moselsteig – und kombiniert Partien der Etappen 20 und 21 des beliebten Fernwanderwegs.

Vom **Winzerort Hatzenport** im Moseltal geht es durch steile, terrassierte Weinberge hinauf nach **Lasserg,** weiter über luftige Moselhöhen und durch idyllische Wälder zur märchenhaften **Burg Eltz** im malerischen Elzbachtal und schließlich über felsige Steilpassagen hinab in den **Weinort Treis-Karden** mit der sehenswerten St.-Castor-Kirche.

058_wei_fs

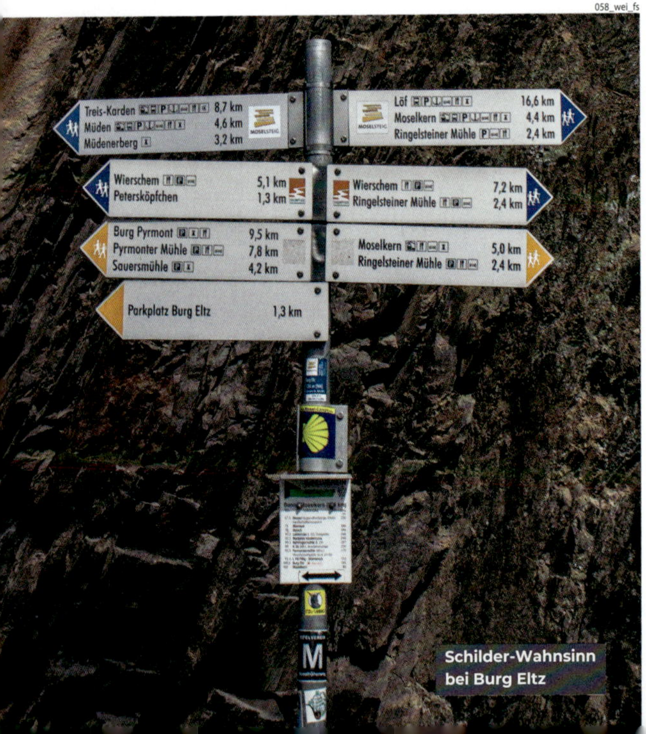

Schilder-Wahnsinn bei Burg Eltz

Karte auf S. 220

Kurze Informationsübersicht

Länge: 14,7 km
Gehzeit: ca. 4½ Stunden
Auf-/Abstieg: 397 m / 392 m
ANSPRUCHSVOLL

Ausgangsort: D-56332 Hatzenport

Startpunkt: Busbahnhof (Maifeldstraße), GPS N 50.22714, E 7.41246 (UTM 32U 386765/5565091)

Karte: Eifelverein Nr. 34, Maifeld und Untermosel, 1:25.000

Wegeigenschaften: gute Kondition sowie teils Trittsicherheit; festes Schuhwerk mit anständigem Profil

Einkehrmöglichkeiten: Hatzenport, Lasserg, Ringelsteiner Mühle, Burg Eltz, Kompuskopf-Berghütte und Treis-Karden

ÖPNV: nächstgelegene Bushaltestelle „Hatzenport, Bahnhof" (www.vrt-info.de); Empfehlung: in Karden parken, dann mit der Buslinie 736 nach Hatzenport/Bhf.

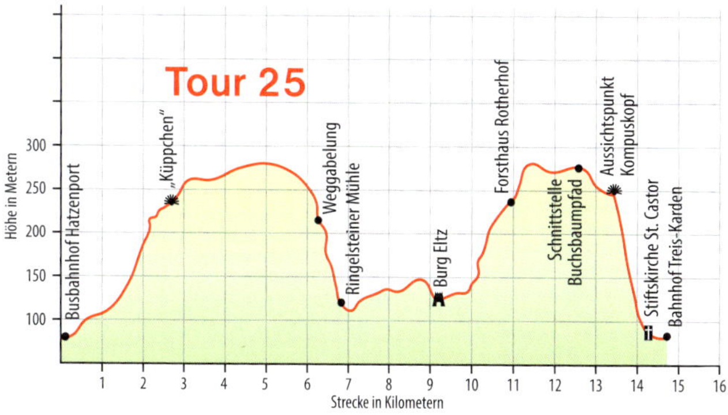

Wegbeschreibung

Vom **Busbahnhof in Hatzenport (1)** geht man erst einmal die Bachstraße hinunter. Nach kurzer Wegstrecke überquert man die Bahngleise. Auf dem Bergweg steigt man sodann an, bis der erste oder auch zweite Abzweig nach links in die Straße „Auf der Krejuhl" führt. Dann wechselt man nach rechts in den Dattelsweg. Hier trifft man sogleich auf den Moselsteig (Logo: Trockenmauer + Schriftzug), dem man nun sehr lange folgt. Zwischenetappen der Strecke werden einzeln benannt.

Aus dem Ort geht es in die Weinberge hinein. Das erste Ziel der Wanderung ist der Ort Lasserg. Mitten durch die steilen Weingärten geht es voran mit herrlichem Blick auf die charakteristische Natur- und Kulturlandschaft der Terrassenmosel – steile Hänge, liebliche Täler, luftige Höhen, Weinreben und Trockenmauern. Man passiert einen schönen Aussichtspunkt, an dem man eine weite Rechtskurve in Richtung Burg Bischofsstein nimmt. Nach etwa 10–15 Minuten durch lichten Eichen- und

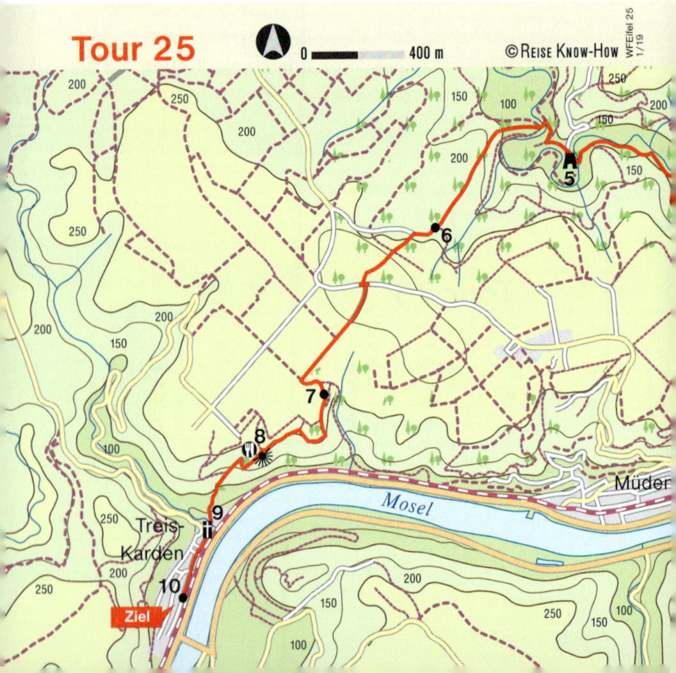

Buchenmischwald stößt man auf einen breiten Fahrweg, in den man links einbiegt und über das **„Küppchen“ (2)** nach Lasserg läuft. Von hier hat man einen tollen Blick auf die Mosel und die nahe Burg Bischofsstein – bei entsprechenden Wetterbedingungen kann man den Drachen- und Gleitschirmfliegern beim Absprung und Fliegen zuschauen. Das Dorf Lasserg durchquert man bis zur Kirche, geht dann hinter dieser links leicht bergan und folgt den Moselsteig-Schildern aus dem Ort hinaus. Über die Höhen geht es nun durch offene Landschaft und über breite Feldwege.

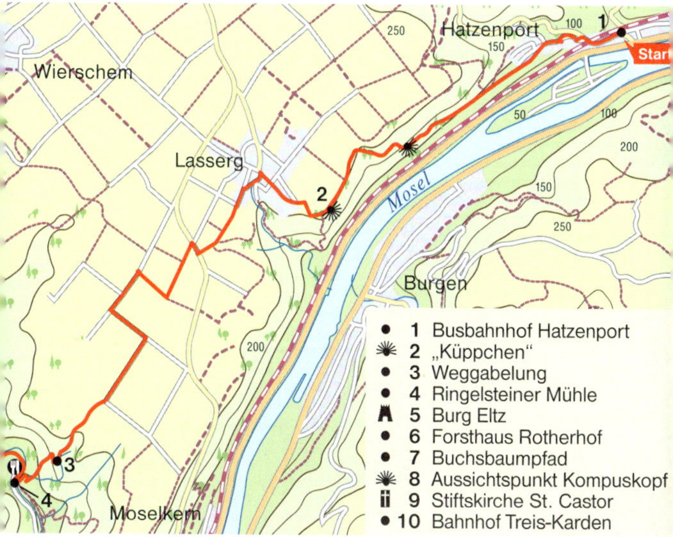

An einer entscheidenden Gabelung verlässt man den Moselsteig-Fernwanderweg vorerst (die Schilder geben Orientierung): Hier also sollte man nicht dem Routenverlauf von Etappe 21 nach Moselkern folgen, sondern geradeaus in Richtung Burg Eltz gehen. Kurz danach trifft man auf eine Landstraße. Diese überquert man und wandert gegenüber auf einem Feldweg weiter. Man bleibt auf dem breiten Weg, biegt an der nächsten Gabelung nach rechts, an den beiden darauffolgenden jeweils nach links ab. An dem danach kommenden Abzweig hält man sich wiederum rechts und dann geradeaus. Generell folgt man nun den Schildern in Richtung Ringelsteiner Mühle und Burg Eltz.

Sodann tritt man wieder in den Wald hinein und macht an einer **Weggabelung (3)** einen kurzen Abstecher zu einem links liegenden Aussichtspunkt, danach geht es weiter zur Ringelsteiner Mühle. Nach etwa 15 weiteren Minuten durch den Wald auf einem felsigen Wurzelpfad, der teilweise steil bergab führt und nicht ganz leicht zu begehen ist, kommt man ins Tal des Elzbachs und sieht rechts die **Ringelsteiner Mühle (4),** zu der man über eine Stahlbrücke gelangt. Das Areal des Landhotels quert man, um sich danach in Richtung Burg Eltz zu halten. Ab hier wandert man auch wieder auf dem Moselsteig (Etappe 20) – und zwar vorerst bis zum Forsthaus Rotherhof. Auf Asphalt-, dann auf Schotterweg geht es parallel zum Elzbach an Weideflächen und am Waldrand entlang. Schnell kommt man zu einer

059_wei_fs

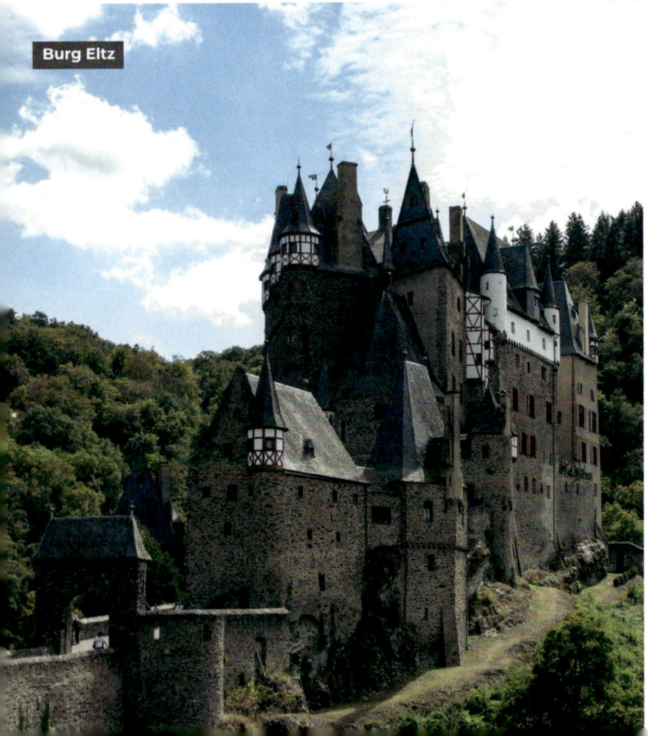
Burg Eltz

Treppe, die auf einen schmalen Felsenpfad und wieder bergan führt. Nach und nach nähert man sich so der auf einer Anhöhe thronenden, malerischen und vollständig erhaltenen Höhenburg Eltz aus dem 12. Jh., die von dem Kunsthistoriker Georg Dehio einmal als „die Burg schlechthin" bezeichnet wurde. Die öffentlich zugängliche Anlage (saisonale Öffnungszeiten beachten) sorgt für reiche Besucherströme, sodass auch die Waldwege rundum zum Teil ungewöhnlich stark frequentiert sind. Bald wird der Elzbach überquert und man steigt auf einer großen Treppenanlage hoch zur **Burg Eltz (5),** die seit mehr als 800 Jahren im Besitz der namensgebenden Familie ist. Nachdem man oben angekommen ist, bietet sich links ein Abstecher zur Burg an. Mit dem Rücken zur Anlage geht es dann zur nächsten Gabelung und dort links weiter. Man folgt dem Moselsteig-Logo nun in Richtung Treis-Karden und steigt hinab ins idyllische Tal des Elzbachs. Nach dem Überqueren des Gewässers geht es nach rechts in den Wald und etwa 10 Minuten bergan. Man stößt auf einen breiteren Waldweg, bleibt auf diesem und passiert nach einer Weile das am Wegesrand liegende **Forsthaus Rotherhof (6).**

An dieser Stelle verlässt man den Moselsteig vorerst wieder. Unmittelbar hinter dem Forsthaus nimmt man eine Rechtskurve und folgt kurz dem Schotterweg, biegt indes schnell links ab in Richtung Karden. Nach etwa 10 Minuten bergan durch schattigen Waldbereich trifft man auf eine schmale Kreisstraße, die man quert, um dann auf der gegenüberliegenden Seite den rechts der Hecken verlaufenden Weg geradeaus durch offene Landschaft zu nehmen. Man sollte also nicht in den Wald hinabgehen. Nach etwa 800 Metern stößt der Weg auf einen querlaufenden, in den man links einbiegt und der alsbald auf den **Buchsbaumpfad (7)** trifft. Ab hier folgt man auch wieder dem Moselsteig und dies bis nach Treis-Karden.

Zuerst geht es geradeaus weiter und dann links in den Wald hinein. An der folgenden Gabelung hält man sich links in Richtung Treis-Karden (noch etwa 1,5 km entfernt). Auch an der nächsten Gabelung zweigt man nach links ab und gelangt so zu dem tollen **Aussichtspunkt Kompuskopf (8)** mit Berghütte und (saisonaler) Einkehrmöglichkeit. Von hier oben bietet sich ein absolut phänomenaler Blick auf die Mosel und die umgebende Landschaft sowie auf den beidseits des Flusses liegenden Ort Treis-Karden – das letzte Etappenziel dieser schönen Tour.

Die einladende Hütte lässt man hinter sich und steigt auf steil abfallendem Pfad hinunter ins Moseltal. Es ist noch ein gutes Stück Weg bis zum Ende und dieser Abschnitt ist wegen der Wegbeschaffenheit nicht leicht zu begehen. Über felsige Passagen und eine wagemutige Brücke, die sich über ein kleines Bergbächlein spannt, kommt man dann im Ort an und läuft auf dem Burg-Eltz-Weg zur Kernstraße, an der man sich links und unmittelbar darauf rechts hält, um zum Lindenplatz zu gelangen. Denn

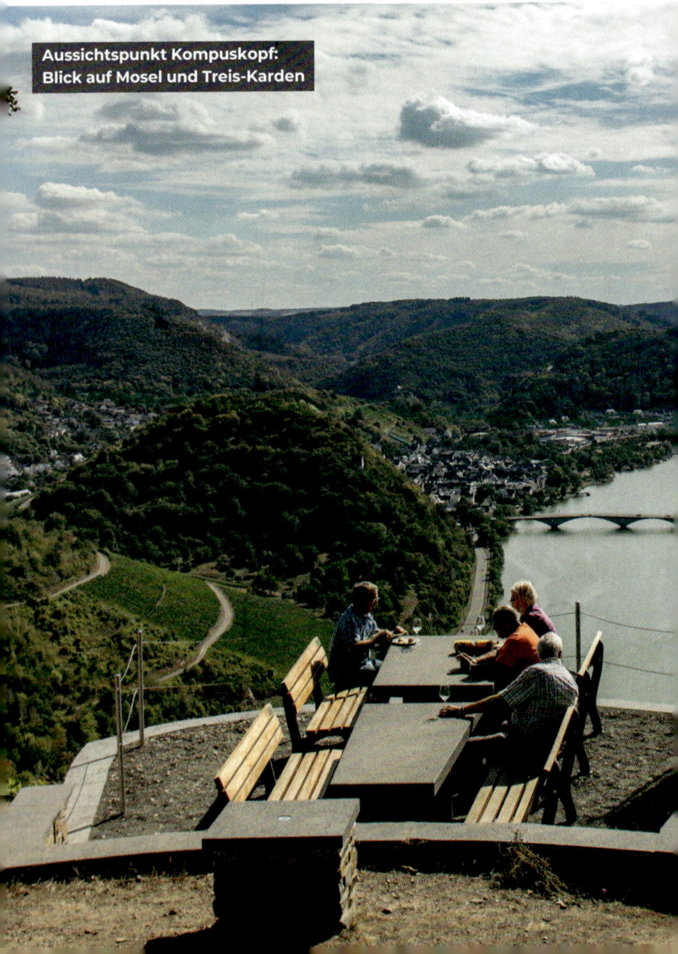

Aussichtspunkt Kompuskopf: Blick auf Mosel und Treis-Karden

bevor man den Weinort Treis-Karden verlässt, lohnt sich ein Besuch der romanischen **Stiftskirche St. Castor (9),** die als eine der wichtigsten Sakralbauten der Moselregion zwischen Trier und Koblenz gilt. Über die St.-Kastor-Straße wandert man schließlich zum Parkplatz am **Bahnhof Treis-Karden (10).** Falls man in Hatzenport geparkt hat, nimmt man von hier aus einfach den Bus dorthin.

060_wei_fs

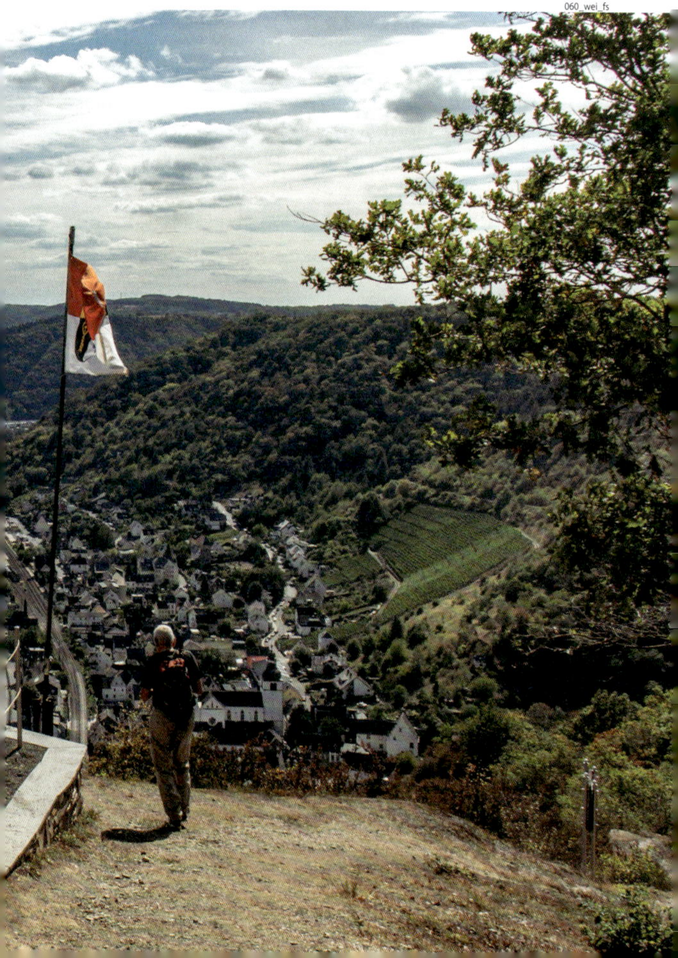

Tour 26

Entlang der Endert von Ulmen nach Cochem –

Wilde Wasser, schattige Schluchtwälder und urige Mühlen

Das romantische Tal der knapp 23 Kilometer langen Endert, das sich mal zahm und mal wild präsentiert, ist zu jeder Jahreszeit beeindruckend und schön.

Die Streckenwanderung startet in **Ulmen,** wo sich das jüngste Maar der Eifel befindet. Etwa zwei Drittel der Strecke führt der Weg entlang des **Endertbachs** durch einsame, schattige Wälder, über felsige Pfade und vorbei an historischen Mühlen, die längst anderweitig genutzt werden. Ziel der Tour ist die sehenswerte **Weinstadt Cochem.** Hier beendet auch die Endert ihre Reise und mündet in die **Mosel.**

063_wei_fs

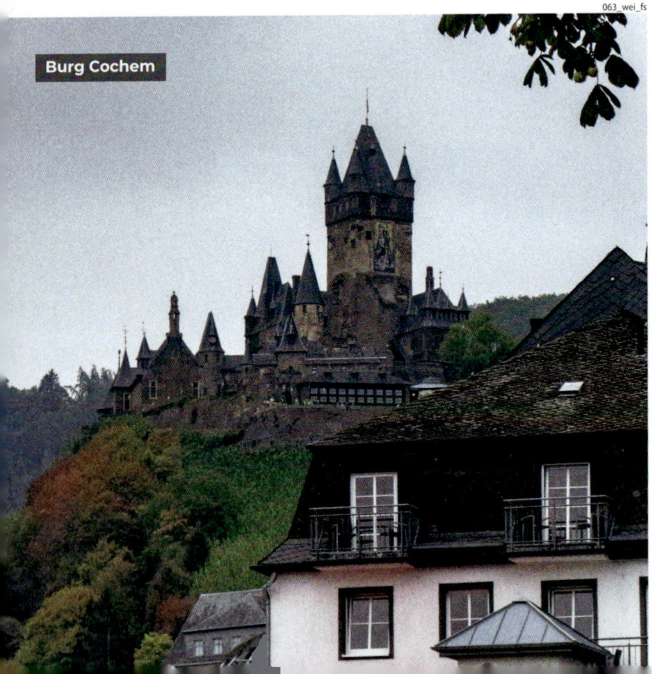

Burg Cochem

Kurze Informationsübersicht

Länge: 22,1 km
Gehzeit: ca. 6 Stunden
Auf-/Abstieg: 142 m / 488 m
ANSPRUCHSVOLL

Ausgangsort: D-56766 Ulmen
Startpunkt: Bahnhof (Ladestraße), GPS N 50.21494, E 6.97498 (UTM 32U 355526/5564492)
Karte: Eifelverein Nr. 21, Ferienland der Therme und Maare, 1:25.000
Wegeigenschaften: ob der Weglänge eine sehr gute Kondition; Wegbeschaffenheit teils problematisch, da viele felsige, mitunter rutschige Pfade, die Trittsicherheit verlangen; nach Regenfällen kann es auf einzelnen Passagen zudem recht matschig sein; feste, knöchelhohe Schuhe mit Profilsohle obligatorisch; ausreichend Proviant/Wasser mitnehmen
Einkehrmöglichkeiten: Ulmen, Göbelsmühle, Hotel-Restaurant Weißmühle, Cochem
ÖPNV: nächstgelegene Bushaltestelle „Ulmen, Bahnhof" (www.vrt-info.de); Empfehlung: in Cochem parken, dann mit der Buslinie 500 nach Ulmen/Bhf.

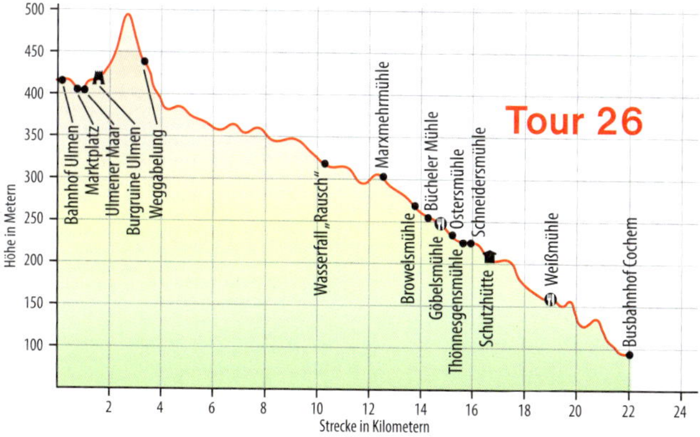

Wegbeschreibung

Vom **Bahnhof Ulmen (1)** geht man rechts an den Bahnhofsgebäuden vorbei parallel zu den Gleisen. Den Kreisverkehr passiert man links, wechselt in die Bahnhofstraße und folgt dieser bis zum **Marktplatz (2),** wo man die „Wilde-Endert-Route“ sodann startet (Logo: mäandernder Wasserlauf in Weiß auf grünem Spiegel). Den Marktplatz überquert man und steuert über den „Burgfrieden“ auf das **Ulmener Maar (3)** zu. Dieses gilt als das jüngste Eifelmaar, dessen Trichter von einem Wall aus diversen Gesteinsschichten aus unterschiedlichen Erdzeitaltern umgeben ist.

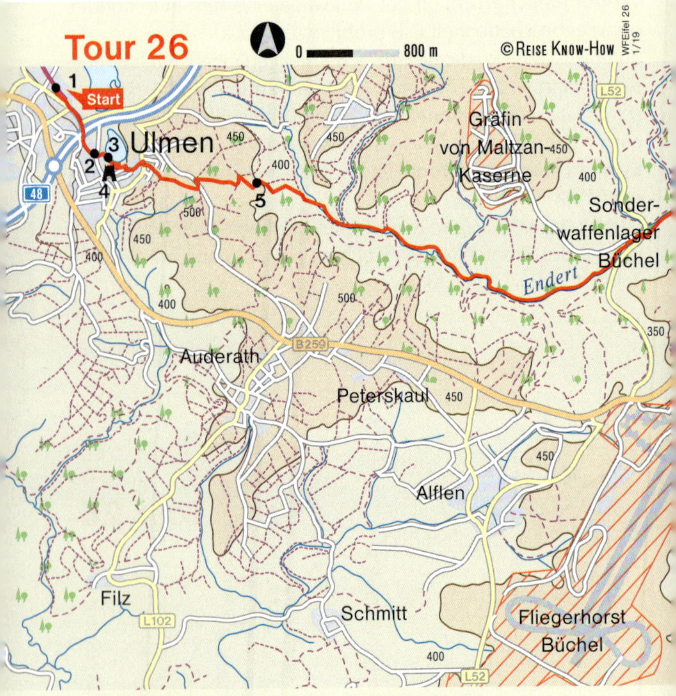

- 1 Bahnhof Ulmen
- 2 Marktplatz
- 3 Ulmener Maar
- 4 Burgruine Ulmen
- 5 Weggabelung
- 6 Wasserfall „Rausch“
- 7 Marxmehrmühle
- 8 Browelsmühle
- 9 Bücheler Mühle
- 10 Göbelsmühle
- 11 Ostersmühle
- 12 Thönnesgensmühle
- 13 Schneidersmühle
- 14 Schutzhütte
- 15 Weißmühle
- 16 Busbahnhof Cochem

Man wandert rechts des Ufers entlang und sieht oberhalb des schmalen Wegs die baulichen Reste der Ulmener Burgen, zu denen man gleich hinaufgeht. Man tritt in einen lichten Waldbereich ein und hält sich zweimal rechts bergan. Bald kommt man auf einem Schotterweg an und macht dort einen kurzen Abstecher zu der rechts liegenden **Burgruine Ulmen (4).** Der eigentliche Weg verläuft dann weiter in die andere Richtung, nämlich nach Cochem. Auf dem Schotterweg geht es sodann bis zur Straße „Am Maarberg", in die man rechts einbiegt und direkt auf die Antoniusstraße trifft. Hier hält man sich links und geht bergan. Wenn man auf die Straße „Im großen Garten" stößt, biegt

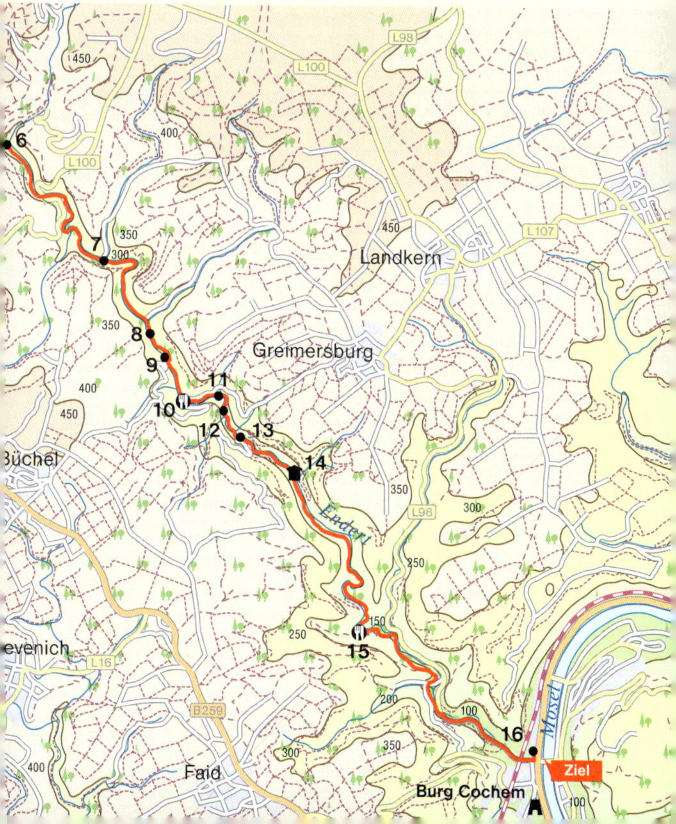

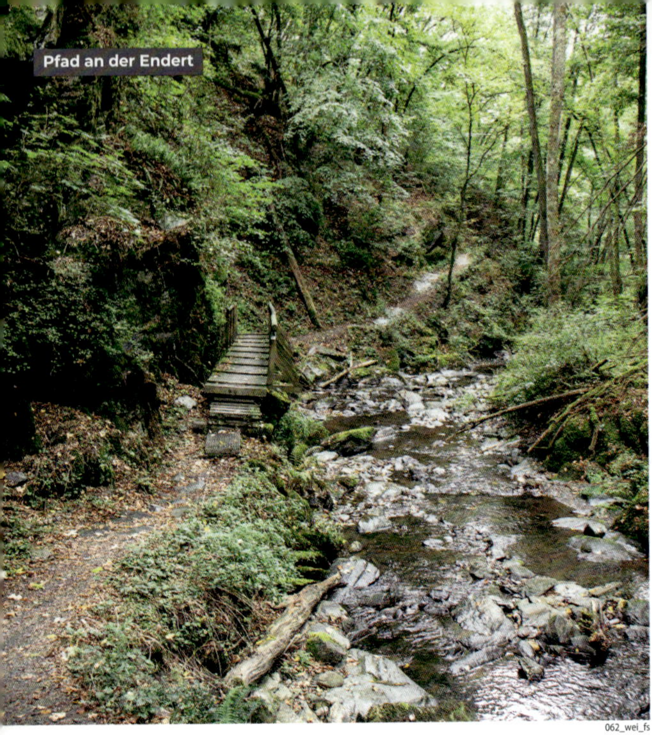

062_wei_fs

man rechts ein, um kurz danach links in den Bergweg zu gehen. Alsdann trifft man auf einen links abgehenden Weg in Richtung Cochem, auf dem man weiterläuft.

Abwechselnd wandert man in offener Landschaft und durch den Wald. Den Schildern der Endert-Route folgend, gelangt man an eine Kreuzung, an der die Antoniuskapelle steht. Diese passiert man rechts und geht weiter des Weges. Am Waldrand entlang und an Feldern vorbei kommt man an eine **Weggabelung (5).** Hier zweigt man links ab und geht leicht bergab mit Blick auf bewaldete Hänge. Man hält sich in einer Kurve rechts und dann an zweitmöglicher Stelle links. Nun bewegt man sich stetig talwärts und nähert sich nach und nach der Endert. Wiederum wechselt man hin und her zwischen halb offener Flurlandschaft und einsamen Waldbereichen, was keine Langeweile aufkommen lässt. Nach einiger Zeit trifft man auf einen Forstweg, in den man rechts in Richtung Cochem einbiegt. Bald trifft man zum ersten Mal auf die Endert, deren Quelle nur etwa 4 km entfernt liegt. Sie wird sogleich überquert. Bis auf Weiteres wandert man nun stets parallel zum Lauf der Endert, bleibt auf dem Weg und ignoriert alle Abzweigungen. Nach einer längeren Wegstrecke trifft man auf eine Landstraße (L52), die überquert wird. Kurz läuft man an dieser weiter und nimmt dann eine Linkskurve hin zu einem Schotterweg. Und direkt geht es wieder entlang des Endertbachs, nun eben rechts von ihm. Etwa 10 Minuten später kommt man an eine Gabelung. Man wählt den linken, näher zum Wasser verlaufenden Weg. Vorerst werden wiederum jegliche Abzweige oder Brücken ignoriert. Alsdann erreicht man den pittoresken **Wasserfall „Rausch" (6).** Hier stürzt die Endert schäumend und brausend 7 Meter in einen Talkessel. In eingeschlagener Richtung geht es weiter durch den Schluchtwald.

Nachdem man etwa 10 Minuten gegangen ist, erreicht man eine weitere Landstraße (L100), hält sich an dieser rechts, läuft etwa 150 Meter an ihr entlang und überquert sie sodann, um direkt links auf einen Pfad in Richtung Cochem abzuzweigen. Unterhalb der Straße wandert man nun auf einem steinigen Pfad durch den Wald, rechts und links umrahmen steile, mit Moosen und Farnen bewachsene Hänge das wildromantische, verwunschen wirkende Enderttal. Nach etwa 10 Minuten quert man ein kleines Nebenbächlein und geht geradeaus. Etwa 10–15 Minuten darauf erreicht man die **Marxmehrmühle (7),** die zwar kein Mühlrad mehr besitzt, aber offenbar als Ferienhaus genutzt wird. Kurz nach dieser gabelt sich der Weg. Man wählt den linken, der direkt am Ufer entlang verläuft und zu einer Brücke führt, die allerdings nicht überquert wird. Stattdessen geht es immer geradeaus auf schmalem Pfad. Man folgt dem Weg – bis man gar nicht anders kann, als den Bach zu überqueren. Über eine Holzbrücke geht es weiter und dann auf dem vorliegenden Pfad. Alsdann passiert man die **Browelsmühle (8),** an der man rechts vorbei und dann erneut über eine Brücke geht.

Kurz hinter dieser wird das Bächlein noch einmal gequert. Es folgt eine weitere Holzbrückenkonstruktion, die das Wandern über nicht begehbare Bereiche ermöglicht. Danach steigt man links in den Hang und über eine Treppe in Richtung Göbelsmühle steil bergan. Auf der Höhe angekommen, läuft man ein Stück geradeaus auf einer Ebene, um dann rechts bergab mit Blick auf die **Bücheler Mühle (9)** zu steigen. Jedoch nimmt man nicht die Brücke, die zur Mühle führt, sondern geht an dieser vorbei auf schmalem Pfad zur schnell erreichten, bewirtschafteten **Göbelsmühle (10),** die zur Einkehr einlädt. Wenn man über das private

Areal gelaufen ist, wandert man dahinter auf einem breiten Fahrweg leicht bergan, steigt aber rasch rechts auf schmalem Pfad wieder bergab zur Endert. Schon bald passiert man die **Ostersmühle (11)**, kurz darauf die **Thönnesgensmühle (12)** sowie die **Schneidersmühle (13).** Ein Stück weiter des Weges gelangt man zu einer **Schutzhütte (14)** mit Grillplatz, die jenseits der Endert steht. Hier geht es geradeaus in Richtung Cochem.

Man gelangt alsdann zum **Hotel-Restaurant Weißmühle (15)**, wonach eine Brücke gequert wird, die auf einen Asphaltweg führt. Dann hält man sich links und folgt dem Wegverlauf. Nach einer Weile erreicht man das an der Endertstraße gelegene Hotel Winneburg. Vor der Straße zweigt rechts ein schmaler Pfad bergan in Richtung Cochem ab, den man wählt. Nachdem man etwa 10 Minuten durch den Wald gegangen ist, kommt man im Winneburgerweg an, hält sich rechts und geht bergab. An der nächsten Kreuzung hält man sich links und läuft an der Straße „In der Faitsch" entlang. Bald trifft man wieder auf die Endertstraße, in die man rechts einbiegt und auf dem Bürgersteig an dieser bis ins Ortszentrum von Cochem spaziert. Dort geht man zum **Busbahnhof (16)** am Endertplatz, von dem aus man zurück nach Ulmen fahren kann. Nicht weit vom Bahnhof mündet die Endert in die Mosel.

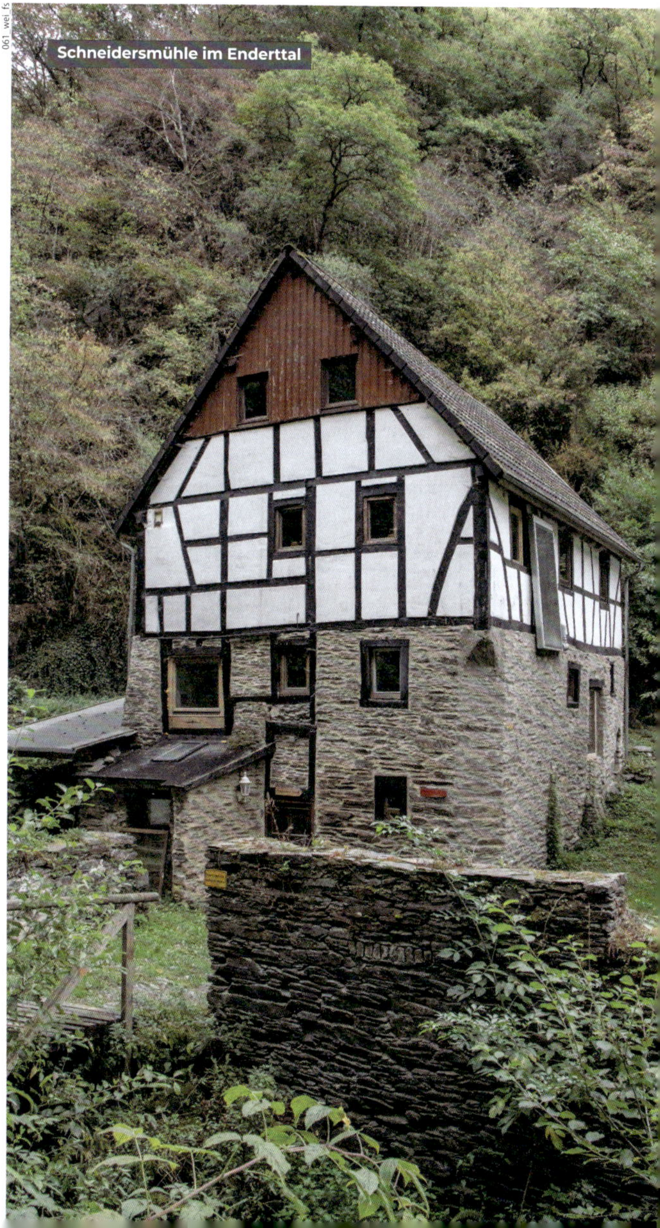

Schneidersmühle im Enderttal

Tour 27
Kletterpartie und Moselpanorama am Calmont –
Durch den steilsten Weinberg Europas

Die vergleichsweise kurze, aber anspruchsvolle Runde ist ein Klassiker, aber sie ist nichts für unerfahrene Wanderer.

Es geht durch den **Bremmer Calmont** – und der gilt mit seinen circa 65° Steigung als die **steilste Weinlage Europas.** Wer diesen einzigartigen Weinberg mit den Trockenmauern und Schieferhängen oberhalb der traumhaften **Moselschleife** und der malerischen **Klosterruine Stuben** durchklettert, der kann sich zumindest vage vorstellen, welch harte Arbeit die Steillagenwinzer hier verrichten. Dass die Mühe lohnt, lässt sich etwa in den vielen Straußwirtschaften der Moselgegend genüsslich testen, in denen direkt beim Erzeuger der lokale Wein nebst regionaltypischen Gerichten genossen werden kann.

Das zur Weinbauregion thematisch passende **Steinrelief** in der **Kreuzkapelle in Ediger-Eller,** auf dem Christus als Keltertreter dargestellt ist, sollte man sich anschauen.

065_wei_fs

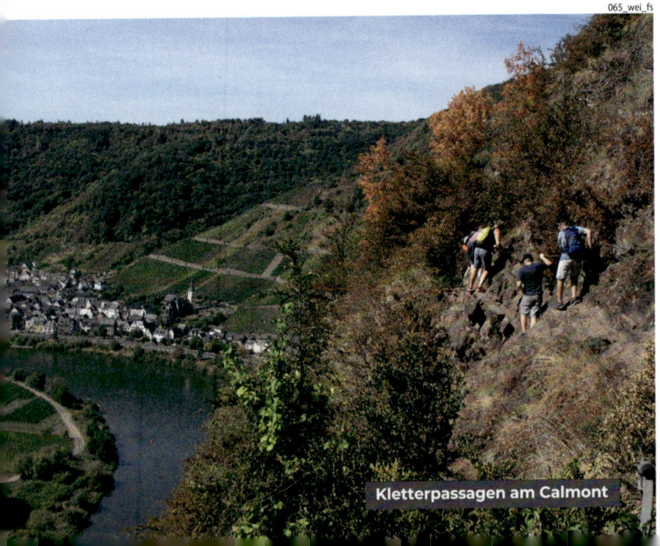

Kletterpassagen am Calmont

Karte auf S. 236

Kurze Informationsübersicht

Länge: 7,8 km
Gehzeit: ca. 2¾ Stunden
Auf-/Abstieg: je ca. 265 m
ANSPRUCHSVOLL

Ausgangsort: D-56814 Bremm

Startpunkt: Parkplatz (Moselstraße), GPS N 50.09879, E 7.121 60 (UTM 32U 365661/5551304)

Karte: Eifelverein Nr. 23, Ferienland Cochem, 1:25.000

Wegeigenschaften: Trittsicherheit, Schwindelfreiheit und eine gute Kondition; festes Schuhwerk; je nach Wetterlage Sonnenschutz und generell genügend Wasser mitnehmen

Einkehrmöglichkeiten: Bremm, Calmont-Gipfelhütte (saisonale Öffnungszeiten beachten)

ÖPNV: nächstgelegene Bushaltestelle „Bremm, Bremm" (www.vrt-info.de)

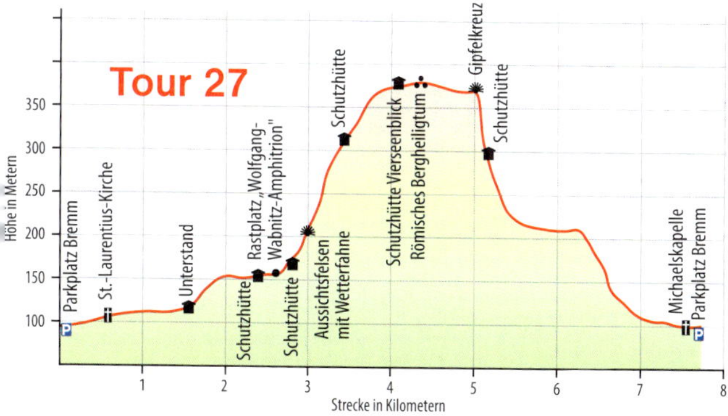

Wegbeschreibung

Die relativ kurze, aber knackige Runde startet am **Parkplatz (1)** in der Bremmer Moselstraße, auf der es in Richtung Ortszentrum geht. Sobald man zur links abzweigenden Turmstraße gelangt ist, biegt man in diese ein und wechselt dann nach links in die Brunnenstraße. An einem Brunnen läuft man geradeaus weiter und folgt den Schildern zum Calmont-Klettersteig. Nach einer Rechtskurve auf der Brunnenstraße geht es geradeaus weiter in Richtung **St.-Laurentius-Kirche (2),** die man bald passiert. Der Weg führt nun direkt in die Weinberge hinein. Der eigentliche Klettersteig durch den Calmont beginnt sogleich mit einem Treppenaufgang, über den ein schmaler Schieferpfad erreicht wird, auf dem man vorerst durch den terrassierten Weinberg wandert.

Vom steil abfallenden Hang hoch über dem Moseltal bieten sich – quasi ununterbrochen – traumhafte Blicke auf die be-

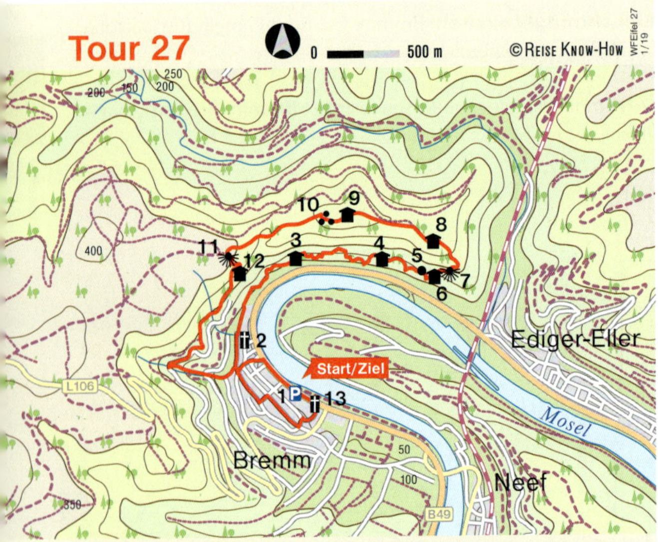

1 Parkplatz Bremm
2 St.-Laurentius-Kirche
3 Unterstand
4 Schutzhütte
5 Rastplatz „Wolfgang-Wabnitz-Amphitrion"
6 Schutzhütte
7 Aussichtsfelsen mit Wetterfahne
8 Schutzhütte
9 Schutzhütte Vierseenblick
10 Römisches Bergheiligtum
11 Gipfelkreuz
12 Schutzhütte
13 Michaelskapelle

rühmte Moselschleife, die Klosterruine Stuben und die ringsum liegenden Weinberge und Ortschaften. Schnell kommt man zu einem ersten Rettungspunkt, derer es auf der schwierigen Route sehr viele gibt und die im Notfall angepeilt werden sollten. Schon auf den ersten Metern wird klar, dass Schwindelfreiheit, Trittsicherheit und festes Schuhwerk zur Begehung des Calmont-Klettersteigs angebracht sind. Nach einiger Zeit gelangt man zur sogenannten Naslay, einem Felsvorsprung mit sagenhafter Aussicht. Danach geht es links um eine Kurve, ein **Unterstand (3)** wird passiert und auf einem felsigen, sonnenverwöhnten Pfad wandert man inmitten der Weinreben langsam voran. Passagenweise geht es über Steintreppen, metallene Leitern oder über, mit Drahtseilen gesicherte, Mauer- und Felsvorsprünge. Am Notfallpunkt mit der Nummer 6 läuft man rechts um die Kurve, man steigt zuerst eine schmale Treppe, dann eine Metallleiter hinab. Es geht nun links und man passiert eine weitere **Schutzhütte (4).**

064_wei_fs

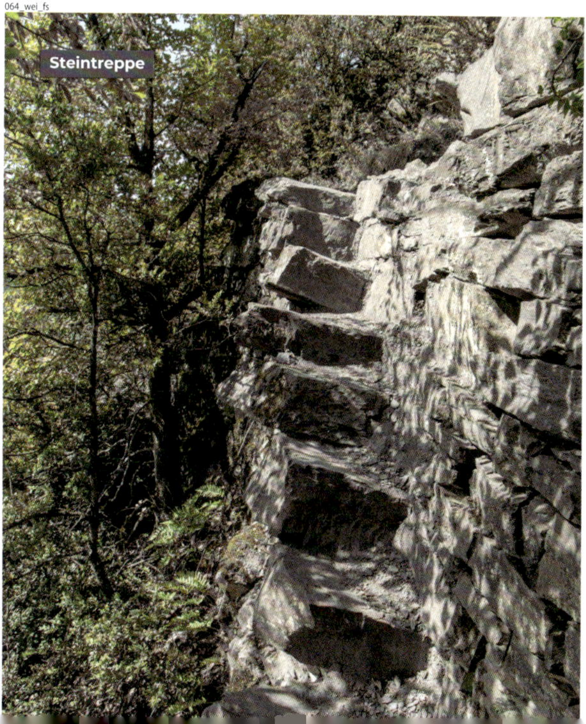

Steintreppe

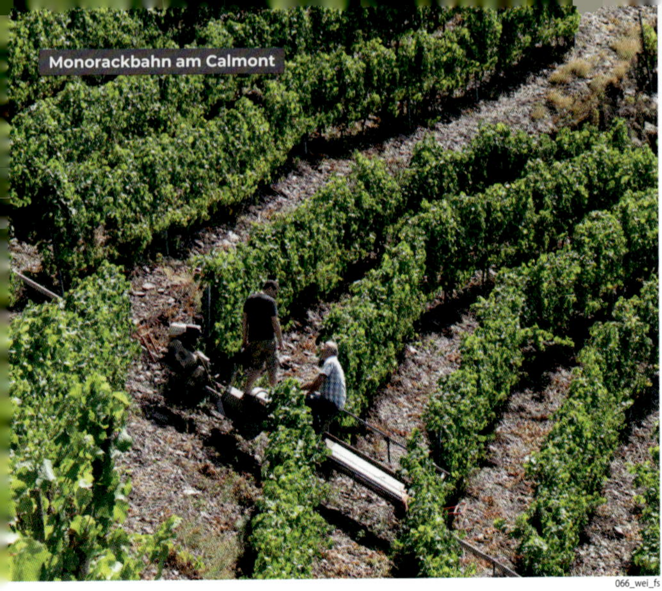

066_wei_fs

Der Wegverlauf ist, von kleinen Abzweigungen abgesehen, die indes immer wieder auf den Hauptweg treffen, stets klar und kann im Grunde nicht verfehlt werden. Irgendwann gelangt man zum **Rastplatz „Wolfgang-Wabnitz-Amphitrion" (5),** das man unterhalb passiert. Man geht an einer weiteren **Schutzhütte (6)** vorbei und hält sich in Richtung „Eller Todesangst" – einem ausgesetzten **Aussichtsfelsen mit Wetterfahne (7),** von dem es möglich ist, einen kitzligen, tiefen Blick aufs Moseltal und den Ort Ediger-Eller zu werfen. Von hier steigt man bergan, nun zur Abwechslung durch einen lichten Eichenwald hinauf zum Calmont-Höhenweg und zum Gipfelkreuz.

Nach einem ziemlich kräftigen Steilanstieg auf breitem Waldpfad kommt man an eine Gabelung, an der man sich links hält und einem schmalen Pfad folgt. So gelangt man zu einer malerisch gelegenen **Schutzhütte (8),** von der man links auf einen breiten Weg wechselt und sich dann wiederum links hält. Man erreicht eine weitere Gabelung, an der man links einen Abstecher zur **Schutzhütte Vierseenblick (9)** machen kann. Danach geht es zurück zu ebendieser Gabelung und dann weiter in Richtung Bremm Gipfelkreuz. An der nächsten Gabelung hält man sich erneut links und läuft auf schmalem Pfad zum **Römischen Bergheiligtum (10)** auf dem Calmont. Dort geht es vor dem Heiligtum rechts und kurz bergab, dann links weiter. Man wandert nunmehr über einen Weg, der genau zwischen dem Moseltal und den Eifelhöhen verläuft.

An einer Gabelung hält man sich geradeaus und steigt steil an in Richtung **Gipfelkreuz (11),** das man schon nach kurzer Zeit erreicht. Hier bietet sich eine Rast an. Mit einem Glas Wein, das man in der Gipfelhütte erstehen kann, lässt sich auf die schöne Moselregion und die herrliche Aussicht anstoßen. Mit Blick auf das Tal geht es links hinunter zu einer schnell erreichten **Schutzhütte (12).** Hier steigt man rechts auf einem felsigen, nicht ganz leicht zu begehenden Pfad bergab – nun stets in Richtung Bremm. Nach etwa 10 Minuten erreicht man einen weiteren Aussichtspunkt und kurz darauf eine Gabelung. Alsbald trifft man auf einen breiten Schotterweg und geht links weiter talwärts. Bald wechselt man auf einen Asphaltweg und wandert in weiten Kehren hinab. Die nächste Abzweigung ignoriert man, geht an der dann folgenden links um eine Kurve und auf felsigem Weg durch schattigen Waldbereich bergab (parallel zum Kandelbach). Der Teilabschnitt durch den einsamen Wald bietet einen netten Kontrast zu den zuvor genossenen Fernblicken auf die weite Mosellandschaft und dem Gang durch die sonnigen Weinberge.

Alsdann tritt man aber wieder aus dem Wald heraus und trifft auf einen Asphaltweg, dem man geradeaus talwärts folgt. Man erreicht Bremm, geht zuerst rechts in die Brunnenstraße, wechselt dann nach rechts auf die Straße „Auf Cales", der man folgt – bis nach links die Kloster-Stuben-Straße abzweigt. Dann wandert man auf der Letzteren und biegt kurz darauf rechts in die Calmontstraße ab. Bei nächster Gelegenheit geht man nach links, kurz darauf nach rechts und wechselt in die Straße „An der Kapelle" bzw. folgt dieser. Kurz bevor man den Ausgangspunkt der Tour erreicht, passiert man noch die hübsche **Michaelskapelle (13).**

Tour 28

Rundweg Erdener Treppchen –

Auf Schieferpfaden und über Leitern durch steile Wingerten

Zahlreiche Panoramablicke auf das herrliche Moseltal und die umliegenden Weinberge sind bei dieser Tour garantiert.

Unweit der an der Mittelmosel gelegenen pittoresken Stadt Bernkastel-Kues liegt der kleine, hübsche **Weinort Erden** und diesem gegenüber die **Weinlage Erdener Treppchen,** durch die ein angelegter Klettersteig in unterschiedlichen Schwierigkeitsgraden verläuft. Auf dem roten, als schwierig definierten Weg geht es auf steilen, teils drahtseilgesicherten Schieferpfaden und über metallene Leitern hoch hinaus.

069_wei_fs

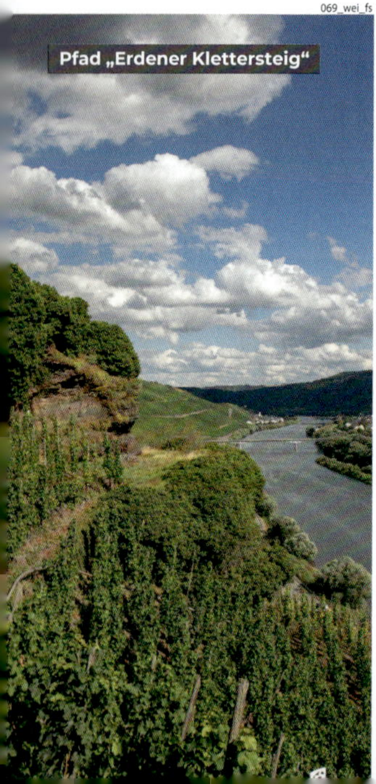

Pfad „Erdener Klettersteig“

067_wei_fs

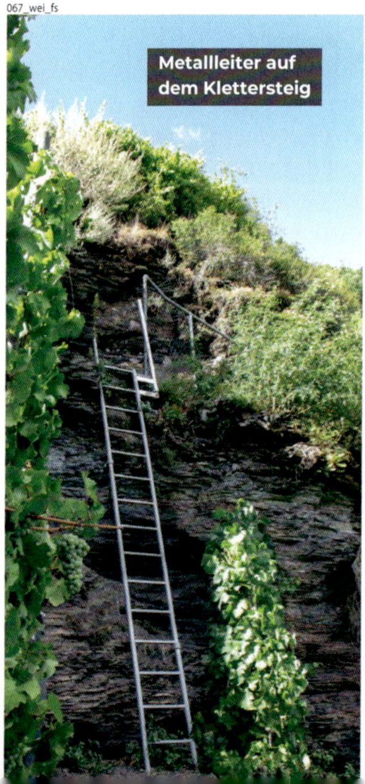

Metallleiter auf dem Klettersteig

Karte auf S. 242

Kurze Informationsübersicht

Länge: 5,3 km
Gehzeit: ca. 2 Stunden
Auf-/Abstieg: je ca. 220 m
MITTELSCHWER

Ausgangsort: D-54492 Lösnich

Startpunkt: Wanderparkplatz am Brückenkopf (Hauptstraße), GPS N 49.97697, E 7.03647 (UTM 32U 359217/5537918)

Karte: Eifelverein Nr. 35, Bernkastel-Kues, 1:25.000

Wegeigenschaften: Trittsicherheit und Schwindelfreiheit; festes Schuhwerk mit anständiger Profilierung; ausreichend Trinken und (je nach Wetterlage) angemessenen Sonnenschutz einpacken

Einkehrmöglichkeiten: Lösnich und Erden (beide Orte nahe des Ausgangspunkts, aber nicht direkt auf dem Weg)

ÖPNV: nächstgelegene Bushaltestelle „Lösnich, Brücke Ortsseite“ (www.vrt-info.de)

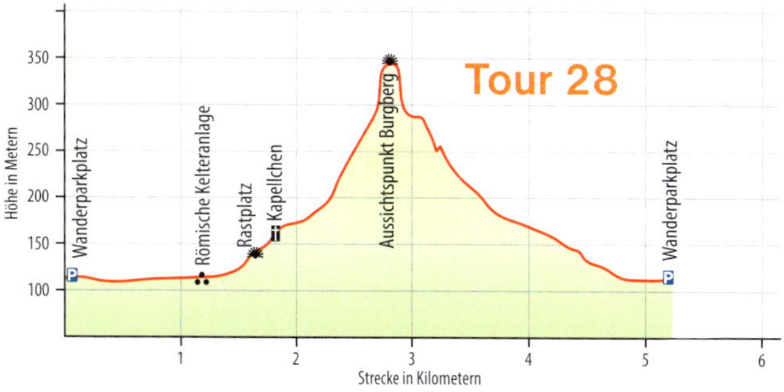

Wegbeschreibung

Vom **Wanderparkplatz (1)** am Rande von Lösnich startet die kurze Tour durch die Weingärten der Lage Erdener Treppchen. Zu allererst überquert man die Moselbrücke, danach geht es links in Richtung Klettersteig direkt hinein in die Weinberge. Man bleibt vorerst auf dem etwas erhöhten Weg, der parallel zur Mosel und zum Radweg verläuft. Abzweige werden ignoriert, bis man die unterhalb des Weges liegende **römische Kelteranlage (2)** erreicht hat, zu der man einen Abstecher machen kann. Gleich hinter der archäologischen Stätte findet sich der Einstieg zum Klettersteig Erdener Treppchen. Der angelegte Routenverlauf des Klettersteigs ist in drei Schwierigkeitsgrade unterteilt, die farblich entsprechend markiert sind – grün, gelb, rot (leicht, mittel, schwer). Die Tour dieses Wanderführers folgt dem roten, als schwer deklarierten Weg, aber das mutet wilder an, als es tatsächlich ist. Ein wenig Vorsicht ist dennoch angeraten.

Sodann geht es hinauf in eine der steilsten Weinlagen der Mittelmosel. Und man steigt direkt ziemlich knackig an auf schmalem Schieferpfade. Schon bald muss man die erste Metallleiter erklimmen, um danach um eine Kurve und weiter bergan zu gehen. Rasch erreicht man einen Asphaltweg, hält sich zunächst links, bald darauf rechts, um an einer der typischen Trockenmau-

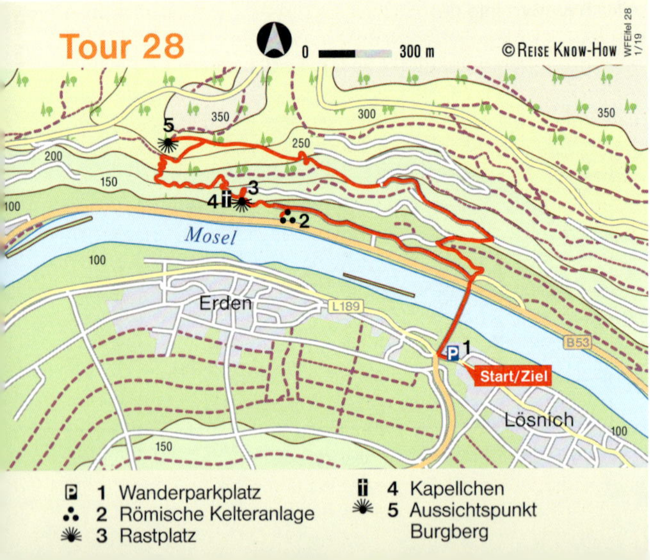

ern eine schmale Treppe hinauf zu steigen. Daraufhin klettert man über die Schiene einer Monorackbahn – einer Einschienen-Zahnradbahn, die insbesondere im Steillagenweinbau eingesetzt wird. Man wandert auf dem Höhenweg mit fantastischem Blick auf das Moseltal, den gegenüberliegenden Ort Erden sowie die Weinberge diesseits und jenseits des Flusses. Eine weitere, etwas längere und steilere Leiter folgt. Über diese gelangt man zu einem tollen **Rastplatz (3)** mit zahlreichen Bänken und Tischen, natürlich inklusive Panoramablick.

Im Verlauf des Weges passiert man ein **Kapellchen (4)** und daraufhin eine Sitzbank, hinter der man eine Kurve nimmt. Dort, wo an der Mauer ein Seil befestigt ist, steigt man auf einem schmalen Pfad bergan. Über mehrere Metallleitern geht es weiter und man gelangt bald zu einer Stelle, an der sich die Wege teilen. Rechts führt zu einem leichteren, links zu einem mittleren sowie schweren Weg. Man hält sich an die rote Markierung. Nachdem man eine Weile auf schmalem, bisweilen rutschigem Schieferpfad bergauf und bergab gewandert ist, kommt man an eine Gabelung, an der es rechts geht und wiederum bergan. Man läuft entlang an dichtem Buschwerk. Nach ein paar Minuten trennt sich der Weg erneut. Hier folgt man wiederum links dem roten Punkt. Man steigt über eine Treppe und weiter auf einem Pfad langsam, aber stetig den Berg hinauf und gelangt zu einer Anhöhe, wo man nach rechts dem roten Punkt folgt.

Nach einiger Zeit durch lichten Eichenwald erreicht man eine weitere Gabelung. An dieser Stelle macht man einen kleinen Abstecher zum **Aussichtspunkt Burgberg (5),** geht also links. Daraufhin kehrt man aber wieder hierhin zurück und folgt dem rot markierten Pfad. Nach steilem, rutschigem Abstieg gelangt man sodann zu einem Bergbächlein, das sich über die Schieferfelsen ergießt. Vor diesem geht es erst einmal rechts um die Kurve auf einem Pfad, der mal besser, mal schlechter sichtbar ist. Kurz darauf überquert man das Bächlein doch noch. Recht schnell tritt man hinaus aus dem herrlichen Wald und der Blick öffnet sich auf die Weinberge und das Moseltal. Auch die Brücke, die zu Beginn gequert wurde, ist zu sehen. Zu dieser wandert man nun zurück. Nachdem man auf einen breiteren Fahrweg gestoßen ist, geht es links hinab. Bald gabelt sich der Weg. Man passiert Mispel- und Weinbergpfirsich-Bäume, die auf den Weinterrassen gleich der Reben genüsslich Sonne tanken, hält sich nun generell in Richtung Erden. An besagter Startbrücke angelangt, geht man über diese zurück zum Ausgangspunkt.

Tour 29
Durch die Weinberge oberhalb von Kesten –
Kurfürstlay, Sauerbrunnen und alte Winzerhöfe

Der kleine, aber feine Spaziergang durch die Weinberge oberhalb des hübschen, an der Mosel zwischen Trier und Bernkastel-Kues gelegenen Winzerdorfs Kesten ist aufgrund der Länge und Wegbeschaffenheit für alle Fitnesslevels geeignet und eine ideale Tour für Familien mit kleinen Kindern.

Inmitten der Weinberge der **Großlage Kurfürstlay** geht es hinauf, zuerst in Richtung Osann-Monzel, dann schlägt man über Höhenwege einen Bogen und wandert nach einem kurzen Abstecher zum **römischen Sauerbrunnen** schließlich zurück ins Moseltal, wo die zahlreichen Weinstuben im **historischen Ortskern** von **Kesten** zur Direktverkostung einladen.

071_wei_fs

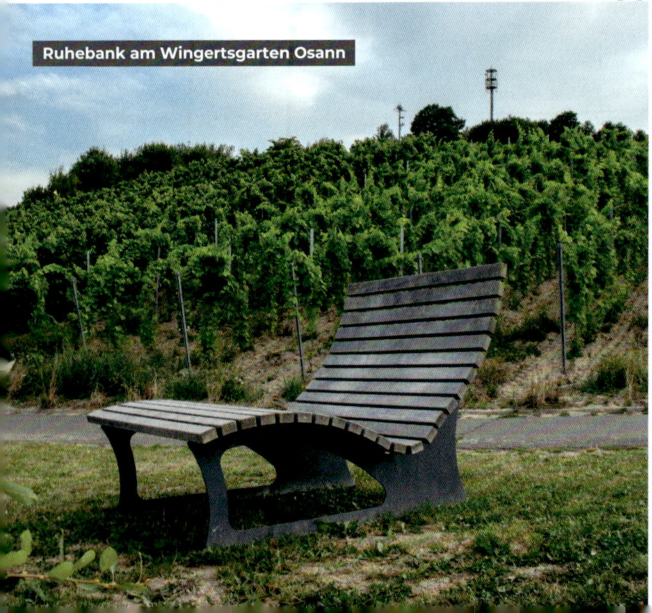

Ruhebank am Wingertsgarten Osann

Karte auf S. 246

Kurze Informationsübersicht

Länge: 5,5 km
Gehzeit: ca. 1¾ Stunden
Auf-/Abstieg: je ca. 130 m
LEICHT

Ausgangsort: D-54518 Kesten

Startpunkt: Parkplatz (Moselstraße), GPS N 49.90061, E 6.956 29 (UTM 32U 353237/5529583)

Karte: Eifelverein Nr. 35, Bernkastel-Kues, 1:25.000

Wegeigenschaften: kein besonderes Können erforderlich; barrierefreie, breite Wege; ideale Familientour

Einkehrmöglichkeiten: Kesten

ÖPNV: nächstgelegene Bushaltestelle „Kesten, Ort" (www.vrt-info.de)

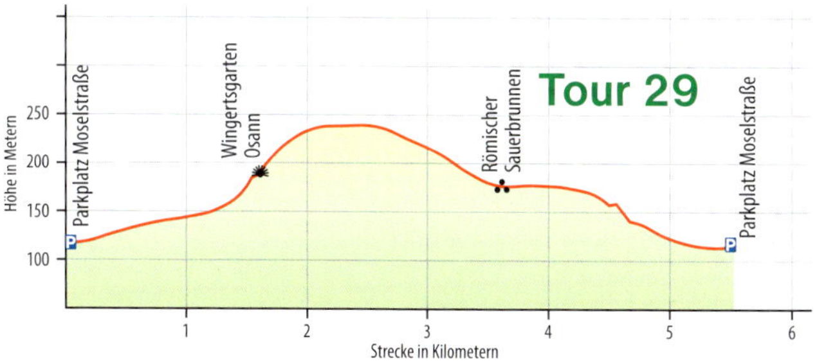

Wegbeschreibung

Vom **Parkplatz (1)** in der Moselstraße startet die entspannte, kleine Runde in Richtung des historischen Winzerhauses „Himmeroder Hof", an dem man rechts und über den Eiermarkt hin zu den Weinbergen geht. Am Ortsausgang biegt man links in eine Nebenstraße ein und folgt einer Kurve bergan. Auf einem asphaltierten Weg spaziert man fortan inmitten der Weingärten oberhalb von Kesten mit traumhaftem Panoramablick auf das Moseltal und schraubt sich nach und nach in die Höhe. Bei nächster Gelegenheit geht es rechts um eine Kurve und weiter des Weges.

Nach einer ganzen Weile gelangt man an eine Gabelung oberhalb des Ortes Osann-Monzel, an der es links zur Hofstraße und rechts zur Grabenstraße geht. In der Spitze der zusammentreffenden Wege wurde seitens der Gemeinde der **Wingertsgarten Osann (2)** angelegt: Ein schöner Aussichtspunkt, der dem Thema Weinbau gewidmet ist. Hier geht es links weiter

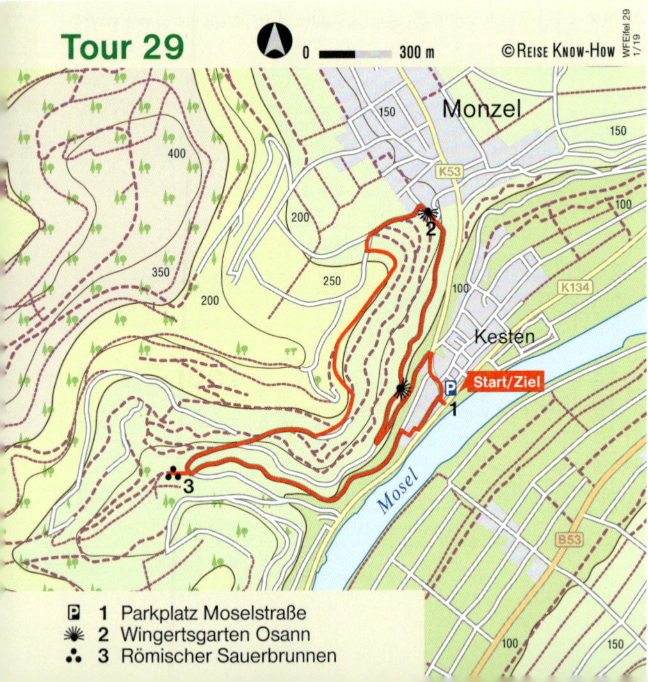

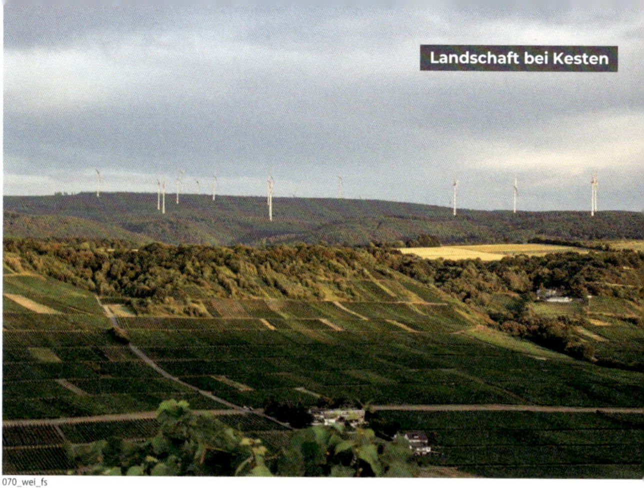

070_wei_fs

bergan in Richtung Hofstraße. Bei nächster Gelegenheit hält man sich wiederum links, passiert ein hübsches Privathaus und folgt dem Hauptweg bergan. Alle abzweigenden Wege werden vorerst ignoriert. Sobald man am fünften nach links abgehenden Weg ankommt, biegt man in diesen ein. An der dann folgenden Gabelung hält man sich links, an der übernächsten rechts. Die daraufhin folgende Abzweigung wird nicht beachtet und an der kommenden geht man rechts.

Streckenabschnitte des Weges verlaufen über eine Art Höhenweg auf einer Ebene, sonst steigt man bergauf und wieder bergab. Nun bleibt man eine Weile auf dem Hauptweg, der sich langsam wieder talwärts schlängelt. Etwaige Abzweigungen werden bis auf Weiteres ignoriert. Dort, wo der Weg eine scharfe Linkskurve nimmt, macht man sodann einen kurzen Abstecher nach rechts zum im Dreisbachtal gelegenen **Sauerbrunnen (3).** Das kohlensäure- und eisenhaltige Wasser haben schon die Römer genutzt. Der Legende nach soll gar Julius Cäsar seinen Durst ebendort gelöscht haben. Darauf läuft man wieder zurück auf den zuvor verlassenen Weg und in Richtung Kesten, wobei man hier den oberen der beiden zur Verfügung stehenden Wege wählt. Es geht weiter talwärts, der Weg nimmt kurz vor dem Ortseingang eine Linkskurve und man gelangt dann schnell zu den ersten Häusern. Auf Höhe der Kirche St. Georg, die ihren Ursprung im 18. Jh. hat, geht man über Treppenstiegen zu dieser hinab und dann an ihr vorbei in die Straße „Am Herrenberg". Dort angelangt, hält man sich links und läuft zurück zum Ausgangspunkt.

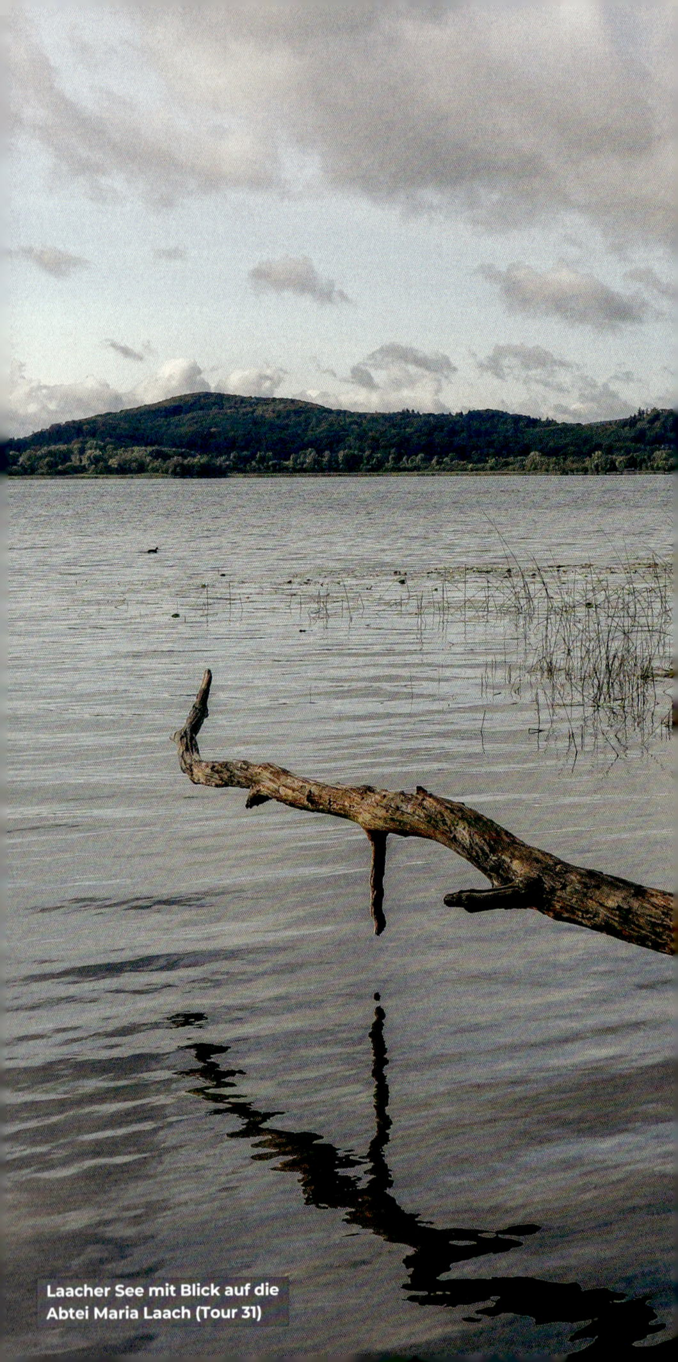

Laacher See mit Blick auf die
Abtei Maria Laach (Tour 31)

MITTELRHEIN-GEBIET

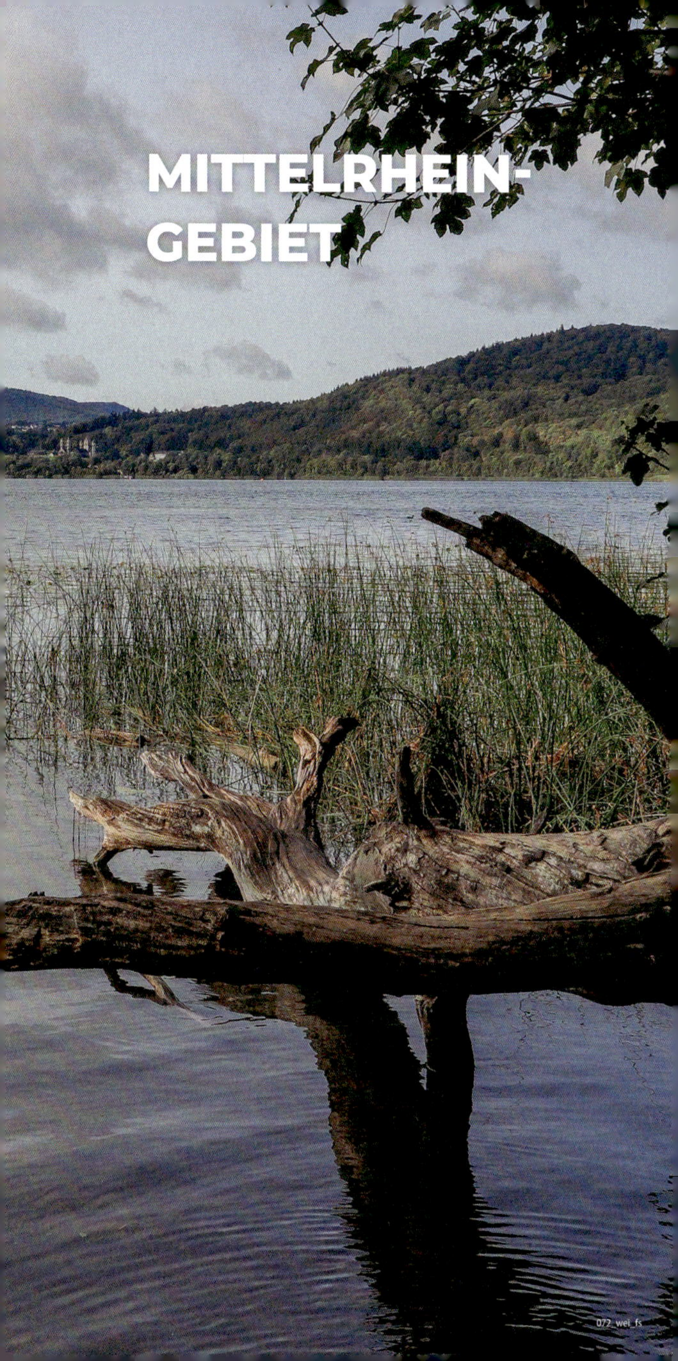

072_wei_fs

Tour 30

Höhlen- und Schluchtensteig bei Kell – Trasshöhlen, Wolfsschlucht und Mineralquellen

Die interessante und herrliche Runde bietet alles, was das Herz des Wanderers begehrt: tolle Ausblicke über die Höhen, urig-lauschige Waldpassagen mit felsigen Pfaden und murmelnden Wassern im Tal, zudem viel Erd- und Kulturgeschichte am Wegesrand.

In ständigem Auf und Ab führt der Weg vorbei am **Brohltal-Viadukt,** hin zu vulkanischen Trasswänden- und höhlen, entlang der versteckten **Ruinen des Tönissteiner Klosters,** sodann durch die mystische **Wolfsschlucht** und schließlich zur sprudelnden **Römerquelle.**

073_wei_fs

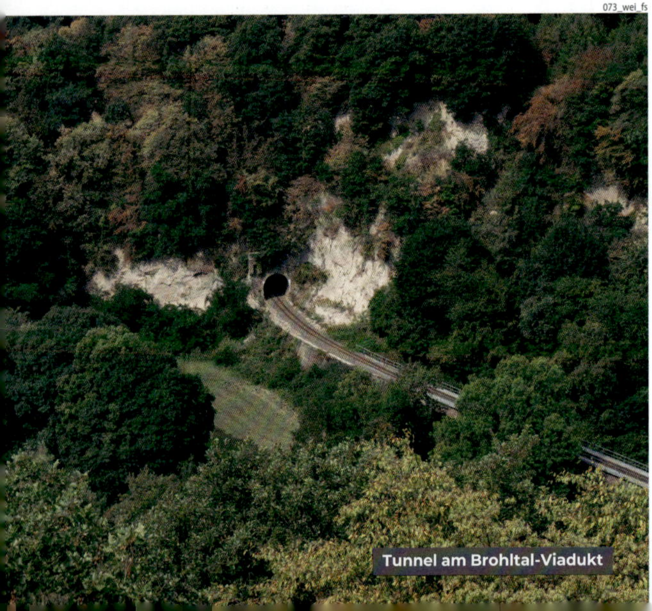

Tunnel am Brohltal-Viadukt

Kurze Informationsübersicht

Länge: 12 km
Gehzeit: ca. 3½ Stunden
Auf-/Abstieg: je ca. 280 m
MITTELSCHWER

Ausgangsort: D-56626 Andernach-Kell

Startpunkt: Parkplatz Bergwege (an der K57), GPS N 50.436 68, E 7.29799 (UTM 32U 379134/5588569)

Karte: Eifelverein Nr. 10, Das Brohltal, 1:25.000

Wegeigenschaften: teils felsige, rutschige, abschüssige und – je nach Wetterlage – matschige Pfade, die nach festem Schuhwerk und Trittsicherheit verlangen

Einkehrmöglichkeiten: Bad Tönisstein („Jägerheim" am Brohltal-Viadukt und „Bierkeller" des Seniorendomizils)

ÖPNV: keine; bei alternativem Startpunkt bspw. Bushaltestelle „Bad Tönisstein, Seniorendomizil" (www.vrminfo.de) oder bei Fahrt mit der Brohltalbahn „Bad Tönisstein Bhf./Jägerheim" (www.vulkan-express.de)

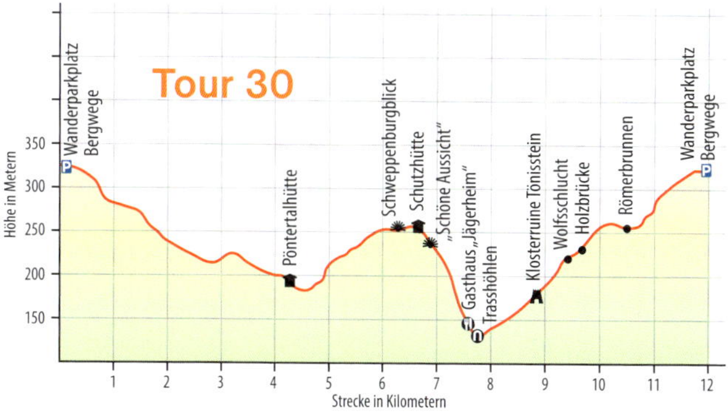

Wegbeschreibung

Vom großen **Wanderparkplatz Bergwege (1)** an der K57 in Richtung Berghof startet man und orientiert sich generell an den „Traumpfade"-Schildern („Höhlen- und Schluchtensteig Kell") (Logo: mäanderndes Band in Weiß auf orangenem Hintergrund und Schriftzug). Bevor man das Bauerngehöft erreicht, überquert man die K57 und wandert vorerst auf breitem Fahrweg über die Höhen. Nach kurzer Strecke trifft man auf einen Querweg und hält sich links, an der folgenden Kreuzung rechts und läuft dann bergab. Alsdann geht man links durch das Krayerbachtal in Richtung Krayermühle, die man auch passiert. Entlang

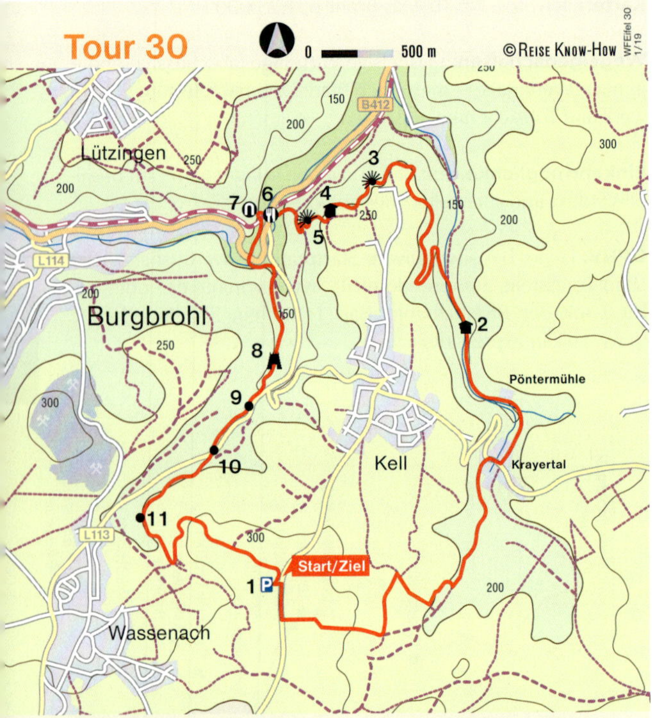

- 1 Wanderparkplatz Bergwege
- 2 Pöntertalhütte
- 3 Schweppenburgblick
- 4 Schutzhütte
- 5 „Schöne Aussicht"
- 6 Gasthaus „Jägerheim"
- 7 Trasshöhlen
- 8 Klosterruine Tönisstein
- 9 Wolfsschlucht
- 10 Holzbrücke
- 11 Römerbrunnen

an Weiden- und Wiesenflächen und teils durch halboffene Wald- und Buschbereiche gelangt man zu einer kleinen Häusergruppe des Weilers Krayertal, wo man rechts auf einem parallel zur Pöntertalstraße verlaufenden Weg weitergeht. Bald schon zweigt man links ab, quert die genannte Straße und wandert nun in Richtung „Schöne Aussicht". An der nächsten Gabelung läuft man weiter auf dem linken Weg und bleibt vorerst dann auf diesem. Man passiert die Pöntermühle, erreicht darauf einen lichten Wald und läuft parallel des links fließenden Pönterbachs. An einer folgenden Weggabelung steht eine Schutzhütte, die **Pöntertalhütte (2).** Man geht links an dieser vorbei und dann geradeaus. Rasch kommt man an eine Holzbrücke, auf der man den Pönterbach quert.

Nach und nach steigt man nun in weiten Kehren in den Wald hinauf und gewinnt stetig an Höhe. Ein Gebäude wird passiert, dahinter weist ein Schild zur „Schönen Aussicht". Diesem folgt man und gelangt so zuerst zum **Schweppenburgblick (3),** von dem aus die im Brohltal gelegene Schweppenburg aus dem 14. Jh. gut zu sehen ist. Danach bleibt man vorerst auf dem bisherigen Weg und ignoriert die Abzweigungen. Man passiert eine auf der linken Seite stehende **Schutzhütte (4),** nach der man rasch rechts abbiegt und bergab läuft. Nach ein paar Minuten wird die **„Schöne Aussicht" (5)** erreicht, eine Aussichtsplattform, die einen tollen Blick auf das Brohltal-Viadukt und die Vulkanlandschaft gewährt.

075_wei_fs

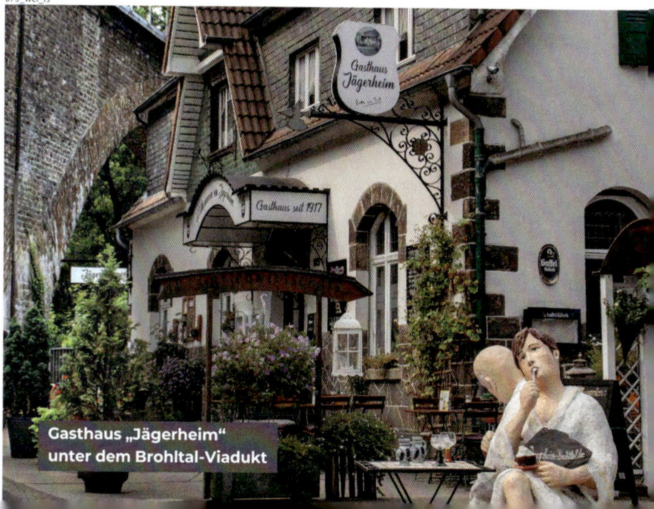

Gasthaus „Jägerheim" unter dem Brohltal-Viadukt

Weiter geht es auf dem „Höhlen- und Schluchtensteig" auf felsigem Pfad, der bergab führt und recht abschüssig ist. Er schlängelt sich talwärts und trifft alsdann auf einen breiteren Weg. Man biegt rechts in diesen ein, zweigt indes schon bald links ab und steigt über Treppen hinab in Richtung „Jägerheim" und Trasshöhlen. Nach ein paar Minuten über schmale, teils rutschige Pfade tritt man aus dem Wald heraus, erreicht die Brohltalstraße und sieht sich dem einladenden **Gasthaus „Jägerheim" (6)** gegenüber, das unterhalb des Brohltal-Viadukts steht. Zu diesem wechselt man hinüber, passiert es links und unterquert das Viadukt in Richtung **Trasshöhlen (7).** Sie zeugen vom Laacher-See-Vulkanismus wie vom Abbau des vulkanischen Steins seit Römerzeiten und man kann sie sogleich wandernd erforschen. Nachdem man aus dem spannenden Höhlensystem wieder hinausgetreten ist, unterquert man das Viadukt wiederum. Auf schmalem Pfad wandert man kurz über eine Wiese mit Blick auf weitere Trasshöhlen, die man ebenfalls erkundet. Danach läuft man bis zur Brohltalstraße, dort links und kurz an dieser entlang, überquert sie und hält sich nunmehr in Richtung Tönisstein/ Wolfsschlucht.

Es geht direkt in den Wald hinein, über den Brohlbach, dann links weiter. Bald schon erreicht man eine Landstraße (L113), an der man sich rechts hält. Vor dem zu Bad Tönisstein gehörenden Seniorendomizil samt Gasthaus „Bierkeller" steigt man rechts den Berg hinauf. Rasch wechselt man nach rechts auf einen schmalen Felsenpfad. Sodann geht es auf einem breiteren, im

074_wei_fs

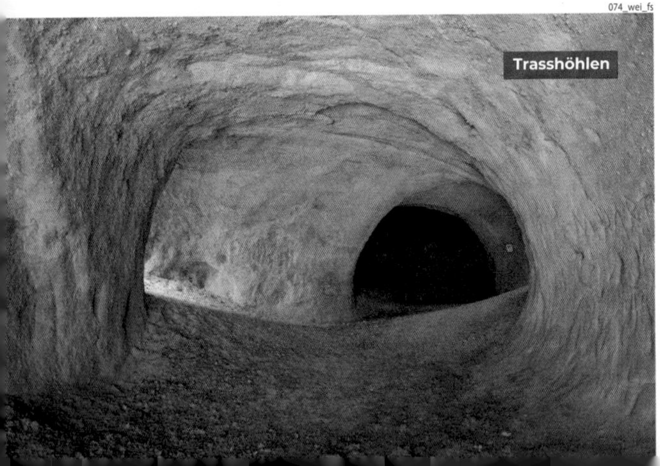

Trasshöhlen

Sommer angenehm schattigen Waldweg voran, der nur noch mäßig ansteigt. Links des Wegs finden sich bei genauem Hinsehen noch spärliche, längst durch Buschwerk überwucherte Reste des einstigen Klosters, der **Klosterruine Tönisstein (8),** das hier im 15. Jh. gegründet wurde. Kurz darauf biegt man links in Richtung Wolfsschlucht ab. Vor der L113 hält man sich rechts, läuft in den Wald hinab und erreicht sodann die **Wolfsschlucht (9)** – eine tiefe, wildromantische, mystische Schlucht, die zwischen hohen Trasswänden klafft. Inmitten dieser mäandert der Tönnissteiner Bach und stürzt teils in sprühenden Kaskaden die steilen Felsen hinab.

Man folgt dem Pfad durch die Schlucht, überquert bald eine Brücke und kurz darauf eine weitere **Holzbrücke (10),** von der man einen guten Blick auf einen herrlichen Wasserfall hat. Danach steigt man über Treppenstufen bergan und kommt schnell wieder an der L113 heraus. Diese quert man und geht auf der gegenüberliegenden Seite rechts. Bald passiert man ein paar Häuser und gelangt sodann an eine Gabelung. Hier hält man sich in Richtung Bergwege. Rasch wird der **Römerbrunnen (11)** passiert: Im eingefassten Becken der Mineralquelle blubbert es stetig vor sich hin, weil CO_2-Gase aus tiefen Erdschichten aufsteigen. Denn unter der vulkanischen Eifel brodelt es noch immer. Übrigens erkennt man an den rotbraunen Ablagerungen am Brunnen, dass das Wasser stark eisenhaltig ist.

Im Verlauf des Weges hält man sich zuerst parallel zum Wassenacher Bach, dann an einer Kreuzung links, an den zwei danach folgenden Gabelungen jeweils rechts und schließlich an einer Kreuzung geradeaus. Man folgt nunmehr ausschließlich den Schildern, die zum Parkplatz Bergwege führen. Abwechselnd wandert man auf einer Höhe, dann wieder mäßig oder steil bergan. Teils verläuft der Weg durch offene Flurlandschaft, teils durch schattigen Buchenmischwald sowie halboffene Partien entlang an Brombeerhecken und Buschwerk. Das letzte Wegstück der abwechslungsreichen Runde führt entlang an Ackerflächen und lässt zum Abschluss noch einmal weite Rundumblicke zu.

Tour 31

Runde um den Laacher See –

Mofetten, Maria Laach und Lydiaturm

In der vulkanischen Osteifel brodelt es noch immer sichtbar. Bei der aussichts- wie einsichtsreichen Wanderung rund um den Laacher See, der eine Caldera und kein Maar ist, gibt es nämlich Mofetten zu sehen.

Mofetten sind Austrittsstellen von CO_2-Gasen, die deutlich auf **vulkanische Aktivität** hindeuten. Der größte See von Rheinland-Pfalz ist ein Resultat des Ausbruchs des **Laacher-See-Vulkans** vor etwa 13.000 Jahren. Nun kann man hier aber nicht nur wandern und forschen, sondern auch campen und schwimmen. Und auch die Kultur ist zum Greifen nah. Direkt am See liegt die 1093 gegründete **Abtei Maria Laach** mit der sehenswerten romanischen Klosterkirche, die als eine der bedeutendsten Sakralbauten Deutschlands gilt.

Ein Besuch der **Vulkan-Brauerei** in der einstigen Bierhochburg Mendig lohnt sich immer – moderne Gasträume, gute Biere und die tiefsten Lager- und Gärkeller der Welt (www.vulkan-brauerei.de).

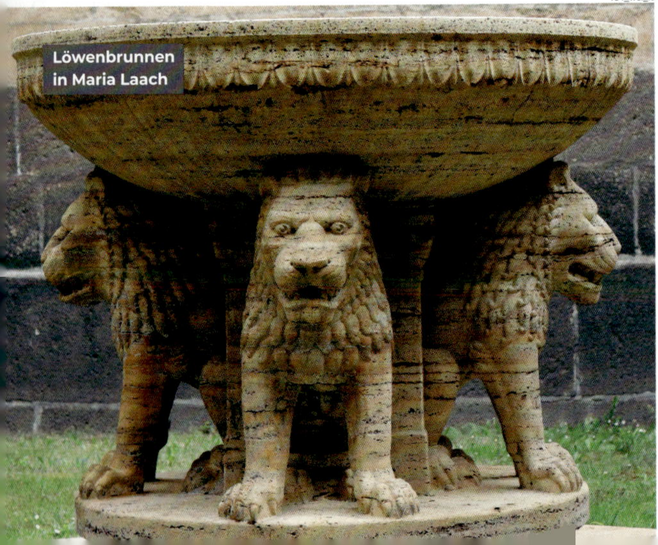

Löwenbrunnen in Maria Laach

Kurze Informationsübersicht

Länge: 12 km
Gehzeit: ca. 3½ Stunden
Auf-/Abstieg: je ca. 250 m
MITTELSCHWER

Ausgangsort: (bei) D-56653 Wassenach

Startpunkt: Waldparkplatz am Laacher See (an der L116), GPS N 50.42524, E 7.28120 (UTM 32U 377912/5587324)

Karte: Eifelverein Nr. 32, Osteifel mit Laacher-See-Gebiet, 1:25.000

Wegeigenschaften: wenige felsige, teils steile Wurzelpfade, dort Trittsicherheit vonnöten

Einkehrmöglichkeiten: Kloster Maria Laach und Haus Waldfrieden

ÖPNV: nächstgelegene Bushaltestelle „Waldfrieden Laacher See" (www.vrminfo.de)

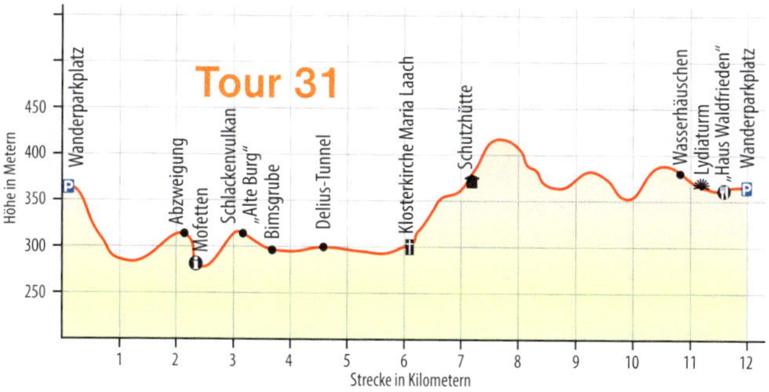

Wegbeschreibung

Vom **Wanderparkplatz (1)** geht man an der L116 in den Wald und direkt hinab in Richtung See. Schon bald trifft man auf einen breiten Forstweg, in den man rechts einbiegt. An den nächsten Wegkreuzungen hält man sich jeweils geradeaus weiter bergab. So gelangt man bald zum Campingplatz am Ufer des Laacher Sees. Vor diesem biegt man links ab, läuft zuerst eine Weile auf breitem Weg (zwischendurch gibt es auch die Möglichkeit, den Weg näher am Wasser zu wählen), verlässt diesen aber dann de-

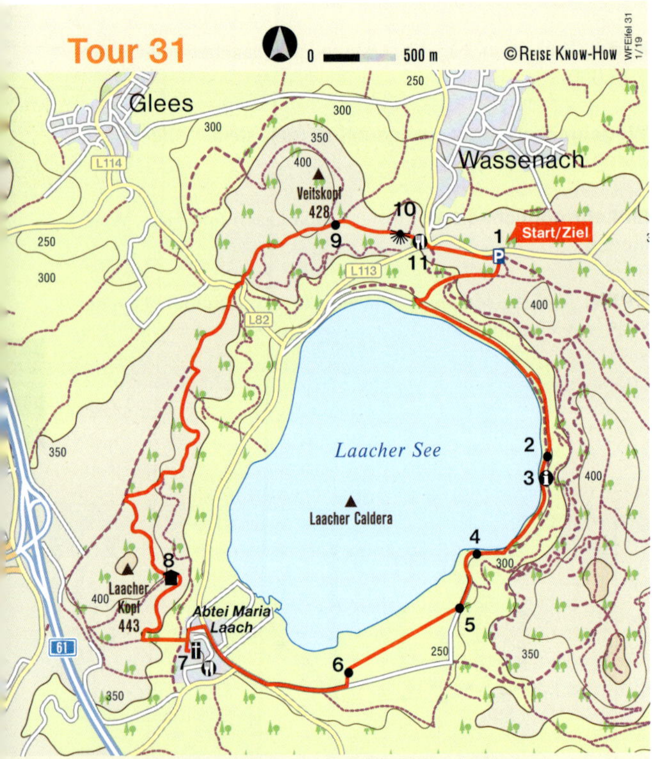

- P 1 Wanderparkplatz
- 2 Abzweigung
- 3 Mofetten
- 4 Schlackenvulkan „Alte Burg“
- 5 Bimsgrube
- 6 Delius-Tunnel
- 7 Klosterkirche Maria Laach
- 8 Schutzhütte
- 9 Wasserhäuschen
- 10 Lydiaturm
- 11 „Haus Waldfrieden“

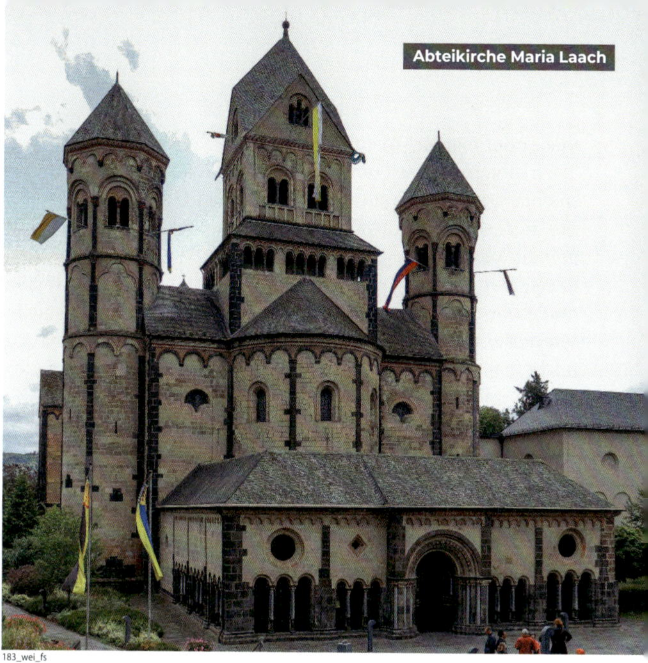

183_wei_fs

finitiv an einer **Abzweigung (2)** und wechselt nach rechts auf den nah zum Ufer verlaufenden. Denn so gelangt man zu den sogenannten **Mofetten (3),** den Austrittsstellen von Kohlendioxid. Vom Uferrand des Laacher Sees kann man die aufsteigenden CO_2-Bläschen an der Wasseroberfläche bestaunen, die mit dem Eifelvulkanismus in Verbindung stehen. Auch ein begleitender Schwefelgeruch ist nicht wegzuleugnen. Oberhalb der Stelle, an der man die austretenden Gase beobachten kann, steht zudem ein Informationsschild, das über die vulkanische Eifel allgemein und die Mofetten im Speziellen aufklärt.

Man bleibt nun vorerst auf dem unteren Uferweg und geht in eingeschlagener Richtung weiter. Nach kurzer Zeit auf dem schmalen Pfad steigt man wieder hoch auf den vorher verlassenen Waldweg. Dort, wo man auf diesen trifft, passiert man den **Schlackenvulkan „Alte Burg" (4)** in zuvor eingeschlagener Richtung. Bald kommt man auf einen Asphaltweg und tritt aus dem Wald heraus. Mit größerer Entfernung zum Wasser geht es an Viehweiden vorbei. Man passiert eine aufgegebene **Bimsgrube (5)** an der folgenden Gabelung. Hier verlässt man auch den asphaltierten Weg und bewegt sich nun weiter auf einem –

mehr oder minder – parallel zum Seeufer verlaufenden Feldweg. Nach einiger Gehzeit macht man nach rechts einen kurzen Abstecher zum Mundloch des sogenannten **Delius-Tunnels (6),** der in den 1840ern als Entwässerungstunnel des Laacher Sees gebaut wurde, um die Agrarnutzfläche zu erhöhen (sozusagen ein Nachfolger des mittelalterlichen Fulbert-Stollens). Rasch darauf stößt man auf eine Obstplantage der Abtei Maria Laach. Vor dieser geht es rechts weiter in Richtung Kloster. Sogleich erreicht man eine Landstraße (L113) und geht parallel zu dieser bis zur Unterführung, die man nimmt, um so auf das Abteiareal zu gelangen. Dieses durchquert man und läuft zur romanischen **Klosterkirche Maria Laach (7).** Ein Besuch dieses bedeutenden Sakralbaus, der unter anderem aus vulkanischem Tuff- und Basaltgestein aus der Region erbaut wurde, ist quasi ein Muss.

185_wei_fs

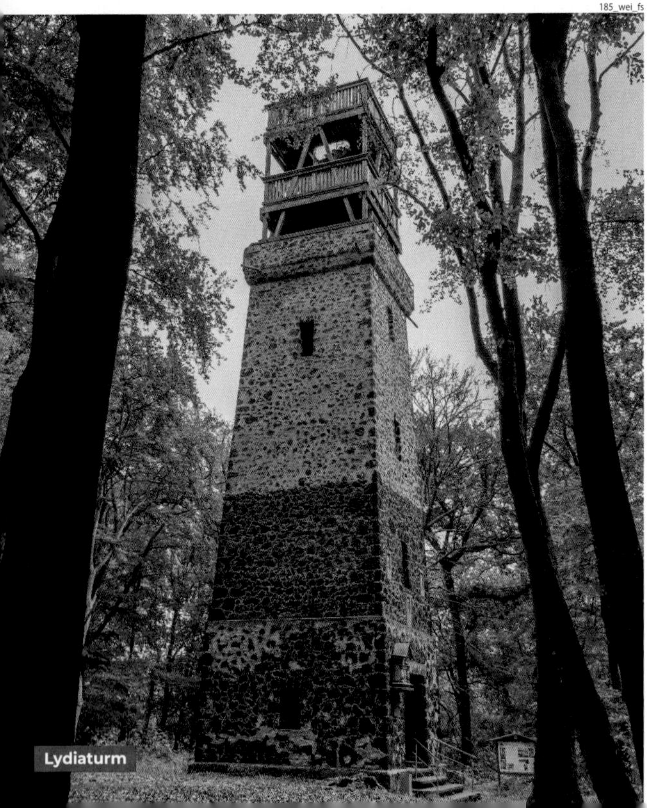

Lydiaturm

Nach der Besichtigung hält man sich in Richtung Waldfriedhof. Davor biegt man rechts ab und folgt fortan dem „N"-Logo. Auf geradeaus verlaufendem Weg geht es in den Wald hinein, bald um eine Rechtskurve. Etwa 10 Minuten steigt man bergan und gelangt zu einer Gabelung mit **Schutzhütte (8).** Hier wendet man sich nach rechts und wandert nunmehr oberhalb des Sees, der wahrscheinlich im Herbst und Winter, wenn die Bäume nicht belaubt sind, gut zu sehen ist. Man erreicht eine Schranke, vor der man rechts abbiegt. Danach hält man sich an einer Gabelung wiederum rechts, an der dann folgenden indes geradeaus. So wandert man durch einen einsamen Waldabschnitt und folgt weiterhin dem „N"-Schild. Man gelangt nach einiger Zeit an eine Landstraße (L115), die man überquert, um sich dann links auf einem Waldweg in Richtung Lydiaturm zu bewegen.

Vorerst werden alle abzweigenden Wege ignoriert. Man behält die Richtung bei, denn das nächste Ziel heißt Lydiaturm. Man tritt ein wenig aus dem Wald hinaus, trifft an einer Gabelung auf ein **Wasserhäuschen (9).** Hier geht man rechts bergab und wiederum rechts, dann an der folgenden Abzweigung links auf einen schmaleren Pfad, der parallel zum bisherigen Weg verläuft. Und schon ist der auf dem Veitskopf stehende **Lydiaturm (10)** erreicht. Man steige hinauf und genieße den Ausblick auf den Laacher See inklusive Kloster Maria Laach. Vom Turm aus geht man auf den in Sichtweite verlaufenden, breiten Forstweg zu, in den man links einbiegt. Bald sieht man die Gaststätte **„Haus Waldfrieden" (11),** in der es auch „Vulkan"-Bier aus dem nahen Mendig zu trinken gibt. Danach überquert man die Straße und wandert auf der gegenüberliegenden Seite links hinter dem Parkplatz in den Wald, geht dort sofort links bergan und folgt dem Pfad bis zum Ausgangspunkt.

Tour 32

Unterwegs in der Ettringer Vulkanlandschaft –

Rund um Bellerberg und Kottenheimer Büden

Die spannende Runde verläuft durch vulkanisches Gebiet: Vor etwa 200.000 Jahren ist hier der Bellerberg-Vulkan ausgebrochen und ergoss sich in drei großen Lavaströmen über die damalige Landschaft.

Der **Ettringer Bellerberg** (auch Bellberg), das erste Ziel der Wanderung, ist die westliche Flanke des Vulkans, der diesem gegenüberliegende **Kottenheimer Büden,** der gen Ende auf dem Plan steht, bildet dessen östliche Flanke. Von deren jeweiligen Kraterrändern sind phänomenale Ausblicke in den Schlot sowie auf die umgebende Vulkanlandschaft garantiert. Das zu durchwandernde Gebiet des **Kottenheimer Winfelds** (und auch jenes der optionalen Ettringer Lay) zeugen nun nicht nur von der Mächtigkeit der Lavaströme des Bellerberg-Vulkans, sondern auch von neuzeitlicher Industriegeschichte.

Eine optionale Ergänzung der Tour durch den einstigen **Steinbruch der Ettringer Lay** ist zu empfehlen (direkt vom Parkplatz aus möglich). Zahlreiche Informationstafeln geben Einblick in den Vulkanismus und den neuzeitlichen Basalt- und Tuffabbau vor Ort. Die Wände der Ettringer Lay sind überdies nicht nur für ambitionierte Kletterer ein Eldorado, sondern scheinen auch dem geschützten Uhu eine geeignete Brutstätte zu sein.

079_wei_fs

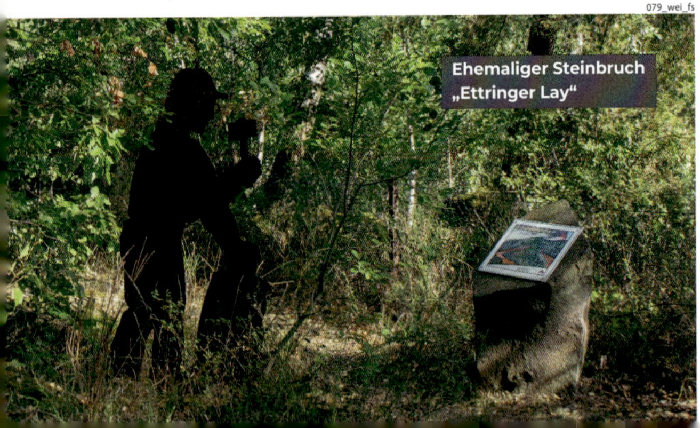

Ehemaliger Steinbruch „Ettringer Lay“

Kurze Informationsübersicht

Länge: 7,9 km
Gehzeit: ca. 2½ Stunden
Auf-/Abstieg: je ca. 180 m
MITTELSCHWER

Ausgangsort: D-56729 Ettringen

Startpunkt: Parkplatz Ettringer Lay (an der L82), GPS N 50.34 728, E 7.22315 (UTM 32U 373582/5578754)

Karte: Eifelverein Nr. 32, Osteifel mit Laacher-See-Gebiet, 1:25.000

Wegeigenschaften: teils felsige, steile und abschüssige Passagen, die aber mit entsprechendem Schuhwerk und etwas Vorsicht problemlos zu bewältigen sind

Einkehrmöglichkeiten: Ettringen

ÖPNV: nächstgelegene Bushaltestelle „Ettringen, Am Lunnen" (www.vrminfo.de)

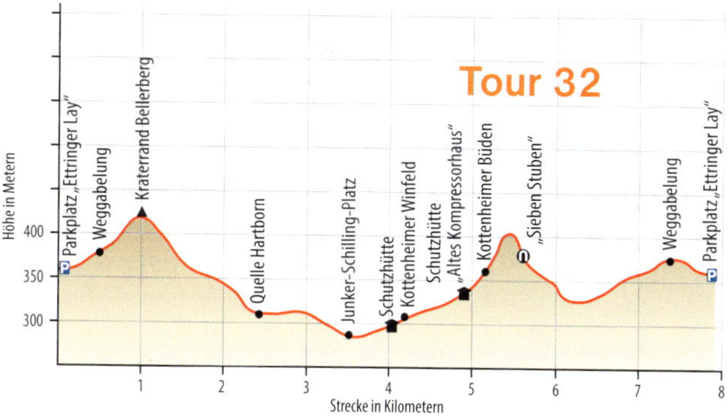

Wegbeschreibung

Die relativ kurze Tour startet am Parkplatz **„Ettringer Lay" (1)** und verläuft größtenteils auf der „Traumpfade"-Route, genauer dem „Vulkanpfad" (Logo: mäanderndes Band in Weiß auf orangenem Hintergrund + Schriftzug). Vom Ausgangspunkt geht es in Richtung Straße (L82), die man überquert, um gegenüber auf einen Feldweg zu wechseln. Auf diesem bleibt man, bis man an einer **Weggabelung (2)** auf der linken Seite des Wegs ein „Vulkanpfad"-Schild erkennt. Hier steigt man links über ein Feld an in Richtung Wald. In diesen tritt man ein, nach einiger Zeit wieder hinaus in die offene Landschaft und folgt dann bald links einem schmalen, anfänglich ziemlich steilen Weg. Man orientiert sich an den Schildern hinauf zum **Kraterrand** des Ettringer **Bellerbergs (3).**

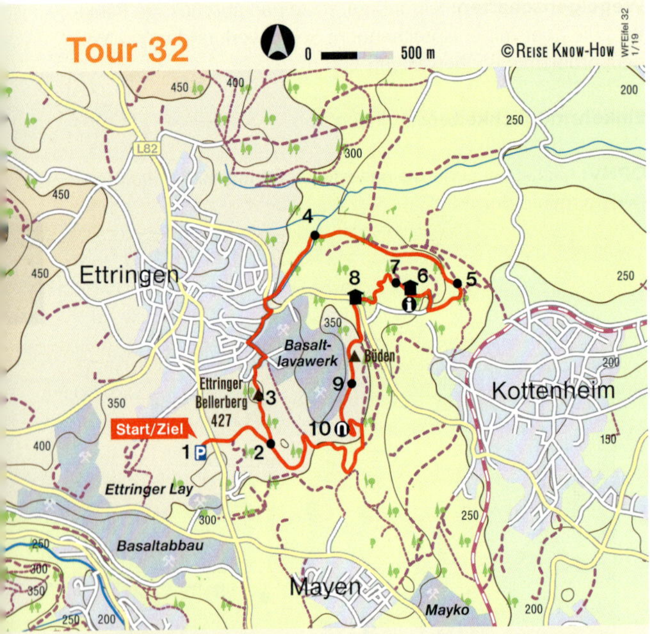

- 1 Parkplatz „Ettringer Lay"
- 2 Weggabelung
- 3 Kraterrand Bellerberg
- 4 Quelle Hartborn
- 5 Junker-Schilling-Platz
- 6 Schutzhütte
- 7 Kottenheimer Winfeld
- 8 Schutzhütte „Altes Kompressorhaus"
- 9 Kottenheimer Büden
- 10 „Sieben Stuben"

Nachdem man einen Blick in den eigentlichen Schlot des Bellerberg-Vulkans geworfen hat, verlässt man die Anhöhe in zuvor eingeschlagener Richtung. So gelangt man schon nach kurzer Zeit in den Ort Ettringen. Dort läuft man auf der Straße „Am Bellerberg“ zur Keutelstraße, hält sich dort links und folgt dieser bis zur Kreuzung Kolpingstraße/Am Layenpfad. In den Letzteren biegt man nach rechts ein und geht bis zur Straße „In den Wiesen“, dort wiederum rechts. Rasch gelangt man an die querende Kottenheimer Straße. Hier wechselt man erst einmal links auf den Fußweg. An der Stelle, wo man auf „In der Stehl“ trifft, geht man über die Kottenheimer Straße und sodann auf der gegenüberliegenden Seite auf Asphaltweg geradeaus weiter. Man wandert etwa 10 Minuten durch lichten Buchenwald mal bergan, mal bergab – bis man zum **Hartborn (4),** einer gefassten Mineralquelle, gelangt. Vom Brunnen aus überquert man den Segbach und folgt dem Weg in Richtung Junker-Schilling-Platz. Auf diesem bleibt man vorerst auch und ignoriert etwaige Abzweigungen. Nach kurzer Zeit biegt man indes leicht rechts ab und folgt dem „Traumpfade"-Logo auf einen wurzeligen Waldpfad. Man läuft eine ganze Weile, stößt dann auf einen Schotterweg und biegt hier rechts ein. Gleich darauf kommt man am sogenannten **Junker-Schilling-Platz (5)** an, einem Felsdenkmal für einen noblen Stifter. An diesem geht man links vorbei und auf schmalem, felsigem Weg hinab, nun mit dem neuen Ziel Kottenheimer Winfeld. Man orientiert sich weiterhin an dem genannten Logo.

An einer beschilderten Stelle steht etwa 100 Meter abseits des Weges eine **Schutzhütte (6)** samt Grillplatz und Infotafeln über das Gebiet, in dem man sich gerade bewegt. Auch nach dieser geht es weiter in eingeschlagener Richtung. An einem Felsen, auf dem ein alter, ausgedienter Kran zu sehen ist, der vom einstigen Basaltabbau kündet, hält man sich geradeaus bergan und gelangt so zu einer Abzweigung, wo man links in Richtung Hochsimmerhalle geht. An der dann folgenden Gabelung steigt man rechts hinunter und wandert durch das spannende Lavastromgebiet des **Kottenheimer Winfelds (7),** einem aufgelassenen Basaltabbaugebiet. Dessen Steilwände sind ein beliebtes Ziel für ambitionierte Kletterer. Über steinige Pfade und Felsstufen, auf denen etwas Trittsicherheit vonnöten ist, gelangt man schnell auf einen breiten Weg, an dem es einen Parkplatz gibt. Hier geht man nun in Richtung „Sieben Stuben“, dem nächsten

Ziel der Wanderung. Alsdann tritt man aus dem Wald heraus und trifft auf eine Landstraße. Hier befindet sich auf der rechten Seite die **Schutzhütte „Altes Kompressorhaus“ (8).** Die Straße wird überquert.

Daraufhin wandert man durch lichten Buchenwald auf breiten Wirtschaftswegen. Nach kräftigem Anstieg auf teilweise abschüssigen, sandigen Felswegen erreicht man den Rand des **Kottenheimer Büdens (9),** der östlichen Flanke des großen Bellerberg-Vulkans. In eingeschlagener Richtung geht es weiter, mal bergab und mal steil bergan parallel zum Kraterrand. Nach kurzer Wegstrecke über teils abschüssige Waldpfade kommt man zu den **„Sieben Stuben“ (10).** Das ist ein im Zweiten Weltkrieg in die Lavaschlacke gehauenes Höhlensystem, das Menschen als Notbehausung und schutzgebender Rückzugsort diente. Nach Erkunden der zugänglichen Höhlen läuft man un-

080_wei_fs

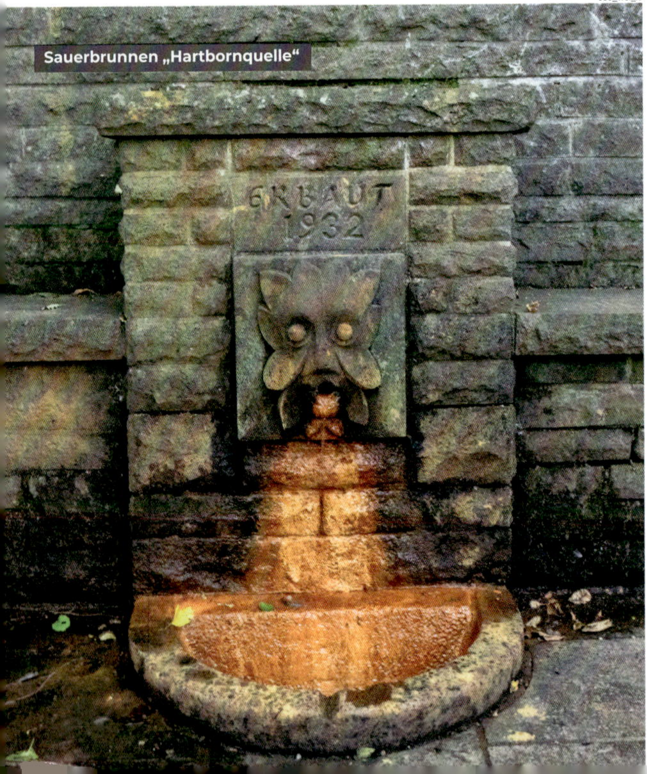

Sauerbrunnen „Hartbornquelle“

terhalb der Schlackenwand auf schmalem Pfad weiter und geht sodann auf abschüssigem Weg bergab.

Schnell stößt man auf einen breiten Forstweg und geht an diesem rechts und alsdann bergan. Bald weisen die „Vulkanpfad"-Schilder wieder in Richtung Bellerberg. Man folgt dem Logo bis zu einer Holztreppe, die sich rechts auf schmalem Pfad den Berg zum Kraterrand hinaufschlängelt. An dieser Stelle folgt man stattdessen geradeaus dem breiten Weg. Nach einiger Zeit des Bergauf- und Bergabgehens durch den Wald tritt man wieder heraus und wandert weiter auf einem Feldweg entlang von Buschwerk. Daraufhin trifft man erneut auf die vom Beginn bekannte **Weggabelung (2)**, an der man auf den Bellerberg-Kraterrand gestiegen ist. Hier läuft man nun geradeaus zur Straße, schließlich zum gegenüberliegenden Parkplatz und Ausgangspunkt.

081_wei_fs

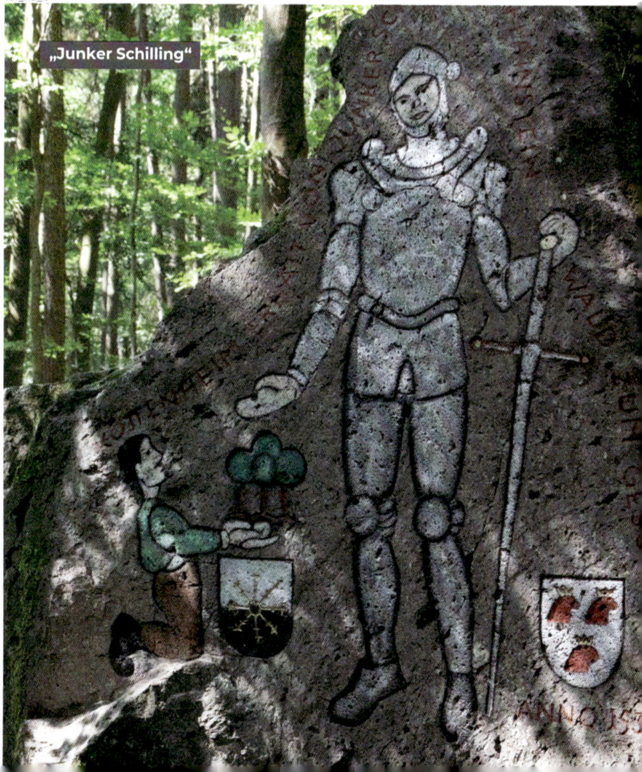

„Junker Schilling"

Tour 33

Auf dem „Förstersteig" bei Mayen –

Durch den Wald zum Schloss Bürresheim

Über angenehme Waldwege, steile Felsenpfade und teils luftige Höhen geht es vom Mayener Ortsteil Kürrenberg hinab zum herrschaftlichen Schloss Bürresheim im **Tal der Nette,** sodann vorbei an der historischen **Hammesmühle** und wieder hinauf auf Försters Spuren. Entlang zahlreicher Blickpunkte, von denen sich beste **Aussichten** auf spektakuläre Felswände, die Stadt Mayen und das Maifeld bieten, führt der Weg zurück über Eiterbach- und Ruppental und schließlich durch den einladenden **Kletterwald Vulkanpark.**

Das **Schloss Bürresheim,** dessen Ursprung im 12. Jh. liegt, gehört zur Gemeinde Sankt Johann bei Mayen. Es ist eines der wenigen Schlösser der Eifel, das nie zerstört worden ist.

085_wei_fs

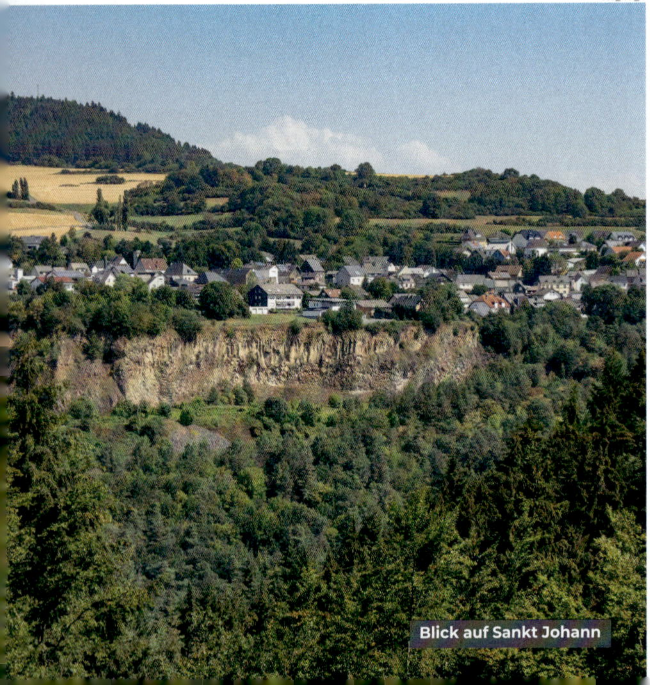

Blick auf Sankt Johann

Kurze Informationsübersicht

Länge: 16,6 km
Gehzeit: ca. 5 Stunden
Auf-/Abstieg: je ca. 390 m
MITTELSCHWER

Ausgangsort: D-56727 Mayen-Kürrenberg

Startpunkt: Wanderparkplatz Ruppental (nahe der B258), GPS N 50.33250, E 7.17079 (UTM 32U 369816/5577200)

Karte: Eifelverein Nr. 32, Osteifel mit Laacher-See-Gebiet, 1:25.000

Wegeigenschaften: teils felsige, wurzelige, steile Pfade, die ein wenig Trittsicherheit verlangen

Einkehrmöglichkeiten: Kletterwald Vulkanpark (saisonale Öffnungszeiten), Hammesmühle (wird bis Spätsommer 2022 renoviert, nähere Infos: www.hammesmuehle.de)

ÖPNV: nächstgelegene Bushaltestelle „Kürrenberg, Hauptstraße" (www.vrminfo.de)

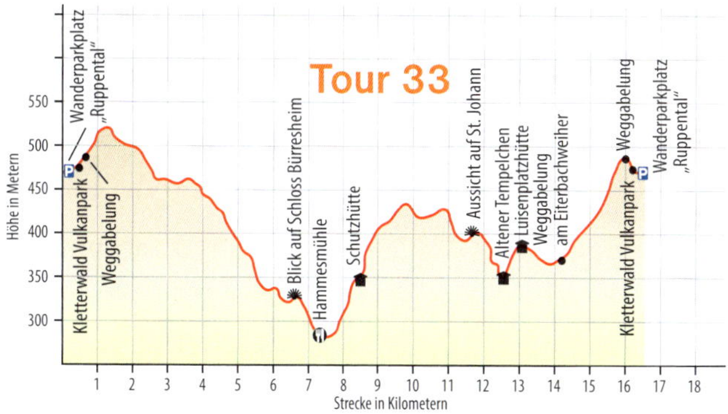

Wegbeschreibung

Vom **Wanderparkplatz „Ruppental" (1)** aus bewegt man sich zuerst in Richtung **Kletterwald Vulkanpark (2),** quert das Freizeitareal auf breitem Forstweg und geht auf diesem auch danach weiter. Der eigentliche Start der Wanderung auf dem gut beschilderten „Förstersteig" („Traumpfade"-Logo: mäanderndes Band in Weiß auf orangenem Hintergrund und Schriftzug), dem diese Tour prinzipiell folgt, beginnt etwa 700 Meter nach dem Parkplatz. An einer **Weggabelung (3)** biegt man vom bisher begangenen Weg auf einen schmalen, felsigen Pfad nach links ab. Direkt geht es recht steil bergan. Nach einer Weile tritt man aus dem Wald heraus in eine offene Feld- und Wiesenlandschaft. Man wandert in Sichtweite zum Ort Kürrenberg. Der weitere

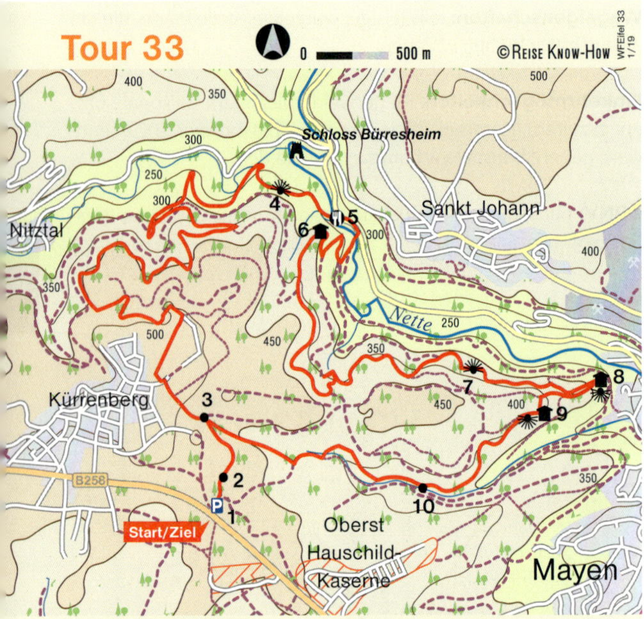

1 Wanderparkplatz „Ruppental"
2 Kletterwald Vulkanpark
3 Weggabelung
4 Blick auf Schloss Bürresheim
5 Hammesmühle
6 Schutzhütte
7 Aussicht auf St. Johann
8 Altener Tempelchen
9 Luisenplatzhütte
10 Weggabelung am Eiterbachweiher

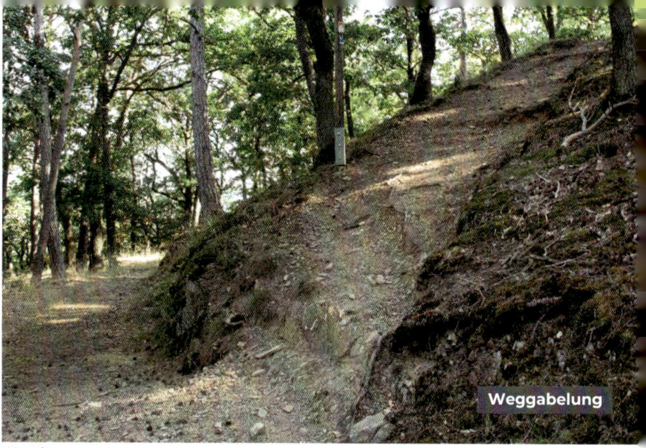

082_wei_fs

Weg führt abwechselnd durch Wald und offene Flur. Vorerst hält man sich an die Schilder in Richtung Schloss Bürresheim.

Noch immer mit Blick auf die Häuser von Kürrenberg folgt man einem Fahrweg, der am Waldrand entlang verläuft und von dem man nach rechts in den Wald abbiegt, womit man dem Dorf schließlich den Rücken zukehrt. Bald darauf geht man links weiter, um tiefer in den Forst einzudringen. Rasch steigt man hinab, stößt auf einen Querweg und hält sich rechts in Richtung Schloss. Nach einer ganzen Weile zweigt man rechts ab auf einen schmaleren, felsigen Wurzelweg (Schloss Bürresheim: 3 km). An dieser Gabelung kann man aber auch schlicht geradeaus auf dem breiten Weg weitergehen, wenn man sich den Anstieg ersparen will. Denn wer hinaufsteigt, hat zwar einen schönen Ausblick ins Tal, geht jedoch direkt im Anschluss wieder hinab und trifft auf den zuvor begangenen Weg.

So oder so geht es also auf dem breiten Wirtschaftsweg weiter. Nach etwa 10 Minuten erreicht man dann eine Gabelung. Hier wandert man zuerst geradeaus und dann links bergab in Richtung Schloss. Schnell nimmt man eine scharfe Kurve, verlässt den bisher begangenen Weg und geht auf einem etwas schmaleren weiter. Etwa 5 Minuten später wechselt man nach links auf einen leicht abschüssigen Wurzelweg. Nach und nach nähert man sich dem Tal. Indes biegt man dann rechts ab und steigt über eine Holztreppe und schließlich rechts um die Kurve wieder steil bergan auf steinigem Waldweg.

Nach kurzem, aber kräftigem Anstieg zweigt man links auf einen Pfad ab. Zuerst steigt man weiter mäßig, dann erneut steil bergan (teils über Stufen). Bald kommt man an einen Aussichtspunkt, von dem man einen sehr guten **Blick auf Schloss Bürresheim (4)** hat, dessen Ursprünge bis ins 12. Jh. zurückreichen. Dann geht es in eingeschlagener Richtung hinab zur Nette, die überquert wird, woraufhin man an einer Landstraße ankommt. Links ginge es zum Schloss Bürresheim (ein Besuch bietet sich an), aber man hält sich stattdessen rechts und passiert sogleich die historische **Hammesmühle (5),** in der heute ein Gasthaus untergebracht ist (Renovierung bis Spätsommer 2022). Nach der einstigen Mühle mit hübschem Außenbereich biegt man rechts ab und quert erneut die Nette über eine Brücke. Es geht in den Wald hinein, nach rechts und bergan. An der kommenden Gabelung geht es scharf rechts um eine Kurve. Nachdem man einen weiteren Blick auf das Schloss werfen konnte, nimmt man eine Kurve und steigt noch immer bergan.

Bald wählt man einen rechts abgehenden Pfad. Ein teilweise kräftiger Anstieg folgt und bringt einen zu einer **Schutzhütte (6)** mit herrlichem Ausblick. Letztbegangene Partie ist bei Trockenheit gut begehbar, bei Nässe oder Glätte besteht hier Rutschgefahr. Nach einem weiteren recht steilen Anstieg gelangt man auf einen breiten Weg und hält sich links. Man geht eine ganze Weile auf diesem und biegt dann auf einen, über Holzstufen zu begehenden Pfad ab, der in Richtung Fünfkantenstein verläuft (Entfernung: etwa 500 Meter; dieser wird allerdings ausgelassen). An der nächsten Gabelung geht es links hinab auf felsigem Pfad. Nach etwa 5 Minuten erreicht man sodann einen breiten Weg und hält sich rechts. Etwa 10 Minuten danach zweigt man nach links auf einen sehr schmalen Pfad ab, der am Hang entlang führt und in Richtung Luisenplatzhütte verläuft.

Schon bald gelangt man zur **Aussicht auf St. Johann (7)** und blickt nicht nur auf den Ort, sondern auch auf eine spektakuläre Vulkangesteinswand. Es geht erneut bergan und man macht,

084_wei_fs

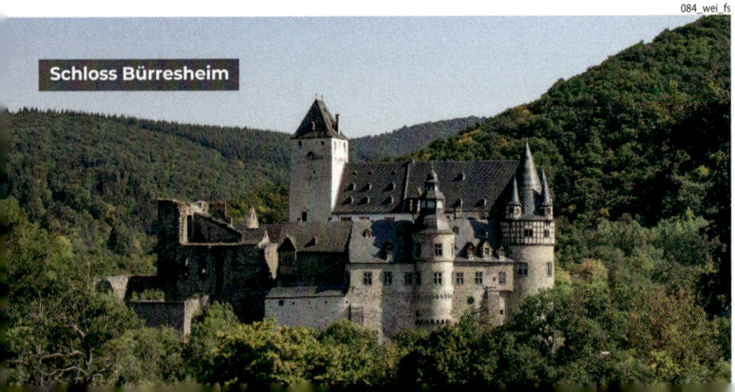

Schloss Bürresheim

wenn man will, einen kleinen Abstecher zum **Altener Tempelchen (8),** einem weiteren Aussichtspunkt. Nachdem man die optional zu besuchende Hütte passiert hat, geht man zurück auf den davor verlassenen Weg und nun in Richtung Luisenplatz.

Es folgt bald eine Abzweigung nach links zu diesem hin, die man nimmt (geradeaus geht es wiederum zum Fünfkantstein). Man erreicht die **Luisenplatzhütte (9),** eine Schutzhütte mit mehreren Bänken und phänomenaler Aussicht auf Mayen, das Maifeld und zum Rhein hin. Von hier wandert man zuerst weiter in eingeschlagener Richtung, biegt aber bald darauf links ab. Als Nächstes kommt man an eine **Weggabelung am Eiterbachweiher (10).** Man läuft rechts am Weiher vorbei und folgt weiter den Schildern, die zum Ruppental hindeuten. Parallel zum Bett des Eiterbachs steigt man auf breitem Weg leicht, aber stetig bergauf. Zuerst geht es geradeaus, dann links, das Bächlein wird überquert, dann hält man sich zwei Mal rechts (keine erneute Bachquerung). Nach längerem Anstieg erreicht man die **Weggabelung (3),** an der die Wanderung auf dem „Förstersteig" begonnen hat. Hier geht man nun links und über den Kletterwald zurück zum Parkplatz.

083_wei_fs

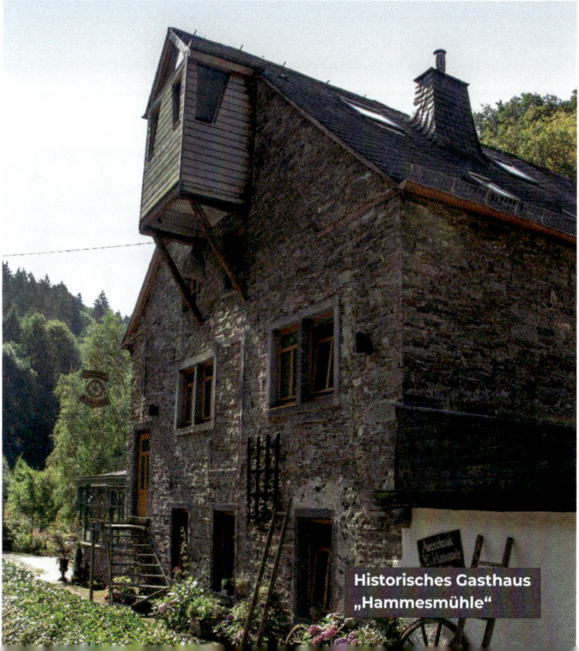

Historisches Gasthaus „Hammesmühle"

Tour 34

Kleine Tour um die Fachwerkperle Monreal –

Löwenburg, Philippsburg und romantische Eifelidylle

Durch Bachtäler, stille Wälder und über luftige Höhen führt der Weg hin zu den die Ortssilhouette bestimmenden Burgen und schließlich hinab in die hübschen Monrealer Gassen.

Im Tal der Elz nahe Mayen findet sich einer der **schönsten Orte der Eifel:** Monreal, idyllisch gelegen und überragt von zwei malerischen **Burgruinen,** die beide ihren Ursprung im 13. Jahrhundert haben. Die einstige **Tuchmacherstadt** punktet mit Beschaulichkeit, Charme, romantischem Flair und viel Historie.

087_wei_fs

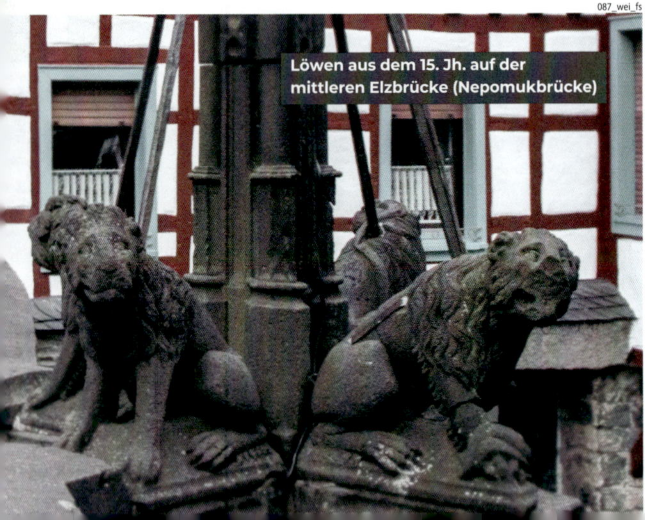

Löwen aus dem 15. Jh. auf der mittleren Elzbrücke (Nepomukbrücke)

Kurze Informationsübersicht

Länge: 7,1 km
Gehzeit: ca. 2 Stunden
Auf-/Abstieg: je ca. 130 m
MITTELSCHWER

Ausgangsort: D-56729 Monreal

Startpunkt: Parkplatz (Am Bahnhof), GPS N 50.29622, E 7.15339

Karte: Eifelverein Nr. 32, Osteifel mit Laacher-See-Gebiet, 1:25.000

Wegeigenschaften: überwiegend gut zu begehende Wege; der Bereich um die Burgen teils auf felsigen, abschüssigen Pfaden, die Trittsicherheit verlangen; nette Familienrunde

Einkehrmöglichkeiten: Monreal

ÖPNV: nächstgelegene Bushaltestelle „Monreal, Bahnhof" (www.vrminfo.de); DB: Mayschoß (Eifelquerbahn zwischen Andernach und Kaisersesch)

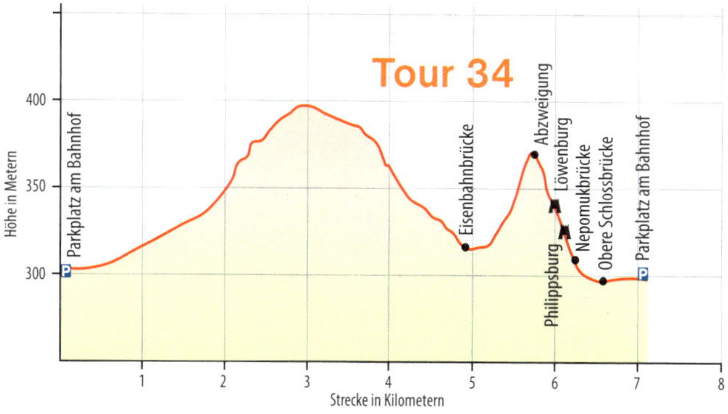

Wegbeschreibung

Die kleine Runde um Monreal startet auf dem **Parkplatz am Bahnhof (1).** Von hier geht es zur Brücke und vor dieser leicht bergan in Richtung Sportplatz. Entgegen der Fließrichtung läuft man parallel zum nahen Elzbach, passiert nach einiger Zeit den links liegenden Sportplatz, überquert dann den Karbach, hält sich danach rechts. Auf breitem Feldweg wandert man nun parallel zum Karbach, der dem Karbachtalweg (Logo: schwarzes „K“ auf weißem Grund), dem man in Teilen folgt, seinen Namen gab. Abwechselnd geht es fortan durch Wald und Flur. An der nächsten Gabelung bleibt man auf dem bisherigen Weg, quert unmittelbar darauf den Weilerbach und geht auch an dem folgenden Abzweig (direkt hinter dem Bachlauf) auf dem Haupt-

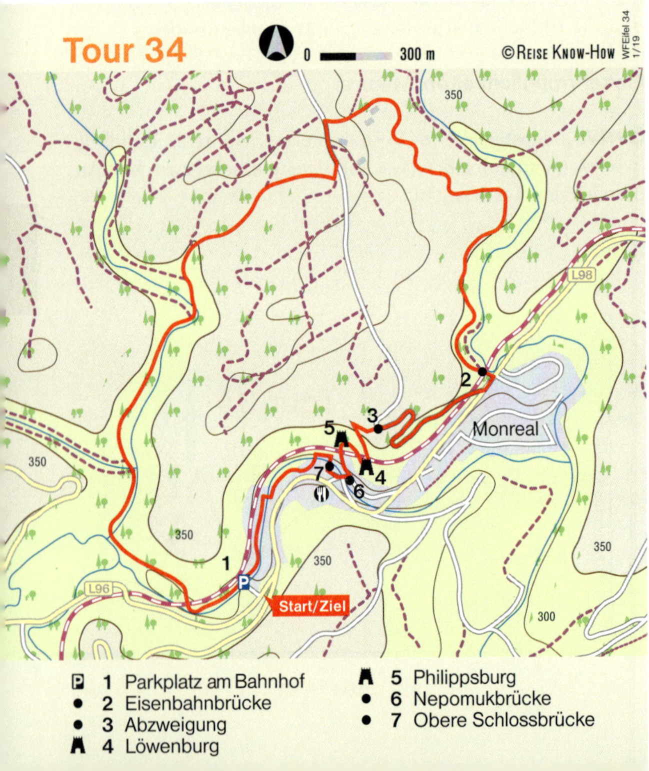

weg weiter. An der dann kommenden Wegscheide nimmt man die rechte Variante und läuft parallel zum Karbach, der bei nächster Gelegenheit gequert wird. Danach trifft man bald auf einen Querweg, läuft hier links und direkt darauf rechts. An der nächsten Gabelung geht man wiederum rechts, ignoriert einen Abzweig nach rechts, hält sich an der direkt folgenden Verzweigung rechts und dann nach einiger Zeit links. Unmittelbar darauf trifft man auf den Monrealer Weg, biegt links in diesen ein und folgt ihm vorerst.

Man passiert vereinzelt stehende Häuser und Höfe, stößt dann auf eine Gabelung, an der man rechts abbiegt und an weiteren Häusern vorbeigeht. Nach diesen hält man sich rechts. Fortan wandert man durch einen einsamen, idyllischen Mischwald mit Buchen und Eichen. Man bleibt auf dem Hauptweg, bis man aus dem Wald hinaustritt, ignoriert demnach alle abgehenden Wege. Nach langem, gemächlichem Spaziergang auf dem stillen Waldweg erreicht man sodann einen Asphaltweg und eine dahinter liegende **Eisenbahnbrücke (2).** Vor dieser biegt man rechts ab und läuft parallel zur Bahnstrecke. Nach und nach schraubt man sich auf einer schmalen, wenig befahrenen Nebenstraße in weiten Kehren in die Höhe und steigt zu den Monrealer Burgen empor.

An einer Stelle nimmt die Straße eine scharfe Rechtskurve. Hier wählt man eine **Abzweigung (3)** nach links auf einen schmalen Pfad und läuft über eine Wiese bergab. Von hier oben hat man eine tolle Aussicht auf die beiden Burgruinen wie den malerischen Fachwerkort Monreal selbst, in dem es viele alte, gut gepflegte Bausubstanz zu sehen gibt. Vor einer Sitzbank geht rechts ein schmaler, unauffälliger, nicht markierter und abschüssiger Pfad relativ steil bergab. Dies nun ist die einzige, indes kurze Passage auf der insgesamt einfachen Tour, die etwas schwieriger zu begehen ist. Auf breitem Querweg kommt man sodann an, hält sich links und zuerst geradeaus, dann links hin zur Ruine der **Löwenburg (4).** Nach Besichtigung der frei zugänglichen Anlage und Besteigen des Turms (am besten mit Taschenlampe) verlässt man das Areal wieder und wandert links weiter in Richtung Monreal. Auf schmalem, felsigem Pfad steigt man nun bergab, teils auch über Stufen. Rechts oberhalb des Wegs steht die Ruine der **Philippsburg (5),** zu der man ebenfalls einen Abstecher machen kann. Sonst hält man sich geradeaus, unterquert die Bahntrasse und geht hinunter nach Monreal.

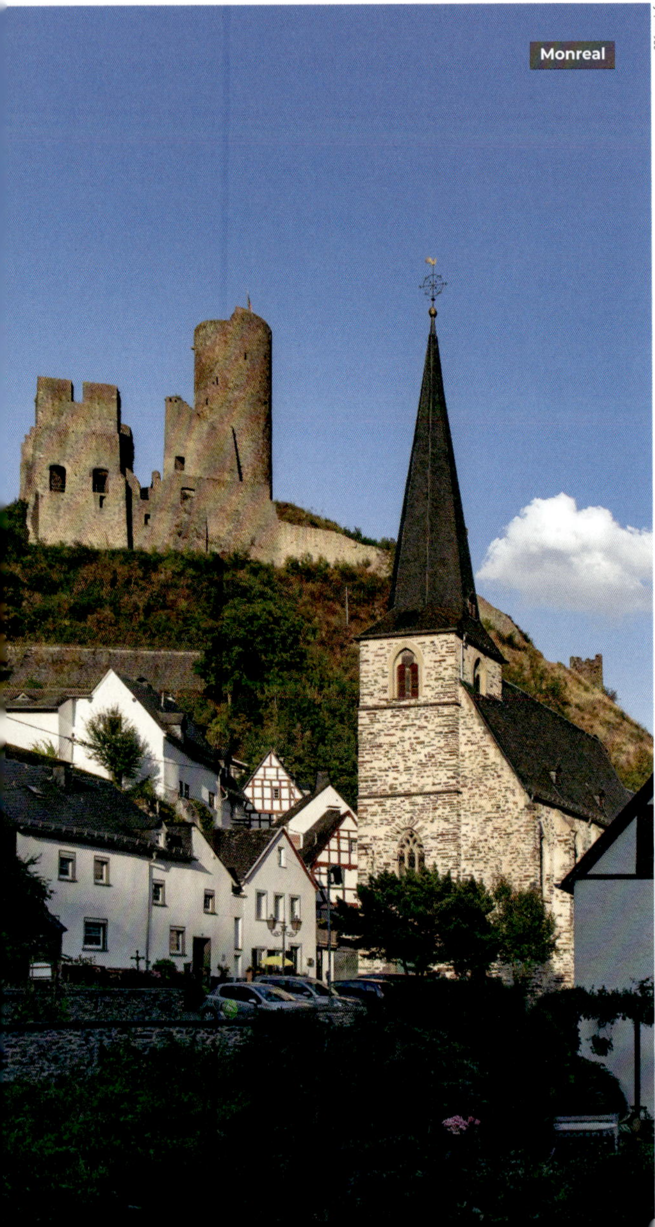
Monreal

086_wei_fs

Über Treppenstufen kommt man im Ort an, passiert die ersten Häuser und biegt links in die Kirchstraße ein.

Der letzte Streckenabschnitt führt nun durch die schmalen, urigen Gassen von Monreal. An der Kreuzung Kirch-/Obertor-/Untertorstraße geht es nach rechts in die Obertorstraße, sodann überquert man die Elz auf der pittoresken **Nepomukbrücke (6)** mit den schönen Löwenskulpturen aus dem 15. Jh., die indes nicht immer die Brücke zierten. Von hier hat man einen herrlichen Blick auf das mittelalterliche Viergiebelhaus wie insgesamt auf die vielen historischen Fachwerk- und Bruchsteinbauten des Ortes, die auf den Wohlstand der einstigen Tuchmacherstadt hindeuten. Nach der Brücke passiert man einen alten „Schandbaum", läuft zuerst geradeaus weiter und biegt bei nächster Gelegenheit nach rechts ab. Durch die schmalen Gassen geht es bis zur **Oberen Schlossbrücke (7),** die man sodann quert, um danach links zurück zum Ausgangspunkt zu gehen. Direkt hinter der steinernen Brücke liegt eine lauschig anmutende Gaststätte mit hübschem Biergarten, die im alten Pfarrhaus untergebracht ist. Über einen Schotterweg erreicht man bald eine weitere Brücke, über die man geht. Hinter ihr wechselt man links auf einen schmalen geschotterten Pfad, der zum nahen Bahnhof führt.

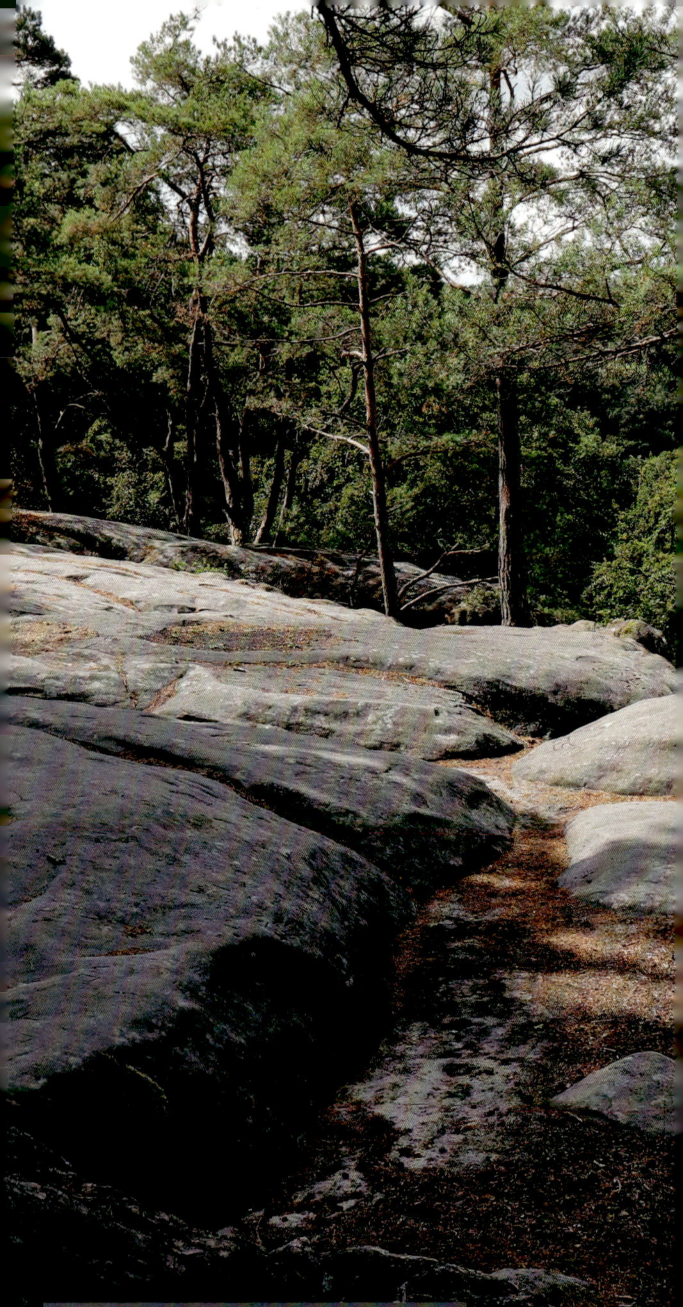

Teufelsinsel in der Luxemburger Schweiz (Tour 38)

GUTLAND

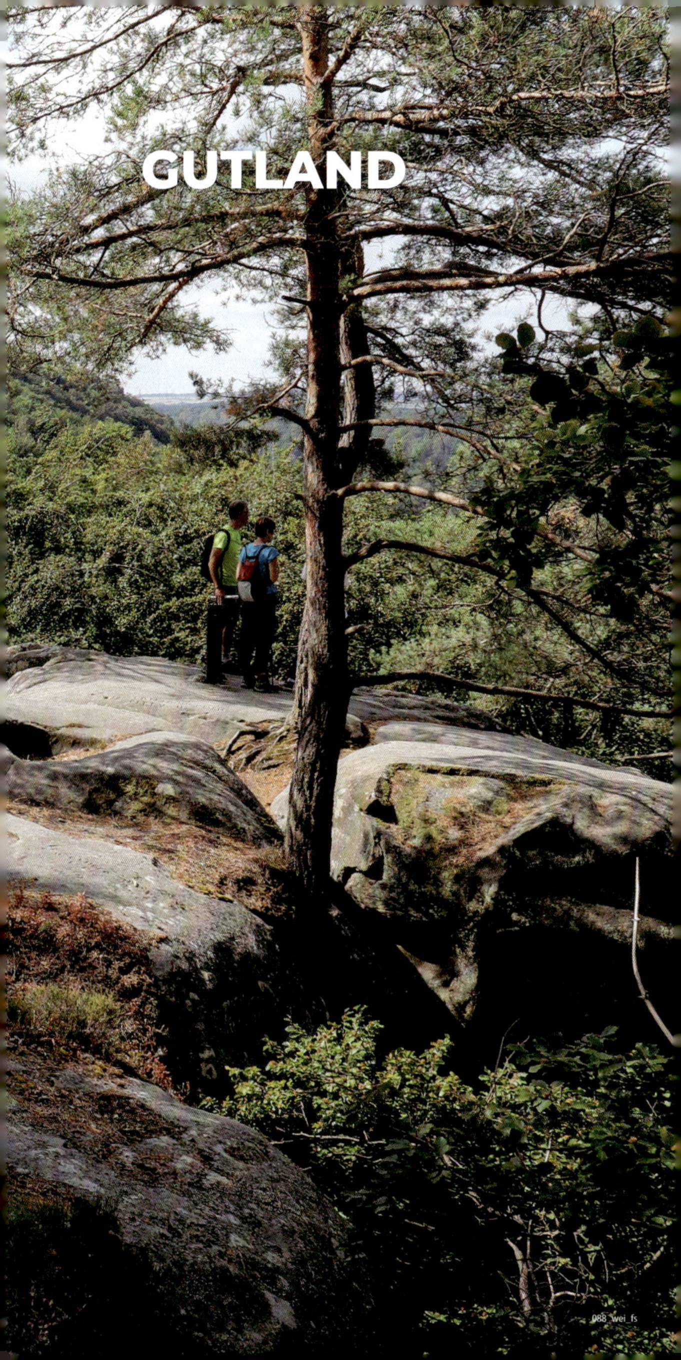

088_wei_fs

Tour 35

Durch die Kyllburger Waldeifel –

Von St. Thomas nach Kyllburg und Malberg

Vom ehemaligen Kloster St. Thomas führt die abwechslungsreiche Wanderung entlang der Kyll und durch die Hänge der – für die Kyllburger Waldeifel so typischen – ausgedehnten Forste.

Kulturhistorische Highlights gibt es auf der Strecke viele zu entdecken, etwa die einstige **Stiftskirche in Kyllburg** und das **Malberger Schloss.** Auch interessant sind die letzten Zeugnisse, die auf den früher im Kylltal betriebenen Hopfenanbau hindeuten – so die verfallenen Steinmauern der terrassierten Anlage auf dem **Hopfengartenpfad** und das ausgediente Hopfenhäuschen, in dem die Pflanzen getrocknet worden sind.

089_wei_fs

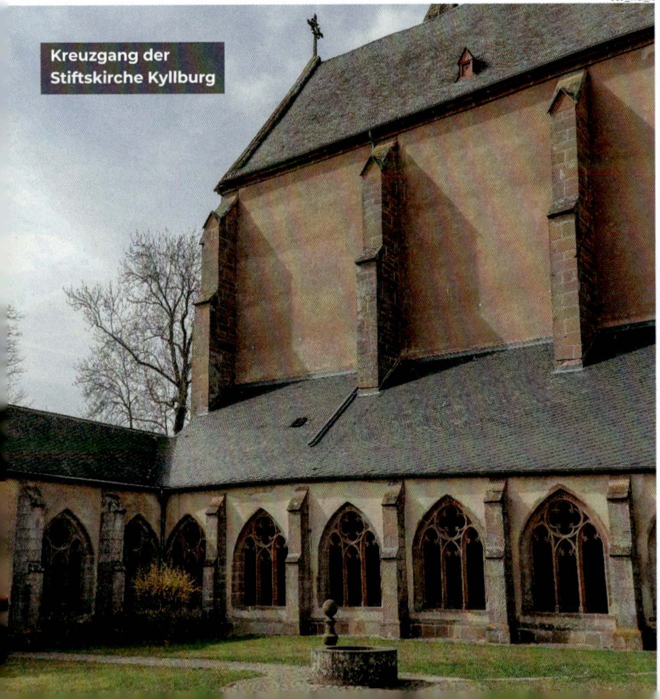

Kreuzgang der Stiftskirche Kyllburg

Kurze Informationsübersicht

Länge: 13,4 km
Gehzeit: ca. 3¾ Stunden
Auf-/Abstieg: je ca. 300 m
MITTELSCHWER

Ausgangsort: D-54655 St. Thomas

Startpunkt: Parkplatz am Bahnhof (Hauptstraße), GPS N 50.06 969, E 6.60093 (UTM 32U 328323/5549136)

Karte: Eifelverein Nr. 25, Kyllburger Waldeifel, 1:25.000

Wegeigenschaften: technisch im Grunde keine, da überwiegend gut zu begehende Wege und Pfade; ob Länge und Höhenmeter indes gute Grundkondition; ausreichend Proviant/Wasser einpacken

Einkehrmöglichkeiten: Kyllburg, Malberg

ÖPNV: nächstgelegene Bushaltestelle „St. Thomas, Bahnhof" (www.vrt-info.de); DB: St. Thomas (Eifelstrecke)

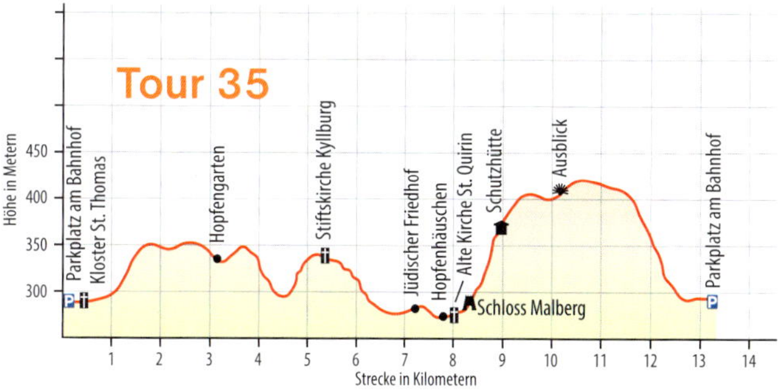

Wegbeschreibung

Vom **Parkplatz am Bahnhof (1)** startet man in Richtung Kyllburg und passiert sogleich das **Kloster St. Thomas (2),** ein ehemaliges Zisterzienserinnenkloster, welches Ende des 12. Jahrhunderts zu Ehren des ermordeten Erzbischofs von Canterbury, Thomas Becket, errichtet wurde. Heute wird es seitens des Bistums Trier als Exerzitienhaus genutzt. Rechts der Bahngleise geht es zuerst auf der Hauptstraße und dann im Kyllweg zum

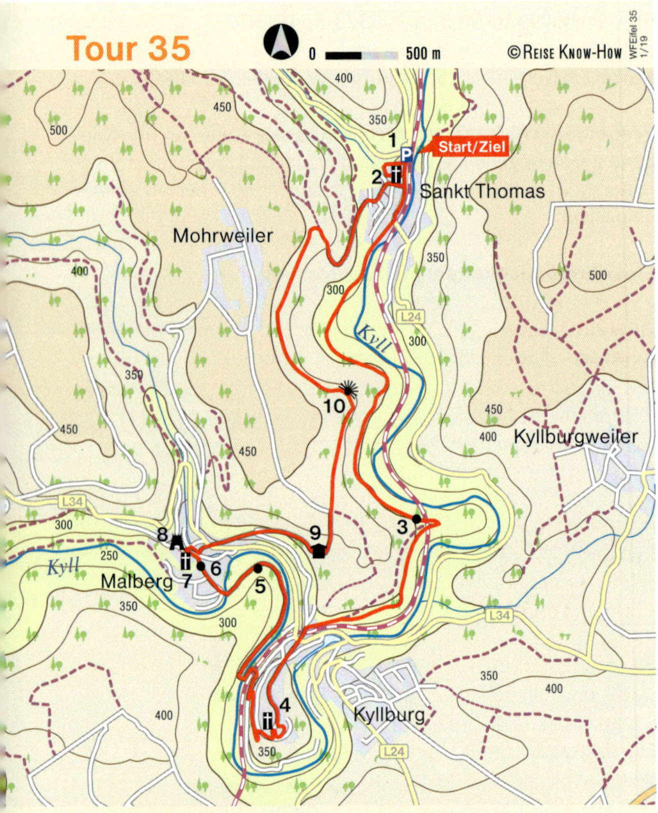

1 Parkplatz am Bahnhof
2 Kloster St. Thomas
3 Hopfengarten
4 Stiftskirche Kyllburg
5 Jüdischer Friedhof
6 Hopfenhäuschen
7 Alte Kirche St. Quirin
8 Schloss Malberg
9 Schutzhütte
10 Ausblick

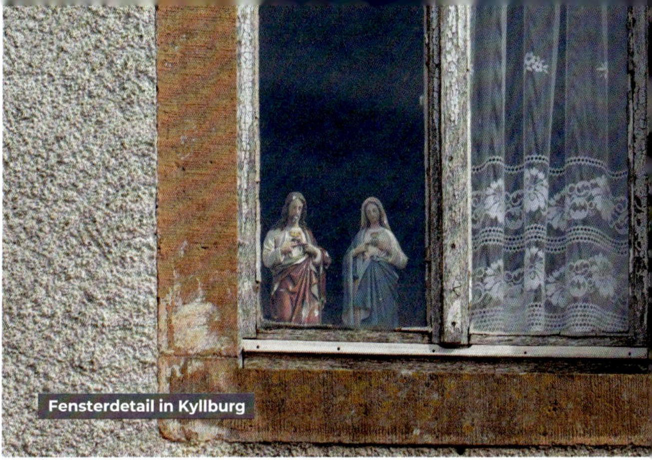
Fensterdetail in Kyllburg

090_wei_fs

Ortsausgang, ab dort an Wiesen entlang und parallel zur Kyll. Recht schnell tritt man in lichten Wald ein und orientiert sich an den Wegweisern mit dem schwarzen Dreieck. Man gelangt sodann zu einer Stelle, wo man dem Schild „Hopfengartenpfad" folgt.

Nunmehr wandert man inmitten des ehemaligen Kyllburger **Hopfengartens (3).** Lediglich die terrassierte Anlage und klägliche Überreste von Trockenmauern weisen auf die einstige Nutzung hin. Auf einsamen Pfaden läuft man durch idyllischen Wald – bis man dann nach längerer Wegstrecke aus diesem hinaustritt. Ebendort hält man sich links und wandert bergab. Unmittelbar hinter der genommenen Abzweigung steht eine Bank mit Aussicht auf Kyllburg. Nach 5 Minuten gelangt man in den Meiselterweg, hält sich links und geht über die Marienstraße und die Hochstraße zum Marktplatz von Kyllburg. Sodann läuft man auf der Stiftsstraße hinauf und besucht die gotische **Stiftskirche Kyllburg (4),** mit deren Bau 1276 begonnen wurde. Besonders sehenswert sind die erhaltenen Renaissance-Glasfenster im Chorraum und der herrliche, abgeschiedene Kreuzgang.

Von der Stiftsstraße biegt man rechts in die Kastellstraße ein und bei nächster Gelegenheit links in einen Weg, bald darauf rechts und hält sich dann geradeaus. So gelangt man wieder zur Straße „Marktplatz", geht links und sofort rechts auf einen Pfad. Dort geht es sogleich über eine Eisenbahnbrücke sowie über eine die Kyll überspannende Brücke.

Danach geht es rechts zuerst auf einem Wiesenpfad weiter, dann auf einem Asphaltweg entlang der Kyll nach Malberg. Be-

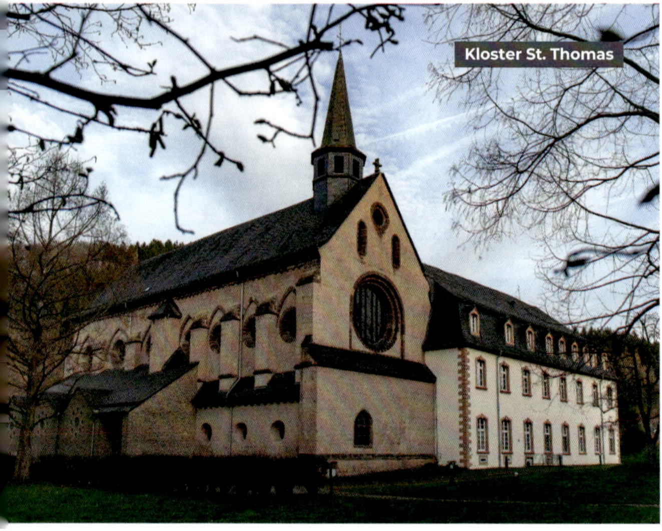

091_wei_fs

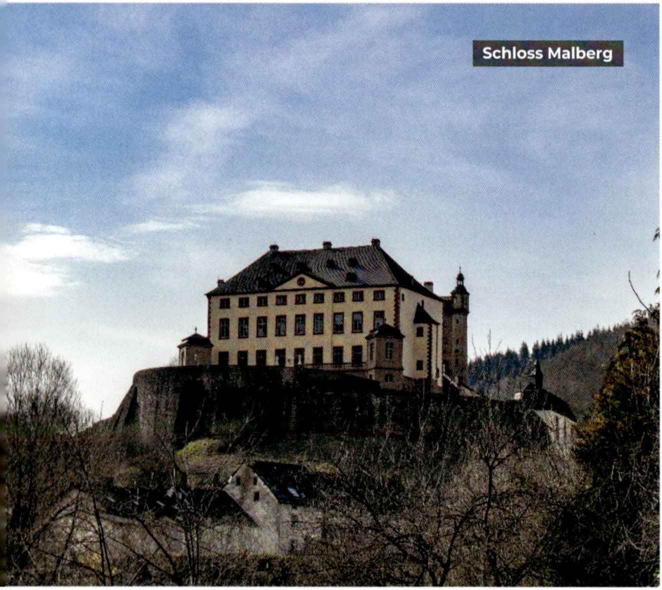

092_wei_fs

vor man den Ort betritt, passiert man das links des Weges liegende Areal des in der NS-Zeit zerstörten **Jüdischen Friedhofs (5).** Bald kommt man an eine Steinbrücke, die man quert, um auf der Tellstraße in den Ort zu wandern. Mit Blick auf das Schloss geht es durch Malberg, man passiert das im Herrengarten stehende **Hopfenhäuschen (6).** Der wohl im 19. Jh. errichtete Bau diente ursprünglich der Aufbewahrung von Gerät und insbesondere als Trockenraum für den einst im Kylltal angebauten Hopfen. Auf der Tellstraße läuft man bis zur Schlossstraße, hält sich dort links, um bis zur **Alten Kirche St. Quirin (7)** zu gehen und hinter ihr rechts in die Poststraße abzubiegen. Oberhalb des kleinen, profanierten Kirchenbaus steht das prachtvolle **Schloss Malberg (8),** das Anfang des 18. Jahrhunderts im Stil des venezianischen Barocks errichtet wurde. Von der Poststraße zweigt man sogleich nach rechts in die Straße „Am Neidenbach" ab, quert darauf links den Neidenbach über eine Brücke und geht an der heutigen Kirche St. Quirin vorbei. Der Weg führt geradeaus zur Lindenstraße, über die man hinweg und kurz darauf rechts geht. Danach steigt man links auf der Hillstraße in Richtung Kyllburg/St. Thomas an.

Abwechselnd geht es fortan durch Wald und entlang an Feldern und Wiesen. Orientierung gibt die Markierung „B4". Nach etwa 10 Minuten steilen Anstiegs passiert man eine **Schutzhütte (9),** die rechts des Weges steht. Links um die Kurve wandert man weiter bergan und geht dann geradeaus auf einen Feldweg. Nach etwa 10 Minuten durch den Wald kommt man an einer Bank mit Tisch vorbei, wo man mit herrlichem **Ausblick (10)** auf St. Thomas eine Rast einlegen kann. Weiter geht es auf breitem Waldweg, Abzweigungen werden vorerst ignoriert. Bald biegt man rechts ab in Richtung St. Thomas, passiert den Kalmeshof und läuft hinab ins Dorf. Über die Klosterstraße gelangt man zur Hauptstraße, geht links in diese hinein und betritt sodann das Klosterareal St. Thomas, um die Anlage etwas genauer anzuschauen. Schließlich geht man zurück zum Parkplatz am Bahnhof.

Tour 36

Bollendorfer Schweiz und Ferschweiler Plateau –

Auf den Spuren von Kelten und Christen im Felsenland

Eine lange Runde voller Naturschönheiten und kultureller Zeugnisse, die aus diversen Epochen der Menschheitsgeschichte stammen, säumen die abwechslungsreiche, traumhafte Tour.

Vom im Sauertal gelegenen **Bollendorf** geht es durch geheimnisvolle, bezaubernde Wälder voller bizarrer Felsen, enger Schluchten und toller Aussichtspunkte hinauf auf das **Ferschweiler Plateau.** Bekannt ist die Hochfläche vor allem wegen der vielen jungsteinzeitlichen und gallorömischen Stätten, die teils besichtigt und vor Ort studiert werden können. Auch Spuren aus späterer Zeit finden sich zuhauf, so etwa das berühmte **Fraubillenkreuz.** Ein vorchristlicher, heidnischer Menhir, den der eifrige Missionar Willibrord in die – aus seiner Sicht richtige – Kreuzesform geschlagen haben soll.

Ein Besuch des interaktiven **Tudor-Museums** (www.musee-tudor.lu) im nahen luxemburgischen **Rosport** bietet spannende und kurzweilige Einblicke in die Lebensgeschichte von Henri Tudor, dem Entwickler des ersten brauchbaren Blei-Akkumulators, sowie in die Wirkungsgeschichte seiner bahnbrechenden Erfindung.

093_wei_fs

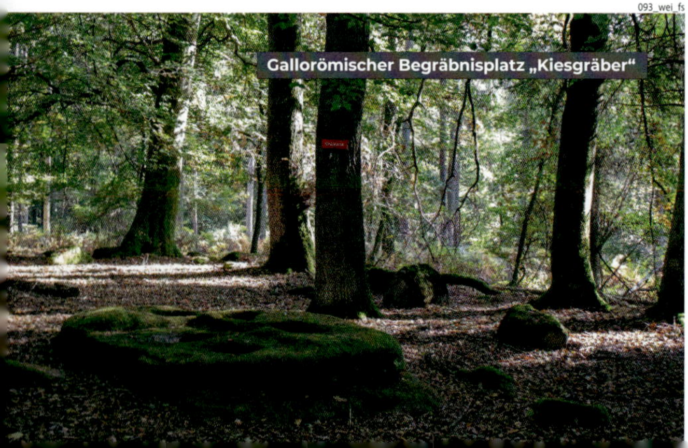

Kurze Informationsübersicht

Länge: 17,8 km
Gehzeit: ca. 5 Stunden
Auf-/Abstieg: je ca. 310 m
ANSPRUCHSVOLL

Ausgangsort: D-54669 Bollendorf

Startpunkt: Parkplatz (An der römischen Villa), GPS N 49.850 86, E 6.36803 (UTM 32U 310803/5525371)

Karte: Eifelverein Nr. 28, Irrel, Echternach, 1:25.000

Wegeigenschaften: größtenteils breite Forstwege und schmale, felsige Waldpfade; insgesamt Trittsicherheit vonnöten; wegen Länge und Höhendifferenz gute Kondition erforderlich; da keiner durchgängigen Beschilderung gefolgt wird, GPS-Track zur Orientierung hilfreich; festes Schuhwerk und ausreichend Proviant/Wasser

Einkehrmöglichkeiten: Bollendorf

ÖPNV: nächstgelegene Bushaltestelle „Bollendorf, Burg“ (www.vrt-info.de)

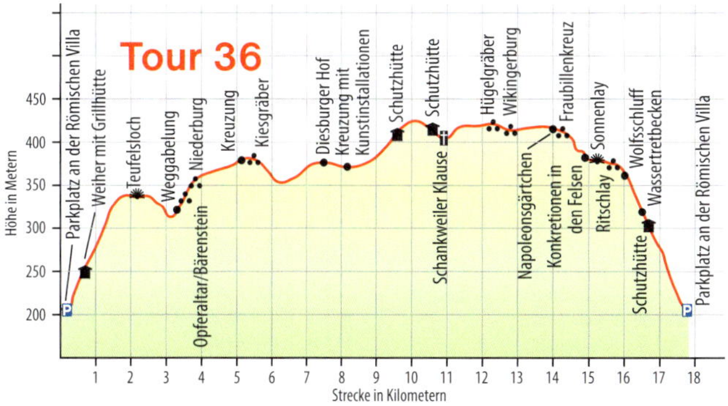

Tour 36

0 500 m ©Reise Know-How WFEifel 36 1/19

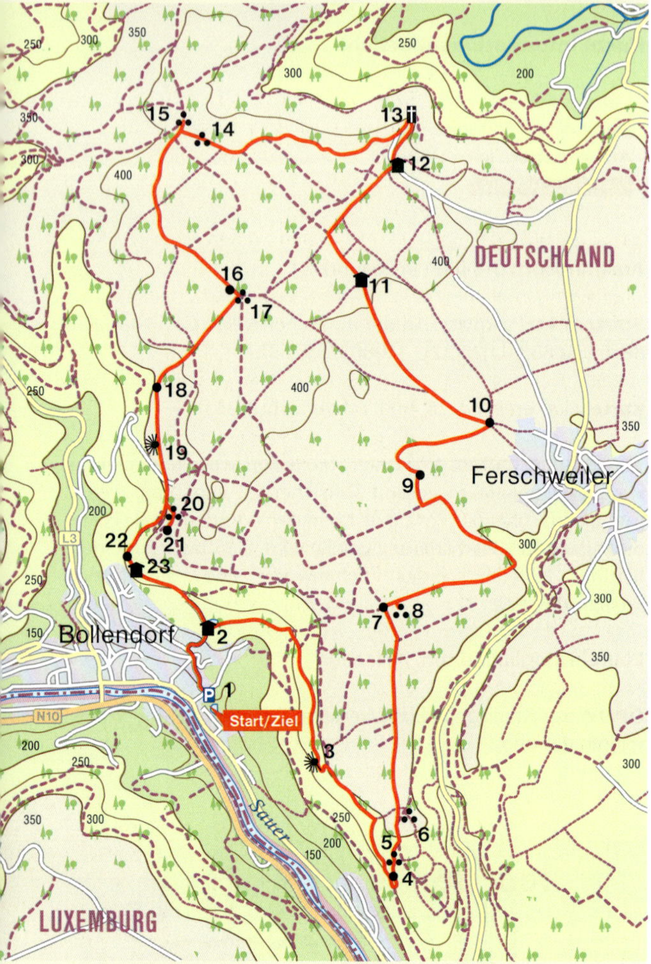

P	1	Parkplatz an der Römischen Villa
	2	Weiher mit Grillhütte
	3	Teufelsloch
	4	Weggabelung
	5	Opferaltar/Bärenstein
	6	Niederburg
	7	Kreuzung
	8	Kiesgräber
	9	Diesburger Hof
	10	Kreuzung mit Kunstinstallationen
	11	Schutzhütte
	12	Schutzhütte
	13	Schankweiler Klause
	14	Hügelgräber
	15	Wikingerburg
	16	Napoleonsgärtchen
	17	Fraubillenkreuz
	18	Konkretionen in den Felsen
	19	Sonnenlay
	20	Ritschlay
	21	Wolfsschluff
	22	Wassertretbecken
	23	Schutzhütte

Wegbeschreibung

Vom **Parkplatz an der Römischen Villa (1)** startet man bergan, trifft bald auf die Straße „Auf den Oesen", geht sodann rechts in die Straße „An der Büchelsbach" weiter hinauf Richtung Wald. Nachdem der Felsen „Hunolay" passiert wurde, biegt man rechts ab und hält sich an die Beschilderung „Teufelsloch/Weilerbach". Links des nun zu begehenden breiten Forstweges befindet sich ein **Weiher mit Grillhütte (2).** Vorerst behält man die Richtung bei, folgt dann aber an einer Gabelung den Wegweisern zum Artistenplatz und nach Ferschweiler. Sodann wandert man auf einem schmalen Pfad, der durch eine mystisch anmutende Landschaft verläuft. Der Blick schweift über bewaldete Hänge und bizarre Felsformationen – und es ist still.

Man nähert sich dem **Teufelsloch (3),** einem schluchtenartigen Gebilde aus Luxemburger Sandstein samt spektakulärem Aussichtsfelsen, den man besteigt: Eine tolle Aussicht auf Bollendorf und auf das Berdorfer Plateau jenseits der Sauer ist garantiert. Daraufhin geht es links auf schmalem Pfad bergan. Schnell trifft man auf einen breiten Forstweg und wandert hier rechts weiter. Man passiert eine Picknickbank und hält sich bei nächster Gelegenheit rechts. An der dann folgenden **Weggabelung (4)** geht man links ab vom Forstweg auf einen leicht bergan steigenden, schmalen Pfad – nun in Richtung **Opferaltar (5),** der schnell erreicht ist. Der vermeintliche keltische Opferfelsen wird ob seiner Form auch als **Bärenstein** bezeichnet. Man passiert diesen und folgt dem Weg bis zur nächsten Gabelung, an der man sich links hält.

Nun wandert man zur sogenannten **Niederburg (6),** die bald auf der rechten Seite des Weges liegt. Man kann dort Reste eines keltischen Ringwalls erkennen. Nachdem man diese archäologische Denkmalzone passiert hat, läuft man weiter in zuvor eingeschlagener Richtung und ignoriert alle Abzweige. Nach einer Weile gelangt man an eine **Kreuzung (7),** an der es rechts zu den **Kiesgräbern (8)** geht, die in nur 50 Metern rechts des Weges etwas versteckt im Wald liegen. Hierbei handelt es sich um einen gallo-römischen Begräbnisplatz (wohl aus dem 2. Jh. n. Chr.). Es finden sich Steine mit deutlich sichtbaren Vertiefungen, welche die Asche und Beigaben des Verstorbenen aufnahmen. Die teils in Häuser- und Giebelform gehauenen Felsen dienten dabei als Abdeckung ebenjener Löcher.

Nach Besichtigung des Areals geht es zurück auf den Hauptweg und weiter in eingeschlagener Richtung. Bevor man die ersten Häuser von Ferschweiler sieht, steigt man recht steil hinab und verliert einiges an Höhe. Vor dem Ort wendet man sich aber nach links, um auf einem Waldweg, der parallel zum Weilerbach verläuft, direkt wieder anzusteigen – und zwar in Richtung des historischen **Diesburger Hofs (9).** Auf der Höhe angekommen, steht man dem großen, mehrteiligen Gehöft gegenüber. Interessant ist in diesem Kontext, dass es sich hierbei um den Geburtsort von Henri Tudor (1859–1928) handelt, seines Zeichens der Erfinder des ersten technisch wie wirtschaftlich brauchbaren Blei-Akkumulators. Vor dem Hof hält man sich links und geht bis zur nächsten Wegscheide, dort rechts und tritt sogleich in den Wald ein. An der folgenden Gabelung geht man dann geradeaus und ignoriert vorerst etwaige Abzweigungen.

094_wei_fs

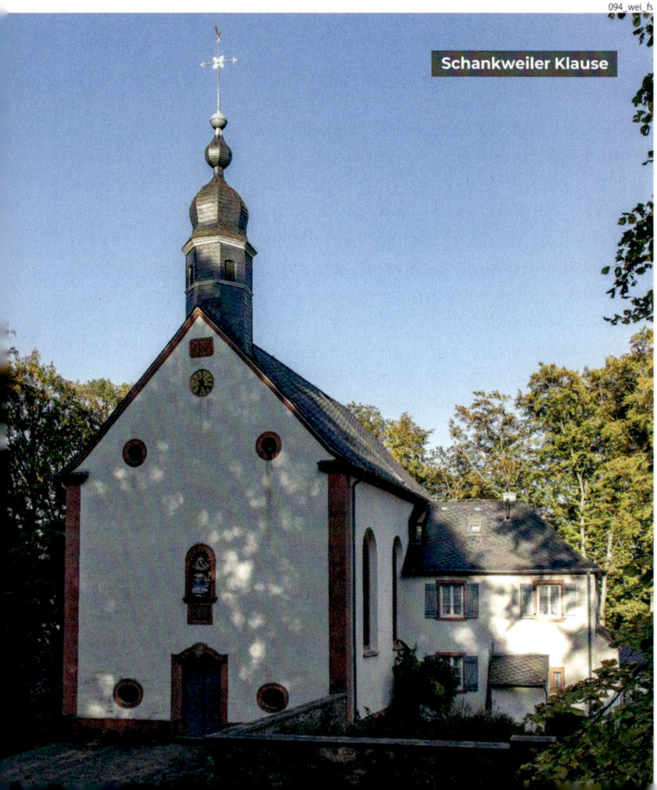

Schankweiler Klause

Nach kurzer Strecke tritt man wieder aus dem Wald hinaus, wandert entlang von Feldern und kommt rasch zu einer **Kreuzung mit** mehreren **Kunstinstallationen (10),** einem Wegekreuz und einer Bank. Hier zweigt man links ab und geht nun in Richtung Schankweiler Klause. Es wird eine auf der linken Seite stehende Hütte passiert, darauf folgt eine weitere **Schutzhütte (11)** nach der man nach rechts zur Klause abzweigt. Nach einer Weile wird erneut eine **Schutzhütte (12)** passiert. Von dieser sind es noch etwa 300 Meter und die **Schankweiler Klause (13)** ist erreicht. Diese von außen recht schlichte Wallfahrtskapelle Mariahilf wurde im 17. Jh. errichtet. Sie beherbergt einen prächtigen Hochaltar.

Von dem kleinen Sakralbau aus geht es auf den leicht bergan steigenden Waldweg zu, man folgt diesem kurz und geht schon an der nächsten Gabelung rechts in Richtung der sogenannten Wikingerburg. Auf dem Weg dorthin erreicht man zuerst die **Hügelgräber (14),** die im 12./11. Jh. v. Chr. entstanden sein sollen. Unmittelbar danach gelangt man an die auf der rechten Seite liegende **Wikingerburg (15),** gleich der Niederburg eine einstige Wallanlage, zu der man einen Abstecher macht - bevor es dann links weiter geht. So verläuft die Tour eine ganze Weile auf breitem Forstweg, immer der Nase nach (Abzweigungen ignorieren). Als Nächstes erreicht man das **Napoleonsgärtchen (16),** ein kleiner Hügel im Wald mit einer einzelnen Fichte, der, so heißt es, zu Ehren der Geburt des Sohns Napoleons I. im Jahre 1811 angelegt worden sei. Nur 20 Meter weiter steht man - an einer großen Kreuzung mit Schutzhütte - vor dem mächtigen und bedeutenden **Fraubillenkreuz (17),** einem weit übermannsgroßen Sandstein. Dieser ehedem keltische Menhir (vermutlich 3. bis 2. Jahrtausend vor Christus) sei, so will es die Sage, im 8. Jh. n. Chr. von dem irischen Wandermönch und christlichen Missionar Willibrord, dem Gründer des Echternacher Klosters, eigenhändig in die Kreuzesform gehauen worden.

Gegenüber des mystischen, mittlerweile ziemlich windschiefen Kreuzes führt ein schmaler Pfad ab vom breiten Forstweg, dem man nun folgt. Am Wegesrand stehen ganz viele Heidelbeerbüsche, die im Juni/Juli süße Früchte tragen. Man überschreitet einen Querweg und geht in Richtung „Madonna im Stein". Auf schmalem, felsigem Pfad läuft man sodann bergab und wandert inmitten bizarrer, mit Moosen und Flechten bewachsener Felsen. In diesem Gebiet verläuft auch ein Teil des für

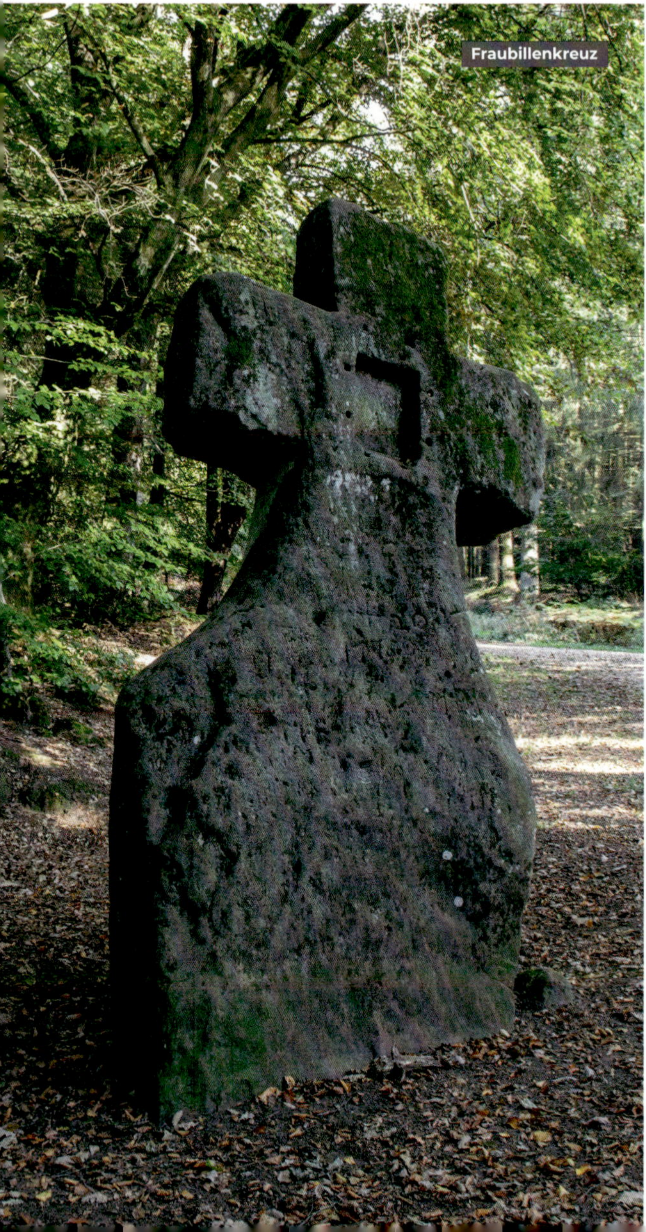

095_wei_fs

Kinder erdachten Märchenpfads. So sind auch die rechts des Weges stehenden Figuren von König Bollybur und Prinzessin Bollonia zu erklären, die man passiert, bevor der Weg bergan führt. An einer Stelle sind auffällige, apfelförmige **Konkretionen in den Felsen (18)** auszumachen, die eine geologische Besonderheit darstellen und einen genaueren Blick wert sind. Etwa 300 Meter danach liegt rechts des Weges die wundervolle **Sonnenlay (19)**, ein Aussichtsfelsen mit bestem Panoramablick, zu dem man einen kurzen Abstecher machen kann. Danach wandert man wieder zurück auf den Hauptweg und rechts weiter bergab.

Sodann wird ein Asphaltweg gequert und es geht in Richtung Wolfsschluff, zu der man bei nächster Gelegenheit nach links einen kurzen Abstecher machen sollte. Auf schmalem Felsenweg gelangt man zuerst zur **Ritschlay (20)** und rasch danach zur **Wolfsschluff (21)** – eine enge Schlucht zwischen mächtigen Felsbrocken, die man nun durchwandert. Auf der im Volksmund „Ritschlay" genannten Felsplatte finden sich zwei seltsame Gleitfurchen, deren Ursprung bis heute nicht geklärt ist. Es gibt die Theorie, dass sie im Kontext vorchristlicher Bronzeherstellung stehen könnten.

Daraufhin geht es auf gleichem Weg zurück und talwärts. Nach etwa 500 Metern erreicht man ein gut gepflegtes **Wassertretbecken (22)**, in dem man nach der langen Wanderung die müden Füße erfrischen kann. Weiter des Weges passiert man noch eine links stehende **Schutzhütte (23)**, hält sich geradeaus und geht bald an Tennisplätzen vorbei. Nach diesen folgt der schon zu Beginn der Wanderung passierte **Weiher mit Grillhütte (2)**, daran läuft man vorbei und geradeaus zurück zur Römischen Villa auf bekannter Route.

096_wei_fs

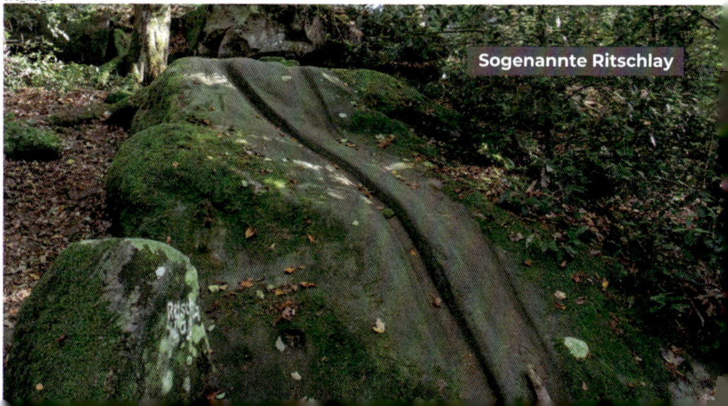

Sogenannte Ritschlay

Tour 37

Irreler Wasserfälle, bizarre Felsen und Hopfenfelder –

Auf und ab in der felsigen Südeifel

Durch idyllische Dörfer, wildromantische Wälder und bizarre Felsenschluchten hin zu rauschenden Stromschnellen sowie einer versteckten Burgruine und den Resten einer einst herrschaftlichen römischen Villa führt diese abwechslungsreiche Tour den Wanderer.

Rund um den hübschen Ort **Holsthum** läuft der Weg vorbei an den größten Hopfenfeldern von Rheinland-Pfalz und mitten durch eine weite, sanfte Hügellandschaft, die durch Ackerbau, wildblütenreiche Wegsäume sowie die für die Region typischen Streuobstwiesen charakterisiert ist.

Der **Dinosaurierpark Teufelsschlucht** nahe des Naturparkzentrums in Ernzen wartet auf mit reichen Informationen zur Erdgeschichte und über 150 Rekonstruktionen ausgestorbener Tierarten in Lebensgröße, allen voran von Dinosauriern (www.dinopark-teufelsschlucht.de).

098_wei_fs

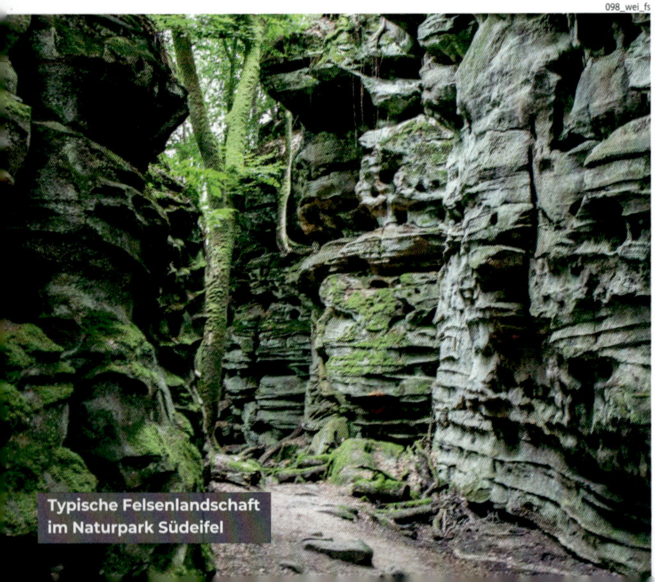

Typische Felsenlandschaft im Naturpark Südeifel

Karte auf S. 298

Kurze Informationsübersicht

Länge: 16,7 km
Gehzeit: ca. 5¾ Stunden
Auf-/Abstieg: je ca. 345 m
ANSPRUCHSVOLL

Ausgangsort: D-54668 Holsthum

Startpunkt: Wanderparkplatz (am Bornweg), GPS N 49.88736, E 6.41880 (UTM 32U 314592/5529302)

Karte: Eifelverein Nr. 28, Irrel, Echternach, 1:25.000

Wegeigenschaften: aufgrund der felsigen, bei Nässe auch rutschigen Passagen im Wald- und Schluchtenbereich Trittsicherheit erforderlich, zudem ob Weglänge und Höhendifferenz eine gute Kondition; festes Schuhwerk mit Profilsohle; ausreichend Proviant/Wasser

Einkehrmöglichkeiten: Holsthum, Prümzurlay, Naturparkzentrum Teufelsschlucht

ÖPNV: nächstgelegene Bushaltestelle „Holsthum, GH Berscheid" (www.vrt-info.de)

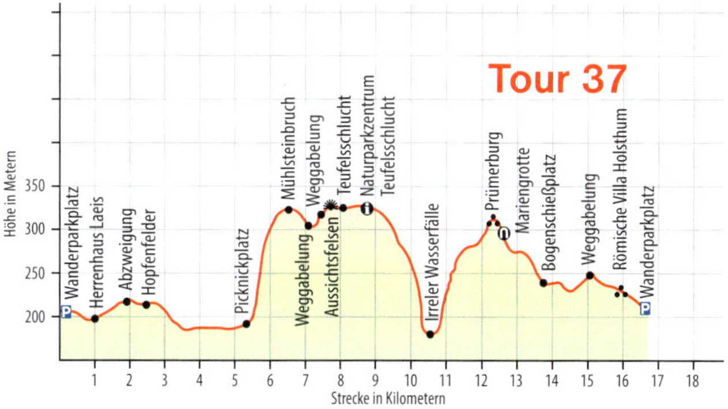

Wegbeschreibung

Vom **Wanderparkplatz (1)** geht es auf dem Bornweg bis ins Dorfzentrum. Recht schnell sieht man, dass in Holsthum Wert auf eine denkmalgerechte Sanierung alter Bausubstanz sowie die Erhaltung traditioneller Eifeler Bauerngärten gelegt wird. Nachdem man auf die Wolsfelder Straße gestoßen ist, biegt man

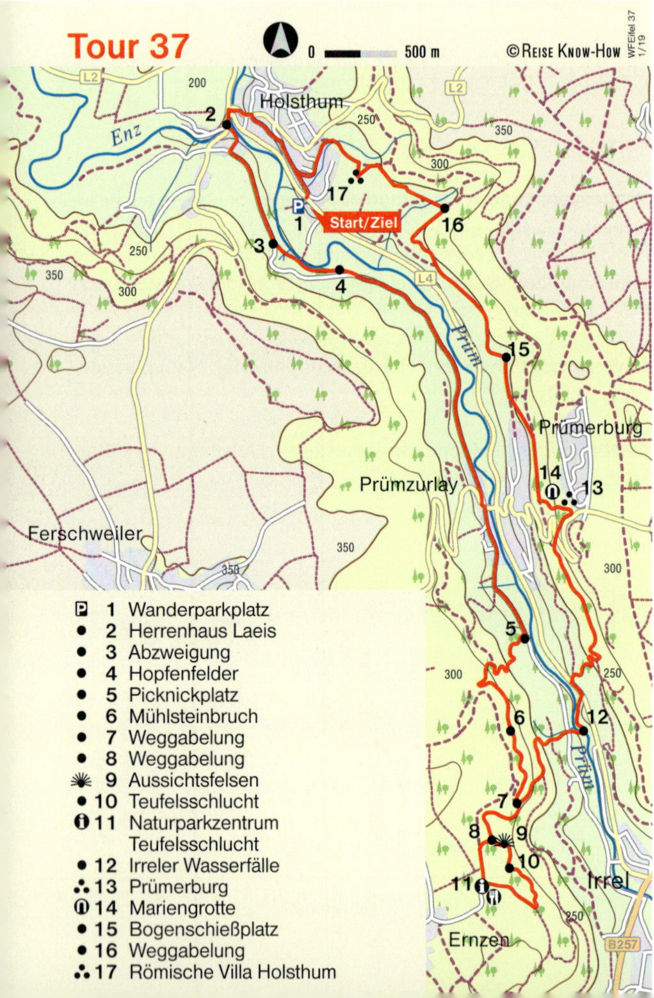

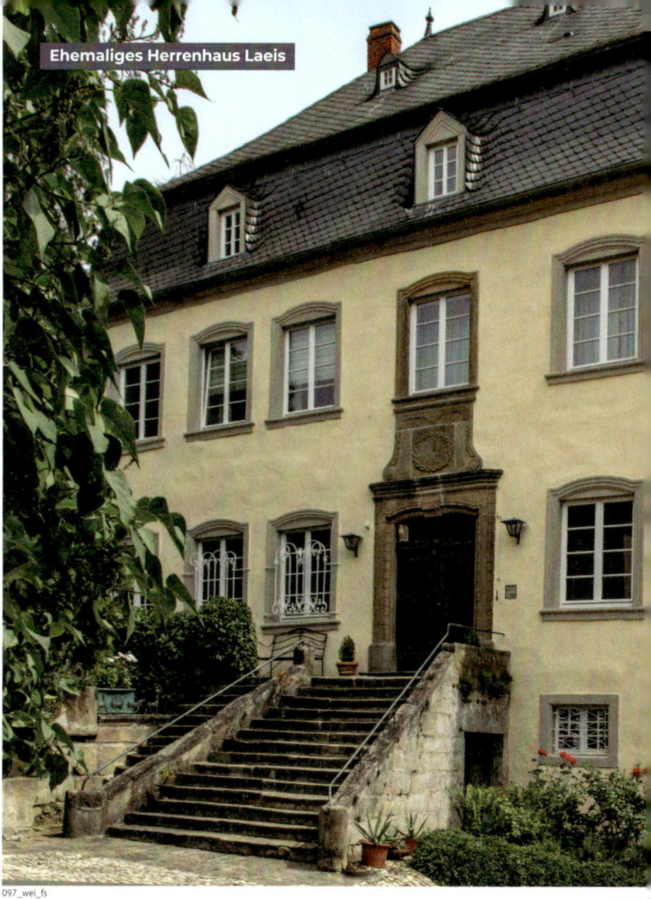

097_wei_fs

links in diese ein und geht hinunter zur Irreler Straße. Man überquert die Prüm und hält sich links. Schon nach wenigen Schritten passiert man das rechter Hand liegende, vorbildlich restaurierte **Herrenhaus Laeis (2)** aus dem 18. Jh., einst Verwaltungs- und Wirtschaftsgebäude der ehemaligen Holsthumer Glashütte, geht unmittelbar danach über eine Brücke und überquert damit die Enz, die hier in die Prüm fließt. Kurz darauf biegt man links in die Straße „Auf der Hütte" ein, wandert am Hopfenhof Dick vorbei und hält sich an der nächsten Gabelung wiederum links. Man folgt nun vorerst dem Weg „Naturpark Südeifel 59" wie auch dem „Holsthumer Rundwanderweg". Der Blick schweift über die sanfte, teils bewaldete Hügellandschaft und die am Wegesrand stehenden Apfel- und Birnbäume.

Nach etwa 10 Minuten wendet man sich an einer **Abzweigung (3)** nach links und geht auf schmalem Pfad in den Wald hinab zu einem Bächlein, das überquert wird. Bald danach gelangt man zu einer Brücke, die die Prüm überspannt. Ginge man darüber, würde man auf dem genannten „Hosthumer Rundwanderweg" zurück in den Ort gelangen. Diese Tour aber folgt weiterhin der Route „Naturpark Südeifel 59" und trifft bald auf einen geteerten Wirtschaftsweg, welcher direkt an großen **Hopfenfeldern (4)** vorbeiführt. Die sich in luftige Höhen rankenden Kletterpflanzen, deren Inhaltsstoffe unter anderem für die richtige Würze im Bier sorgen, sind besonders schön im Spätsommer anzuschauen, wenn das Laub dicht ist und die Dolden reif sind. An der nächsten Gabelung geht man links weiter in Richtung Prümzurlay. Nach Erreichen des Ortes folgt man der Straße „Im Kotnol" bis zur Ferschweilerstraße, die überquert wird, um dann auf dem Ernzener Weg in Richtung Irrel zu wandern und vorerst der Route „Naturpark Südeifel 5" zu folgen.

Vor einem **Picknickplatz (5)**, der am Wegesrand liegt, geht man rechts in den Wald hinein und sogleich über eine kleine Brücke. Auf schmalem Pfad wandert man abwechselnd bergauf und bergab über Steine, Felsstufen, Holzstämme und teils entlang der murmelnden Wasser des Hälbachs durch einen mystischen Wald voller bizarrer, mit leuchtend grünem Moss bewachsener Sandsteingebilde. Man orientiert sich nun an dem sogenannten „Teufelspfad 8" mit dem Ziel der Teufelsschlucht. Nach einiger Zeit passiert man einen ehemaligen **Mühlsteinbruch (6)** samt spektakulärem Felsentor und gelangt nach circa 700 Metern zu einem querlaufenden Weg. Hier hält man sich links und an der unmittelbar darauf folgenden **Weggabelung (7)** rechts. Nachdem eine hölzerne Brücke überquert wurde, kommt man rasch zu einer weiteren **Weggabelung (8)**, an der man sich wiederum links hält. Schon wenige Minuten später erreicht man einen **Aussichtsfelsen (9)**, der einen fantastischen Blick ins Tal und auf den Ort Irrel bietet.

Nach kurzer Rast geht es in eingeschlagener Richtung weiter, womit man sich der **Teufelsschlucht (10)** nähert, einer zerklüfteten, 28 Meter tiefen Felsspalte, die Resultat massiver Felsstürze gen Ende der letzten Eiszeit (vor etwa 12.000 Jahren) sein soll. Nachdem man die enge, wahrlich beeindruckende Schlucht mit den gewaltig aufragenden Sandsteintürmen durchwandert hat, kommt man in der Höhe auf breitem Weg an. An dieser Stelle hält man sich rechts und folgt den Schildern zum **Naturparkzentrum Teufelsschlucht (11),** das nach etwa einem halben Kilometer erreicht wird. Hier kann man eine Kleinigkeit essen oder etwas Erfrischendes trinken, sich zudem über den Naturpark Südeifel informieren. Danach geht es weiter in Richtung Irreler Wasserfälle. Nicht weit hinter dem Naturparkzentrum zweigt rechts ein Weg ab, den man nimmt. Nach kurzer Gehzeit kommt man erneut an eine zuvor bereits passierte **Weggabelung (8),** hält sich hier nun aber links und geht den Weg bis zur ebenfalls bekannten **Weggabelung (7)** zurück. Dort folgt man dann den Schildern in Richtung **Irreler Wasserfälle (12)** und geht auf felsigen Pfaden zu diesen hinab. Eigentlich handelt es sich bei dem Naturschauspiel eher um Stromschnellen als um Wasserfälle, aber beeindruckend ist es so oder so, wie sich die Prüm auf einer Länge von 140 Metern durch die mächtigen Felsbrocken kämpft.

Hinter der Holzbrücke, die die Stromschnellen überspannt, steigt man die Stufen hinauf und geht links um die Kurve weiter in Richtung Prümerburg. Der Weg trifft auf eine Landstraße (L4), die man überquert, um dem gegenüberliegenden Waldwirtschaftsweg zu folgen. Fortan orientiert man sich am grün-braunen „NaturWanderPark delux"-Logo („Felsenweg 5"). Fast auf der Höhe angekommen, passiert man einen Aussichtsplatz mit Bank unterhalb eines mächtigen Felsens und unmittelbar danach ein steinernes, im 18. Jh. errichtetes Wegekreuz. Dieses steht am Fuße der malerischen Ruine der **Prümerburg (13),** die erstmals

099_wei_fs

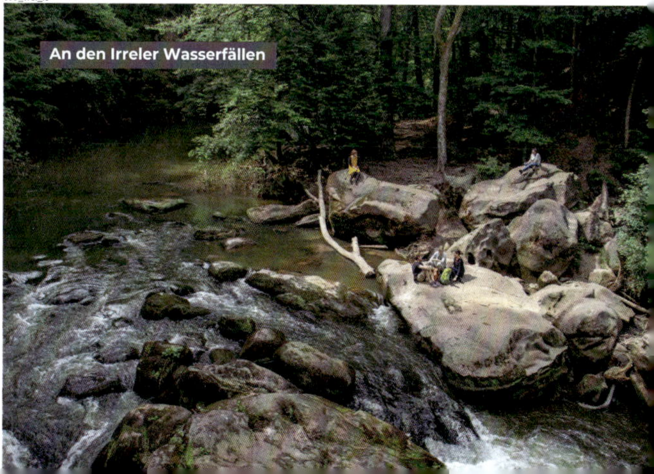

An den Irreler Wasserfällen

1337 erwähnt und im 17. Jh. weitestgehend zerstört wurde. Das Burgareal ist frei zugänglich und vom Turm aus lässt sich weit ins Tal blicken. Nach Besichtigung wandert man über die den Graben überspannende Brücke zurück, dahinter links den verwachsenen Pfad wieder bergab. Etwas abseits dieses verwunschenen Wegs liegt rechter Hand eine leicht zu übersehende **Mariengrotte (14).** Weiter unten auf breitem Wirtschaftsweg angekommen, hält man sich rechts und folgt dem „NaturWanderPark-delux"-Logo. Nach einiger Zeit passiert man ein Areal, auf dem vielerlei hölzerne Tierskulpturen stehen: Es handelt sich um den **Bogenschießplatz (15)** der Prümzurlayer Burgschützen e. V. Unmittelbar danach nimmt man zuerst eine Links-, dann eine Rechtskurve und ignoriert eventuelle Abzweigungen – bis man zu einer **Weggabelung (16)** gelangt, an der auch die bisherige „NaturWanderPark-delux"-Route verlassen wird. Hier biegt man links ab und wandert entlang alter Streuobstwiesen mit Blick auf die weite hügelige Landschaft der Südeifel zur **Römischen Villa Holsthum (17).** Nach kurzer Visitation dieses um 100 n. Chr. errichteten Gutshofes geht es in Richtung Wolsfelder Straße. Bevor diese erreicht wird, nimmt man einen links abzweigenden Weg, der schnell auf die Ringstraße trifft. Letzterer folgt man bis zum Bornweg, geht links in diesen hinein und dann zurück zum Parkplatz.

102_wei_fs

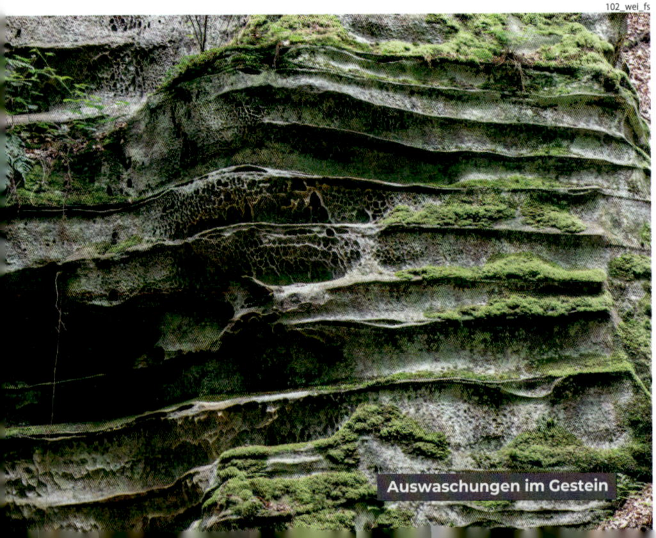

Auswaschungen im Gestein

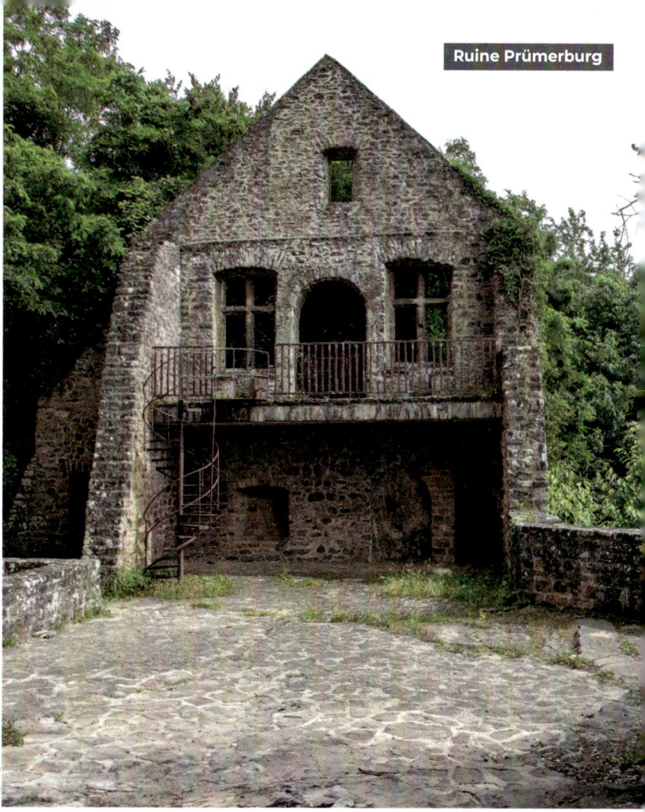
Ruine Prümerburg

100_wei_fs

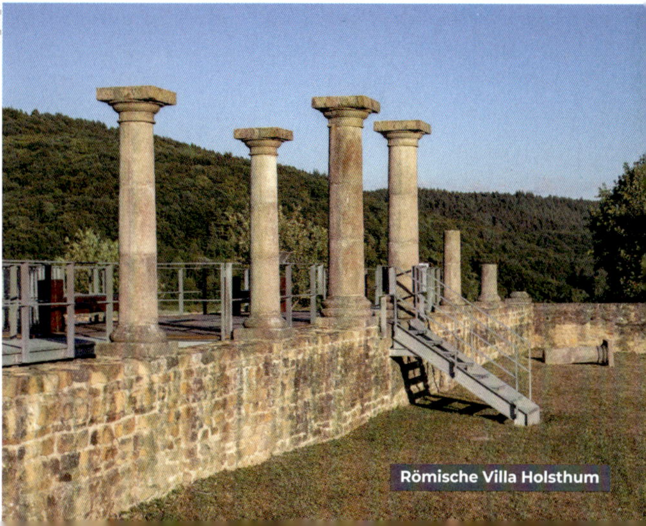
Römische Villa Holsthum

101_wei_fs

Tour 38

An der Sauer im Deutsch-Luxemburgischen Naturpark –

Vom Schloss Weilerbach durch die Luxemburger Schweiz zur Liboriuskapelle

Diese Runde ist ein echtes Schmankerl, nicht nur für naturliebende und ambitionierte Wanderer, sondern auch für Freunde von Kultur und Geschichte am Wegesrand.

Vom spätbarocken **Schloss Weilerbach** führt der Weg durchs Sauertal und hinauf aufs **Berdorfer Plateau.** Durch die bizarre und beeindruckende Felsenlandschaft des luxemburgischen Müllerthals, vorbei an mannigfachen Höhepunkten – wie Sieweschloeff, Teufelsinsel, Räuberhöhle, Hohllay und Wolfsschlucht –, geht es über Stock und Stein hinab in die alte **Abteistadt Echternach.** Nach einem letzten, knackigen Anstieg auf das **Ferschweiler Plateau** zur Liboriuskapelle folgt der entspannte Endspurt durch stillen Wald.

Ein Besuch des modernen Wasserturms „Aquatower" von Berdorf mit darin untergebrachter Ausstellung ist empfehlenswert.

104_wei_fs

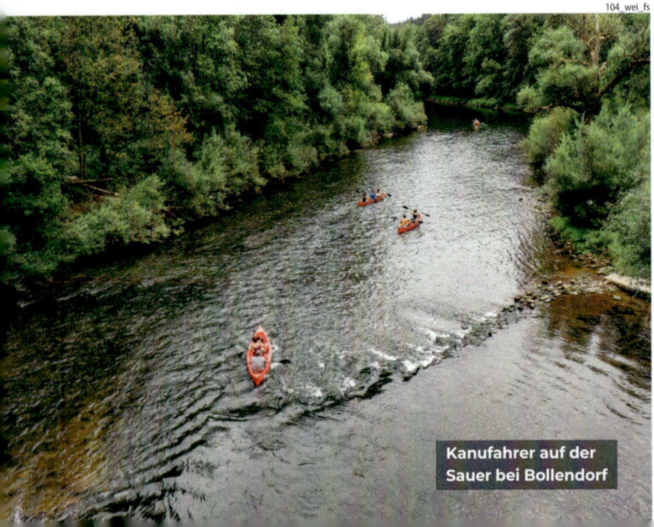

Kanufahrer auf der Sauer bei Bollendorf

Kurze Informationsübersicht

Länge: 24,4 km
Gehzeit: ca. 7¼ Stunden
Auf-/Abstieg: je ca. 500 m
ANSPRUCHSVOLL

Ausgangsort: D-54669 Bollendorf-Weilerbach
Startpunkt: Parkplatz am Schloss Weilerbach (an der K19), GPS N 49.83487, E 6.39210 (UTM 32U 312471/5523533)
Karte: Eifelverein Nr. 28, Irrel, Echternach, 1:25.000
Wegeigenschaften: weite Strecken über schmale, steile, steinige, bisweilen abschüssige Pfade und teils über Felsstufen, die glatt sein können; streckenweise muss auch mit matschigen Wegen gerechnet werden; Trittsicherheit und festes, knöchelhohes, profilstarkes Schuhwerk absolut unabdingbar; Wanderstöcke optional; ob Länge und Höhendifferenz sehr gute Kondition vonnöten; ausreichend Proviant/Wasser einpacken, evtl. auch eine Taschenlampe zur Begehung der Höhlen
Einkehrmöglichkeiten: Museumscafé „Remise" am Schloss Weilerbach (saisonale Öffnungszeiten beachten), Bollendorf, Bollendorf-Pont, Berdorf, Echternach, Echternacherbrück
ÖPNV: nächstgelegene Bushaltestelle „Bollendorf-Weilerbach, Schloss" (www.vrt-info.de)

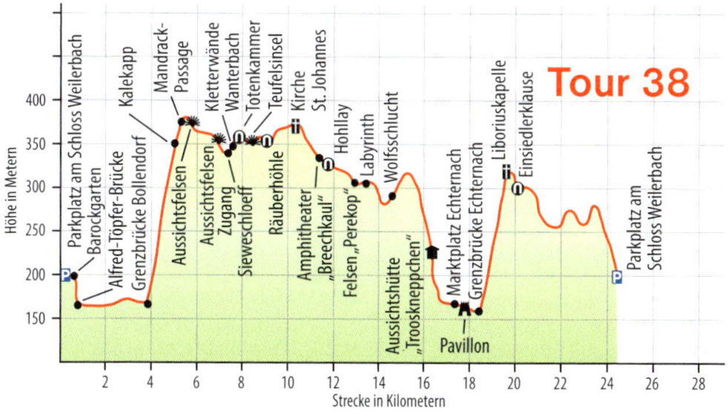

Wegbeschreibung

Vom **Parkplatz am Schloss Weilerbach (1)** startet die lange, grenzübergreifende Tour im Deutsch-Luxemburgischen Naturpark. Das spätbarocke Schlossjuwel wurde zwischen 1777 und 1780 von dem Tiroler Paul Mungenast im Auftrag von Emmanuel Limpach, seines Zeichens letzter Abt der nahen Abtei Echternach, als Lustschloss und Verwaltungsgebäude errichtet. Auf dem Areal befand sich nämlich die unter Aufsicht des Abtes stehende Eisenhütte Weilerbach, von der leider nur wenig erhalten

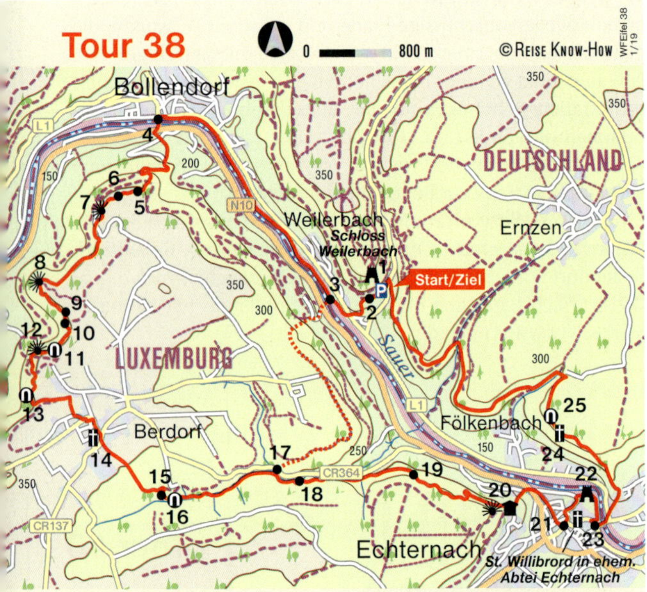

- 1 Parkplatz am Schloss Weilerbach
- 2 Barockgarten
- 3 Alfred-Töpfer-Brücke
- 4 Grenzbrücke Bollendorf
- 5 Kalekapp
- 6 Mandrack-Passage
- 7 Aussichtsfelsen
- 8 Aussichtsfelsen
- 9 Zugang Sieweschloeff
- 10 Kletterwände Wanterbach
- 11 Totenkammer
- 12 Teufelsinsel
- 13 Räuberhöhle
- 14 Kirche St. Johannes
- 15 Amphitheater „Breechkaul“
- 16 Hohllay
- 17 Felsen „Perekop“
- 18 Labyrinth
- 19 Wolfsschlucht
- 20 Aussichtshütte „Trooskneppchen“
- 21 Marktplatz Echternach
- 22 Pavillon
- 23 Grenzbrücke Echternach
- 24 Liboriuskapelle
- 25 Einsiedlerklause

ist. Hinter dem Hauptgebäude geht man vorbei, streift durch den ummauerten **Barockgarten (2)** und tritt dann durch eine Pforte nach links hinaus, um über Stufen auf den darunter verlaufenden Pfad zu gelangen und auf diesem zur Straße zu gehen. Nach etwa 5 Minuten erreicht man diese, geht über sie hinweg und hinab zur Sauer. Kurz darauf kommt man zur **Adolf-Töpfer-Brücke (3).** Vor dieser biegt man rechts auf den Radweg ab und folgt diesem bis nach Bollendorf. Nach Erreichen des Ortes läuft man am Sauerstaden in Richtung **Grenzbrücke Bollendorf (4)** und wechselt auf dieser nach Luxemburg.

106_wei_fs

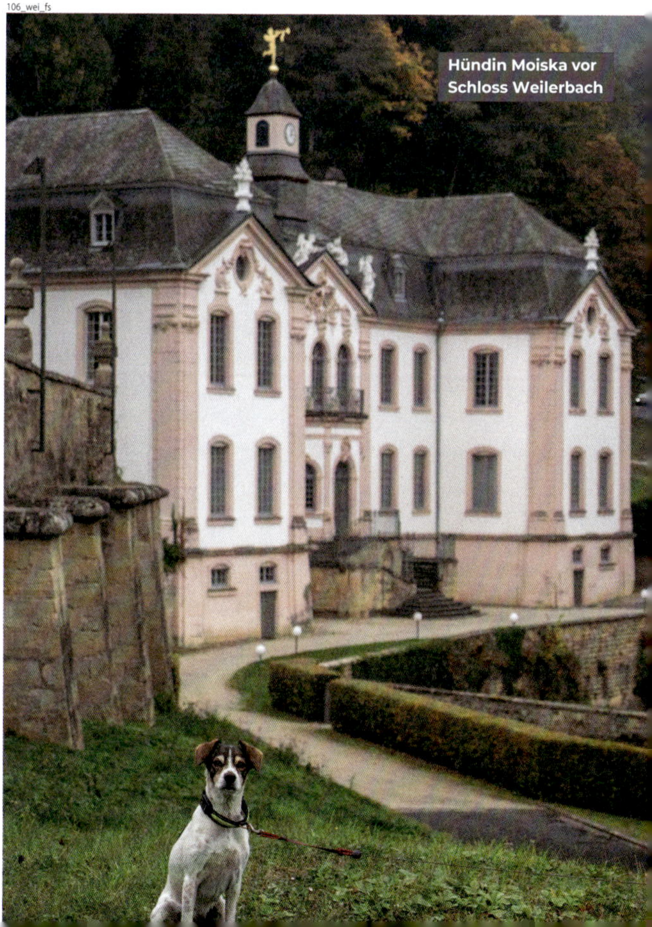

Hündin Moiska vor Schloss Weilerbach

Daraufhin quert man die Route de Diekirch und steigt rechts des Bushäuschens über Stufen und felsige Pfade hinauf in den Wald. Nach einiger Zeit stößt man auf einen Asphaltweg und geht links bergan. An der nächstmöglichen Stelle hält man sich wiederum links hinauf, gleich auch über Fels- und Holzstufen. Alsdann geht es bergab und auf schmalem Pfad immer der Nase

105_wei_fs

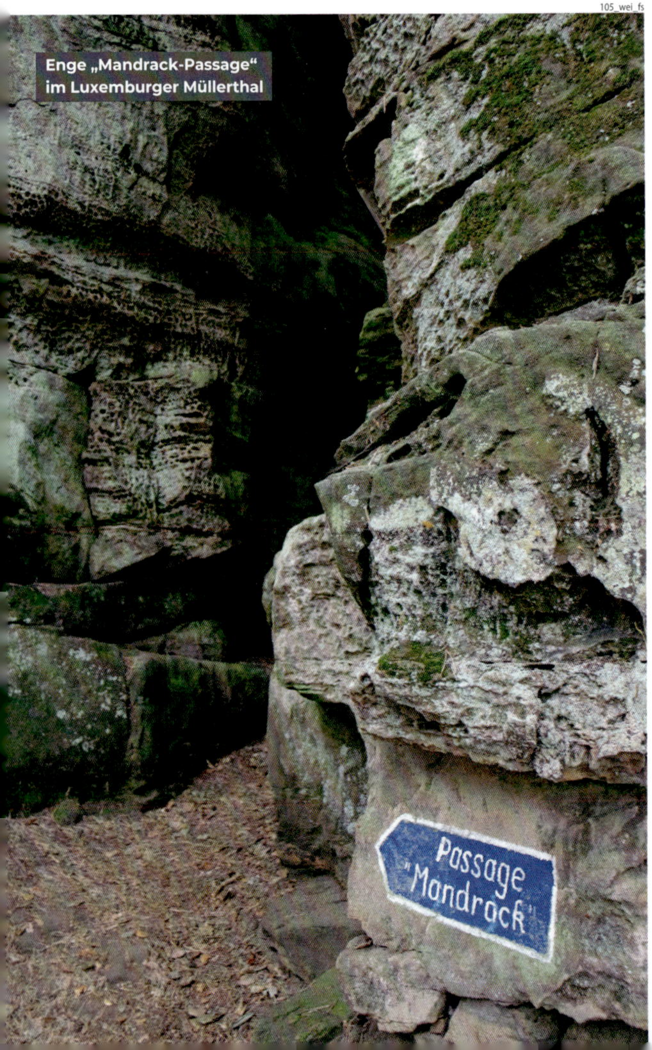

Enge „Mandrack-Passage“ im Luxemburger Müllerthal

nach durch Buchenmischwald und unterhalb beeindruckender Sandsteingebilde hindurch. So erreicht man die Felsformation **Kalekapp (5).** Nun geht es abwechselnd bergauf und bergab auf einfachen Wald- oder Felsenpfaden. Rasch gelangt man zur **Mandrack-Passage (6),** die nach Manuel Andrack, dem deutschen „Vorzeigewanderer" und einstigen Sparringspartner von Harald Schmidt benannt wurde. Hierbei handelt es sich um eine Engstelle zwischen zwei hochaufragenden Felsen, durch die man hindurchgeht. Es ist grün, feucht, dunkel und etwas mystisch. Nach der Passage kommt man in eine Art „Innenhof", wo man sich links hält und auf schmalem Pfad durch die Felsen schlüpft und entlang an mächtigen Sandsteinblöcken mit bizarren Verwitterungsformen wandert. Dann steigt man über Stufen hinab und geht links und noch einmal links in die Felsen hinein durch eine Engstelle. Man trifft indes bald auf den vor der Mandrack-Passage verlassenen Weg und folgt diesem weiter in eingeschlagener Richtung.

Man erreicht sodann einen **Aussichtsfelsen (7)** mit Bank, der über eine metallene Leiter zu erklimmen ist. Nach dem Abstieg hält man sich rechts bergab und trifft auf einen breiten Schotterweg, den man quert, um in Richtung Kasselt/Sieweschloeff zu laufen. Einige Zeit wandert man weiter auf schmalem Pfad und gelangt dann zu einer üppig beschilderten Gabelung. Hier führt der Weg links bergan (Kasselt/Sieweschloeff). Auf einer Anhöhe angekommen, blickt man auf einen **Aussichtsfelsen (8),** den man passiert. Schnell erreicht man darauf den **Zugang zur Sieweschloeff (9)** und steigt ein in ein bizarres, grünbemoostes, feuchtes und spannendes Felsenlabyrinth mit sieben extremen Engstellen, durch das man hindurchstreift. Danach geht es weiter in Richtung Räuberhöhle. Zuerst gelangt man aber zu den beliebten Kletterwänden im Gebiet des **Wanterbachs (10).** Alsbald wandert man unterhalb der steilen, überhängenden, beeindruckenden Sandsteinfelsen, die ein Paradies für Kletterbegeisterte sind.

Auf schmalem, mit einem Holzgeländer geschütztem Pfad geht man immer der Nase nach. Alle abzweigenden Wege werden vorerst ignoriert. Man quert auch eine Brücke. An einer Gabelung hält man sich in Richtung Berdorf Centre. Auf felsiger Treppe steigt man sogleich bergan, dann wieder auf abschüssigem Pfad bergab. Es geht am Herold-Felsen vorbei. Daraufhin kommt links eine Abzweigung, wo man über Stufen zur **Toten-**

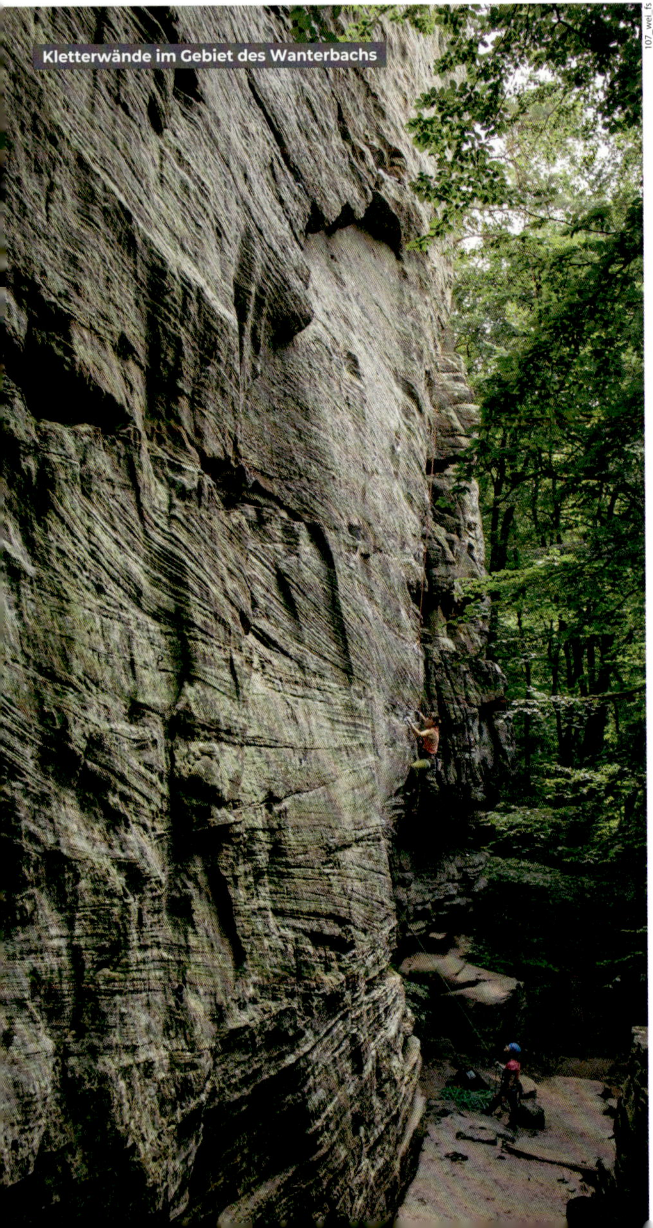

Kletterwände im Gebiet des Wanterbachs

107_wei_fs

kammer (11) gelangt – schlicht einer Höhle mit Bank –, um dann auch weiter nach oben zu laufen. Erneut steigt man über Felsstufen an und erreicht schnell eine Brücke, die eine schmale Schlucht überspannt: Diese muss man überqueren, um zur **Teufelsinsel (12)** zu kommen, eine große Felsenplattform mit grandiosem Ausblick (im Sommer idealer Picknickplatz). Von dort geht es über die Brücke zurück, dann über Stufen rechts hinab. Bald gelangt man zum Adlerhorst-Felsen, dann geht es über Stufen weiter bergab und man erreicht die **Räuberhöhle (13).**

Diese ist über zwei steile Metallleitern zugänglich, die in die Dunkelheit führen (Taschenlampe von Vorteil). An deren anderem „Ende" kann man in der Hocke oder kriechend die Höhle verlassen. Wer sich das ersparen will, der klettert die Leiter einfach wieder hoch. Natürlich kann sie auch insgesamt ausgelassen werden. Sofern man die Höhle oberhalb passiert, geht es links auf den Weg, der weiterhin begangen wird (dort auch der zweite Ausgang der Höhle). Nachdem man entlang eines – mal mehr, mal weniger wassergefüllten – Bachbetts durch herrliche Schluchtenlandschaft gelaufen ist, kommt man auf einem breiten Weg an und hält sich links in Richtung Echternach. An der nächsten Abzweigung läuft man rechts in Richtung Hohllay/Echternach bergan. An den ersten Häusern von Berdorf angelangt, biegt man links ein „Um Millewee" und dann wieder links in die Rue de Grundhof. An der Rue de Consdorf angekommen, hält man sich rechts, vorbei an der **Kirche St. Johannes (14)** und weiter zur Hohllay. Bei nächster Gelegenheit quert man nach links die Straße und läuft „An der Keier" aus dem Ort hinaus. Dort geht es auf einem Asphaltweg an buschumsäumten Wiesen und Feldern vorbei. Aus der Entfernung sieht man den emporragenden modernen „Aquatower" von Berdorf (Besichtigung des Wasserturms und der darin untergebrachten Ausstellung empfehlenswert).

Rasch tritt man wieder in den Wald hinein, hält sich links und wandert auf schmalem Pfad durch lichten Buchenwald. Eine Abzweigung zur „Muttergottes" wird ignoriert. Man nimmt aber nach kurzer Zeit die, die in Richtung Amphitheater/Hohllay führt. Das **Amphitheater „Breechkaul" (15),** ein in den Sommermonaten viel genutztes Felsenfreilichttheater, ist rasch erreicht. Links davon führen Felsenstufen zur darunter liegenden **Hohllay (16),** einem „gezeichneten" und fragil wirkenden Felsensystem, in dem seit Römerzeiten Mühlsteine gebrochen worden sind. Sowohl die Spuren der Werkzeuge als auch die Form der gebrochenen Steine lassen sich bestens erkennen. Nach Durchqueren der Hohllay steigt man rechts über Holz- und Felsstufen bergab und hält sich sodann links in Richtung Echternach. Fortan bewegt man sich durch das traumschöne Aesbachtal. Mal rechts, mal links des Bachbetts wandert man auf sandigem, felsigem Pfad nahe des murmelnden Wassers. Nach etwa 20 Minuten erreicht man sodann den spektakulären **Felsen „Perekop" (17),** der oberhalb einer schmalen, parallel zum Wanderweg verlaufenden Straße steil emporragt. Der Aufstieg empfiehlt sich. Von hier bietet sich auch die Möglichkeit, die lange Tour abzukürzen und vom Perekop aus direkt zum Schloss Weilerbach zurückzulaufen (siehe gestrichelte Linie auf der Karte).

Dann aber wandert man in eingeschlagener Richtung weiter und orientiert sich nunmehr an den „NaturWanderPark delux"-Schildern („Felsenweg 1"), die zur Wolfsschlucht und nach Echternach weisen. Recht schnell erreicht man so das **Labyrinth (18),** ein herrlicher Irrgarten aus Felsblöcken. Danach folgt, aber das braucht ein Weilchen, mit der **Wolfsschlucht (19)** ein weiteres Highlight. Über Stufen und schmale Pfade wandelt man inmitten 40–50 Meter hoher Steilwände. Nicht ganz so weit wie vom Labyrinth hierhin ist es bis zur **Aussichtshütte „Trooskneppchen" (20),** von der man einen phänomenalen Blick auf die alte Abteistadt Echternach hat. Unmittelbar nach dieser geht man links hinab in Richtung Echternach (hier verlässt man den „Felsenweg 1", auf den man aber wieder trifft). Schnell erreicht man die Route de Diekirch, quert sie und hält sich dann rechts in Richtung Busbahnhof. Über die Rue de la Gare wendet man sich zur Place du Marché. Man überquert den **Marktplatz Echternach (21)** und geht am sehenswerten historischen Rathaus („Denzelt") vorbei, dann zuerst links und bald rechts hin zu den Gebäuden der einstigen Abtei Echternach (Besichtigung der Basilika St. Willibrord empfiehlt sich). Nach der Orangerie begibt man sich durch den anschließenden Garten hin zum hübschen **Pavillon (22).** Steuert dann auf den Spazierweg an der Sauer zu, hält sich rechts und läuft zur **Grenzbrücke Echternach (23),** die gequert wird.

In Echternacherbrück hält man sich vor dem Kreisverkehr links und folgt nun auch wieder konsequent dem „Felsenweg 1". Die abzweigende Bergstraße steigt in Richtung Wald an. Über steile Pfade und Stufen wandert man nun hoch zur **Liboriuskapelle**

(24), die oberhalb des Sauertals am Hang steht und einen herrlichen Blick auf Echternach und die umgebende Landschaft bietet. Der heutige Bau stammt vom Anfang der 1950er-Jahre, aber zwei Vorgängerbauten gab es schon an dieser Stelle (der erste wurde 1680 geweiht). Unmittelbar hinter der Kapelle macht man noch einen Abstecher zur **Einsiedlerklause (25)** aus dem 18. Jh., zu der man links des Wegs über Felsstufen gelangt. Sie diente Eremiten, die sich um die Kapelle kümmerten, lange als Behausung.

Danach wandert man auf dem „Felsenweg 1" weiter, der nahe des Hubertushofs und danach kurz entlang des Fölkenbachs verläuft. Dann wird das Gebiet des Gutenbachs gequert. Schließlich geht es auf direktem Weg zurück zum Schloss Weilerbach: Der „Felsenweg 1" wird demnach recht schnell an einer Kreuzung nach links verlassen, denn dieser macht noch einen Schlenker über die „Schweineställe" – bevor er sodann zum Schloss führt. Nun läuft man also konsequent und eher talgerichtet gen Schloss, überquert bald die Kreisstraße und kehrt zurück zum Ausgangspunkt.

Tour 39

Auf einsamen Wegen im Trierer Land bei Welschbillig –

Von Ittel über die Höhen hinab ins Tal der Kyll

Diese schöne, herzerwärmende Wanderung führt abseits der Wege durch unberührt anmutende Natur.

Vom hübschen **Ittel** im Trierer Land geht es über fruchtbare Höhen, entlang von Ackerflächen und Wildblumen, durch stille, bisweilen wild anmutende Wald- und Wiesenbereiche hinunter ins idyllische **Kylltal** und vorbei an urigen Höfen, pittoresken Häusern und bunten Eifeler Bauerngärten.

108_wei_fs

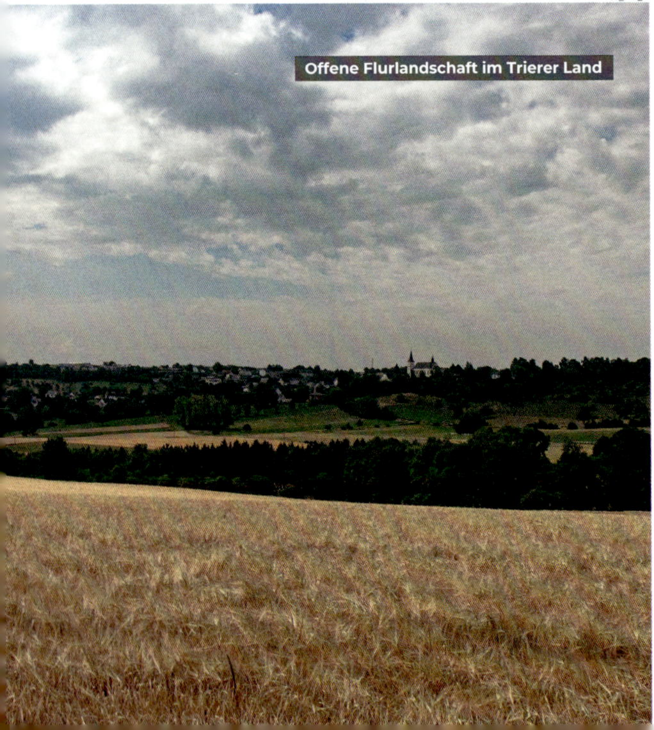

Offene Flurlandschaft im Trierer Land

Kurze Informationsübersicht

Länge: 12,8 km
Gehzeit: ca. 3½ Stunden
Auf-/Abstieg: je ca. 310 m
MITTELSCHWER

Ausgangsort: D-54289 Welschbillig-Ittel

Startpunkt: Parkplatz an der Kirche (Idesheimer Straße), GPS N 49.87161, E 6.58906 (UTM 32U 326764/5527143)

Karte: Eifelverein Nr. 29, Trier, Trierer Land, 1:25.000

Wegeigenschaften: überwiegend gut begehbare Wege; einzelne Passagen können saisonal ziemlich überwuchert sein, dort braucht es ein wenig Orientierungssinn und etwas Gleichmut (empfindlichere Gemüter nehmen an entsprechender Stelle den vorgeschlagenen Alternativweg); je nach Wetterlage matschige Partien; festes Schuhwerk und idealerweise lange Hosen; ausreichend Proviant/Wasser mitnehmen; GPS-Track zur Orientierung hilfreich

Einkehrmöglichkeiten: keine im klassischen Sinn, nur eine Bäckerei und ein Pizzaservice in Ittel

ÖPNV: nächstgelegene Bushaltestelle „Ittel, Ortsmitte" (www.vrt-info.de)

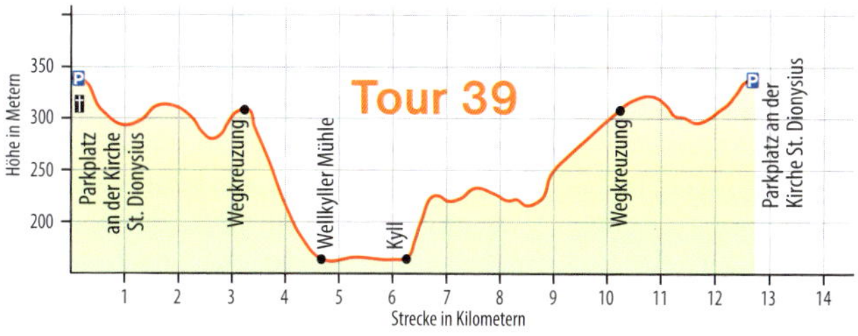

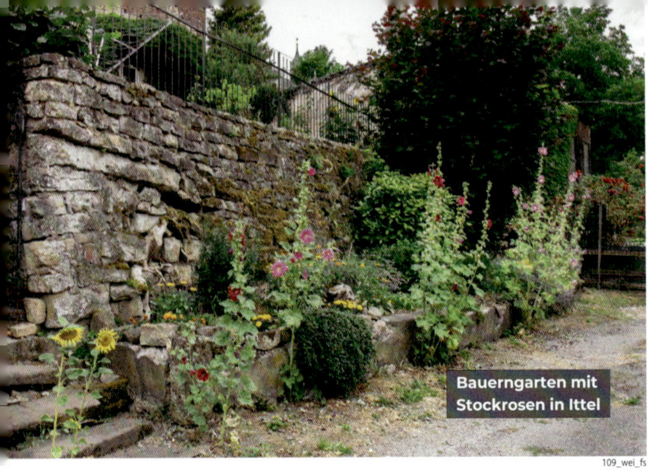

Bauerngarten mit Stockrosen in Ittel

109_wei_fs

Wegbeschreibung

Vom **Parkplatz an der Kirche St. Dionysius (1)** geht man hinab in den Ort und folgt in Teilen der gut markierten und wörtlich zu nehmenden Route „Eine Spur versteckter" („Trier Land Nr. 10"; Logo: grüner Baum). Auf den teils recht überwucherten Passagen, die nicht beschildert sind, helfen sowohl die Beschreibung als auch der GPS-Track weiter.

Entlang an urigen Bauernhöfen, die oft dem Typus des Trierer Einhauses entsprechen, vorbei an Brunnen und liebevoll angelegten Eifeler Bauerngärten wandert man durch Ittel und biegt links in die Straße „Im Brühl" ab. Kurz darauf passiert man die letzten Häuser und findet sich bald in offener Flurlandschaft. An Weiden und Ackerflächen geht es auf einem breiten Weg voran. Nachdem man etwa 5 Minuten auf einem Asphaltweg gelaufen ist, nimmt man eine Linkskurve und folgt einem unbefestigten Feldweg. An einer Kreuzung geht man geradeaus und über einen Wiesenweg leicht bergan. Es werden eine Anhöhe und ein breiter Fahrweg erreicht. Hier hält man sich rechts und hat einen sehr guten Blick auf Ittel samt herausragendem Kirchturm, die sanft-hügelige Landschaft und im späteren Verlauf auf die klar strukturierten Ackerflächen.

Kurz danach schlängelt sich der Weg langsam hinab ins Tal. Wer saisonal teils zugewucherte Passagen lieber vermeiden will, der kann hier einen **Alternativweg** über die Höhe nehmen (siehe Karte). Alle anderen bleiben auf dem hinabführenden Hauptweg und ignorieren eventuelle Abzweigungen. Nach einer Weile findet sich an einer recht unscheinbaren Stelle ein Schild der Route „10" an einem rechts des Weges stehenden Baum: Dieses leitet den Wanderer nach links. Es geht nun weiter auf einem stellenweise recht holprigen und (je nach Jahreszeit) ziemlich zugewachsenen Pfad. Ob der teils schwer erkennbaren Wegmarkierung macht die Nutzung des GPS-Tracks im folgenden Streckenabschnitt durchaus Sinn. Bald findet man sich wieder in einem Busch- bzw. Waldgebiet, was offenbar ziemlich abseits der gängigen Wege liegt, denn kein Mensch ist weit und breit zu sehen und es ist unfassbar still. Wenn man die Wanderung in den Sommermonaten macht, dann gibt es unzählige und traumhaft schöne Schmetterlinge, fleißige Bienen und pelzige Hummeln zu beobachten. Das ist auch nicht allzu verwunderlich, denn hier wachsen viele Wildkräuter und -blumen, wuchern Beerensträucher und (oft ungeliebte) Disteln recken ihre hübschen Blüten gen Himmel: Solch eine Fülle und Vielfalt findet sich vielerorts überhaupt nicht mehr.

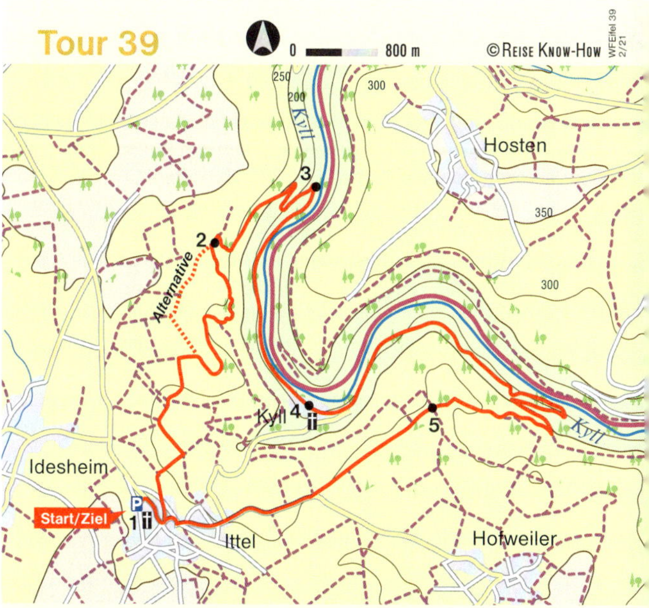

- P 1 Parkplatz an der Kirche St. Dionysius
- 2 Wegkreuzung
- 3 Wellkyller Mühle
- 4 Kyll
- 5 Wegkreuzung

Recht schnell verlässt man nun vorerst die Route „10", die vom ansteigenden Pfad abgeht und ins Tal hinabführt. Man steigt langsam, aber stetig mäßig bergan auf verwachsenem Weg und passiert einen alten Steinbruch, in dem einst der regionale, anstehende Kylltaler Buntsandstein abgebaut wurde. Etwa 5 Minuten geht es noch auf überwuchertem Weg bergan. Am Rand wachsen massenhaft Brombeer- und Himbeerbüsche, die in guten Jahren im Juni/Juli reiche und leckere Früchte tragen. Dann hat man es geschafft, kommt in höherer Lage an, hält sich rechts und geht nun wieder auf einem breiten Waldweg. Schon nach etwa 50 Metern erreicht man eine **Wegkreuzung (2),** an der man scharf rechts abbiegt. Durch schattigen Wald steigt man auf einem sandigen und felsigen Weg, der sich ins Tal schlängelt, hinab. Etwa eine Viertelstunde später erblickt man die historische **Wellkyller Mühle (3),** die direkt an der schönen Kyll liegt. Hier trifft der zuletzt begangene Waldweg auf einen breiten Asphaltweg, in den man rechts einbiegt. Auf diesem wandert man nunmehr in Fließrichtung der Kyll und parallel zur Bahntrasse (Eifelstrecke Trier-Köln).

Nachdem ein einzeln stehendes Ferienhaus passiert wurde, trifft man auch noch einmal auf die zuvor verlassene Route („Trier Land Nr. 10"). Auf gut befestigtem Weg erreicht man den einsam gelegenen Weiler **Kyll (4),** in dem nur wenige Häuser, alte Höfe und eine kleine Kapelle stehen. An Letzterer geht es vorbei und dann relativ steil an der schmalen Zufahrtsstraße hinauf. Bevor diese eine scharfe Rechtskurve nimmt, wechselt man auf einen geradeaus verlaufenden Forstweg und geht hier weiter. Orientierung geben sowohl der Wanderweg „10" als auch die Markierungen des Eifelsteigs. Inmitten dichten, stillen Waldes hört man weiter unten im Tal nur die Kyll leise vor sich hinmurmeln. Es wird nun 30 Minuten geradeaus gewandert, wobei das letzte Teilstück wiederum auf Höhe der Kyll verläuft. Man trifft sodann auf einen quer verlaufenden Weg und nimmt hier eine Rechtskurve. Es geht nun stets bergan, teils über weite Serpentinen. Nach ein paar Minuten trifft man wiederum auf einen Weg und nimmt erneut eine Rechtskurve. Nach einiger Zeit erreicht man die Höhe und bleibt auf dem Hauptweg, ignoriert also eventuelle Wegabzweigungen. An einer größeren **Wegkreuzung (5)** tritt man schließlich aus dem Wald heraus. Ein Wegkreuz der Matthiasbruderschaft wird passiert. Nachdem man etwa 10 Minuten mit Blick auf Ittel an Feldern entlanggegangen ist, gelangt man an eine querende Straße (Hofweilerstraße), biegt rechts ab und läuft an dieser entlang in Richtung Ittel. Schnell kommt man im Ort an, folgt weiter der Hofweilerstraße und dann der Idesheimer Straße zurück zur Kirche, die man sich noch anschauen sollte, bevor man den Ort verlässt.

111_wei_fs

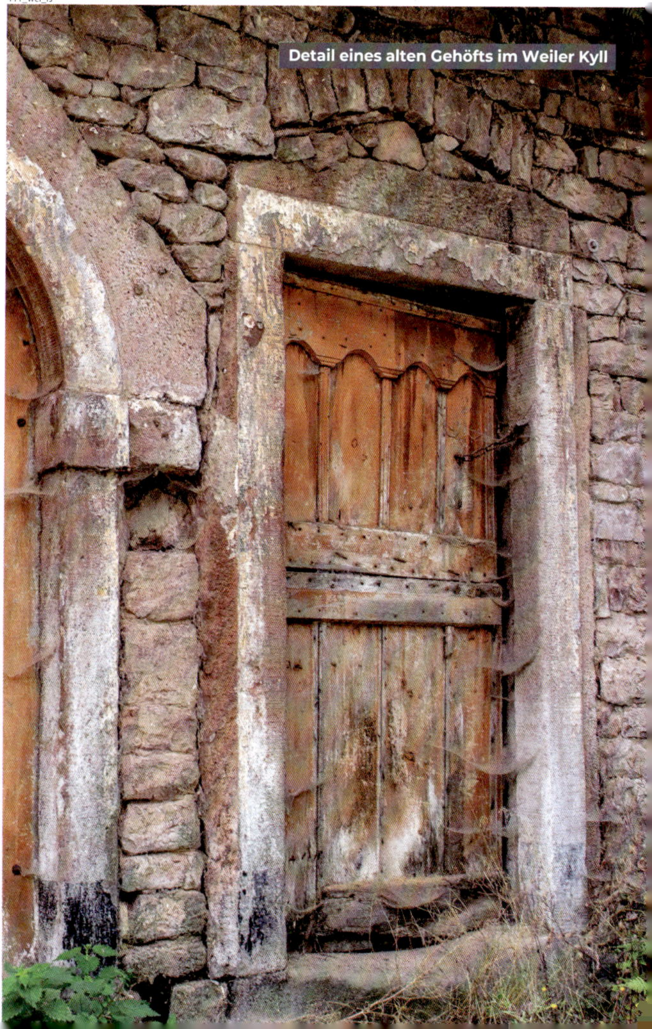

Detail eines alten Gehöfts im Weiler Kyll

Tour 40

Auf dem „Römerpfad" bei Kordel –

Vom Butzerbachtal über die Pützlöcher zur Burg Ramstein

Der beliebte und ausgezeichnete „Römerpfad" führt durch herrliche Natur- und Kulturlandschaft.

Angefangen mit dem malerischen **Butzerbachtal** geht es auf abwechslungsreichen Pfaden und Wegen durch Wälder mit rotgrün leuchtenden Buntsandsteinfelsen und durch Flurlandschaften mit Weitblick. Am Wegesrand finden sich Relikte aus der Römerzeit, mystische Höhlen und nicht zuletzt die Ruine der mittelalterlichen **Burg Ramstein.** Dieses spannende Potpourri macht die mittelschwere Wanderung zu einer idealen Familientour.

112_wei_fs

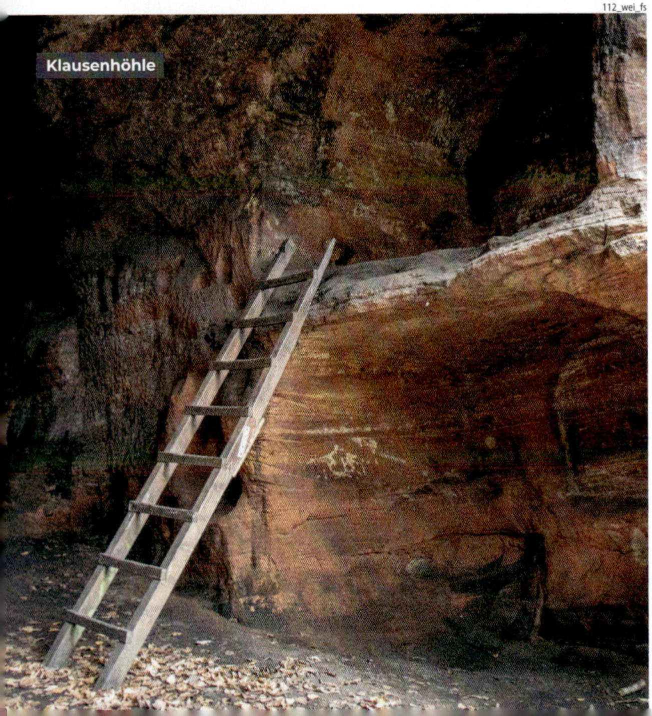

Klausenhöhle

Kurze Informationsübersicht

Länge: 10,5 km
Gehzeit: ca. 3¼ Stunden
Auf-/Abstieg: je ca. 310 m
MITTELSCHWER

Ausgangsort: D-54306 Kordel

Startpunkt: Parkplatz unterhalb der Burg Ramstein, GPS N 49. 82484, E 6.64556 (UTM 32U 330660/5521815)

Karte: Eifelverein Nr. 29, Trier, Trierer Land, 1:25.000

Wegeigenschaften: überwiegend leicht zu begehende Wege; teils steile, holprige, bisweilen auch rutschige Stellen, die ein wenig Trittsicherheit und festes Schuhwerk verlangen; ausreichend Proviant/Wasser einpacken

Einkehrmöglichkeiten: Burg Ramstein

ÖPNV: DB: Kordel (Eifelstrecke Trier – Köln), von dort aus Fußweg zum Wanderparkplatz (auch über den Eifelsteig möglich)

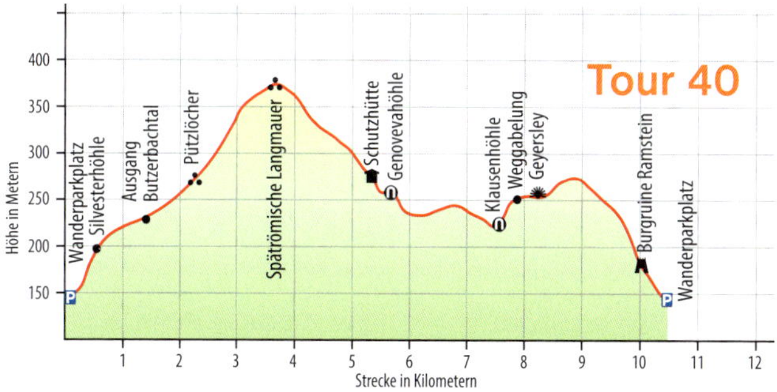

Wegbeschreibung

Vom **Wanderparkplatz (1)** unterhalb der Burg Ramstein schlägt man zuerst den Weg in Richtung des wildromantischen Butzerbachtals ein, das über Stege, (Hänge-)Brücken und Leitern durchwandert wird. Orientierung bieten auf der gesamten Strecke die Schilder des gut markierten „Römerpfads" (Logo: römische Münze auf weißem Fond und Schriftzug). Die Tour startet man auf einem Schotterweg, geht rechts an einem Wasserhäuschen vorbei und passiert bald die **Silvesterhöhle (2).** Kurz danach steigt man links eine Treppe hinab und überquert zum ersten Mal den Wasserlauf des Bächleins. Auf einem schmalen

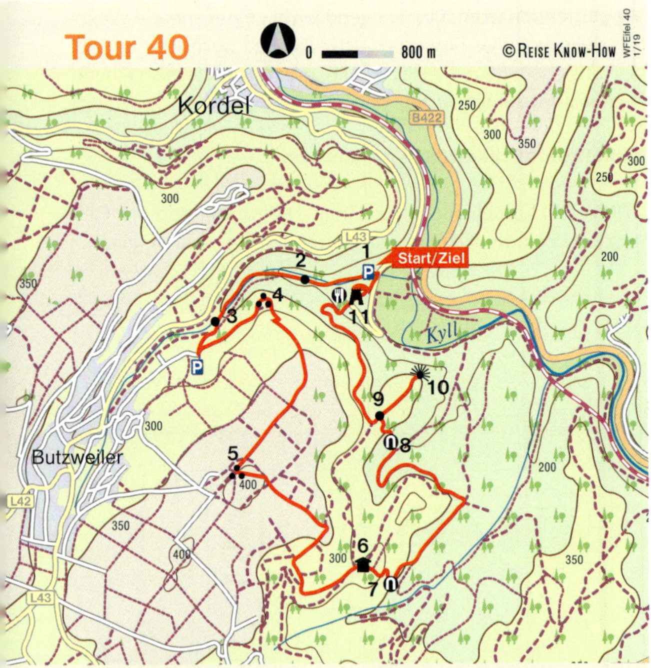

1 Wanderparkplatz
2 Silvesterhöhle
3 Ausgang Butzerbachtal
4 Pützlöcher
5 Spätrömische Langmauer
6 Schutzhütte
7 Genovevahöhle
8 Klausenhöhle
9 Weggabelung
10 Geyersley
11 Burgruine Ramstein

Steig und über schöne Brücken wandert man nunmehr stets entlang des murmelnden Butzerbachs, der sich über kleinere und größere Felsen, teils in sprühenden Kaskaden, ins Tal ergießt.

Über Stufen steigt man sodann hinauf und erreicht damit den **Ausgang des Butzerbachtals (3).** Darauf geht man diagonal über den Querweg und dann links bergan. Man hält sich nun in Richtung römisches Bergwerk/Pützlöcher. Auf der rechten Seite des Wegs finden sich weitere Wanderparkplätze. Die Tour könnte also auch von dort problemlos gestartet werden. Nach einer Weile erreicht man die sogenannten **Pützlöcher (4),** ein römisches Kupferbergwerk und später römischer Steinbruch, in dem etwa auch die Quader für den Bau der Trierer Porta Nigra gebrochen wurden.

Man geht auf verschlungenem Weg aus dem Wald, weiter am Waldrand entlang, vorbei an Feldern und Wiesen. Auf der rechten Seite kann man den Ort Butzweiler aus der Entfernung sehen. Eine gewisse Zeit wandert man geradeaus auf einem Forstweg, irgendwann zweigt man links ab auf einen Feldweg und erreicht dann die teilweise rekonstruierte **spätrömische Langmauer (5),** die einen kaiserlichen Domänenbezirk schützend umfasste (datiert 4. Jh. n. Chr.) und einst 72 Kilometer lang gewesen sein soll.

Sodann folgt man dem „Römerpfad“ in Richtung Newel. Man passiert einen netten Picknickplatz mit schöner Aussicht und weiter des Wegs eine **Schutzhütte (6),** an der man rechts in Richtung Genovevahöhle vorbeiläuft – dem nächsten Ziel. Zuweilen wandert man über steile, steinige Passagen, die bei Nässe rutschig sein können, und geht an faszinierenden, rot-grün leuchtenden Buntsandsteinfelsen vorbei, die für die Region so typisch sind. Die Kyll hat hier ganze Arbeit geleistet: Die spektakulären, teils bizarren Felsformationen sind ein Resultat der erodierenden Kraft ihres Wassers. Nach einem steilen Abstieg gelangt man zur interessanten **Genovevahöhle (7),** in der schon steinzeitliche Jäger und Sammler Zuflucht gesucht haben sollen.

Von dieser wandert man zuerst über Treppenstufen, dann über Pfade weiter durch einen schönen Buchenmischwald und immer wieder entlang fast unwirklich anmutender Buntsandsteinfelsen. Nach einiger Zeit erreicht man die einst als Eremitage dienende **Klausenhöhle (8).** Nun steigt man durch einen wunderschönen Birkenhain steil hinauf, auch über Stufen, auf ein Plateau.

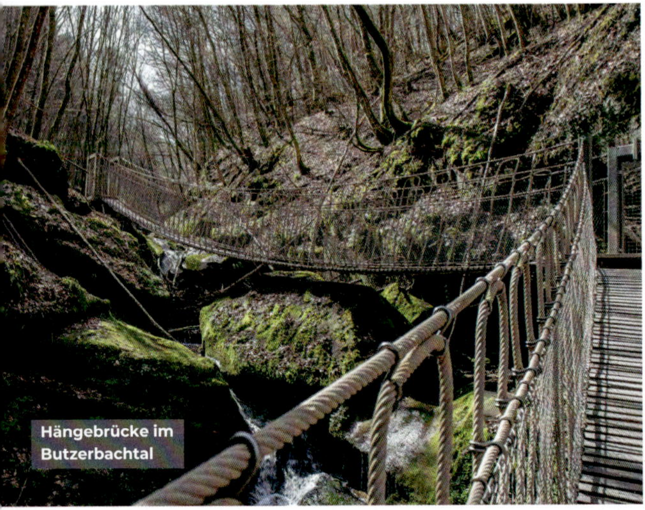
Hängebrücke im Butzerbachtal

113_wei_fs

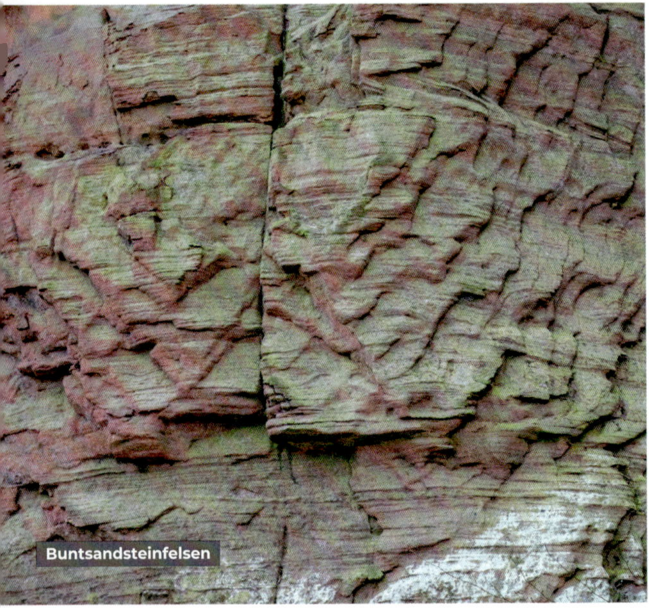
Buntsandsteinfelsen

114_wei_fs

An der folgenden **Weggabelung (9)** hält man sich rechts und kann einen Abstecher zur **Geyersley (10)** machen. Von dort bietet sich ein sehr guter Blick ins traumhafte Kylltal und auf die malerische Ruine der Burg Ramstein. Auf gleichem Weg geht es danach zurück. Wieder an der **Weggabelung (9)** angekommen, nimmt man schon wenige Meter nach dieser eine Rechtskurve auf einen bergab führenden Weg. In weiten Kehren steigt man allmählich hinab in Richtung Burg Ramstein. Vor dem Burgareal befindet sich auf der rechten Seite ein Kräuterhotel. Man geht dann vor dem Zugang zum Hotel-Restaurant „Burg Ramstein" links und umrundet die Anlage halb, damit man den Einstieg zur Treppe findet, die zur **Burgruine Ramstein (11)** hinaufführt. Die einstige kurtrierische Lehensburg wurde im frühen 14. Jh. unter dem Trierer Erzbischof Diether von Nassau errichtet. Nach Kurzbesichtigung der zugänglichen Ruine (saisonale Öffnungszeiten beachten) geht man über die Terrasse der Gaststätte und folgt den dahinter bergab führenden Kehren in Richtung Parkplatz zum Ausgangspunkt.

115_wei_fs

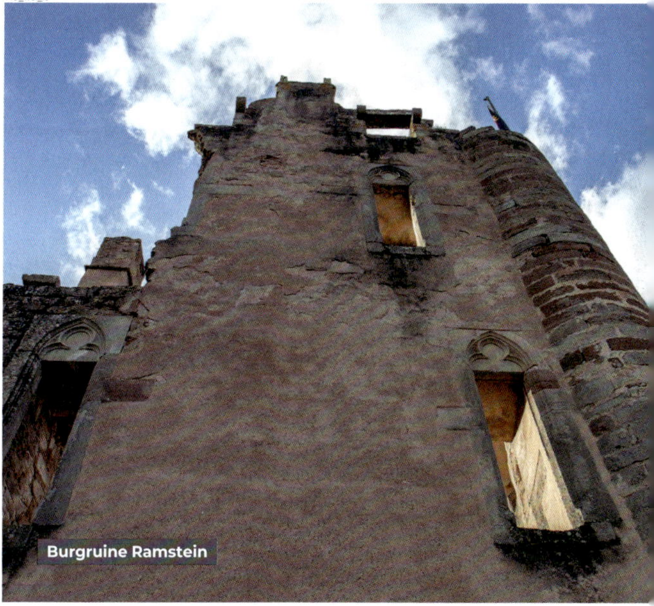

Burgruine Ramstein

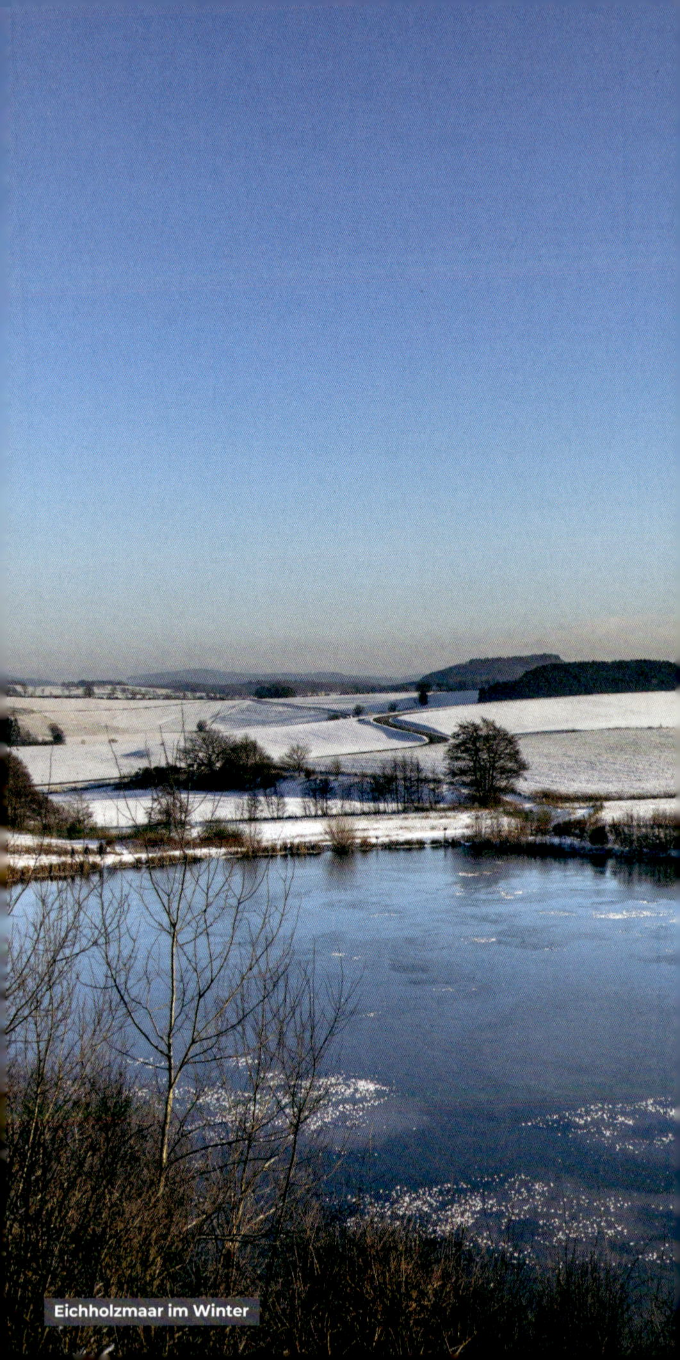
Eichholzmaar im Winter

ANHANG

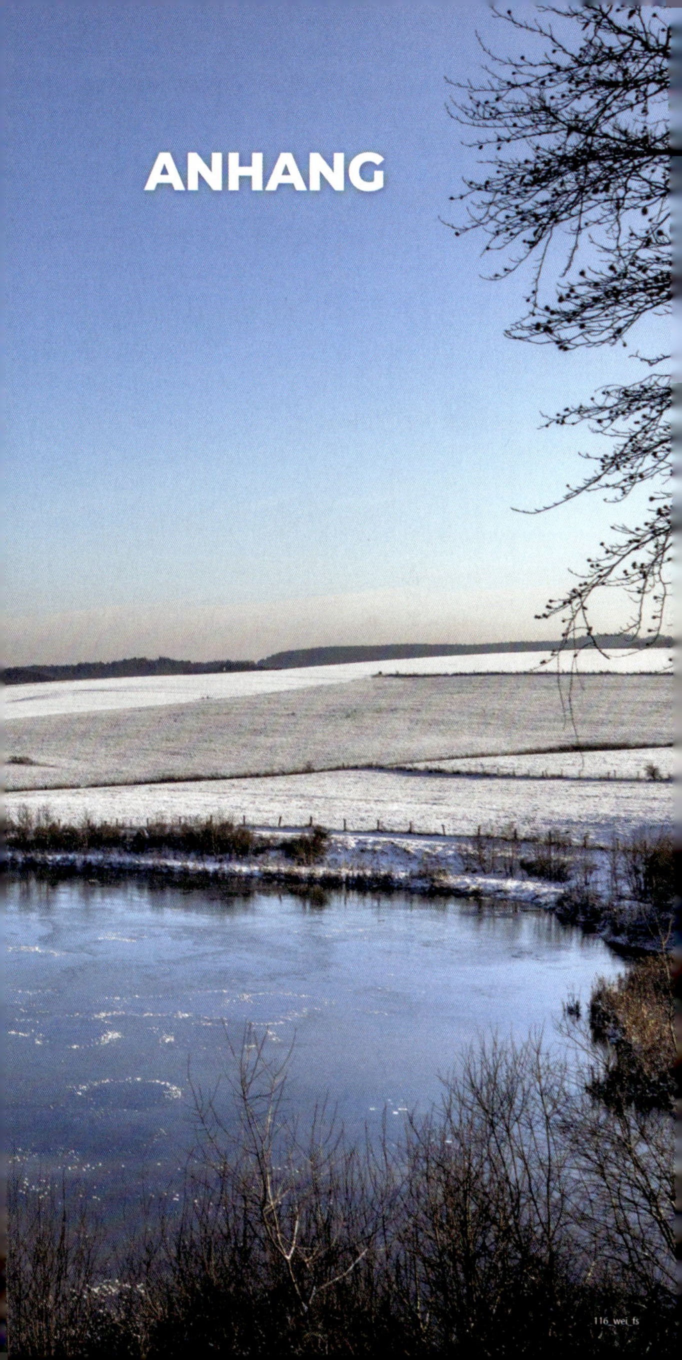

116_wei_fs

Literaturtipps

- *Andersch, Alfred:* **Winterspelt** (1974). Roman, hrsg. von Dieter Lamping, Diogenes Verlag, Zürich 2006.

- *Bauer, Hans-Günther / Bezzel, Einhard / Fiedler, Wolfgang* (Hrsg.): **Das Kompendium der Vögel Mitteleuropas.** Alles über Biologie, Gefährdung und Schutz. 3 Bände, AULA-Verlag, 2. Aufl., Wiebelsheim 2005.

- *Bales, Ute:* **Peter Zirbes.** Roman, Rhein-Mosel-Verlag, Zell/Mosel 2010.

- *Berndorf, Jacques* (Hrsg.): **Mords-Eifel.** Kriminelle Geschichten aus einem mörderischen Landstrich. KBV Verlag, Hillesheim 2004.

- *Brauksiepe, Bernd / Neugebauer, Anton:* **Klosterlandschaft Eifel.** Historische Klöster zwischen Aachen und Bonn, Koblenz und Trier. Verlag Schnell & Steiner, 2. Aufl., Regensburg 1994.

- *Doering-Manteuffel, Sabine:* **Die Eifel.** Geschichte einer Landschaft. Campus Verlag, Frankfurt am Main/New York 1995.

- *Dühr, Elisabeth / Henschel, Dorothée* (Hrsg.): **Raue Schönheit.** Eifel und Ardennen im Blick der Künstler, Katalog zur Ausstellung im Stadtmuseum Simeonstift Trier. Verlag Schnell & Steiner, Regensburg 2010.

- *Förderverein Nationalpark Eifel* (Hrsg.): **Tier- und Pflanzenwelt im Nationalpark Eifel.** Ein Begleiter durch Wald, Wasser und Wildnis. J.P.-Bachem-Verlag, Köln 2006.

- *Hausberg, Klaus-Peter* (Hrsg.): **Sagen und Geschichten aus der Eifel.** Ein literarischer Reiseführer. J.P.-Bachem-Verlag, Köln 2010.

- *Kemmer, Barbara / Schmitt, Frank:* **Lieblingsplätze von der Eifel bis in die Ardennen.** Gmeiner-Verlag, 2. Aufl., Messkirch 2021.

- *Mai, Ekkehard* (Hrsg.): **Die Eifel im Bild.** Düsseldorfer Malerschule, Katalog zur Ausstellung im Kunstkabinett der Dr. Axe-Stiftung Kronenburg/Eifel. Michael Imhof Verlag, Petersberg 2016.

- *Meyer, Wilhelm:* **Geologie der Eifel.** Schweizerbart'sche Verlagsbuchhandlung, 4. Aufl., Stuttgart 2013.

- *Neft, Maria-Regina:* **Clara Viebigs Eifel-Werke (1897–1914).** Imagination und Realität bei der Darstellung einer Landschaft und ihrer Bewohner. Waxmann Verlag, Münster u. a. 1998.

- *Otzen, Barbara / Otzen, Hans:* **Eifel.** Reiseführer, Reise Know-How Verlag, 6. Aufl., Bielefeld 2020.

- *Otzen, Barbara / Otzen, Hans:* **Klosterführer Eifel.** Ein Lese- und Bilderbuch. CMZ-Verlag, Rheinbach 2018.

- *Pippke, Walter / Leinberger, Ida:* **Die Eifel.** Wege zu Kultur und Geschichte des alten Vulkanlandes zwischen Aachen und Trier. DuMont Reise Verlag, 7. Aufl., Ostfildern 2011.

- *Scheuer, Norbert:* **Kall, Eifel.** Erzählungen. C.H. Beck Verlag, München 2005.

- *Schmincke, Hans-Ulrich:* **Vulkane der Eifel.** Aufbau, Entstehung und heutige Bedeutung. Springer Verlag, 2. Aufl., Berlin/Heidelberg 2014.

- *Viebig, Clara:* **Das Kreuz im Venn** (1908). Rhein-Mosel-Verlag, Alf/Mosel 2003.

- *Viebig, Clara:* **Das Weiberdorf** (1900). Rhein-Mosel-Verlag, Alf/Mosel 2007. Roman aus der Eifel.

- *Viebig, Clara:* **Kinder der Eifel** (1897). Rhein-Mosel-Verlag, Alf/Mosel 2007. Novellen.

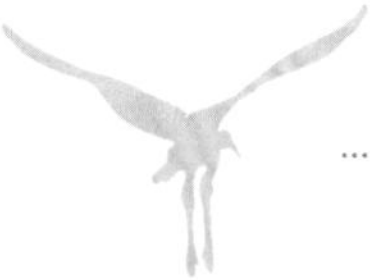

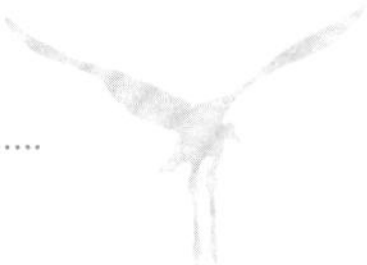

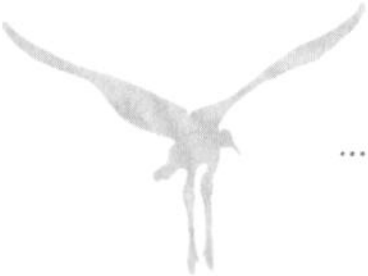

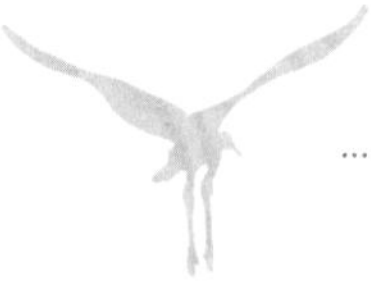

Register

A

B

C

D

E

F

G

H

I

J

K

L

M

N

O

P

R

V

W

068_wei_fs

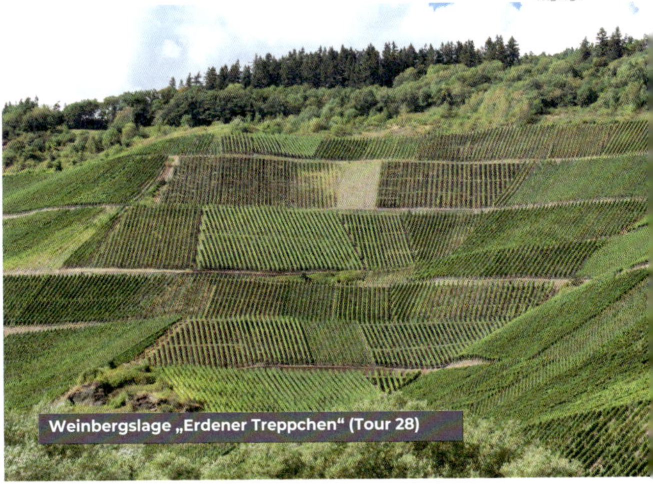

Weinbergslage „Erdener Treppchen“ (Tour 28)

Impressum

Barbara Kemmer, Frank Schmitt
Reise Know-How Wanderführer Eifel

erschienen im
Reise Know-How Verlag Peter Rump GmbH
Osnabrücker Str. 79, 33649 Bielefeld

2. Auflage 2022

Gestaltung
Umschlag: G. Pawlak (Layout), der Verlag (Realisierung)
Inhalt: G. Pawlak (Layout), S. Jakuscheit (Realisierung)
Karten: Dimitrios Gavrides, der Verlag
Fotos: Frank Schmitt (fs)
Titelfoto: „Dschungelpfad" unterhalb des Meuchelbergs, Tour 5 (fs)
S. 2/3: Idylle in einer Schlucht im Luxemburger Müllerthal, Tour 38 (fs)

Lektorat: der Verlag

Druck und Bindung: Hinckel-Druck GmbH, Wertheim

Printed in Germany

ISBN 978-3-8317-3556-3

Bibliografische Information der Deutschen Nationalbibliothek
Die Deutsche Nationalbibliothek verzeichnet diese Publikation in der Deutschen Nationalbibliografie; detaillierte bibliografische Daten sind im Internet über http://dnb.dnb.de abrufbar.

Reise Know-How-Bücher finden Sie in allen gut sortierten Buchhandlungen.
Falls nicht, kann Ihre Buchhandlung unsere Bücher hier bestellen:
D: Prolit GmbH, prolit.de und alle Barsortimente
CH: AVA Verlagsauslieferung AG, ava.ch
A: Freytag-Berndt und Artaria KG, freytagberndt.com
B, LUX, NL: Willems Adventure, willemsadventure.nl
oder direkt über den Verlag: **www.reise-know-how.de**

Wir freuen uns über Kritik, Kommentare und Verbesserungsvorschläge.
Alle Informationen in diesem Buch sind von den Autoren mit größter Sorgfalt gesammelt und vom Lektorat gewissenhaft bearbeitet und überprüft worden. Da inhaltliche und sachliche Fehler nicht ausgeschlossen werden können, erklärt der Verlag, dass alle Angaben im Sinne der Produkthaftung ohne Garantie erfolgen und dass Verlag wie Autoren keinerlei Verantwortung und Haftung für inhaltliche und sachliche Fehler übernehmen. Die Nennung von Firmen und ihren Produkten und ihre Reihenfolge sind als Beispiel ohne Wertung gegenüber anderen anzusehen. Qualitäts- und Quantitätsangaben sind rein subjektive Einschätzungen der Autoren und dienen keinesfalls der Bewerbung von Firmen oder Produkten.

Die Autoren

Barbara Kemmer und **Frank Schmitt** leben zusammen in der Südeifel an der Grenze zu Luxemburg. Sie ist eine zugereiste Kunsthistorikerin aus Kusel, er ein einheimischer Architekt aus Bollendorf. Die beiden verbindet die Liebe zur Natur, zum Wandern, zur Geschichtsforschung – und zu ihrer (Wahl-)Heimat, der Eifel.

Die Arbeit an dem vorliegenden Wanderführer war daher vor allem ein spannendes, entdeckungsreiches und sportliches Vergnügen! Seit Jahren forschen und schreiben die Autoren über Geschichte, Kultur und Kunst diverser Regionen Mitteleuropas (insbesondere Deutschlands, Belgiens, Luxemburgs und der Niederlande), was nicht selten in gemeinsamen Publikationen resultiert.

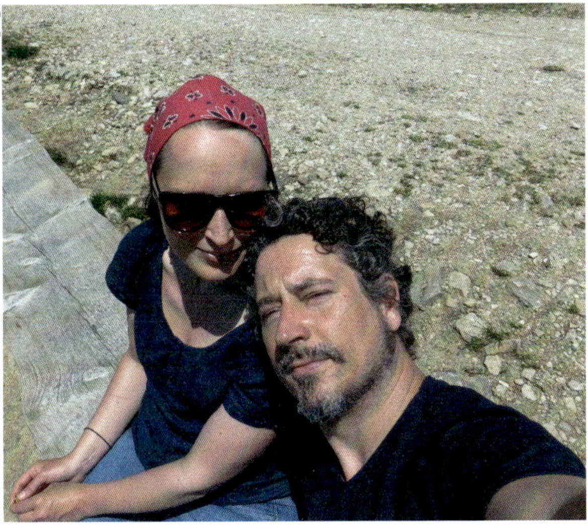

117_wei_fs

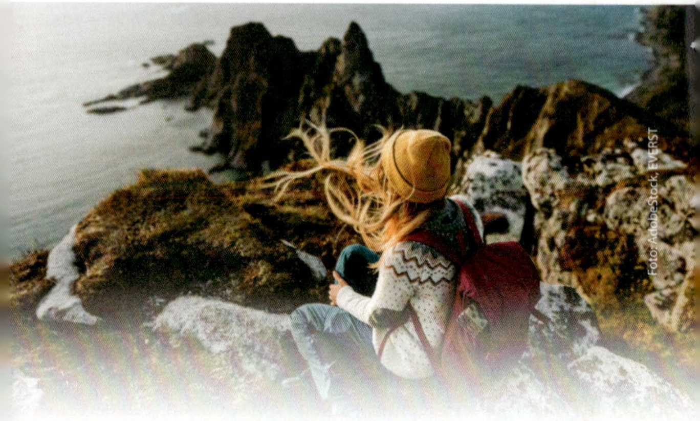

Schreiben Sie uns!

Wir hoffen, dass Ihnen dieser Wanderführer gefällt – und wir sind an Ihrer Rückmeldung interessiert: Hat sich ein Wegverlauf verändert? Haben Sie etwas Neues entdeckt, das in dieses Buch aufgenommen werden sollte? Dann schreiben Sie uns! **Wir nehmen jeden Hinweis und jede Kritik ernst und arbeiten kontinuierlich daran, die Bücher aktuell zu halten und immer weiter zu verbessern.** Auch wenn wir nicht jeden Wunsch erfüllen können, machen wir uns immer Gedanken über Ihre Anmerkungen.

Schreiben Sie uns:
per Mail an info@reise-know-how.de oder an
Reise Know-How Verlag Peter Rump GmbH, Postfach 140666, 33626 Bielefeld

Wenn sich Ihre Infos direkt auf das Buch beziehen, würde uns die Angabe der Seitenzahl und der Auflagenzahl bzw. des Erscheinungsjahres Ihrer Ausgabe die Arbeit sehr erleichtern. Besonders hilfreiche Beiträge und Ergänzungen zu den Büchern belohnen wir mit einem Sprachführer Ihrer Wahl aus der über 240 Bände umfassenden „Kauderwelsch"-Reihe.

Herzlichen Dank und gute Reisen
Ihr Reise Know-How Verlag